JN284931

漢検・漢字ファンのための

# 同訓異字辞典

計る
諮る
量る
測る
図る
謀る

東京堂出版

# はしがき

「漢字を読む」「漢字を書く」というと、それは「日本語を読む」「日本語を書く」とほとんど同じと思われるほど、漢字は日本語の中に深く入り込んでいます。しかし、もともと漢字は中国語を書き表すための文字ですから、そのまま日本語を表すには少々工夫が必要でした。そこで昔の日本人は漢字を文脈によって何通りにも読み分けることを始めます。

ここで、appleという英語を考えてみましょう。日本人はこの言葉を「アップル」と読み、「りんご」という意味だと理解しています。「アップル」はappleという原語の発音を日本風にまねてカタカナで書き表したもの、「りんご」はこの単語の日本語での意味です。

漢字にあてはめると、「アップル」は音読みに、「りんご」は訓読みにあたります。しかし、英米人の言うappleが普通は緑か黄色のものを指すのに対して、日本人の言う「りんご」は赤いものを指すのです。それでも、appleに相当する訳は「りんご」しかないので、しかたなく「りんご」ですませている、というのが現状なのです。

これと同じで、訓読みは漢字の日本語訳であって日本独特ですから、元の漢字の意味とは微妙に異なります。もともとの日本語（和語・大和言葉とも）は一つの言葉の意味が漠然としていて、具体的なものから非常に抽象的な概念まで、同じ言葉で表すことができます。

たとえば「はかる」という言葉は、「大きさをはかる」「時間をはかる」「タイミングをはかる」「体重をはかる」「改善をはかる」「委員会にはかる」「まんまとはかられる」など、非常に幅広い意味をもっています。中国語はとても分析的な言語なので、この「はかる」全部を表せる漢字はなく、「計・測・量・図・諮・謀」など、それぞれ意味の異なる漢字で表すしかありません。

そこで問題になるのが、どの「はかる」のとき、どの漢字を使ったらよいかという「使い分け」です。文化も物の考え方も異なる日本と中国ですから、漢字の使い分けもぴったり厳密にはいきません。

本書は、単なるお手軽な「漢字使い分け辞典」とは違います。漢字のもともとの意味にたちかえり、文字の意味区分を行ったうえで、日本語の意味区分のどこが漢字の区分と合致するのかを、豊富な例文をその区分の場所だけに並べるという、とことんつきつめて考えられた辞典なのです。

さらに、「わける・わかる・わかつ・わかれる」など、語源が同じなのに使える漢字と使えない漢字がある言葉を一覧表にして、日本語の複雑な構造と漢字との結びつきを一目でわかるようにした唯一の辞典でもあります。ですから、本書をお読みになった読者の方が、「そうだ、小学校（中学校）でこの表を習っていたら、漢字がもっとずっと楽に覚えられたのに」と思われること、請け合いです。

実は、日本語の言葉の中には、無理に漢字をあてはめるより、むしろひらがなやカタカナで書き表した方がぴったりする場合もあります。「行う」という意味の言葉は「する」とひらがなで書くのが普通でしょう。このような、ひらがな、カタカナを含めたより厳密な使い分けを知りたい方は、『例解同訓異字用法辞典』（東京堂出版刊）を活用されることをお勧めします。

二〇一〇年一一月、新しい「常用漢字表」が発表されました。これまでの「常用漢字表」に新たに一九六字が加わり、五字が削除されました。また、読み方の変更も三二字あります。本書はこの新しい「常用漢字表」に完全に準拠していますから、これからの社会生活にぴたりと対応していくことができます。

本書は、漢字検定を受検される方のために、一つ一つの漢字に検定級数を示してありますが、漢検受検にとどまらず、ぜひ日常生活での漢字の使い分けに活用していただき、さらに余裕のある方は、本書によって日本と中国の文化の微妙な行き交いを体験されてみてはいかがでしょうか。

最後に、東京堂出版の菅原洋一さんには、七年間の長きにわたり本書の刊行に御尽力いただきました。記して感謝の意を表します。

二〇一二年二月

浅田秀子

# 目　次

# 凡　例

・見出しは、「常用漢字表」に記載された訓読みが同じ語を中心に、二八八項目を選定した。

・語源を同じくする自動詞・他動詞・使役動詞などは、一つの見出しのもとにまとめて掲げた。

・同じ発音でも語源が異なる語は、「たつ(1)」「たつ(2)」のように別の見出しとした。

・見出しと親字の部分で、「常用漢字表」に記載された漢字は、教科書体で示した。

・見出しと親字の部分で、「常用漢字表」に記載されていない漢字は、明朝体で示した。

・見出しで、「常用漢字表」にその訓読みも記載されている漢字は、（　）の外に出して示した。

・見出しで、「常用漢字表」にその訓読みが記載されていない漢字は、（　）に入れて示した。

・二〇一〇年の内閣告示で、「常用漢字表」に新たに加わった漢字や読みには、＊をつけて示した。

・**使い分けマニュアル**は、見出しの言葉をどの漢字で書くかのわかりやすい指針を示した。

・使用漢字と自動詞・他動詞などとの対応を、一覧表にし、アクセントを右側に線で示した。

・親字が常用漢字で、訓読みも記載されている場合は、太枠で囲んだ。

・親字が常用漢字でなかったり、訓読みが記載されていない場合は、細枠で囲んだ。

・親字の下に、総画数と漢字検定の検定級数を示した。

・同じ漢字が別の見出しにも使われている場合は、親字の下に⇩で示した。

・**音読み** **訓読み**は一般的なものを掲げたが、「常用漢字表」に記載されていない読みは、（　）に入れて示した。

・**成り立ち**は、親字の字源を簡潔に記した。

・**意味**は、親字そのものの意味を❶❷など白抜き数字で区分し、該当する漢語熟語を示した。

・日本語の意味が親字の意味区分に合致する場合のみ、▽で幅広い例文を示して該当する言葉を太字にし、その意味を（　）に入れて示した。

・慣用句は(慣)で示し、簡潔な説明を付した。

・「あおぐ・あおる」「証・證」など意味や使い分けが微妙な言葉は、コラムを設けて解説した。

・特に注記すべきことがある場合は、†に続いて示した。

# 本書の使い方

- 見出しは、自動詞と他動詞等を一つにまとめた。
- 「常用漢字表」に訓読みがない字。
- 見出しの漢字を使い分ける指針。
- 同じ文でニュアンスを比較。
- 自動詞・他動詞と使用漢字との関係。

## さめる・さます

覚・冷（醒*・褪）

**使い分けマニュアル** 「**覚める**」は眠り・夢・酔いなどから意識がはっきり戻る場合に。「**冷める**」は物理的・比喩的に熱が下がる場合に。「**醒める**」は酔いや迷いなどから意識がはっきり戻る場合に。「**褪める**」は色があせる場合に。

「**覚ます**」「**冷ます**」「**醒ます**」は「さめる」に準ずる。

彼女の恋は覚めている。（理知的である）
彼女の恋は冷めている。（もう愛していない）
彼女の恋は醒めている。（もう素面である）
彼女の恋は褪めている。（輝いていない）
おれが覚ましてやろう。（ぶんなぐって）
おれが冷ましてやろう。（息を吹きかけて）
おれが醒ましてやろう。（水をぶっかけて）

| 使用漢字 | 自動詞 | 他動詞 |
|---|---|---|
| 覚冷醒 | さめる | さます |
| 褪 | さめる | ー |

**覚** 12画 （7級） ⇩さとる・さとす

**音読み** カク

**訓読み** おぼ-える・さ-ます・さ-める（さと-る・さと-り）

**成り立ち** 形声。旧字は「覺」で、見＋學。見聞が一点にまとまってさとる。

**意味** ❶気づく。「感覚・嗅覚・幻覚・錯覚・視覚・自覚・触覚・知覚・痛覚・発覚・不覚・味覚」
❷深く知る。「円覚・覚悟・才覚・先覚者」
❸さます。さめる。「覚寤・覚寝・覚醒」

▽病人は目を**覚まし**ていた（＝覚醒している）。
▽おい、もう酔いは**覚め**たか（＝正常な感覚を取り戻す）。
▽もうすぐ麻酔が**覚めます**（＝切れる）。
▽母の意見を聞いて迷いから**覚めた**（＝冷静になる）。
▽ドライブ中はガムをかんで眠気を**覚ます**（→眠らないようにする）。
▽涼しい風に吹かれて酔いを**覚ました**。
㊜寝ても**覚め**ても＝どんな時でも
目が**覚める**〔目を**覚ます**〕＝正常な判断力を取り戻す

- 「常用漢字表」に訓読みがある字。
- 2010年に新たに加わった字。
- 「常用漢字表」にない字。
- 「常用漢字表」に訓読みがある字。
- 総画数。
- 検定級数。
- 他の見出しでも使われている字。
- 「常用漢字表」にない訓読み。
- 「さめる・さます」に❶❷の意味はないから、例文は掲げていない。
- アクセントを傍線で示した。

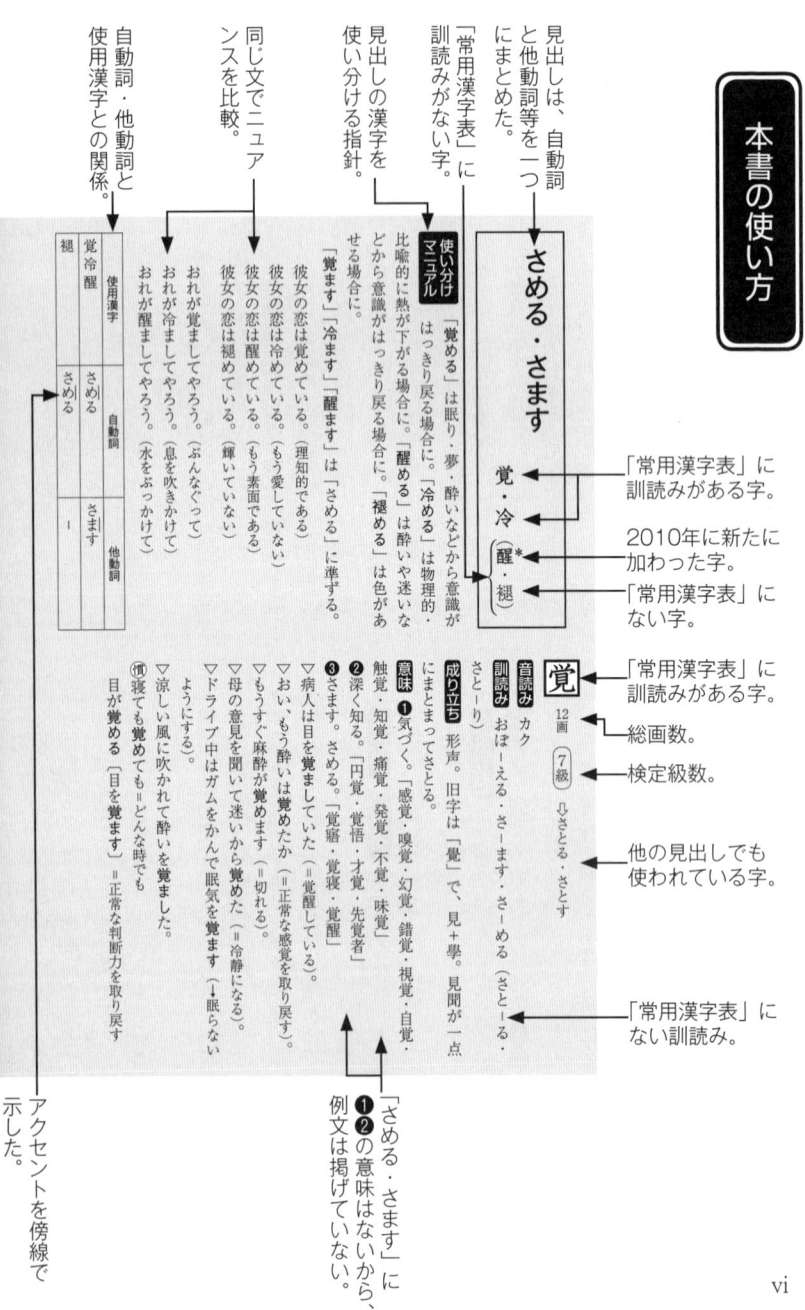

「常用漢字表」にある音読みと訓読み。

この漢字の字源。

この漢字そのものの意味区分。

「さめる・さます」にあてはまる意味の例文。

❷の意味の慣用句。

「さめる・さます」に❸の意味はないから、例文は掲げていない。

**冷** 7画 (7級)

**音読み** レイ

**訓読み** つめ-たい・ひ-える・ひ-や・ひ-やす・ひ-やかす・さ-める・さ-ます

**成り立ち** 形声。冫+令。すみきってつめたい氷。

**意味** ❶ひえる。ひやす。つめたい。「寒冷・冷雨・冷夏・冷害・冷気・冷却・冷蔵・冷凍・冷房・冷涼」

▽御飯が**冷めて**しまった（＝冷たくなる）。

❷情が薄い。「冷遇・冷厳・冷酷・冷笑・冷静・冷然・冷淡・冷徹」

▽ゲーム熱は**冷める**気配がない（＝収まる）。

▽悲しい映画の途中で誰かがくしゃみをしたので、いっぺんに興が**冷めた**（＝しらける）。

㊀熱しやすく**冷め**やすい＝すぐに興奮して夢中になるが、飽きるのも早い

百年の恋も**冷める**＝幻滅する

ほとぼりが**冷め**ないうちに＝そのときの記憶が生々しく残っているうちに

❸落ちぶれる。「冷官・冷落」

**醒*** 16画 (2級)

**音読み** セイ

**訓読み** （さ-める・さ-ます）

**成り立ち** 形声。酉+星。酒の酔いがさめてすっきりする。

**意味** ❶意識がはっきりする。「覚醒・独醒・夢醒」

▽飲んで二時間もたつからもう**醒めた**よ（＝正常になる）。

㊀目の**醒める**ような＝非常に派手ではっきりした

❷さとる。「警醒・醒悟」

▽心の迷いを**醒ます**には時間が必要だ。

▽周人皆酔い我独り**醒め**たり（＝冷静である）。

**褪** 15画 (1級)

**音読み** タイ・トン

**訓読み** あ-せる・さ-める

**成り立ち** 形声。衣+退。衣をおろしてぬぐ。

**意味** ❶ぬぐ。「褪手」

❷色があせる。「褪色」

▽カーテンの色が**褪めた**（＝色があせる）。

▽そんな**褪め**きった洋服、もう捨てなさい。

新たに「常用漢字表」に加わった字。

「常用漢字表」に訓読みがない字。

「常用漢字表」にない訓読み。

「常用漢字表」にない字。

一般的な音読みと訓読み。

●ここに挙げた以外にも、記号やコラムが使われています。詳しくは、前のページの「凡例」をごらんください。

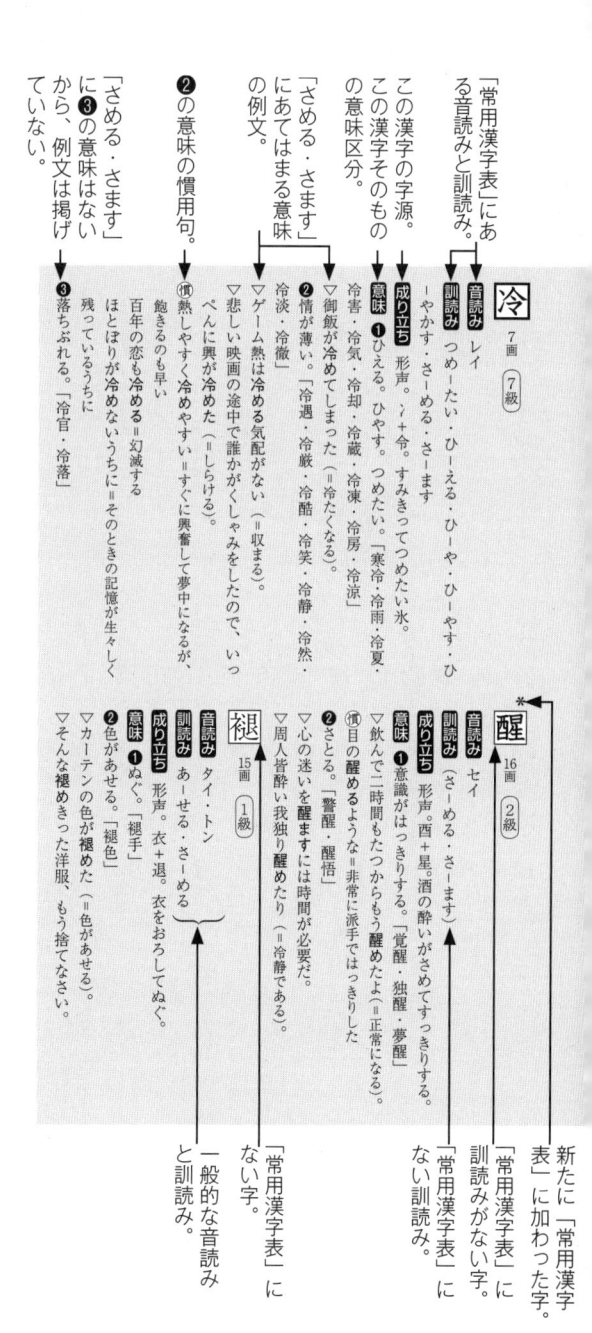

# 見出し一覧



## あ行

## さ行

## な行



## は行

## ま行



## や行

## わ行

# 漢検・漢字ファンのための　同訓異字辞典

# あ行

# あう・あわす・あわせる

## 会・合・遭・併（遇・逢）

**使い分けマニュアル**

「**会う**」は人に面会する場合に。「**合う**」は物が適合・一致する場合に。「**遭う**」は災難にあう場合に。「**遇う**」は偶然性を強調する場合に。「**逢う**」は男女がしっぽりデートする場合に。

「あわす」は「**合わす**」のみ。

「**併せる**」は一つにする場合に。「**会わせる**」「**合わせる**」「**遭わせる**」「**遇わせる**」「**逢わせる**」は「あう」に準ずる。

彼に会う。（面会する）
彼に合う。（ふさわしい）
彼に遭う。（嫌な奴だ）
彼に遇う。（街角でばったり）
彼に逢う。（デートする）

| 使用漢字 | 自動詞 | 他動詞 | 使役動詞 |
|---|---|---|---|
| 会遭遇逢 | あう | ー | あわせる |
| 合 | あう | あわす・あわせる | あわさせる |
| 併 | ー | あわせる | あわせさせる |

## 会

6画　9級

**音読み** カイ・エ

**訓読み** あ-う（あつ-まる・あつ-める）

**成り立ち** 会意。旧字は「會」で、△（ふた）＋曾の略体。多くの人がより集まる。

**意味** ❶出あう。「一期一会・会見・会談・会話・面会」

▽彼と初めて**会**ったのはいつですか（＝出会う）。

▽今夜いつもの所で**会お**う（＝おちあう）。

▽社長さんに**会わせ**てください（＝面会する）。

▽彼女とは毎週**会**っている（＝会談する）。

▽（動物園）白熊に**会**ってきちゃった（＝観察する）。

▽地球が次に彗星に**会う**のは十年後だ（＝接近する）。

❷集まり。「宴会・開会・会議・会合・会社・学会・議会・教会・司会・社会・茶会・都会・法会・例会」

❸一つにあわせる。「会意・会計・牽強付会・照会」

❹納得する。「会釈・会得・会心・理会」

❺時。折り。「機会・節会」

## 合　6画　9級

**音読み** ゴウ・カッ・ガッ（コウ）

**訓読み** あ-う・あ-わす・あ-わせる

**成り立ち** 会意。△（ふた）＋口（あな）。あなにふたをぴったりかぶせる。

**意味** ❶一つにする。「合唱・合体・合計・混合」

▽その川は十キロ先で本流に**合う**（＝合流する）。

▽夫婦の収入を**合わせる**（＝合算する）。

▽全部**合わせ**て八百円になります（＝合計する）。

▽力を**合わせ**て頑張ろう（＝協力する）。

▽その事故以来、彼は目を**合わそ**うとしない（→正視する）。

㊖**合わせる**顔がない＝面目なくて会えない

顔を**合わせる**＝対面する、対戦する

歯の根が**合わ**ない＝寒くて歯がカチカチ鳴る

目が**合う**＝視線を交わす

❷かなう。「合点・合格・合理的・整合・適合・符合」

▽靴が足にぴったり**合っ**た（＝適合する）。

▽カメラのピントを**合わせる**。

▽どうも若者とは話が**合わ**ない。

▽君の報告は事実と**合っ**ていない（＝一致する）。

▽適当に書いた答えが**合っ**ていた（＝正解する）。

▽オーケストラの音を**合わせる**（→調律する）。

▽引用文を原典に**合わせる**（＝照合する）。

▽この時計は**合っ**ている（＝正確）。

▽計算が**合わ**ない（→正答と一致しない）。

▽（シンクロナイズド・スイミング）二人の演技はよく**合っ**ています（＝同調する）。

▽ピアノに**合わせ**て歌う（＝調和させる）。

▽両手を**合わせ**て拝む（＝ぴったりつける）。

㊖裏を**合わせる**＝あらかじめ内密に約束して話が矛盾しないようにする

採算が**合う**＝もうけが出る

反りが**合わ**ない＝気持ちが通じ合わない

調子を**合わせる**＝同じ話にしておく

帳尻を**合わせる**＝最終的に破綻をなくす

つじつまを**合わせる**＝矛盾をなくす

割に**合わ**ない＝結果的に損になる

## 遭　14画　3級

**音読み** ソウ

**訓読み** あ-う

**成り立ち** 形声。⻌＋曹。無造作に出かけてゆきあう。

**意味** ❶悪いことにゆきあう。「遭遇・遭難」
▽一行はゲリラの不意討ちに**遭っ**た（＝襲われる）。
▽旅行中に阪神大震災に**遭っ**た（＝まきこまれる）。
▽痛い目に**遭わせ**てやる（→経験させる）。

## 併 8画 準2級

**音読み** ヘイ
**訓読み** あわ-せる（なら-ぶ・しか-し）
**成り立ち** 形声。人＋并。平らにならぶ。
**意味** ❶ならぶ。「併記・併設・併発・併用・併立」
❷いっしょにする。「合併・併合・併呑」
▽利益とリスクを**併せ**て考える（＝並行して）。
▽ご家族のご健康と**併せ**てご事業の繁栄をお祈りいたします（＝同時に）。
㊥**清濁併せ呑む**＝度量が大きくて善も悪も一様に受け入れる

## 遇 12画 3級

**音読み** グウ（グ）
**訓読み** （あ-う・たまたま・もてな-す）
**成り立ち** 形声。辶＋禺。たまたま出あって対になる。
**意味** ❶出くわす。「奇遇・千載一遇・遭遇」
▽新宿で古い友人にばったり**遇っ**た（＝偶然あう）。
▽霊柩車に**遇う**なんて不吉だ（＝出くわす）。
❷もてなす。「境遇・待遇・不遇・優遇・冷遇」

## 逢 11画 準1級

**音読み** ホウ
**訓読み** あ-う・むか-える・おお-きい・ゆた-か
**成り立ち** 形声。辶＋夆。両側から歩いて峰の頂点で出あう。
**意味** ❶ようやく出あう。「逢会・逢着」
▽もう君とは**逢わ**ない（＝デートする）。
▽お願いだからカレに**逢わせ**て。
㊥**逢う**は別れの始め＝人と出会って恋をすると必ず破局が訪れる
❷豊か。「逢掖之衣」

# あお・あおい

青（蒼・碧）

**使い分けマニュアル** 「**青・青い**」は一般に広く用いられる。「**蒼・蒼い**」は白に近い場合、顔色が悪い場合に。

「**碧**・**碧い**」はみどりがかっている場合に。

青い海。（真夏の太陽のもと）
蒼い海。（寒々とした冬の海）
碧い海。（宝石のように美しい）

| 使用漢字 | 名詞 | 形容詞 |
| --- | --- | --- |
| 青蒼碧 | あお | あおい |

## 青

8画　10級

**音読み**　セイ・ショウ

**訓読み**　あお・あお－い

**成り立ち**　会意。草の芽＋井戸の水。澄みきったあお色。

**意味**　❶澄みきったあお。「群青・青山・青天・青銅・緑青」

▽**青**い空、**青い**海（＝ブルー）。
▽**青い**目の人形（＝ブルー・グリーン）。
▽山のもみじはまだ**青い**（＝緑）。
▽食卓に**青い**ものが足りない（↓生野菜）。
▽信号が**青**になった（＝緑）。
▽足に**青**あざができた（＝暗色）。
▽**青い**顔してどうしたの（＝血色がない）。
▽知らせを聞いて**青く**なった（↓仰天する）。

㊘**青**息吐息＝非常に困難で苦しい
**青**は藍より出でて藍よりも**青し**＝弟子が師匠をしのぐたとえ
尻が**青い**＝未熟である

❷（中国思想の陰陽五行説から）東。若い。「青春・青年・青竜」

▽君はまだまだ**青い**ね（＝未熟である）。
▽**青**二才（↓未熟な若造）。

## 蒼

13画　準1級

**音読み**　ソウ

**訓読み**　あお・あお－い・しげ－る・ふる－びる・あわただ－しい

**成り立ち**　形声。草＋倉。納屋に採りこんだ牧草の色。

**意味**　❶草のあお色。「蒼海・蒼白・蒼茫」

▽女は枯れ草のように**蒼い**顔をしていた（＝蒼白）。
▽遣唐使は荒れた**蒼い**海を渡った（＝寒々とした）。

❷草がしげる。「蒼生・鬱蒼」
❸古びている。「古色蒼然・蒼顔・蒼老」
❹あわてる。「蒼黄・蒼卒」

## 碧

14画　準1級

**音読み** ヘキ

**訓読み** みどり・あお

**成り立ち** 形声。石＋玉＋白。半透明のあおい玉。

**意味** ❶あおい宝石。「碧玉・碧瑠璃」

❷あおみどり色。「紺碧・碧海・碧眼・碧空・碧水」

▽私のお人形の目は**碧い**（＝ブルー・グリーン）。

▽峡谷に**碧い**水をたたえた淵。

## あおぐ・あおる

### 仰（扇・煽・呷）

**使い分けマニュアル**

「**仰ぐ**」は上を向く場合、尊敬する場合に。

「**扇ぐ**」は風を送る場合に。

「**煽る**」は悪い結果の程度を高める場合に。「**呷る**」は上を向いて悪い物を一気に飲む場合に。

師を仰ぐ。（尊敬する）

師を扇ぐ。（せんすで風を送る）

| 使用漢字 | 動詞 | |
|---|---|---|
| 仰扇 | あおぐ | ー |
| 煽呷 | ー | あおる |

●「あおぐ」と「あおる」

ともに「物を動かす」意と「上を向いて一気に飲む」意であるが、「あおぐ」は行為の過程に、「あおる」は行為の結果に視点がある。

うちわで扇ぐ。（風を起こす）

うちわで煽る。（風を送って火を強くする）

毒を仰ぐ。（上を向いて飲む）

毒を呷る。（飲んで死ぬ）

## 仰

6画　4級

**音読み** ギョウ・コウ

**訓読み** あお－ぐ・おお－せ（あお－のく・の－く）

**成り立ち** 形声。人＋卬。左の人を右の人が見上げる。

**意味** ❶見上げる。「仰臥・仰角・仰天・信仰」

▽満天の星空を**仰ぐ**（＝上を向いて見る）。

▽試験に落ちて天を**仰いだ**（＝真上を見る）。

▽吉田松蔭を師と**仰ぐ**（＝尊敬する）。

▽上司の指示を**仰ぐ**（＝礼を尽くして聞く）。

▽本年もよろしくご指導を**仰ぎ**たく存じます。

▽舅に資金援助を**仰いだ**（＝礼を尽くして頼む）。

▽ソクラテスは毒を**仰いだ**（＝上を向いて飲む）。

## 扇 10画 4級

**音読み** セン

**訓読み** おうぎ（あお-ぐ・おだ-てる）

**成り立ち** 会意。戸＋羽。鳥の羽のように開閉する扉。

**意味** ❶脇とびら。「門扇」

❷おうぎ。うちわ。「夏炉冬扇・団扇・鉄扇・白扇」

❸風を送る。動かす。「扇情的・扇動・扇風機」

▽うちわで静かに**扇ぐ**（＝風を送る）。

▽七輪の炭火をばたばた**扇い**でおこした。

†❸の意味の「扇」は「煽」の書き換えである。

## 煽 14画 準1級

**音読み** セン

**訓読み** あお-る・おだ-てる・おこ-る・あお-り

**成り立ち** 形声。火＋扇。風を送って火を盛んにする。

**意味** ❶風を送って勢いよくする。「煽情的・煽動」

▽旗が風に**煽られ**ている（＝激しく動く）。

▽北風の**煽り**を受けて屋根が飛んだ（↓影響）。

▽折からの強風が火勢を**煽っ**た（＝強くする）。

▽アジ演説で群集心理を**煽る**（＝煽動する）。

▽パチンコは射幸心を**煽る**（＝駆りたてる）。

## 呷 8画 1級

**音読み** コウ

**訓読み** す-う・かまびす-しい・あお-る

**成り立ち** 形声。口＋甲。上からかぶせるようにがぶ飲みする。

**意味** ❶上を向いて飲む。「呀呷」

▽やけ酒を**呷る**（＝一気に飲む）。

▽追いつめられた犯人は毒を**呷っ**た（↓飲んで死ぬ）。

# あか・あかい

赤（朱・紅）

**使い分けマニュアル** 「赤・赤い」は一般に広く用いられる。「朱・朱い」はオレンジに近い場合に。「紅・紅い」は赤さを強調したい場合に。

赤い唇。（血色のよい唇）
朱い唇。（花魁や芸者の色っぽい唇）
紅い唇。（乙女の若さあふれる唇）

| 使用漢字 | 名詞 | 形容詞 |
|---|---|---|
| 赤朱紅 | あか | あかい |

## 赤

7画　10級

**音読み** セキ・シャク

**訓読み** あか・あか-い・あか-らむ・あか-らめる

**成り立ち** 会意。大+火。大きく燃え上がる火の色。

**意味** ❶燃えるようなあか色。「赤銅色・赤日・赤十字・赤道・赤面・赤痢・発赤」

▽信号が**赤**に変わった。

▽(運動会)**赤**勝て、白勝て(→赤組)。

▽山のもみじが**赤く**なった(=朱)。

▽柿が**赤く**熟した(=朱)。

▽夕映えが西の空を**赤く**染めた(=オレンジ)。

▽西日を受けて畳が**赤く**焼けた(=茶)。

▽髪を**赤く**染める(=茶)。

▽肉料理には**赤**がよく合う(→赤ワイン)。

▽彼はビール一杯で**赤く**なる(=血色)。

▽ほっぺたがリンゴのように**赤い**。

▽彼女を見たら目が**赤かっ**た(→泣いている)。

▽今年の決算は**赤**だ(→赤字・損失)。

▽必修科目で**赤**点をとってしまった(→不合格)。

▽ゲラに**赤**を入れる(→修正する)。

▽かつて**赤**狩りが行われた(→共産主義者)。

㊎**赤い**気炎をあげる=女性の威勢がよい

隣の花は**赤い**=他人の物はよく見える

❷むきだし。何もない。「赤貧・赤裸々」

▽**赤**の他人にとやかく言われたくない(→無関係)。

▽その子ネズミは**赤**裸だった(→全くの無毛)。

▽とんだ**赤**っ恥をかくところだった(→大恥)。

❸まごころ。「赤心・赤誠」

## 朱

6画　4級

**音読み** シュ(ス)

**訓読み** (あか・あけ)

**成り立ち** 指事。木の途中を切った印。あかい切り口。

**意味** ❶黄色を帯びたあか色。「朱印・朱唇・朱肉・朱筆・朱雀・堆朱」

▽印肉の**朱**が鮮やかだ(→朱肉)。

▽花魁の**朱い**唇(→美人の口の形容)。

▽ゲラに**朱**を入れる(→修正する)。

❷こびと。「朱儒」

## 紅

9画　5級

**音読み**　コウ・ク（グ）

**訓読み**　べに・くれない（あか－い・もみ）

**成り立ち**　形声。糸＋工。濁ったべに色に染めた糸。

**意味**　❶濁ったべに色。「紅蓮・紅顔・紅玉・紅茶・紅潮・紅梅・紅葉・深紅」

▽彼女はビール一杯で**紅く**なった（＝紅潮）。

▽箱の中には**紅い**餅と白い餅が並んで入っていた。

▽山の斜面はすでに**紅く**なっている（→紅葉）。

▽乙女の**紅い**唇（→赤くて愛らしい唇）。

▽（紅白歌合戦）今年は**紅**組の勝利です。

❷美しい女性。「紅一点・紅閨・紅涙・紅楼」

## あかす・あかし

明（証）

**使い分けマニュアル**　「**明かす・明かし**」は明らかにする場合、朝を待つ場合に。「**証す・証し**」は潔白の証拠であることを強調したい場合に。

身分を明かす。（正直に言う）

身分を証す。（怪しい者でない証明をする）

| 使用漢字 | 動詞 | 名詞 |
|---|---|---|
| 明 証 | あかす | あかし |

## 明

8画　9級　⇩あく・あける

**音読み**　メイ・ミョウ（ミン）

**訓読み**　あ－かり・あか－るい・あか－るむ・あか－らむ・あき－らか・あ－ける・あ－く・あ－くる・あ－かす

**成り立ち**　会意。まど＋月。暗い所ではっきり見える光。

**意味**　❶光があかるい。あかり。「光明・失明・照明・灯明・透明・明星・明暗・明月・明滅」

❷あきらか。「解明・自明・証明・説明・鮮明・判明・不明・明快・明確・明細・明示・明白・明瞭・明朗」

▽素性を**明かす**（＝うちあける）。

▽私にだけは本心を**明かして**ほしい（＝吐露する）。

▽探偵は真相を**明かした**（＝解明する）。

▽手品の種**明かし**（＝暴露する）。

❸かしこい。「英明・賢明・聡明・明君・明敏」

❹新しくなる。「未明・明春・明朝・明日・黎明」

▽駅のベンチで夜を**明かす**（＝朝を待つ）。

▽編み物をして夜**明かし**する（＝徹夜する）。
▽今夜は飲み**明かそう**（↓朝まで酒を飲む）。
❺神。「天地神明・明神」

## 証　12画　6級

**音読み**　ショウ
**訓読み**　（あか－し・あか－す）
**成り立ち**　形声。言＋正。言葉でただす。
**意味**　❶正しい言葉。「確証・偽証・検証・査証・実証・証券・証拠・証書・証人・証明・保証・論証」
▽弟の身の**証し**を立てる（↓潔白の証拠）。
▽遺跡には我々の祖先が生きた**証し**がある（＝証拠）。
▽歌こそ私が生きている**証し**だ（↓生き甲斐）。
▽私の説が正しいことを**証して**みせる（＝証明する）。

●「証」と「證」
「證」は「証」の旧字とされているが、もともとは意味の異なる別の漢字である。「證」は「言＋登」の形声文字。「登」は「のぼる、持ちあげる」で、「證」は「下の者の言葉を上の者に登録する――上告する」という意味である。そこから「証言」という意味になった。「証」は「言葉でただす、いさめる」で、本来「証拠」という意味はない。

# あがる・あげる　上・挙・揚（騰）

**使い分けマニュアル**　「**上がる**」は物理的に上に行く場合、程度が高まる場合などに。「**挙がる**」は広く示す場合に。「**揚がる**」はゆっくりと上に行く場合、油で火が通る場合に。「**騰がる**」は物の値段が急激に上がる場合に。
「**上げる**」は上に行かせるという場合、数値や状態をよくする場合などに。「**挙げる**」は提示する場合に。「**揚げる**」は油で火を通す場合に。

旗が上がる。（物理的に上に行く）
旗が挙がる。（小旗で合図する）
旗が揚がる。（国旗がポールに）

| 使用漢字 | 自動詞 | 他動詞 |
|---|---|---|
| 上挙揚 | あがる | あげる |
| 騰 | あがる | ー |

# 上

3画　(10級)　⇩のぼる・のぼす・のぼせる

**音読み** ジョウ・ショウ

**訓読み** うえ・うわ・かみ・あ-げる・あ-がる・のぼ-る・のぼ-せる・のぼ-す（ほとり・たてまつ-る）

**成り立ち** 指事。一＋・で、基準よりうえ。

**意味** ❶物のうえ。「屋上・海上・上空・上下・上段・上流・頭上・地上・頂上・陸上」

❷程度がうえ。「上級・上限・上司・上質・上達・上品・無上」

❸順序が先。「上弦・上述・上旬・上代・同上」

❹うえへ行く。よくなる。「炎上・逆上・向上・上気・上昇・上手・上達・上陸・浮上・北上」

▽グラフの右肩が**上がって**いる。

▽五歳で初舞台に**上がった**（↓出演する）。

▽（来客に）奥へお**上がり**ください（↓座敷へ）。

▽仏壇にお菓子が**上がって**いる（↓供える）。

▽息子は来年小学校に**上がる**（↓入学する）。

▽（風呂から）**上がった**よ（＝水から出る）。

▽気温は三十度まで**上がった**（＝高くなる）。

▽ゴール間近でピッチを**上げた**（↓早くする）。

▽緯度が**上がる**と寒くなる（↓極に近づく）。

▽ラジオのボリュームを**上げる**（＝大きくする）。

▽小売価格を二十円**上げた**（＝値段を高くする）。

▽努力した割には成績が**上がらない**（＝よくなる）。

▽ゴルフの腕を**上げた**（↓上達する）。

▽松坂は中盤に調子を**上げた**（↓状態がよくなる）。

▽山からのろしが**上がった**（＝のぼる）。

▽住宅街から火の手が**上がった**（↓炎が見える）。

▽真っ赤な炎を**上げて**燃える（＝よく目立つ）。

㋖**上げたり下げたり**＝ほめたりけなしたり

頭が**上がらない**＝従属している

うだつが**上がらない**＝世間的に成功しない

重い腰を**上げる**＝ようやく行動を開始する

株が**上がる**＝評判がよくなる

名を**上げる**＝名声を博する

熱を**上げる**＝夢中になっている

槍玉に**上がる**＝集中攻撃を受ける

～を棚に**上げて**＝～の責任は取らないで

❺現在おこなっている。「上映・上演・上場・途上」

㋖血道を**上げる**＝無我夢中になる

❻申しあげる。「口上・言上・上申・呈上・返上」

❼そのあたり。「一身上・史上・席上・物上」

## 挙 10画 7級

**音読み** キョ

**訓読み** あ－げる・あ－がる（こぞ－る・こぞ－って）

**成り立ち** 形声。旧字は「擧」で、手＋與。両手で物を高く持ち上げる。

**意味** ❶高く持ちあげる。「挙火」

▽重量**挙げ**（＝両手で高々と持ちあげる）。

▽わかった人は手を**挙げ**なさい（＝提示する）。

❷堂々と目立つようにおこなう。「快挙・挙行・挙式・挙動・挙兵・暴挙」

▽二人は来年結婚式を**挙げる**（＝行う）。

▽源頼朝は鎌倉で兵を**挙げ**た（→戦闘開始する）。

㊞軍配を**挙げる**＝勝ちを決める

❸取りたてて見せる。「科挙・推挙・選挙」

❹並べて広く示す。「挙証・挙例・枚挙・列挙」

▽例を**挙げる**（＝示す）。

▽証拠は**挙が**ってるんだぞ（＝発見される）。

▽自分の長所を**挙げ**てごらん（＝数えあげる）。

❺捕まえて見せる。「検挙」

▽刑事は苦労の末、犯人を**挙げ**た（＝検挙する）。

❻残らず尽くす。「一挙・挙国一致・挙党体制」

▽遭難者の発見に全力を**挙げる**（＝尽くす）。

▽万博は国を**挙げ**て行われた（→国民一丸となって）。

▽諸手を**挙げ**て賛成だ（→万歳して）。

## 揚 12画 3級

**音読み** ヨウ

**訓読み** あ－げる・あ－がる

**成り立ち** 形声。手＋昜。太陽が威勢よく昇る。

**意味** ❶ゆっくり上に行く。「掲揚・揚力・抑揚」

▽東京湾に花火が**揚が**った（＝打ち上げる）。

▽広場でたこを**揚げ**て遊ぶ（→風に乗せて）。

▽国旗がするすると**揚が**っていく（＝ゆっくり上へ）。

▽漁港にサンマが**揚が**った（＝水揚げされる）。

▽水**揚げ**高（→収入）。

▽芸者を**揚げ**て遊ぶ（＝呼ぶ）。

㊞陸へ**揚が**った河童＝無力で何もできないたとえ

❷気分が高まる。「鷹揚・高揚・発揚・浮揚策・悠揚」

▽応援団の意気は**揚が**っている（→威勢がよい）。

▽試合を前に気勢を**揚げる**（→大声で鼓舞する）。

❸みなに明らかにする。「賞〔称〕揚・宣揚・揚言」

❹油で火が通る、火を通す。

▽カツがからっと**揚が**った（＝油で火が通る）。

▽とんびに油**揚げ**をさらわれる。

†❹は漢字本来の意味ではない。

## 騰

20画　準2級　⇩のぼる・のぼす・のぼせる

**音読み**　トウ

**訓読み**　（あ−がる・のぼ−る）

**成り立ち**　形声。馬＋朕。馬が勢いよく跳ねあがる。

**意味**　❶躍りあがる。「高騰・騰貴・沸騰・暴騰」

▽物価が**騰がって**生活が苦しい（＝急に高くなる）。

▽円がまた**騰がった**（→外貨に対して）。

▽相場が**騰がって**大もうけした。

# あきる

飽（倦・厭）

**使い分けマニュアル**　「**飽きる**」は一般に広く用いられる。「**倦きる**」は疲れはてたような場合に。「**厭きる**」はやり過ぎて嫌になった場合に。

勉強に飽きた。（二時間やっている）

勉強に倦きた。（頭も体も疲れた）

勉強に厭きた。（もう何十年もやっている）

## 飽

13画　3級

**音読み**　ホウ

**訓読み**　あ−きる・あ−かす

**成り立ち**　形声。食＋包。腹がふくれるほど食べる。

**意味**　❶十分味わって満足する。「飽食・飽満・飽和」

▽マツタケを**飽きる**ほど食べたい（→思う存分）。

▽ワカメの味噌汁はもう**飽きた**よ（＝うんざり）。

▽彼は何をやってもすぐ**飽きる**（＝続かない）。

▽私のこと、もう**飽きた**の？（＝嫌いになる）

▽彼は万事に**飽きっ**ぽい（→根気がない）。

▽職人は一日中働いて**飽きる**ことがない（＝満足する）。

▽その映画は何度見ても**飽きない**（→おもしろい）。

▽**飽く**なき欲求（→とどまるところを知らない）。

## 倦

10画　準1級

**音読み**　ケン

**訓読み**　う−む・あ−きる・あぐ−む・つか−れる

**成り立ち**　形声。人＋巻。疲れて体を丸くした人。

**意味**　❶疲れる。あきる。「厭倦・倦怠」

▽文豪は読書に**倦きる**と海岸を散策した（＝疲れる）。

▽メンドリは毎日卵を抱いて**倦きる**ことがない（＝嫌に

ならない）。

## 厭 14画 準1級 ⇩いや

**音読み** エン・オン・ヨウ

**訓読み** おさ-える・いと-う・あ-きる・いや

**成り立ち** 会意。厂＋猒。脂肪の多い肉を食べあきて、胸が重苦しい。

**意味** ❶やり過ぎていやになる。「学而不厭」

▽孔子はいくら勉学しても**厭きる**ということがない（＝いやにならない）。

❷嫌いになる。「厭人・厭世・厭離穢土」

❸おおいかぶさる。「厭厭・厭然・厭服」

# あく・あける

開・空・明

**使い分けマニュアル** 「**開く**」は閉じていたものが開放する場合に。「**空く**」はその結果できた空間に着目する場合に。「**明く**」はその結果が好ましい場合に。

「**開ける**」「**空ける**」「**明ける**」は「あく」の使い方に準ずるが、自動詞は「**明ける**」のみ。

部屋を開ける。（部屋の扉を鍵で）

部屋を空ける。（留守にする）

部屋を明ける。（きれいに片づけて引っ越す）

| 使用漢字 | 自動詞 | | 他動詞 |
|---|---|---|---|
| 開空 | あく | ー | あける |
| 明 | あく | あける | あける |

## 開 12画 8級

**音読み** カイ

**訓読み** ひら-く・ひら-ける・あ-く・あ-ける（はだか-る・はだ-ける）

**成り立ち** 会意。門＋幵。門を両手でひらく。

**意味** ❶閉じていたものをひらいて何かをする。「開花・開巻・開眼・開通・開封・開腹・開閉・開放・公開・再開・打開・展開・満開」

▽電車が止まるとドアが**開**いた（→通れるように）。

▽その鍵でやっと金庫の扉が**開**いた。

▽大きく目を**開け**て見ろ（→見えるように）。

▽金庫の鍵を**開ける**（→ふたをひらく）。

▽手紙の封を**開ける**（→中身を読む）。

▽カニ缶を**開け**よう（→中身を食べる）。

▽玄関は十一時まで**開け**てある（↓通れる）。

㊎**開い**た口がふさがらない＝あきれて物が言えない

❷何かの機能を始める。「開演・開会・開館・開業・開港・開国・開催・開始・開場・開設・開店・開幕」

▽デパートは十時に**開く**（↓営業開始する）。

▽その芝居は三日に幕が**開く**（↓興行開始する）。

▽その店は一晩中**開い**ている（↓営業している）。

▽ペナントレースが幕を**開け**た（↓始まる）。

㊎**開け**てくやしき玉手箱＝期待はずれでがっかりする

ふたを**開ける**＝物事が始まる

❸きりひらく。「開化・開墾・開拓・開発・未開」

## 空

8画　10級　⇩から、すく・すける・すかす

**音読み**　クウ

**訓読み**　そら・あ-く・あ-ける・から（あな・うろ・うつ-ろ・むな-しい・す-く・うつ-ける）

**成り立ち**　形声。穴＋工。突き抜けて中に何もない。

**意味**　❶穴があいている。「空洞・中空」

▽歯と歯の間に隙間が**空い**ている（＝空間がある）。

▽電車とホームの間が広く**空い**ています。

▽水道管が破裂して道路に大穴が**空い**た。

▽戸棚を整理して一段**空け**た（＝空間を作る）。

▽主役の急病で舞台に穴が**空い**た（↓決定的欠陥が生じる）。

❷何も入っていない。「架空・空間・空虚・空席・空前・空想・空転・空白・空費・空腹・空砲・真空」

▽**空い**ている所に名前を書く（↓未記入）。

▽ボトルが一本**空い**た（↓全部飲む）。

▽**空い**たお銚子を倒しておく（↓からの）。

▽彼は一気にジョッキを**空け**た（↓飲み干す）。

▽隣の席を**空け**ておく（↓誰にも座らせない）。

▽（ホテルで）今晩部屋は**空い**てますか（↓誰も泊まっていない）。

▽ノートを一行ずつ**空け**て書く（↓一行おき）。

▽事務員の席が一つ**空い**ている（↓いるべき事務員がいない。欠員がある）。

▽手が**空い**たら手伝ってよ（↓ひまになる）。

▽（荷物を運ぶ）道を**空け**てくれ（↓どく）。

❸大きい。「空闊」

❹そら。「滑空・空気・空軍・空港・空襲・空中・空路・航空・時空・上空・低空・天空・碧空・領空」

## 明

8画　9級　⇩あかす・あかし

**音読み**　メイ・ミョウ（ミン）

**訓読み** あ-かり・あか-るい・あか-るむ・あか-らむ・あき-らか・あ-ける・あ-く・あ-くる・あ-かす

**成り立ち** 会意。まど＋月。暗い所ではっきり見える光。

**意味** ❶光があかるい。あかり。「光明・失明・照明・灯明・透明・明星・明暗・明月・明滅」

▽子犬の目が**明い**た（→見えるようになる）。

▽（相撲）ようやく片目が**明い**た（→一勝する）。

▽大きく背中が**明い**たドレス（→明るい空間ができる）。

▽居間の南に大きく窓を**明ける**（＝設置する）。

㊖埒が**明か**ない＝有意義な進展が見られない

❷あきらか。「解明・自明・証明・説明・鮮明・判明・不明・明快・明確・明細・明示・明白・明瞭・明朗」

❸かしこい。「英明・賢明・聡明・明君・明敏」

❹新しくなる。「未明・明春・明朝・明日・黎明」

▽やっと梅雨が**明け**た（＝終わる）。

▽休暇が**明ける**と社員がどっと戻ってくる。

▽まだ亡母の喪が**明け**ない（→終わらない）。

▽夜が**明け**た（→翌日になる）。

▽**明け**ましておめでとうございます（→新年になる）。

▽在学中は勉強に**明け**暮れた（→朝から晩まで）。

㊖**明け**ても暮れても＝四六時中

夜も日も**明け**ない＝何事も始まらない

❺神。「天地神明・明神」

# あし　足・脚（趾・肢）

**使い分けマニュアル** 「足」は一般に広く用いる。「脚」は物の下部を表す場合に。「趾」はあしあとに着目する場合に。「肢」は動物や昆虫などの場合に。

足が大きい。（靴のサイズが）
脚が大きい。（下半身が）
趾が大きい。（偉大な業績）
肢が大きい。（昆虫のあしが）

## 足　7画　10級

**音読み** ソク

**訓読み** あし・た-りる・た-る・た-す

**成り立ち** 象形。ひざから下の形。ぐいと縮んで進むあし。

**意味** ❶あし。「足跡・義足・蛇足・土足」

▽電車の中で**足**を踏まれた（＝足の甲）。

▽うちの息子は**足**が大きい（＝足裏の大きさ）。

▽柔道で**足**をくじいた（＝足首）。
▽正座していて**足**がしびれた（＝ひざから下）。
▽チーターは**足**が長い（＝四肢）。
▽たこの**足**はふつう八本ある（＝長い部分）。
▽二枚貝の**足**を俗に舌という（＝移動部分）。
▽コンパスの**足**を広げる（＝立てる部分）。
▽（数学）垂線の**足**をHとする（＝下ろした所）。

慣 **足**が地につく＝堅実である
**足**の踏み場もない＝非常に散らかっている
**足**をすくわれる＝不意に攻撃される
**足**を引っ張る＝他人の邪魔をする
**足**を棒にして＝非常に長い時間歩き疲れて
**足**を向けて寝られない＝感謝する気持ちでいっぱいである
手取り**足**取り＝懇切ていねいに
手も**足**も出ない＝まったく対処できない

❷足で進む。「遠足・快足・禁足・駿足・発足」
▽イチローは**足**が速い（＝走る能力）。
▽彼女は売り場の前で**足**を止めた（＝歩み）。
▽**足**が言うことを聞かない（↓歩けない）。
▽ふと飲み屋に**足**が向いた（↓つい行ってしまう）。
▽何度も**足**を運んでくどき落とした（↓訪ねる）。
▽不景気で客**足**が落ちた（↓訪れる数）。
▽ストで通勤客の**足**が奪われた（＝交通手段）。
▽運動の**足**並が乱れる（↓意見がまとまらない）。

慣 **足**が重い＝行く気にならない
**足**が遠のく＝行かなくなる
**足**が早い＝腐りやすい。売れ行きがよい
**足**の向くまま気の向くまま＝行く先を決めないで出かける
**足**を洗う＝悪い行為をきっぱりやめる
**足**をのばす＝ついでに立ち寄る
その**足**で＝出かけたついでに
二の**足**を使う＝第二弾のそなえを使う
二の**足**を踏む＝ためらう

❸十分にある。たりる。「自給自足・不足・満足」
❹度が過ぎる。「足恭」

## 脚

11画　4級

**音読み** キャク・キャ（カク）
**訓読み** あし
**成り立ち** 形声。肉＋却。ひざで後ろへ曲がりくぼむあし。
**意味** ❶ひざから下の部分。「行脚・脚気・脚線・脚力・脚光・馬脚・飛脚」

▽スキーに行って**脚**を折った（＝股と足首の間）。
▽電車の座席で**脚**を組まないでください。
▽彼女はとても**脚**が長い（＝腰から下）。
❷物の下部。「脚韻・脚注・橋脚・三脚」
▽机の**脚**が一本折れた（＝立てる部分）。
▽その飛行機は**脚**が出なくて胴体着陸した。
▽コンパスの**脚**を広げる（＝立てる部分）。
▽漢字の下部を**脚**という。
❸移動の様子。「雨脚・雲脚・健脚・船脚」
▽雨**脚**がはやい（＝移動速度）。
▽快い船**脚**の船だ。
❹立場。身分。「脚色・脚本・失脚・立脚」

## 趾

11画　1級　⇩あと

**音読み**　シ
**訓読み**　あし・あと・ねもと
**成り立ち**　形声。足＋止。じっと立ち止まるあし。
**意味**　❶ねもとにあるあし。「趾骨」
▽転んで**趾**指の骨を折った（↓足の指）。
❷物事のあと。「遺趾・城趾」

## 肢

8画　準2級

**音読み**　シ
**訓読み**　（てあし）
**成り立ち**　形声。肉＋支。胴体から分かれ出たてあし。
**意味**　❶てあし。「下肢・義肢・四肢・肢体」
▽この犬は交通事故で前**肢**を失った（↓前のあし）。
▽昆虫にはふつう**肢**が六本ある。
❷えだわかれした部分。「選択肢・分肢」

# あずかる・あずける

預（与）

**使い分けマニュアル**　「**預かる・預ける**」は物事を一時保管・管理する場合に。「**与る**」は物事にかかわる場合に。

この計画を預かっている。（管理・運営する）
この計画に与っている。（関係する）

| 使用漢字 | 自動詞 | 他動詞 | |
|---|---|---|---|
| 預 | ― | あずかる | あずける |
| 与 | あずかる | ― | |

## 預

13画　6級

**音読み**　ヨ

**訓読み**　あず－ける・あず－かる（あらかじ－め）

**成り立ち**　形声。頁＋予。人数にゆとりをもたせる。

**意味**　❶あらかじめ。「預言者・預度・預備」

❷信用して一時、託す。「預金・預託」

▽隣へ来た小包を**預かる**（＝一時保管する）。

▽銀行に金を**預ける**（＝管理を頼む）。

▽なくなるといけないから、お金は先生が**預か**っておこう（＝取り上げて保管する）。

▽（コンビニで）一万円お**預かり**します（＝お釣りを返すまで待たせる）。

▽（コンビニで）八五三円ちょうどお**預かり**します（＝「受け取る」の婉曲表現）。

▽（相撲）相手に体を**預け**て土俵際に寄った（↓体重をかける）。

❸管理・運営する。「参預」

▽（校長が父母に）私どもは大切なお子様をお**預かり**しております（＝管理を任されている）。

▽バスの運転手は乗客の命を**預か**っている。

▽私がこの家の留守を**預か**っている者です。

▽台所を**預かる**身としてはぜいたくはできない。

▽大石内蔵助は細川藩へお**預け**となった（＝管理下）。

▽（誘拐犯が）子供は**預か**った（＝支配する）。

▽その喧嘩、おれが**預かる**（＝一時中断する）。

▽辞表は**預か**っておこう（＝返事は後でする）。

▽この問題は君に**預ける**（＝結論を頼む）。

（慣）下駄を**預ける**＝判断や結論を一任する

## 与

3画　4級　⇩くむ(1)・くみ

**音読み**　ヨ

**訓読み**　あた－える（くみ－する・あずか－る）

**成り立ち**　象形。旧字は「與」で、二人が両手で持ちあげる。

**意味**　❶力を合わせる。「与党・与力」

❷関係する。「関与・寄与・参与」

▽今回のイベントの企画立案に**与る**（＝参加する）。

▽大家として店子の相談に**与る**のは当然だ。

▽彼の努力が大いに**与**って力があった。

❸あたえる。「給与・授与・賞与・贈与・投与」

# あだ （仇・徒・敵）

**使い分けマニュアル** 「仇」は恨みを抱いている相手や悪い結果の場合に。「徒」はむだの意の場合。「敵」は自分に害を加えた相手の場合に。

～が仇になる。（～のために悪い結果になる）
～が徒になる。（～がむだになる）
～が敵になる。（～が恨みの対象となる）

## 仇 4画 準1級

**音読み** キュウ

**訓読み** かたき・あだ・つれあい

**成り立ち** 形声。人＋九。一か所に集まった仲間。

**意味** ❶つれあい。「仇偶」

❷自分に害を加えたもの。「仇恨・仇敵・復仇」

▽主家に**仇**なす不逞の輩（↓害をなす）。

▽奴を怒らせると後で**仇**をされるぞ（↓仕返しする）。

▽自分の意見が入れられないのを**仇**に思う（↓恨む）。

▽日本人は**仇**討ちを好むと思われている（＝かたき討ち）。

㊝恩を**仇**で返す＝好意に対して悪い報いをする

情けが**仇**になる＝好意でしたことが逆効果になる

芸が身の**仇**＝一芸を持っていることがかえってマイナスになる

## 徒 10画 7級

**音読み** ト（ズ）

**訓読み** （かち・いたずら-に・ともがら・あだ・ただ・むだ）

**成り立ち** 形声。止＋彳＋土。土に足をつけて一歩一歩歩く。

**意味** ❶足で歩く。「徒御・徒行・徒歩」

❷何も使わない。「徒手・徒取」

❸むだ。「徒死・徒食・徒然・徒長・徒費・徒労」

▽先輩のアドバイスを**徒**にする（＝むだ）。

▽ご親切は決して**徒**や疎かには思いません（↓いい加減）。

▽**徒**花の好景気に踊らされるな（↓帳簿上だけの実態のない好景気）。

❹弟子。仲間。「教徒・信徒・生徒・徒弟・徒党・暴徒」

❺労役。「徒役・徒刑」

## 敵

15画　6級

**音読み**　テキ

**訓読み**　かたき（あだ・かな－う）

**成り立ち**　形声。攴+啻。まともに向かい合う相手。

**意味**　❶向かい合う。「匹敵・不敵・無敵」

❷戦争や競争の相手。「外敵・強敵・政敵・大敵・敵国・敵状・敵陣・敵前・敵地・敵兵・難敵・論敵」

❸自分に害を加えたもの。「仇敵・宿敵・敵意・敵愾心・敵視・敵対・天敵」

▽主君の**敵**を討つ（＝かたき）。

## あたい　価・値

**使い分けマニュアル**　「価」はものの値段の場合に。「値」はねうち、数値の場合に。

～の価を問う。（値段）

～の値を問う。（ねうち。数値）

## 価

8画　6級

**音読み**　カ

**訓読み**　あたい

**成り立ち**　形声。旧字は「價」で人+賈。人がするあきないの値段。

**意味**　❶物の値段。「安価・価格・原価・高価・市価・時価・単価・地価・定価・物価・廉価」

▽商品に**価**をつける（＝値段）。

▽先生はその骨董品の**価**の見当をつけた。

❷ねうち。「価値・代価・真価・等価・評価」

## 値

10画　5級

**音読み**　チ（チョク）

**訓読み**　ね・あたい（あ－う）

**成り立ち**　形声。人+直。目をまっすぐぴたりとあてて見る。

**意味**　❶まともに出あう。「値遇」

❷まともにあたる。「値宿」

❸値段。ねうち。「価値」

▽その映画は一見に**値**する（→見る価値がある）。

▽収賄は政治家として万死に**値**する（→非常に重大な犯

罪行為である)。
▽**値**千金のホームラン(↓とても価値のある)。
❹数の大きさ。「近似値・数値・絶対値・偏差値」
▽xの**値**を求めよ(=数値)。
▽4a+5b+2cの**値**を求める。
▽(論理学)属性の**値**を調べる(=相当する内容)。

## あたたか・あたたかい

温・暖

**使い分けマニュアル** 「**温か・温かい**」は中にこもったあたたかさや心の中の愛情の場合に。「**暖か・暖かい**」は日差しなど気候があたたかい場合に。

温かい家。(思いやりのある家族がいる)
暖かい家。(暖房がよく効いている)

### 温

12画 8級 ⇩ぬるい

**音読み** オン(ウン)

**訓読み** あたた-か・あたた-かい・あたた-まる・あたた-める(ぬく-い・ぬる-い・ぬく-める・ぬく-まる・たず-ねる・つつ-む)

**成り立ち** 形声。旧字は「溫」で、水+昷。器の中にこもった水蒸気。

**意味** ❶むっとする蒸し暑さ。「温気」
❷ほっとする適度な高温。「温灸・温血・温室・温床・温泉・温帯・温暖・温湯・温浴・温和・微温・保温」
▽**温かい**風呂の中で手足を伸ばす(↓水)。
▽**温かい**御飯と味噌汁が食べたい(↓食物)。
▽赤ん坊の体はとても**温かい**(↓体)。
❸あたたかさの度合い。「温度・気温・検温・高温・室温・常温・水温・体温・低温・適温」
❹性格がおだやか。「温雅・温顔・温厚・温順・温情・温存・温良・温和」
▽母は**温かい**心の持ち主だ(=思いやりがある)。
▽彼は**温かい**家庭に育った(=愛情に満ちた)。
▽この作品には人間と動物の**温かい**交流がある。
▽その施設には**温かい**雰囲気があった。
▽彼女は一行を**温かく**出迎えた(=心のこもった)。
▽手作りの品には大量生産の品にない**温かみ**がある(↓一つ一つ個性があって人間的である)。
❺たずねる。「温故知新・温習」

## 暖

13画　5級

**音読み** ダン（ノン）

**訓読み** あたた-か・あたた-かい・あたた-まる・あたた-める

**成り立ち** 会意。日+爰。ぬくぬくとやわらかくあたたかい。

**意味** ❶ぬくぬくとした適度な高温。「暖帯・暖冬・暖流・暖房・暖炉・暖簾・温暖・寒暖・春暖」

▽今日はとても**暖かい**（→気温）。

▽春の**暖かい**日差しを浴びる（→空気）。

▽羽毛ふとんで**暖かい**冬を過ごす（→環境）。

▽**暖か**そうな毛皮のコート（→着ると暖かく感じる）。

▽夫の布団は空だったが、まだ**暖かみ**が残っていた（→体温）。

❷のびやか。「暖気」

# あたる・あてる

当・充・宛*（中・抵）

**使い分けマニュアル** 「**当たる**」は物理的に衝突する場合、日光などが照らす場合、くじなどに当選する場合に。「**中たる**」は毒などに中毒する場合に。「**抵たる**」は障害にふれる場合、ねうちがある場合に。

「**当てる**」は物理的に衝突させる場合、日光などにさらす場合、的中させる場合に。「**充てる**」は利用する場合に。「**宛てる**」は手紙のあてなの場合に。「**中てる**」は中毒させる場合に。

彼らに当てられた。
（指名された。車に撥ねられた）
彼らに充てられた。（いいように利用された）
彼らに宛てられた。（手紙を送られた）
彼らに中てられた。（いい仲を見せつけられた）

| 使用漢字 | 自動詞 | 他動詞 |
|---|---|---|
| 当 中 | あた\|る | あて\|る |
| 充 | ― | あて\|る |
| 宛 | ― | あて\|る |
| 抵 | あた\|る | ― |

## 当

6画　9級

**音読み** トウ

**訓読み** あ-たる・あ-てる（まさ-に～べし）

**成り立ち** 形声。旧字は「當」で、田＋尚。開いた田畑の面積をぴたりと押しあてる。

**意味** ❶直面する。「該当・勘当・芸当・見当・担当・当該・当局・当事者・当選・当直・当番」

▽フリスビーが人に**当たっ**た（＝ぶつかる）。

▽波が岸辺の岩に**当たっ**てしぶきをあげた。

▽打球を足に**当てる**（＝不注意で衝突させる）。

▽通勤途中に**当て**逃げされる（→車に撥ねられる）。

▽馬にむちを**当てる**（＝打つ）。

▽その家は日がよく**当たる**（＝照らす）。

▽矢が的の図星に**当たっ**た（＝命中する）。

▽母の勘はよく**当たる**（＝的中する）。

▽宝くじで一万円**当たっ**た（＝当選する）。

▽その映画は**当たり**に**当たっ**た（＝客がよく入る）。

▽（野球）松井は**当たっ**ている（＝よく打つ）。

▽親不孝をすると罰が**当たる**（→悪い報いがある）。

▽国語の時間に三回**当て**られた（＝指名する）。

▽来週は掃除当番に**当たっ**ている（＝割り振られる）。

（慣）**当たっ**て砕けろ＝挑戦してみないと結果はわからない

**当たら**ずさわらず＝なるべく刺激しないようにして

**当たら**ずといえども遠からず＝的中してはいないが、全然間違ってもいない

犬も歩けば棒に**当たる**＝思いがけない災難〔幸運〕に出あう

一山**当てる**＝思いがけず一財産作る

日の**当たら**ない場所＝注目されず冷遇される場所

山を**当てる**＝（試験の）予想が的中する

❷つりあう。「充当・相当・抵当・適当・日当・配当」

▽わが校は初戦で優勝候補と**当たっ**た（＝対戦する）。

▽シードとは有力選手を早いうちに**当て**ないための方策である（＝対戦させる）。

▽全力を挙げて難局に**当たる**（＝対処する）。

▽一坪は三、三平米に**当たる**（＝相当する）。

（慣）**当たる**をさいわい＝手あたり次第

❸そうあるべきである。「穏当・順当・正当・妥当・当然・不当・本当」

❹その時に応じる。「当意即妙・当初・当惑」

❺その。この。「当座・当時・当日・当節・当人・当年・当分・当面」

## 充

6画　準2級　⇩みちる・みたす

**音読み** ジュウ（シュウ）

**訓読み** あ-てる（み-つ・み-ちる・み-たす）

**成り立ち** 形声。𠫓＋儿。子供が肉づきよく成長する。
**意味** ❶いっぱいになる。「充血・充実・充足・充填・充電・充分・充満」
❷みっちりとあてがう。「充当・拡充・補充」
▽暇な時間を読書に**充てる**（＝利用する）。
▽同音異義語に漢字を**充てる**（＝充当する）。
▽地区の見回りに元気なお年寄りを**充てる**。

## *宛 8画 2級

**音読み** （エン）
**訓読み** あ-てる（あたか-も・さなが-ら・ずつ）
**成り立ち** 形声。宀＋夗。屋根の下に丸くかがむ。
**意味** ❶曲がる。「宛々・宛然・宛転」
❷手紙の届く先を示す。
▽母に**宛て**て手紙を出した（→手紙の相手）。
▽手紙の**宛**先が間違っていた。
▽**宛**名は封筒の中央に大きめの文字で書く。
†❷は漢字本来の意味ではない。

## 中 4画 10級 ⇩うち、なか

**音読み** チュウ・ジュウ*
**訓読み** なか（あ-たる・あ-てる）
**成り立ち** 象形。旗ざおを枠の中心に突き通す。
**意味** ❶まんなか。「中央・中華・中核・中堅・中原・中軸・中心・中枢・中点」
❷物と物の間。「中間・中継・中耳・中秋・中旬・中性・中段・中年・中腹・中盤・中庸・中立・中流」
❸うちがわ。「暗中・海中・渦中・眼中・空中・劇中・山中・車中・手中・術中・心中・水中・地中・中空・熱中・夢中」
❹ある状況のもと。「寒中・忌中・最中・暑中・中止・中絶・中断・中途・道中・途中・日中・病中・旅中」
❺つらぬき通す。「中傷・中毒・的中・必中・命中」
▽フグの毒に**中**たった（＝中毒する）。
▽奴の毒気に**中て**られるな（→悪い影響を受ける）。
▽あの二人にはさっきから**中て**られっぱなしだよ（＝焼き餅を焼かせる）。

## 抵 8画 4級

**音読み** テイ（シ）
**訓読み** （あ-たる・ふ-れる・さか-らう・う-つ）
**成り立ち** 形声。手＋氐。隙間なく届いてぬきさしならない。
**意味** ❶とどく。「大抵」

❷ふれる。「抵触」
▽その取引のやり方は法に**抵たる**（↓違法である）。
❸値する。「抵当」
▽家書万金に**抵たる**（＝ねうちがある）。
❹押しのける。「抵抗・抵排」

## あつい(1)

厚（篤）

**使い分けマニュアル** 「**厚い**」は物理的に物の奥行きがある場合、抽象的に程度が高い場合に。「**篤い**」は誠意があるという意の場合、病気が重い場合に。

神を厚く信仰する。（揺るがない）
神を篤く信仰する。（熱烈である）

| | 使用漢字 | アクセント |
|---|---|---|
| (1) | 厚 篤 | あつい(1) |
| (2) | 暑 熱 | あつい(2) |

### 厚 9画 6級

**音読み** コウ
**訓読み** あつ－い
**成り立ち** 会意。ぶあつく盛った土。
**意味** ❶丁重な。「温厚・厚誼・厚遇・厚情・篤厚」
▽高山右近はキリスト教を**厚く**信仰した（＝深い）。
▽彼は部長の信任が**厚い**（＝大きい）。
▽下町の人は人情に**厚い**（↓思いやりがある）。
▽一行は**厚い**もてなしを受けた（↓豪勢な）。
▽**厚く**御礼申し上げます（＝たいへん）。
❷物の奥行きがある。「重厚・濃厚・肥厚」
▽拘置所の**厚い**壁が取り払われた。
▽羽生名人の壁は**厚い**（↓超えられない）。
▽月は**厚い**雲におおわれている。
▽化粧が**厚い**のは感心しない（＝濃い）。
▽サモエド犬は**厚い**毛をしている（＝深い）。
▽アメリカは陸上選手の層が**厚い**（↓多数）。
㊎面の皮が**厚い**＝恥を知らない
❸豊かにする。「厚生・豊厚」

### 篤 16画 3級

**音読み** トク
**訓読み** （あつ－い）
**成り立ち** 形声。馬＋竹。太って充実した馬。

意味 ❶誠意がある。「篤厚・篤志家・篤実・篤信」
▽彼は信仰心が篤い（＝深い）。
▽教授から篤い恩顧をたまわった（→ごひいき）。
❷病気が重い。「危篤」
▽文豪は病篤く、床に臥した。

# あつい(2)

暑・熱

**使い分けマニュアル** 「暑い」は気温・室温など環境温度を高く感じる場合に。「熱い」は触覚で感じた熱や心理的な熱の場合に。

暑い風。（気温が三十度以上ある）
熱い風。（エアコンの室外機が近くにある）

†「あつい(1)」「あつい(2)」の使い分けは27ページ参照。

## 暑

12画 8級

音読み ショ

訓読み あつ-い

成り立ち 形声。日+者。日光が集中してあつい。

意味 ❶気温が高い。「炎暑・寒暑・酷暑・残暑・暑気・避暑・猛暑」
▽今年の夏は暑い（＝気温が高い）。
▽暑い盛りに出かける（＝日差しが強い）。
▽この部屋は窓がなくて暑い（＝室温が高い）。
㊎暑さ寒さも彼岸まで＝夏の暑さも冬の寒さも彼岸を過ぎるとやわらぐ
❷気温の高い季節。「向暑・小暑・処暑・暑中・大暑」

## 熱

15画 7級

音読み ネツ

訓読み あつ-い（ほて-る・いき-る・ほとぼり）

成り立ち 形声。火+埶。火が燃えてあつい。

意味 ❶温度が高い。「炎熱・温熱・灼熱・焦熱・熱気・熱源・熱砂・熱線・熱帯・熱湯・熱病・熱風」
▽窯を開けると熱い空気が顔を打つ（→熱気）。
▽暑い日には熱い煎茶が飲みたい（→液体）。
▽（お酌）お熱いのをどうぞ（→熱燗）。
▽額に手をあてたら熱かった（＝高熱）。
▽興奮して顔が熱くなった（→上気）。
▽胸に熱いものがこみあげてきた（→感動）。
▽まぶたが熱くなった（→涙が出る）。

㊖**熱く**なる＝腹を立てる。熱中する
　**熱い**戦争＝武力行使による戦争
　鉄は**熱い**うちに打て＝物事は初めが肝心である
❷体温。「解熱・高熱・熱病・発熱・微熱・平熱」
❸エネルギー。「加熱・過熱・光熱費・地熱・耐熱・断熱・熱量・放熱・余熱」
❹夢中になる。「情熱・熱愛・熱意・熱演・熱気・熱狂・熱情・熱心・熱戦・熱中・熱弁・熱望・熱烈・白熱」
▽おれの**熱い**血潮をわかってくれ（→情熱）。
▽故国への**熱い**思いを語る（→熱烈な愛情）。
▽あの二人はお**熱い**（＝恋愛関係）。

## あつまる・あつめる　集（聚・輯・蒐）

**使い分けマニュアル**　「**集まる**」はすべての場合に。「**聚まる**」は人があつまる場合に。
「**集める**」はすべての場合に。「**聚める**」は人を呼びあつめる場合に。「**輯める**」はたくさんあつめて本などにする場合に。「**蒐める**」は趣味で珍しいものを収集する場合に。

本を集める。（手当たりしだいに）
本を輯める。（資料として編纂する）
本を蒐める。（趣味で希少価値の本を）

| 使用漢字 | 自動詞 | 他動詞 |
|---|---|---|
| 集　聚 | あつ｜まる | あつ｜める |
| 輯　蒐 | ― | あつ｜める |

### 集　12画　8級

**音読み**　シュウ
**訓読み**　あつ－まる・あつ－める・つど－う（すだ－く・たか－る）
**成り立ち**　会意。隹＋木。たくさんの鳥が木の上にあつまる。
**意味**　❶あつまる。あつめる。「群集・採集・集会・集計・集合・収集・集団・集中・集落・募集・密集」
▽被災地に全国から物資が**集まった**（＝結集する）。
▽カリフラワーは小さなつぼみの**集まり**だ（＝凝集）。
▽落ち葉を一か所に**集めて**焚く（＝まとめる）。
▽虫眼鏡で太陽光線を**集める**（＝集中させる）。
▽浜辺できれいな貝がらを**集めた**（＝収集する）。
▽町内会費を**集める**（→全員から徴収する）。

▽委員は会議室に**集まって**ください（＝集合する）。
▽日本全国から同志を**集める**（＝募る）。
▽今夜町内会の**集まり**がある（↓会合）。
▽世間の注目を**集める**（↓みんなが注目する）。
▽交通遺児に同情が**集まる**。
▽そのタレント候補は有権者の支持を**集めた**。
▽浅田真央選手は日本中の期待を一身に**集めて**いる。
慣 一堂に**集める**＝一か所にまとめられる
衆知を**集める**＝多くの人に知恵を借りる。多くの人が集まって考える
❷あつめたもの。「歌集・詩集・全集・特集・文集」

## 聚
14画　1級

**音読み** シュウ・ジュ
**訓読み** あつ-まる・あつ-める・なかま・たくわ-え・むらざと
**成り立ち** 会意。取＋人＋人＋人。多くの人が一か所にあつまる。
**意味** ❶人があつまる。「群聚・聚落・聚楽第・類聚」
▽広場に人が**聚まって**いる（↓群集）。
▽校長は全教師を講堂に**聚めた**（＝招集する）。
▽物は類を以て**聚まる**（↓似たようなものは自然に寄ってくる）。

## 輯
16画　準1級

**音読み** シュウ
**訓読み** あつ-める・やわ-らぐ
**成り立ち** 形声。車＋咠。車輪の中心に車軸があつまる。
**意味** ❶あつめて本を作る。「纂輯・編輯」
▽古今の名句を**輯めて**詩集を編む（＝編集する）。
❷やわらげる。「輯々・輯柔・輯寧・輯睦」

## 蒐
13画　準1級

**音読み** シュウ
**訓読み** あつ-める・か-り
**成り立ち** 会意。草＋鬼。しわを寄せてあつめる。
**意味** ❶あつめる。「蒐集・蒐輯」
▽祖父の趣味は骨董品を**蒐める**ことだ（＝苦労して収集する）。
▽東北の民話を**蒐めた**本。
▽検察側は証拠を**蒐め**なければならない。
❷狩りをする。「蒐田・蒐獮」

# あと

## 後・跡・痕*（趾・址）

**使い分けマニュアル** 「**後**」は時間的・空間的に後方である場合に。「**跡**」はしるしとして残っている場合に。「**痕**」は体に残っている場合に。「**趾**」はくっきりと残っている場合に。「**址**」は遺跡の土台石の場合に限る。

戦争の後。（終わってから）
戦争の跡。（荒れ果てた大地）
戦争の痕。（体に残った負傷）
戦争の趾。（おびただしい軍靴のしるし）
戦争の址。（古代の戦場）

## 後

9画　9級　⇩おくれる

**音読み** ゴ・コウ

**訓読み** のち・うしーろ・あと・おくーれる（しり）

**成り立ち** 会意。彳＋夊＋幺。少しずつ行っておくれる。

**意味** ❶おくれる。「後学・後進・後発・後家」

❷時間的にあと。「以後・雨後・後悔・後期・後継・後任・後輩・午後・後日・今後・最後・食後・生後・戦後・直後・没後・老後」

▽じゃあ、**後**でまた会おう（↓これから）。
▽ぼくは**後**から行くよ（↓遅れて）。
▽帰るから**後**を頼む（＝事後処理）。
▽**後**はどうなろうと知ったことか（＝結果）。
▽**後**から考えてみると、その日の彼の素振りはおかしかった（↓回顧）。
▽嵐の**後**にはなぎが来る（＝その次に）。
▽難しい問題を**後**に回す（↓順序を遅らせる）。
▽**後**から**後**から客がやって来る（↓次々に）。
▽佐藤先生の**後**は加藤先生が引き継ぐ（＝後任）。
▽彼は父親の仕事の**後**を継いだ（↓実質を）。
▽鎌倉幕府の源氏は三代で**後**が絶えた（＝子孫）。

慣 **後**にも先にも＝未来にも過去にも
**後**の雁が先になる＝後輩が先輩を追い越す
**後**の祭り＝手遅れ
**後**は野となれ山となれ＝結果については責任は負わない
**後**先を考えない＝原因や影響を考えない

❸空間的にうしろ。「後逸・後衛・後援・後退・後半・後編・後方・後光・銃後・背後」

▽子供は母親の**後**について行った（↓追う）。

▽刑事はすりの**後**をつけた（↓見失わないよう）。
▽故郷を**後**にする（↓出る）。
㊞**後**には引けない＝やめられない。積極的にせざるをえない
**後**がない＝追いつめられる

## 跡 13画 4級

**音読み** セキ（シャク）
**訓読み** あと
**成り立ち** 会意。足＋亦。間隔をおいて続く足あと。
**意味** ❶あしあと。「軌跡・形跡・足跡・追跡」
▽雪の上に獣の通った**跡**がある（＝あしあと）。
▽ガラスに指の**跡**をつけるな（＝指紋）。
▽畳にたんすの**跡**が残っている（＝痕跡）。
㊞**跡**を絶たない＝（悪いことが）なくならないで続く様子
立つ鳥**跡**を濁さず＝立ち去ったあと、見苦しくないようにするたとえ
❷物事があったあと。「遺跡・奇跡・旧跡・行跡・航跡・史跡・事跡・戦跡・筆跡」
▽城壁は戦火の**跡**をとどめている（＝崩れた傷）。
▽泥棒が入った**跡**がある（↓かきまわされている）。
▽うるわしい水茎の**跡**（↓毛筆で書かれた手紙）。
▽努力の**跡**が見られない（↓努力した様子がない）。

## *痕 11画 2級

**音読み** コン
**訓読み** あと
**成り立ち** 形声。疒＋艮。止まって動かないあざ。
**意味** ❶残っているあと。「血痕・痕跡・墨痕」
▽腹部に手術の**痕**がある（＝縫い目）
▽腕にやけどが**痕**になって残っている（＝傷）。

## 趾 11画 1級 ⇩あし

**音読み** シ
**訓読み** あし・あと・ねもと
**成り立ち** 形声。足＋止。じっと立ち止まるあし。
**意味** ❶ねもとにあるあし。「趾骨」
❷物事のあと。「遺趾・城趾」
▽戦争の**趾**が荒れ果てた大地に残っている（↓くっきりと）。
▽古代の砦**趾**を発見した（＝台石などのくぼみ）。

## 址 7画 1級

**音読み** シ

**訓読み** あと
**成り立ち** 形声。土＋止。じっと止まった建物の土台。
**意味** ❶いしずえ。「基址」
❷残っているあと。「遺址・旧址・古址・城址」
▽古い**城の址**を測量する（＝土台石）。

## あな　穴（孔）

**使い分けマニュアル** 「穴」は一般に広く用いられる。「孔」は向こう側に通じている小さいあなの場合のみ。
壁に穴があいた。（クギが抜け落ちた）
壁に孔があいた。（ネズミの通り道）

### 穴
5画　5級
**音読み** ケツ
**訓読み** あな
**成り立ち** 会意。宀＋八。ほらあなを掘り分ける。
**意味** ❶くぼんだ所。「虎穴・洞穴・風穴・墓穴」
▽庭に**穴**を掘って堆肥を作る（＝くぼんだ所）。
▽娘は金魚の死骸を**穴**に埋めた。
▽道路に大きな**穴**があいた（＝陥没部分）。
▽近くにキツネ**穴**がある（＝巣）。
▽このチームは捕手が**穴**だ（＝弱点）。
▽その論文には**穴**がある（＝論理的欠陥）。
▽（競馬）第四レースは大**穴**が勝った（↓人気薄）。
㊜**穴**があったら入りたい＝恥ずかしくていたたまれない
同じ**穴**のむじな＝同じ一派に属する悪党
帳簿に**穴**をあける＝経理上欠損を作る
**穴**場＝人があまり知らないような場所
❷突き抜けている所。「穴見」
▽その山には有毒ガスの吹き出る**穴**があった（＝欠損部分）。
▽セーターに虫食いの**穴**があいた。
▽けつの**穴**の小せえ野郎だ（↓度胸がない）。
㊜**穴**のあくほど見る＝凝視する
❸人体の急所。「灸穴・穴餘」

### 孔
4画　3級
**音読み** コウ（ク）
**訓読み** （あな・はなは-だ）
**成り立ち** 会意。子＋乚。細いあなが通っている。

**意味** ❶突き抜けた所。「眼孔・気孔・穿孔・瞳孔・鼻孔」

▽針の**孔**に糸を通す（＝小さくて突き抜けた空間）。

▽ネズミが壁に**孔**をあけた。

▽鼻の**孔**を広げて得意がる。

▽耳の**孔**をかっぽじってよく聞け。

㊝針の**孔**から天のぞく＝自分だけの狭い考えで世の中を見る

## あぶら　油・脂（膏）

**使い分けマニュアル**　「油」は常温で液体のものの場合に。「脂」は動物の体に蓄積しているものとそれからしみ出たものの場合に。「膏」は特殊な慣用句の場合のみ。

油が燃える。（石油か菜種油が）

脂が燃える。（ヘットかラードが）

膏が燃える。（野焼きした遺体の脂肪が）

### 油

8画　8級

**音読み**　ユ（ユウ）

**訓読み**　あぶら

**成り立ち**　形声。水＋由。壺の口から流れ出る液体。

**意味** ❶あぶら。「給油・軽油・原油・香油・重油・醤油・石油・注油・灯油・油脂・油性・油断・油田」

▽菜種の**油**を搾る（＝植物油）。

▽台所の壁には**油**のしみがついている（＝食用油）。

▽昔は鯨から**油**をとっていた（＝鯨油）。

▽漂流している**油**を回収する（＝原油）。

▽髪に**油**をつけてとかす（＝整髪料）。

▽ベアリングに**油**を差す（＝機械油）。

▽どうやら**油**が切れたらしい。

㊝**油**を売る＝むだな時間をつぶす

**油**を流したよう＝海が一面にないでいる様子

火に**油**を注ぐ＝悪い状態がいっそうひどくなる

水と**油**＝正反対で溶け合わない

❷ゆたか。「油然・油々」

### 脂

10画　4級

**音読み**　シ

**訓読み**　あぶら（やに・べに）

**成り立ち**　形声。肉＋旨。こってりと充実したあぶら肉。

**意味** ❶あぶら。「牛脂・凝脂・脂肪・樹脂・油脂」

▽マグロの身で**脂**の多いところをトロという（＝脂肪分）。
▽すき焼きは最初に**脂**を焼く（＝ヘット）。
▽このサンマは**脂**がのっている（＝皮下脂肪）。
▽午後になると鼻のまわりに**脂**が浮く（＝皮脂）。
慣 **脂**がのっている＝好調である
❷べに。「臙脂・紅脂・脂粉」

## 膏

14画　準1級

**音読み** コウ
**訓読み** あぶら・こ－える・うるお－す・めぐ－む
**成り立ち** 形声。肉＋高。白いあぶらののった肉。
**意味** ❶あぶら。「膏薬・石膏・軟膏・絆創膏」
▽国民の血と**膏**を絞る（＝生命・財産）。
慣 **膏**を搾られる＝きつく説教される
❷うるおす。「膏雨・膏沢・膏田・膏沃」
❸心臓の下の部分。「膏肓」

# あや
（文・綾・彩・絢）

**使い分けマニュアル** 「文」は刻みつけた模様の場合に。「綾」は美しい模様の場合に。「彩」は色とりどりの物の場合に。「絢」は色と模様の両方で美しい場合に。

文の模様。（抽象的な交差線模様）
綾の模様。（どっしりと格調高い綾織りの模様）
彩の模様。（色とりどりの模様）
絢の模様。（色糸が交差して織りなす模様）

## 文

4画　10級

**音読み** ブン・モン
**訓読み** ふみ（あや・かざ－る）
**成り立ち** 象形。斜めの交差した土器の飾り模様。
**意味** ❶あや。模様。かざる。「縄文・文錦・文彩・文飾・文様」
▽美しい布目が**文**を描いている。
❷もじ。「金文・甲骨文・篆文・銘文・文字・文盲」
❸字で書いたもの。「英文・漢文・経文・原文・構文・古文・作文・呪文・条文・前文・全文・短文・注文・長文・電文・文案・文意・文芸・文献・文語・文豪・文才・文集・文章・文人・文体・文壇・文法・文脈・文面・本文・名文・文句・訳文・例文・論文・和文」

❹人間の知恵。学問。「人文・文化・文官・文教・文武・文物・文民・文明・文殊」

## 綾
14画　準1級

**音読み** リョウ・リン

**訓読み** あや

**成り立ち** 形声。糸＋夌。すじめの通った絹織物。

**意味** ❶あやぎぬ。「綾羅」

▽綾織り（↓絹の光沢が出るように織った織物）。

▽綾の小袖を着る（↓豪華で美しい着物）。

▽綾取りをして遊ぶ（↓ひもを手指で交差させて形を作る）。

▽それは言葉の**綾**というものだ（↓言葉の飾り）。

## 彩
8画　4級

**音読み** サイ

**訓読み** いろど-る（あや）

**成り立ち** 形声。彡＋采。模様の色を選んで取り合わせる。

**意味** ❶いろどる。「異彩・光彩・虹彩・彩雲・彩色・彩度・色彩・水彩・生彩・多彩・淡彩・迷彩・油彩」

慣 目も**彩**な＝目も覚めるように彩り豊かな

❷ようす。「神彩」

## 絢
12画　準1級

**音読み** ケン

**訓読み** あや

**成り立ち** 会意。糸＋旬。色糸をめぐらせて巻いた模様。

**意味** ❶あやもよう。「華絢・絢爛・彩絢」

慣 目も**絢**な＝目も覚めるようにきらびやかな

## あやしい
**怪・妖***（奇・賤）

**使い分けマニュアル** 「怪しい」は不審であるという場合に。「妖しい」は女性や宝石などの神秘的な魅力の場合に。「奇しい」は人知で計り知れない場合に。「賤しい」は古典などで、身分が低い場合に。

怪しい女。（事件の犯人かもしれない）
妖しい女。（引きつけられる魅力がある）
奇しい女。（霊能者かもしれない）
賤しい女。（身分が低い）

## 怪
8画　3級

**音読み** カイ（ケ）

**訓読み** あや-しい・あや-しむ

**成り立ち** 形声。心+圣。丸く突き出した異様なもの。

**意味** ❶普通でない。「怪異・怪訝・怪奇・怪獣・怪人・怪談・怪物・怪力・奇怪・妖怪」

▽裏口にいる男が**怪しい**（=疑惑がある）。

▽物置で**怪しい**物音がした（=不審な）。

▽その男の供述には**怪しい**点が多い（=不合理な）。

▽私は**怪しい**者ではありません（=身元のはっきりしない）。

## *妖
7画　2級

**音読み** ヨウ

**訓読み** あや-しい（なまめ-かしい・わざわ-い）

**成り立ち** 形声。女+夭。しなをつくった女性。

**意味** ❶なまめかしい。「妖艶・妖婦・妖冶・妖麗」

▽カルメンには**妖しい**魅力があった（=男をとりこにする）。

▽その名刀は**妖しい**輝きを放っている（=思わず引き込まれるような）。

▽ダイヤモンドの**妖しい**までの光（=神秘的な）。

❷わざわい。「面妖・妖怪・妖気・妖術・妖精」

## 奇
8画　4級

**音読み** キ

**訓読み** （く-し・めずら-しい・あや-しい）

**成り立ち** 形声。大+可。屈曲して立つ人。

**意味** ❶普通でない。「奇異・奇怪・奇形・奇才・奇襲・奇術・奇跡・奇抜・奇妙・好奇・数奇・猟奇」

▽その館には化物が出そうな**奇しい**雰囲気が漂っていた（=奇怪な）。

❷はんぱ。「奇数・奇蹄類」

## 賤
15画　準1級　⇩いやしい

**音読み** セン・ゼン

**訓読み** やす-い・いや-しい・あや-しい・いや-しめる・しず

**成り立ち** 形声。貝+戋。少ない金品。

**意味** ❶価値が低い。「賤価・賤買」

❷身分が低い。「貴賤・下賤・賤民・卑賤」

▽宮は**賤しい**男に身をやつして女の元を訪れた（=身分が低い）。

❸見下げる。「賤称・賤侮」

# あやまつ・あやまる

## 過・誤・謝（謬）

**使い分けマニュアル**

「**過つ・過ち**」はうっかり犯した間違い・失敗の場合に。

「**誤る**」は正しくないことをする場合に。「**謝る**」は正しくないことをしたと詫びる場合に。「**謬る**」は重大なことを間違える場合に。

過ってはいけない。（うっかりするな）
誤ってはいけない。（正しい選択をしなければ）
謝ってはいけない。（君は悪くない）
謬ってはいけない。（道を踏み外すな）

| 使用漢字 | 動詞 | 名詞 |
|---|---|---|
| 過 | あやまつ | あやまち |
| 誤謝謬 | あやまる | あやまり |

●「**あやまつ**」と「**あやまる**」

「あやまつ・あやまち」はゆきすぎて犯した間違いを言い、特に男女間や宗教上の不義について言うことが多い。「あやまる・あやまり」は正しい道筋からそれることを広く言う。

彼女は過ちを犯した。（不倫をした）
彼女は誤りを犯した。（判断を間違った）
×次の文中から過ちを指摘せよ。
↓次の文中から誤りを指摘せよ。

## 過

12画　6級

**音読み**　カ

**訓読み**　す-ぎる・す-ごす・あやま-つ・あやま-ち（とが・よぎ-る）

**成り立ち**　形声。⻌＋咼。するするとゆきすぎる。

**意味**　❶ゆきすぎる。「過去・過程・看過・通過・透過・濾過」
❷程度を越す。「過激・過剰・過信・過疎・過多・過度・過敏・過密・過労」
❸ゆきすぎた間違い。「過誤・過失・罪過・大過」
▽彼女は**過**って指を切った（＝うっかり）。
▽彼女は上司と**過ち**を犯した（＝不倫）。
▽那須与一の放った矢は**過た**ず扇の要を射抜いた（↓ねらったとおりに）。

## 誤

14画　5級

**音読み** ゴ

**訓読み** あやま-る（まど-わす）

**成り立ち** 形声。言＋呉。くいちがう言葉。

**意味** ❶くいちがう。「誤解・誤記・誤差・誤算・誤字・誤植・誤認・誤報・誤用・過誤・錯誤・正誤」

▽ハンドル操作を**誤る**（＝間違える）。

▽会社はバブル期の方針を**誤った**（＝失敗）。

▽その子は道を**誤った**（＝非行）。

▽その解答は**誤っている**（＝正しくない）。

▽この宗教は人を**誤る**（＝道徳に反する）。

慣 国を**誤る**＝国の将来に悪影響が出る
身を**誤る**＝反社会的行為をする

## 謝

17画　6級

**音読み** シャ

**訓読み** あやま-る（ことわ-る・さ-る）

**成り立ち** 形声。言＋射。言葉を発してほっとゆるむ。

**意味** ❶告げてほっとする。「感謝・月謝・謝意・謝恩・謝罪・謝辞・謝礼・深謝・陳謝・薄謝」

▽抗議したら相手はすぐ**謝った**（＝わびる）。

▽手をついて**謝れ**（＝非を認めてへりくだる）。

▽**謝って**すむ問題ではない（↓「悪かった」と言う）。

▽どんなに悪いことをしても、**謝りゃ**いいんだろうという態度が見え見えだ。

▽おれが悪かった。**謝る**（↓ごめん）。

†日本語の「あやまる」は自分が悪かったと言う意。

❷しりぞける。「辞謝・謝絶・謝肉祭」

❸おとろえる。「代謝」

## 謬

18画　準1級

**音読み** ビュウ

**訓読み** あやま-る

**成り立ち** 形声。言＋翏。もつれた言葉。

**意味** ❶まちがえる。「過謬・誤謬・謬見・謬説」

▽その学者の説は今では大いなる**謬り**であることが明らかになった（＝重大な間違い）。

# あらい　荒・粗

**使い分けマニュアル** 「荒い」は勢いが激しい場合に。「粗い」は粒が大きい、なめらかでない、緻密でない場合に。

やり方が荒い。（乱暴だ）
やり方が粗い。（手抜きだ）

## 荒

9画 4級

**音読み** コウ

**訓読み** あら-い・あ-れる・あ-らす（すさ-む・すさ-ぶ）

**成り立ち** 形声。草+巟。草が広くおおう不毛の地。

**意味** ❶不毛である。「荒地・荒廃・荒野・荒涼」

❷でたらめ。「荒淫・荒誕・荒唐無稽・荒亡」

❸辺境。「荒遠・破天荒」

❹激しい。あれくるっている。「荒天」

▽冬の日本海は波が**荒い**（=高い）。

▽病人の息づかいは**荒かった**（=勢いが激しい）。

▽男は足音も**荒く**出て行った（=大きい）。

▽紀州犬は気性が**荒い**（→怒りっぽい）。

▽彼は語気**荒く**つめよった（=怒って）。

▽その子供は**荒い**言葉で怒鳴られた（=乱暴な）。

㊜金遣いが**荒い**=たくさん金を遣う

鼻息が**荒い**=威勢がいい

人遣いが**荒い**=たくさん用を言いつける

## 粗

11画 3級

**音読み** ソ

**訓読み** あら-い（ほぼ・あら）

**成り立ち** 形声。米+且。ばらばらの玄米。

**意味** ❶精製しない。ばらばらの。「粗悪・粗雑・粗相・粗描・粗暴・粗末・粗密・粗野・粗略・粗漏」

▽コーヒーを**粗く**ひく（=粒が大きい）。

▽粒の**粗い**砂は細かい砂より先に沈む。

▽**粗い**縞模様のセーター（=間隔が大きい）。

▽目の**粗い**網を張る（=ます目が大きい）。

▽その窓には**粗い**格子がはまっている。

▽手ざわりの**粗い**生地（=なめらかでない）。

▽木綿豆腐はきめが**粗い**（=ざらざら）。

▽この櫛は細工が**粗い**（=緻密でない）。

▽お前は仕事が**粗い**な（=いい加減）。

▽きのうは試合運びが**粗かった**（=大ざっぱ）。

▽この企画は**粗く**見積もって一千万かかる（=概算）。

❷（謙遜して）そまつな。「粗菓・粗餐・粗茶・粗品」

†❷は漢字本来の意味ではない。

# あらう

## 洗（濯・滌・浣・沐）

**使い分けマニュアル** 「**洗う**」は一般的に広く用いられる。「**濯う**」は水から抜き上げてすすぐ場合に。「**滌う**」は試験管などを細い水流であらう場合に。「**浣う**」はがばっと全体に水を浴びせてあらう場合に。「**沐う**」は風呂などで頭からあらう場合に。

きれいに洗う。（車・食器・下着を）
きれいに濯う。（石鹸分を完全に流す）
きれいに滌う。（手術前にシャワーで手を）
きれいに浣う。（海水をがばっとかけて甲板を）
きれいに沐う。（赤ん坊の体を丁寧に）

### 洗　9画　5級

**音読み** セン
**訓読み** あら－う
**成り立ち** 形声。水＋先。細い隙間に水を通す。
**意味** ❶あらう。「受洗・水洗・洗顔・洗剤・洗浄・洗濯・洗脳・洗髪・洗面・洗礼・洗練」

▽帰ったらまず手を**洗い**なさい（＝汚れを落とす）。
▽冷たい水で顔を**洗う**（＝水でこする）。
▽傷口を水道の水でよく**洗っ**た（＝清潔にする）。
▽毎晩、放水車が道路を**洗っ**ていく（＝水で流す）。
▽シャツが汚れたから**洗わ**なくちゃ（＝洗濯する）。
▽川砂を**洗っ**て砂金を採る（＝不要物を取り去る）。
▽海砂はよく**洗っ**て塩分を抜く必要がある。
▽美しい音楽に心が**洗われる**（＝きれいになる）。
▽岸辺を**洗う**波（＝打ち寄せる）。
▽新緑が雨に**洗われ**て美しい（＝打たれる）。
▽涙に**洗われ**た少年の顔（＝流す）。
▽防波堤は日本海の荒波に**洗われ**ている（＝かかる）。
▽時代の波に**洗われる**（→時代の変動）。
▽容疑者の交遊関係を**洗う**（＝不要事項を取り除いて必要事項を探り当てる）

㊖足を**洗う**＝悪い世界からすっぱりと関係を絶つ
芋を**洗う**よう＝海水浴場が非常に混雑して思うように泳げない様子
赤貧**洗う**がごとし＝非常に貧しくて見ていられない
血で血を**洗う**＝非常に激しく無慈悲に争う様子

## 濯

17画　準2級　⇩すすぐ

**音読み**　タク

**訓読み**　（すすーぐ・あらーう）

**成り立ち**　形声。水＋翟。水上に抜きあげてあらう。

**意味**　❶あらう。「浣濯・洗濯・濯足・濯々」

▽洗剤をつけたら十分な水で**濯う**（＝すすぐ）。

▽ペット・ボトルはざっと**濯っ**て乾かしてから、つぶして出してください。

▽掘り出した砂を**濯っ**て砂金を採る（＝洗い出す）。

▽川床の砂利を**濯う**とサファイヤが見つかった。

## 滌

14画　1級　⇩すすぐ

**音読み**　デキ・ジョウ

**訓読み**　あらーう・すすーぐ

**成り立ち**　形声。水＋條。背中に細く水を注ぎかけてあらう。

**意味**　❶細い水流であらう。「洗滌」

▽昔は注射器をブラシで**滌っ**てから、煮沸消毒した（＝洗滌する）。

❷ぬぐい去る。「掃滌」

## 浣

10画　1級　⇩すすぐ

**音読み**　カン

**訓読み**　あらーう・すすーぐ

**成り立ち**　形声。水＋完。勢いよく全体に水をかける。

**意味**　❶あらう。「浣雪・浣濯・浣腸」

▽放水車が道路を**浣う**（＝ざぶっと水をかけて）。

▽水夫が甲板を**浣っ**ている。

▽急性の毒物中毒で胃腸を**浣う**（→浣腸）。

❷十日間。「上浣・中浣・下浣」

## 沐

7画　1級

**音読み**　ボク・モク

**訓読み**　あらーう・うるおーう

**成り立ち**　形声。水＋木。水を頭からかぶる。

**意味**　❶ゆあみする。「斎沐・洗沐・沐浴」

▽赤ん坊をたらいで**沐っ**た（＝沐浴させる）。

▽犬をシャワーで**沐っ**てやった。

**●「洗浄」と「洗滌」**

「洗浄」は元は「洗滌」と書き、「せんでき」と読んだ。「滌」は人の背中に水を細長く注ぎかけてあらうという意味で、試験管など細長いものを洗うときに使うと感じが出る。「滌」をジョウと読まれたのが運のつきで、書き換えとして「洗浄」が採用された。しかし「浄」は結果としてのきよらかさを表すだけで、洗い方は問題にしない。

# あらわす・あらわれる

## 表・現・著（顕）

**使い分けマニュアル**　「**表す**」は意図的に出す場合に。「**現す**」は意図しないで出てしまう場合に。「**著す**」は本を世の中に出す場合に。「**顕す**」は広く世の中に知らせる場合に。

「**表れる**」は人間の内面のものが表に表現されている場合に。「**現れる**」は今まで見えなかったものやなかったものがはっきり見えるようになる場合に。「**顕れる**」はあまり好ましくないものがはっきり見えるようになった場合に。

喜びを表す。（にっこり笑って見せる）
喜びを現す。（うれしいらしい）
喜びを著す。（本に書く）
喜びを顕す。（褒美として人を顕彰する）

| 使用漢字 | 自動詞 | 他動詞 |
| --- | --- | --- |
| 表現顕 | あらわれる | あらわす |
| 著 | ― | あらわす |

## 表

8画　8級　⇩おもて

**音読み**　ヒョウ

**訓読み**　おもて・あらわ-す・あらわ-れる（しるし）

**成り立ち**　会意。衣＋毛。毛皮を外側にして着る上着。

**意味**　❶おもて。「意表・地表・表札・表紙・表層・表題・表皮・表面・表裏」

❷明らかにする。「公表・代表・発表・表記・表現・表示・表彰・表情・表明」

▽贈り物で感謝の気持ちを**表す**（＝わからせる）。
▽その景色の美しさは言葉では**表せ**ない。
▽悪いと思っているのなら態度に**表せ**（＝出す）。
▽首相は遺憾の意を**表し**た（→残念だと言う）。
▽敬語の使用には男女差が**表れる**（＝出る）。

▽?は疑問の意を**表す**（＝意味する）。
▽俳句は季語で季節を**表す**（＝象徴する）。
▽タイの国旗は国家・国王・仏教を**表す**。
▽原爆の絵は戦争の悲惨さを**表して**いる。
▽気温をグラフに**表す**（＝別の形式にする）。
▽友情の真価は逆境に**表れる**（＝わかる）。
▽作品には彼の純粋さが**表れて**いる（＝感じられる）。
▽この曲には作曲家の結婚の喜びが**表れて**いる。
▽父のいらだちは態度に**表れて**いた。
▽景気の動向はすぐ数字に**表れる**（＝出る）。
慣 名は体を**表す**＝名前を見ると実体がわかる
❸めじるし。「表式・表識・表徴・表的」
❹主君にたてまつる文書。「辞表・上表文・表奏」
❺列記分類したもの。「一覧表・月表・時刻表・図表・年表・表計算・付表・別表」
❻軸などをしたてる。「表具・表装」

## 現

11画　6級

**音読み** ゲン
**訓読み** あらわ-れる・あらわ-す（うつつ）
**成り立ち** 形声。玉＋見。玉の光があらわれる。
**意味** ❶姿があらわれる。「具現・現出・現象・現像・権現・再現・実現・出現・体現・発現・表現」
▽ランナーが競技場に姿を**現した**（＝来る）。
▽彼は正装でパーティに**現れた**（＝出席する）。
▽十日ぶりに太陽が姿を**現した**（＝見える）。
▽巨大ダムが霧の中に全貌を**現した**（＝さらす）。
▽彼女は彫金で才能を**現した**（＝発揮する）。
▽犯人は警視庁に一人で**現れた**（＝出頭する）。
▽岩かげから敵の一団が**現れた**（＝姿を見せる）。
▽中生代に爬虫類が**現れた**（＝出現する）。
▽漢方薬が効果を**現した**（↓効く）。
▽アスピリンの効果が**現れた**。
▽病人の顔にはすでに死相が**現れて**いた（＝見える）。
▽女性だけの土建会社が**現れた**（＝できる）。
▽ガンの薬が**現れる**日は遠くない。
▽奈良時代に日本語が記録として**現れた**。
▽平安時代に女性作家が**現れた**（＝いる）。
▽グラフには晩婚化の傾向が**現れて**いる（＝明示される）。
▽選手たちは優勝の喜びを満面に**現した**（↓うれしがっている）。
慣 頭角を**現す**＝めきめきと目立ってくる
馬脚を**現す**＝（好ましくない）正体がはっきりわかる
本性を**現す**＝正体が明らかになる

❷まのあたりの。「現役・現金・現行・現在・現実・現状・現世・現前・現存・現代・現地・現場・現物」

## 著　11画　5級

**音読み**　チョ（チャク・ジャク）

**訓読み**　あらわ-す・いちじる-しい（つ-く・き-る）

**成り立ち**　形声。草＋者。文字でひと所にくっつく。

**意味**　❶くっつける。「著衣・著眼」

❷書きつける。「共著・近著・原著・主著・拙著・大著・著作・著者・著述・著書・編著・名著・論著」

▽詩集を**著す**（＝出版する）。

▽その作家は短編小説を**著した**（＝書く）。

❸目立っている。「顕著・著聞・著名」

## 顕　18画　準2級

**音読み**　ケン

**訓読み**　（あらわ-れる・あき-らか）

**成り立ち**　形声。旧字は「顯」で、頁＋㬎。顔を明るみにはっきり出す。

**意味**　❶明らかにする。「顕花植物・顕現・顕在・顕示・顕彰・顕著・顕微鏡・露顕」

▽教授は生化学の分野で名を**顕した**（＝有名になる）。

▽ユニセフ大使として善行を世に**顕す**（↓世の中に広く知られる）。

▽事件の全貌が**顕れた**（＝露顕する）。

❷高い地位。「貴顕・顕学・顕職」

## ある　有・在（或）

**使い分けマニュアル**　いずれの場合も漢字書きするのは文語文が中心。「**有る**」は所有を表す場合、「無し」と対照する場合に。「**在る**」は存在を特に強調したい場合に。「**或る**」は一つのという意味の場合で、次に必ず名詞が来るときに用いる。

妻子が有る。（妻も子も持っている）
妻子が在る。（故郷で帰りを待っている）

| 使用漢字 | 動詞 | 連体詞 |
|---|---|---|
| 有在 | ある | ― |
| 或 | ― | ある |

## 有

6画　8級

音読み　ユウ・ウ

訓読み　あ-る（も-つ）

成り立ち　形声。肉＋又。枠の中にかかえこむ。

意味　❶存在する。「有無・希有・未曾有・有意・有限・有効・有罪・有史・有事・有数・有用・有利」

▽**有る**かと思えばあり、無いかと想えばない中に（＝存在する）、（二葉亭四迷『浮雲』）

▽エリスと余とはいつよりとはなしに、**有る**か無きかの収入を合せて、（森鴎外『舞姫』）

❷持つ。「共有・国有・固有・私有・所有・保有・有益・有害・有形・有志・有能・有望・有名・有力」

▽（口元が）パックリ開くなどという気遣いは**有る**まい（↔不必要）。（二葉亭四迷『浮雲』）

▽「旦那。馬の合羽がありませんがなあ」「**有る**」（＝持っている）（森鴎外『鶏』）

❸そのうえまた。「有半・有余」

## 在

6画　6級

音読み　ザイ

訓読み　あ-る（いま-す・まします）

成り立ち　形声。土＋才。流れを土でせき止める。

意味　❶存在する。「健在・現在・在学・在庫・在住・在職・在籍・在中・散在・自在・実在・所在・存在・滞在・駐在・点在・不在」

▽今、将何処に如何にして**在る**かを疑はざらんとするも難からずや（＝生存する）。（尾崎紅葉『金色夜叉』）

▽文豪の**在り**し日をしのぶ（↔生前の）。

▽かくまで情篤からぬ恋の世に**在る**べきか（＝存在する）。（尾崎紅葉『金色夜叉』）

❷いなか。「在郷・在所」

## 或

8画　準1級

音読み　ワク

訓読み　あ-る・ある-いは

成り立ち　会意。戈＋口。区画をつけて武器で守る。

意味　❶特定の。ある。「或問」

▽**或る**阿呆の一生。（芥川龍之介）

▽**或る**日の出来事だった。

# あわ　泡（粟）

**使い分けマニュアル** 「**泡**」は空気を含んだかたまりの場合に。「**粟**」は穀物の場合に。

×濡れ手で泡。（濡れた手に石鹸の泡）
○濡れ手で粟。（濡れた手には粟粒がよくくっつくように、簡単な元手で大きな利益を得るたとえ）

## 泡

8画　準2級

**音読み** ホウ

**訓読み** あわ（あぶく）

**成り立ち** 形声。水＋包。まるくふくれた水。

**意味** ❶あわ。うたかた。「水泡・泡沫」

▽水の**泡**のようにはかない（↓すぐ割れる空気の玉）。
▽鯉が浮かび上がってきて、水面に**泡**を一つ吐いた。
▽このせっけんは**泡**が立たない（↓細かい空気のかたまり）。
▽突進してきた馬は**泡**を吹いて倒れた（↓唾液と空気の混じったもの）。
▽このビールは**泡**までうまい（↓細かい気泡）。
▽将来の夢が**泡**と消えた（↓はかなく）

㊜**泡**を食って＝たいへんあわてて
口角**泡**を飛ばす＝つばきを飛ばして激しく議論する様子
一**泡**吹かせる＝相手を大いにあわてさせる

## 粟

12画　準1級

**音読み** ショク・ソク・ゾク

**訓読み** もみ・あわ・ふち

**成り立ち** 会意。米＋西。小さくばらばらした穀物。

**意味** ❶穀物の総称。「収粟」

❷あわ。細かい穀物。「粟米・粟飯・粟膚・粟粒」

▽畑に**粟**をまく。
▽文鳥に**粟**をやる。

㊜膚に**粟**を生ず＝寒さや恐怖や気色悪さのために、皮膚の表面に細かい粒を生ずる

❸食糧。「給粟・貯粟・粟馬」

# あわれ・あわれむ

哀（憐）

**使い分けマニュアル** 「**哀れ・哀れむ**」は悲哀の場合に。「**憐れ・憐れむ**」は憐憫の場合に。

哀れな女。（見るからにかわいそうだ）

憐れな女。（私はああなりたくない）

| 使用漢字 | 名詞・形容動詞 | 動詞 |
|---|---|---|
| 哀 憐 | あわれ | あわれむ |

**哀** 9画 3級 ⇩かなしい

**音読み** アイ

**訓読み** あわ-れ・あわ-れむ（かな-しい・かな-しむ）

**成り立ち** 形声。口＋衣。思いを胸におさえ、嘆声をこらえる。

**意味** ❶あわれむ。「哀史・哀憐・哀話」

▽捨て猫が**哀れ**な声で鳴いている（＝かわいそう）。

▽弱い者がひどい目にあうなんて**哀れ**すぎる。

❷かなしい。「哀歌・哀歓・哀願・哀愁・哀傷・哀惜・哀切・哀訴・哀調・哀痛・哀悼・喜怒哀楽・悲哀」

▽戦争孤児の**哀れ**な話に涙する（＝悲しい）。

**憐** 16画 準1級

**音読み** レン

**訓読み** あわ-れむ・あわ-れみ

**成り立ち** 形声。心＋粦。思いが連なって断ち切れない。

**意味** ❶あわれむ。「哀憐・憐憫」

▽生き残った幼児の姿が人々の**憐れ**を誘う（＝同情）。

▽悲しい光景は人々の**憐れ**をもよおした。

▽彼女は元カレを**憐れむ**ような目で見た（＝憐憫）。

▽そんな**憐れ**っぽい声を出すな（＝情けない）。

(慣)**憐れ**をとどめる＝同情を一身に集める

❷いとしく思う。「愛憐・可憐」

## いい⇩よい

# いう

言（云・曰・謂）

**使い分けマニュアル** 「言う」は自立語の用法の場合に。ただし物音のときには用いない。「云う」は明治・大正の小説類の場合に。「曰う」は「いわく」と読ませて引用する場合に。「謂う」は特にまとまった内容（伝説・由来など）を述べる場合に。

世に言う。（うわさされる）
世に云う。（大向こうの評判となる）
世に謂う。（ことわざにもあるように）

## 言

7画 9級 ⇩こと

**音読み** ゲン・ゴン
**訓読み** い-う・こと（ことば）
**成り立ち** 会意。辛＋口。はっきり角をつけて物をいう。
**意味** ❶いう。「過言・換言・言下・言及・公言・失言・助言・宣言・断言・提言・伝言・発言・予言」

▽父は突然ウーッと言って倒れた（＝声を出す）。
▽口で言うほど簡単ではない（＝言葉で表す）。
▽田中先生は冗談一つ言ったことがない（＝内容を口で表す）。
▽姉貴はいつも文句ばかり言っている。
▽日本人は死んだ人を悪く言わない。
▽勝手を言って申し訳ありません。
▽彼女の泣き顔を見て何も言えなくなった。
▽言いたいことがあったら言ってよ（↓忠告する）。
▽言うことなすこと気に入らない（↓意見も行動も）。
▽試験ではそれまでの努力がものを言う（↓効果を発揮する）。
▽「おれがこの会社をしょって立ってるんだぞ」「よく言うよ」（↓うぬぼれ過ぎだ）
▽正直に言いなさい（＝白状する）。
▽息子は行き先も言わずに出かけた（＝告げる）。
▽新人は「どうぞよろしく」と言った（＝言語内容を表明する）。
▽今夜遅くなるってお袋に言ってよ（＝伝える）。
▽お父上によろしく言ってください。
▽このことは誰にも言うなよ（＝漏らす）。
▽おれがあいつに言ってやろう（＝忠告する）。
▽人に言われて初めて気がついた（＝注意する）。
▽この犬はよく言うことをきく（＝命令）。
▽あまりにも疲れて体が言うことをきかない（↓思うようにならない）。
▽評論家の言うことなど気にしない（＝批評）。
▽筆者はこの小説の中で言っている（＝文字で表現する）。

▽新聞の**言う**ことなど信用できない。

慣 **言うことなし**＝何も不満はない

**言うだけ野暮**＝言ってもむだである

**言うに事欠いて**＝ほかに言うこともあるだろうに、よりによって

**言うは易く行うは難し**＝口で言うのは簡単だが、実行するのは困難である

**言うまでもない**＝当然である

**言うをまたない**＝論ずるまでもない

**言わずと知れた**＝誰もが知っている

**言わずもがな**＝わざわざ言わないほうがよい

**言わぬが花**＝詳しく説明しないほうがよい

**言わぬは言う**にいやまさる＝はっきり言うより秘めた思いのほうが深い

四の五の**言う**＝いろいろ文句を言う

❷ことば。「一言・格言・狂言・苦言・言外・言語・言行・言質・言論・至言・祝言・方言・名言・遺言」

## 云

4画　準1級

**音読み** ウン

**訓読み** い-う

**成り立ち** 指事。口の中に息がとぐろを巻く。

**意味** ❶いう。「云為・云々」

▽山のあなたの空遠く、幸い住むと人の**云う**（＝人がうわさしている）。

▽ぐずぐず**云う**な（↓明瞭に言明せよ）。

## 曰

4画　1級

**音読み** エツ

**訓読み** いわ-く・のたま-わく・い-う

**成り立ち** 会意。口＋乚。口から言葉が乚型に出る。

**意味** ❶いう。「曰若・子曰」

▽子**曰く**「学びて時にこれを習う。また楽しからずや」（↓先生がいうことには）。

▽君これを称して夫人と**曰う**（↓～という）。

▽この掛け軸は**曰く**つきの品だ（↓語られるべき理由がある）。

## 謂

16画　準1級

**音読み** イ

**訓読み** い-う・いわ-れ・いい

**成り立ち** 形声。言＋胃。何かをめぐって物をいう。

**意味** ❶いう。「称謂・所謂」

▽子、南容を**謂う**（↓先生が南容についていう）。

▽これが所謂「ヒートアイランド現象」と呼ばれるものである（↓よくいわれている）。

# いきる・いける・いかす

## 生（活）

**使い分けマニュアル** 「**生きる・生ける・生かす**」は生存・存在を表す場合に。「**活きる・活ける・活かす**」は特に生気や意義を強調したい場合に。

この花は生きている。（生命体である）
この花は活きている。（空間が活用できている）
材料を生かす。（生き長らえさせる）
材料を活かす。（効果的に使う）

| 使用漢字 | 自動詞 | 存続形 | 他動詞 | |
|---|---|---|---|---|
| 生 | いきる | いける | いかす | いける |
| 活 | いきる | ― | いかす | いける |

### 生

5画 10級 ⇩うむ・うまれる、なる・なす

**音読み** セイ・ショウ

**訓読み** い-きる・い-かす・い-ける・う-まれる・う-む・お-う・は-える・は-やす・き・なま（いのち・うぶ・な-る・な-す）

**成り立ち** 会意。もえでる草の芽。

**意味** ❶はえる。「群生・自生・生長・密生・野生」
❷うむ。うまれる。「更生・再生・出生・生滅・新生・生死・生得・生年・生育・生家・生起・生産・生殖・生成・生来・胎生・誕生・転生・派生・発生・卵生」
❸いきる。いのち。「一生・永生・往生・寄生・共生・厚生・衆生・生涯・人生・生花・生活・生還・生気・生計・生死・生鮮・生息・生存・生態・生物・生命・生理・殺生・蘇生・半生・平生・民生・養生・余生」

▽ゾウガメは百年**生きる**（＝生命を保つ）。
▽その漂流民は一週間水だけで**生きて**いた。
▽**生きて**いるうちにパリを見たい（↓死ぬまでに）。
▽ぼくは百まで**生きる**ぞ（＝寿命を保つ）。
▽闘病中は**生きて**いるのか死んでいるのかわからない日々だった（＝生気がある）。
▽戦前の人は苦難の時代を**生きた**（＝人生を送る）。
▽まわりの人によって**生かされて**いると感じた。
▽H博士は研究一筋に**生きた**（↓自己実現する）。
▽祖母は若かりしころの思い出に**生きて**いる（＝意味を見いだす）。

▽過去の栄光にすがって**生きる**（＝心のよりどころにする）。
▽空想の世界に**生きる**（＝過ごす）。
▽**生き**甲斐（＝自己実現できる対象）。
▽海には多様な生物が**生き**ている（＝すむ）。
▽彼はペン一本で**生き**ている（＝生計を立てる）。
▽亡き夫は今でも私の心の奥に**生き**ている（＝生命があるもののように感じられる）。
▽砂漠は**生き**ている（＝生命に満ちている）。
▽イチローは駿足を飛ばして一塁に**生きた**（＝セーフになる）。
▽**生きた**表現を使う（＝生気のある）。
▽言霊思想は現代にも**生き**ている（＝存続する）。
▽逆境での経験が**生きる**（＝有効である）。
▽水盤に花を**生ける**（↓みずみずしく）。
▽四球のランナーを**生かす**（＝有意義に使う）。
（慣）**生き**馬の目を抜く＝非常にすばやく抜け目なく事をおこなう様子
**生き**写し＝そっくりである
**生き**字引＝非常に物をよく知っている様子
**生き**た心地がしない＝非常に恐ろしくて落ち着いていられない
**生き**とし**生ける**もの＝この世に生まれた物すべて。生命のあるものすべて
**生き**恥をさらす＝恥辱の多い人生を送る
**生ける**しかばね＝生気が感じられず、主体的な人生を送っていないたとえ

❹未熟な。「生薬・生硬・生兵・生路」
❺勉強している人。「学生・塾生・生徒・寮生」
❻男性が自分を謙遜して言う語。「愚生・小生」

## 活
9画　9級

**音読み**　カツ
**訓読み**　（い-きる・い-ける・い-かす）
**成り立ち**　形声。水＋舌。水がクワックワッと勢いよく流れる。
**意味**　❶水が勢いよく流れる。「活々・活水」
❷いきいきしている。「快活・活火山・活気・活況・活写・活性・活発・活躍・活力・敏活」
▽**活**魚料理（↓非常に新鮮な魚）。
▽この魚、**活き**がいいね（↓ぴちぴちしている）。
▽一言で文章がぐっと**活きる**（＝生彩を帯びる）。
▽タイの**活**造り（↓動いているままで刺身にする）。
❸いきる。いかす。「活動・活用・活路・復活」
▽少量の塩を振ると野菜の甘みが**活きる**（↓効果的に引

き出される）。
▽日本料理は素材の味が**活きて**いる。
▽恩師の教訓は今も教え子の中に**活きて**いる（↓ありありと覚えている）。
▽（碁）この石は**活きて**いない（＝効力を発揮していない）。
▽この絵は玄関に飾ったほうが**活きる**（＝映える）。
▽**活きた**金の使い道を考えろ（＝有効な）。
▽水仙を花**活け**に投げ入れる（↓生気を保てる器）。
▽**活仏**＝仏道修行のために自ら死を選んだ僧。
❹くらす。「活計・死活・自活・生活」
❺自由に動かせる。「活字・活版」
❻気絶した人を正気づかせる術。「活法」
†❻は漢字本来の意味ではない。

## いく⇩ゆく

## いたむ・いためる　痛・傷・悼

**使い分けマニュアル**
「痛む」は心身に苦痛を感じる場合に。「傷む」は物に傷がついて損なわれる場合に。「悼む」は死者を思って心に苦痛を感じる場合に。
「痛める」は心身に被害をこうむる場合に。「傷める」は物をこわす場合に。

ひどく痛む。（傷・心が）
ひどく傷む。（桃・荷物が）
ひどく悼む。（死んだ人を思って悲しい）

| 使用漢字 | 自動詞 | 他動詞 |
|---|---|---|
| 痛傷 | いたむ | いためる |
| 悼 | ― | いたむ |

●「痛い」と「痛む」
「痛い」「痛む」はどちらも苦痛を感じるという意味であるが、「痛い」は形容詞で「苦痛を実感している」意、「痛む」は動詞で「苦痛を認知している」意である。情と理の違いと言える。

歯が痛い。（今ずきずきしている）
歯が痛む。（ある条件がそろったときに痛みを感じる）
自分の腹は痛くない。（全然痛痒を感じない）
自分の腹は痛まない。（負担しない）

## 痛

12画　5級

**音読み** ツウ（トウ）

**訓読み** いた－い・いた－む・いた－める（や－める・いた－わしい）

**成り立ち** 形声。疒＋甬。つきぬけるいたみ。

**意味** ❶体がいたい。「胃痛・苦痛・激痛・歯痛・陣痛・頭痛・痛痒・疼痛・鈍痛・腹痛・無痛・腰痛」

▽ゆうべから歯が**痛んで**眠れない（↓ズキズキ）。

▽梅雨時になると神経痛が**痛む**（↓ピリピリ）。

▽急に足に鋭い**痛み**が走った（↓ズキン）。

▽感覚が麻痺して全然**痛み**を感じない。

▽その力士は今腰を**痛めて**いる（＝故障）。

▽腹を**痛めた**わが子（＝苦しんで産む）。

❷心がいたい。「心痛・沈痛・痛恨・痛心・悲痛」

▽遺族のことを考えると胸が**痛む**（＝つらい）。

▽なぜ正直に言えなかったのかと心が**痛む**。

▽彼女は他人の心の**痛み**を理解できる（＝悩み）。

▽少女は両親の不仲に小さな胸を**痛めた**（＝悩む）。

▽彼女は恋人の裏切りに心を**痛めて**いた。

▽政府は公害対策に頭を**痛めて**いる（＝苦慮）。

❸程度がはなはだしい。「痛飲・痛快・痛感・痛撃・痛切・痛罵・痛烈」

❹金銭的損害をこうむる。

▽彼女は自分のふところを**痛めて**も他人に尽くす（＝金を負担する）。

▽出張といっても費用は会社持ちだから、自分の腹は全然**痛まない**（＝払わない）。

†❹は漢字本来の意味ではない。

## 傷

13画　5級　⇩きず

**音読み** ショウ

**訓読み** きず・いた－む・いた－める（そこ－なう）

**成り立ち** 形声。人＋昜。ドンとぶち当たってきずつく。

**意味** ❶きず。けが。「外傷・火傷・軽傷・挫傷・死傷・刺傷・重傷・傷痕・創傷・凍傷・負傷・裂傷」

❷きずつける。「殺傷・傷害・食傷・損傷・中傷」

▽この桃はお尻が**傷んで**いる（＝傷がつく）。

▽古文書はかなり**傷んで**いた（＝すりきれる）。

▽このセーターだいぶ**傷んで**るわね。

▽ぼろぼろに**傷んだ**柳行李（＝破れる）。

▽その建物は屋根の**傷み**が激しい（＝腐食）。

▽中身を**傷め**ないように緩衝材を入れる（＝壊す）。

▽引っ越しでだいぶ家具を**傷めて**しまった。

❸嘆く。「哀傷・感傷・愁傷・傷心・嘆傷・悲傷」

## 悼

11画　準2級

**音読み**　トウ

**訓読み**　いた-む

**成り立ち**　形声。心＋卓。上から下へと垂れ下がって抜け出た心。

**意味**　❶かなしむ。「哀悼・追悼・悼辞・悼痛」

▽恩師の死を**悼む**（＝悲しく思う）。

▽この詩は、作家が亡母を**悼ん**で読んだものだ。

# いたる　至（到）

**使い分けマニュアル**　「**至る**」は主に直線的な終着点を示す場合に。「**到る**」はそこが最終目標地点で、行為が完了する場合に。

京都に至る。（このままずっと行けば京都に行き着く）

京都に到る。（いろいろめぐって最終的に京都に着いた）

## 至

6画　5級

**音読み**　シ

**訓読み**　いた-る

**成り立ち**　会意。矢が下の目標線に届く。

**意味**　❶ゆきつく。「夏至・至極・冬至・必至」

▽（標識）**至**神戸（→神戸方面に着く）。

▽北は北海道から南は沖縄に**至る**まで。

▽万博の開催期間は四月より十月に**至る**半年間である（→終了時期）。

▽エイズは死に**至る**病である（→最終的に）。

▽大事に**至る**前に子供が出しているサインを見抜くことが大切だ（→深刻な事態になる）。

▽その会は遅刻者が多く、P氏に**至っ**ては終わり間際に来るありさまである（→極端な例としては）。

❷このうえもなく。「至急・至近・至上・至誠・至福・至便・至宝」

## 到

8画　4級

**音読み**　トウ

**訓読み**　（いた-る）

**成り立ち**　形声。至＋刀。曲がり進んで届く。

意味 ❶届く。「殺到・到達・到着・到来・未到」
▽北京から洛陽を経て西安へ**到る**(＝めぐって到着する)。
▽一行はついに北極点に**到った**(＝ゆきつく)。
▽会議は深更に**到った**(＝及ぶ)。
▽証券不祥事はついに会長の辞任にまで**到った**。
▽息子は高校卒業と同時に家を出て以来、今に**到る**まで帰省したことがない(↓この長年月に)。
❷極限までゆきつく。「周到・一到・到底・到頭」

## いや　嫌(厭・否)

**使い分けマニュアル** 「**嫌**」は不快・嫌悪の気持ちの場合に。「**厭**」は嫌悪がとても強いか、飽きたという意味の場合に。「**否**」は否定の返事の場合、「いやおうなく」などの熟語の場合に。

嫌なやつだ。(憎めないところもある)
厭なやつだ。(心底嫌いだ)
嫌と言ったら嫌。(そんなの嫌いだ)
厭と言ったら厭。(絶対やりたくない)
否と言ったら否。(まだわからないのか)

## 嫌

13画　準2級

**音読み** ケン・ゲン
**訓読み** きら-う・いや(うたが-う)
**成り立ち** 形声。女＋兼。女があれこれ気兼ねして、実行を渋る。

意味 ❶きらう。にくむ。「機嫌・嫌煙権・嫌悪」
▽あの事件は思い出すだけでも**嫌**だ(＝不快)。
▽自分が**嫌**なことは人に強要してはいけない。
▽なぜかあの人と結婚するのが**嫌**になった。
▽ぼくは炊事は全然**嫌**じゃない(↓苦にならない)。
▽あいつに金を貸すのは**嫌**だ(↓拒否)。
▽雨の中を何時間も待つのは**嫌**なものだ。
▽あんな男の顔を見るのも**嫌**よ(＝嫌悪)。
▽毎日犯罪ばかりで**嫌**な世の中だ(＝悪い)。
▽部長は欠勤届を見て**嫌**な顔をした(↓渋面)。
▽蓋を開けると**嫌**な臭いが鼻を衝いた。
▽「結婚おめでとう。今晩、結婚祝いに行くぞ」「**嫌**な奴だなあ」(↓気がきかない)
▽あの看板なら**嫌**でも目に入る(↓必ず)。
慣 **嫌**な顔一つせず＝快く頼みを聞き入れる様子
❷うたがわしい。「嫌疑・嫌名・猜嫌」

## 厭 14画 準1級 ⇩あきる

**音読み** エン・オン・ヨウ

**訓読み** おさ-える・いと-う・あ-きる・いや

**成り立ち** 会意。厂+猒。脂肪の多い肉を食べあきて、胸が苦しい。

**意味** ❶やり過ぎていやになる。「学而不厭」

▽もう生きていくのが**厭**になった（=疲れる）。

▽就職後まもなく彼は仕事が**厭**になった（=飽きる）。

❷嫌いになる。「厭人・厭世・厭離穢土」

▽人に会うのが**厭**で山奥に籠っている（=厭世）。

▽冤罪事件のことを思い出すだけでも**厭**だ（=忌避）。

❸おおいかぶさる。「厭々・厭然・厭服」

## 否 7画 5級

**音読み** ヒ（フ）

**訓読み** いな（いや・わる-い）

**成り立ち** 形声。口+不。口を膨らませてプッと不平を言う。

**意味** ❶いなむ。いな。「拒否・否決・否定・否認」

▽**否**応なしに寄付させられた（↔拒否できない）。

▽一人暮らしだと**否**応なく家事をしなくてはならない。

▽今度の仕事は**否**が応でもやってもらいたい。

▽家賃が払えなければ**否**でも応でも出ていってもらいます（↔事情にかかわらず）。

❷〜でない。「安否・可否・許否・合否・採否・賛否・成否・諾否・適否・当否」

❸おとろえる。「否運・否塞」

# いやしい

卑（賤）

**使い分けマニュアル** 「卑しい」は品性が下劣である場合に。「賤しい」は出身・身分が低い場合に。

卑しい男。（物欲が盛んである）

賤しい男。（身分が低い）

## 卑 9画 3級

**音読み** ヒ

**訓読み** いや-しい・いや-しむ・いや-しめる（ひく-い）

**成り立ち** 会意。平らなしゃもじを持つ小者。

**意味** ❶身分が低い。身近。「下卑・卑官・卑近・卑湿・卑小」

㊛人品**卑しからぬ**＝上品で洗練された

❷下品である。「卑怯・卑賤・卑俗・卑猥・野卑」

▽男は**卑しい**目つきで令嬢を盗み見た（＝下品）。

▽彼は美男だが品性が**卑しい**（＝下劣）。

▽人の弱みにつけこむとは**卑しい**行為だ（＝卑怯）。

▽**卑しい**根性を叩き直す（＝ねじ曲がっている）。

❸見下げる。「男尊女卑・卑屈・卑下・卑見・卑劣」

## 賤

15画　準1級　⇩あやしい

**音読み** セン・ゼン

**訓読み** やす-い・いや-しい・あや-しい・いや-しめる・しず

**成り立ち** 形声。貝＋戔。少ない金品。

**意味** ❶価値が低い。「賤価・賤買」

❷身分が低い。「貴賤・下賤・賤民・卑賤」

▽あの男は出が**賤しい**（＝身分が低い）。

▽確かに宮様に比べれば自分は家柄が**賤しい**。

▽私のように出の**賤しい**者には留学など高嶺の花です。

❸見下げる。「賤称・賤侮」

# いる　入・居・要

**使い分けマニュアル** 「**入る**」は「気に入る」など慣用句や複合語の場合に。「**居る**」は居住や住所を強調したい場合に。「**要る**」は必要だという場合に。

| 使用漢字 | 終止形 | 否定形 |
|---|---|---|
| 入要 | いる | いらない |
| 居 | いる | いない |

## 入

2画　10級

**音読み** ニュウ（ジュ・ジュウ）

**訓読み** い-る・い-れる・はい-る（しお）

**成り立ち** 指事。中にはいりこむ。

**意味** ❶中にはいる。「介入・加入・参入・入水・進入・侵入・転入・突入・入唐・入院・入荷・入閣・入学・入居・入港・入国・入賞・入場・入籍・入選・入道・入部・入滅・入門・入浴・入来・乱入・流入」

▽茶碗にひびが**入った**（↓ひび割れる）。

㊛有卦に**入る**＝よいことばかりが続く

悦に**入る**＝喜ぶ
鬼籍に**入る**＝死ぬ
気に**入る**＝好きになる。満足する
興に**入る**＝おもしろがる
虎穴に**入らず**んば虎子を得ず＝利益を得るためには危険を冒す覚悟が必要である
堂に**入る**＝堂々としている
飛んで火に**入る**夏の虫＝自らすすんで危ない目にあう
病膏肓に**入る**＝病気が治らない状態になる。趣味などに非常に熱中する

❷中にいれる。おさめる。「記入・吸入・購入・歳入・算入・収入・挿入・注入・投入・導入・入金・入魂・入札・入手・入念・入力・納入・搬入・編入・輸入」
❸必要である。「入費・入用」

## 居 8画 6級

**音読み** キョ（コ）
**訓読み** い－る（お－る・お－く）
**成り立ち** 形声。尸＋古。尻を台にのせて落ち着く。
**意味** ❶いる。住む。「隠居・起居・居室・居住・居所・皇居・雑居・住居・転居・同居・入居・別居」
▽姉は三年前からロンドンに**居る**（＝住む）。
▽訪ねていった家に文豪は**居**なかった（＝在宅する）。
▽T氏の細君は「いない」と**居**留守を使った。
▽ぼくはずっと君のそばに**居る**よ（＝居続ける）。
▽本人の**居る**前であんまり褒めるなよ。
㊜**居**ても立ってもいられない＝落ち着いてじっとしていられない
❷やすらか。「居易・居敬・居心・平居・落居」

## 要 9画 7級

**音読み** ヨウ
**訓読み** い－る・*かなめ（もと－める）
**成り立ち** 会意。両手で腰をしめつけている女。
**意味** ❶大切なところ。「概要・肝要・紀要・重要・主要・摘要・法要・要因・要綱・要塞・要旨・要人・要素・要点・要約・要領」
❷もとめる。「強要・需要・所要・必要・不要・要員・要求・要請・要望」
▽明日までにどうしても五十万**要る**（＝必要である）。
▽その洞窟の奥を探るには勇気が**要る**。
▽辞書作りには根気が**要る**。
▽**要ら**ぬお世話だ（→世話を焼くな）。
❸待ちぶせる。「要撃」

# うえる

飢（餓）

**使い分けマニュアル** 「**飢える**」は腹が極端に減っている場合に。「**餓える**」はがりがりにやせ細っている場合に。

飢えたオオカミ。（何ヵ月も獲物がない）
餓えたオオカミ。（がりがりで死にそうだ）

## 飢

10画 準2級

**音読み** キ

**訓読み** う-える

**成り立ち** 形声。食+几。食物がなくて腹が減る。

**意味** ❶食物がなくて腹が減る。「飢餓・飢渇・飢饉」

▽捨て犬は**飢え**ていた（=非常に腹が減っている）。
▽難民は**飢え**に苦しんでいた（=空腹）。
▽血に**飢え**たオオカミの群れ（→獲物を求める）。
▽この子は親の愛情に**飢え**ている（→求めている）。
▽山から戻ってきた当初は活字に**飢え**ていた（→本や雑誌が読みたい）。
▽船乗りたちは女に**飢え**ている（→性欲）。

## 餓

15画 3級

**音読み** ガ

**訓読み** （う-える）

**成り立ち** 形声。食+我。やせて体がごつごつ角ばる。

**意味** ❶うえてやせる。「餓鬼・餓死・飢餓」

▽飢饉のため**餓え**て死ぬ者が多い（→餓死）。
▽餓鬼とは地獄で**餓え**に苦しめられている亡者だ。

# うかがう

伺（窺）

**使い分けマニュアル** 「**伺う**」は「聞く・たずねる」の謙譲語の場合に。「**窺う**」は様子をさぐる場合に。

様子を伺う。（都合を聞く）
様子を窺う。（気づかれないように）

## 伺

7画 4級

**音読み** シ

**訓読み** うかが-う

**成り立ち** 形声。人＋司。狭い穴を通して中を見極める。

**意味** ❶こっそりのぞく。「伺隙・伺候・伺察」

▽神意を**伺っ**てほしい（＝お告げを聞く）。

▽そのお話なら先ほど**伺い**ました（＝聞く）。

▽ちょっと**伺い**ますが駅はどちらですか（＝尋ねる）。

▽たまには部長の御機嫌を**伺っ**たほうがいい（↓あいさつする）。

▽（寄席で）一席**伺い**ます（＝話をする）。

▽あすお宅に**伺い**たいのですが（＝行く）。

## 窺

16画　準1級

**音読み** キ

**訓読み** うかが-う・のぞ-く

**成り立ち** 形声。穴＋規。穴からぬすみ見る。

**意味** ❶こっそりのぞく。「窺伺・窺測・窺知」

▽泥棒が家の中の様子を**窺っ**ている（＝さぐる）。

▽盗塁する隙を**窺う**（＝ねらって待つ）。

▽母親の顔色を**窺う**（＝様子を見る）。

▽上司の鼻息を**窺う**（＝機嫌をはかる）。

▽色彩豊かな風景描写に作者の才能が**窺わ**れる（＝推し量られる）。

# うける・うかる

受・請（承）

**使い分けマニュアル**

「**受ける**」は一般に広く用いられる。「**請ける**」は相手の申し出をうける場合、依頼された仕事をうける場合に。「**承ける**」は前段階から次の段階に移る場合に。

「うかる」は「**受かる**」のみ。

注文を受ける。（聞く）

注文を請ける。（取り上げる）

注文を承ける。（出荷・発送手配へと進む）

| 使用漢字 | 他動詞 | 自動詞 |
| --- | --- | --- |
| 受 | うける | うかる |
| 承 請 | うける | ー |

## 受

8画　8級

**音読み** ジュ（ズ）

**訓読み** うーける・うーかる

**成り立ち** 形声。爪＋又＋舟。手から手へしっかりつかんでうけわたす。

**意味** ❶うける。こうむる。「甘受・享受・受験・授受・受賞・受信・受精・受胎・受託・受諾・受動・受難・受納・受容・受理・受領・傍受」

▽花吹雪を手に**受ける**（＝落ちないようにのせる）。
▽警官は暴漢のナイフを警棒で**受けた**（＝止める）。
▽雨漏りをバケツで**受ける**（＝集める）。
▽書斎は西日をまともに**受ける**（＝さらされる）。
▽火事は折りからの強風を**受けて**燃え広がった。
▽神罰を**受ける**（＝こうむる）。
▽東北地方は台風十九号の被害を**受けた**。
▽彼は最高の教育を**受けた**（＝与えられる）。
▽監督はナインから絶大な尊敬を**受けて**いる。
▽彼は娘の恋人に好ましい印象を**受けた**（↓感じられる）。
▽私たちは行く先々で暖かい歓迎を**受けた**。
▽そのメーカーは消費者団体の抗議を**受けた**。
▽この作家は実存主義の影響を**受けて**いる。
▽その団体は自治体の補助を**受けて**いる。
▽鈴木氏はノーベル賞を**受けた**（＝もらう）。
▽明治神宮に行ったらお札を**受けて**きてね。
▽彼は許可を**受け**ずに学校の図書を持ち出した。
▽父は胃潰瘍の手術を**受けた**（＝される）。
▽息子は今年東大に**受かった**（＝合格する）。
▽杯を**受ける**（↓酌をしてもらって酒を飲む）。
▽講演の後たくさんの質問を**受けた**（＝聞く）。
▽三時ごろ得意先から電話を**受けた**。
▽まだ報告を**受けて**いません（＝届く）。
▽喜んで御招待をお**受け**いたします（＝応じる）。
▽恩師の依頼を**受けて**中国に飛んだ。
▽友人から飲み会の誘いを**受けた**。
▽文末は係助詞の「こそ」を**受けて**已然形になる。
▽国会は委員会の決定を**受けて**審議に入った。
▽政府は指摘を**受けて**対策を講じた。
▽批判は甘んじて**受ける**覚悟だ（＝聞き入れる）。

㊐慣 意を**受ける**＝意向を聞いて次の段階に移る
真に**受ける**＝ほんとうだと思う

## 請

15画　3級　⇩こう

**音読み** セイ・シン（ショウ）

**訓読み** こーう・うーける

**成り立ち** 形声。言＋青。すみきった目を向けて心から応対する。

**意味** ❶心から求める。「勧請・起請・懇請・請願・申請・請求・普請・要請」
▽この工事はA社から**請け**た（＝注文される）。
▽注文を**請け**てから製作する（＝依頼される）。
▽**請け**負い仕事（↓注文されてから働く）。
❷まねく。「招請・聘請」

## 承
8画 6級

**音読み** ショウ
**訓読み** うけたまわ-る（う-ける）
**成り立ち** 会意。手＋丞。人がひざまずいて両手でささげうける。
**意味** ❶うけつぐ。「起承転結・継承・口承・伝承」
▽小塚選手はスケート選手の父親の血を**承け**ている（＝受け継ぐ）。
▽後を**承ける**二代目の責任は重大だ（↓継承する）。
▽政府は依頼を**承け**て動きだした。
▽文末は係助詞の「こそ」を**承け**て已然形になる。
❷うけいれる。「承諾・承知・承認・不承・了承」

# うしなう
失（喪）

**使い分けマニュアル**
「失う」は一般に広く用いられる。「喪う」は死に別れる場合に。
ぼくは恋人を失った。（他の男に取られた）
ぼくは恋人を喪った。（死なれた）

## 失
5画 7級

**音読み** シツ
**訓読み** うしな-う（う-せる）
**成り立ち** 会意。手＋乙。手からすべり落ちる。
**意味** ❶なくす。「自失・失格・失脚・失業・失職・失神・失踪・失墜・失点・失念・失望・失明・失礼・失恋・消失・焼失・喪失・損失・紛失・流失」
▽彼は競馬で全財産を**失**った（＝なくす）。
▽阪神大震災では多くの人が家を**失**った。
▽三歳のとき視力を**失**った（＝目が見えなくなる）。
▽患者の二割が命を**失**った（＝死ぬ）。

▽地球上から緑が**失わ**れている（＝なくなる）。
▽彼は自分の研究に興味を**失**った。
▽彼は借金のために親友との友情を**失**った。
▽政府は国民の信頼を**失**った。
▽息子は受験に失敗して自信を**失**っていた。
▽東日本大震災で両親を**失**った（＝死なれる）。
▽巨人は絶好のチャンスを**失**った（＝つぶす）。
▽私は一生に一度の機会を**失**った（＝逃す）。
▽日本チームは前半に三点を**失**った（＝取られる）。
▽猫は塀際で逃げ場を**失**った（＝わからなくなる）。
▽一行は深い霧の中で方角を**失**っていた。
▽ヘリコプターはバランスを**失**って墜落した。
㊞顔色を**失う**＝青ざめる
　気を**失う**＝意識がなくなる
　面目を**失う**＝体面を傷つけられる
❷しくじり。「過失・失言・失策・失笑・失敗」

## 喪

12画　準2級

**音読み**　ソウ

**訓読み**　も（うしな－う・ほろ－びる・ほろ－ぼす）

**成り立ち**　会意。哭＋亡。死者を送って口々に泣く。

**意味**　❶人の死に対する礼。「喪家・喪祭・喪主・喪服・喪礼・国喪・大喪」
❷なくす。「意気阻喪・喪失・喪心・喪亡・喪明」
▽彼は最愛の妻を**喪**った（＝死なれる）。
▽去年、頼りにしていた父を**喪**いました。

# うたう・うた

## 歌・謡・唄*（唱・謳）

**使い分けマニュアル**　「**歌う**」は音楽一般の場合に。「**謡う**」は謡曲や民謡の場合に。「**唱う**」は提唱する場合に。「**謳う**」はほめたたえる場合に。
「**歌**」は音楽・文学の場合に。「**唄**」は軽くくちずさむような音楽の場合に。

未来の幸せを歌う。（教室で音楽を）
未来の幸せを謡う。（おめでたい謡曲を）
未来の幸せを唱う。（リードする）
未来の幸せを謳う。（高らかに宣言する）
春の歌。（クラシックや唱歌・和歌など）
春の唄。（ポップスや小唄など）

| 使用漢字 | 動詞 | 名詞 |
| --- | --- | --- |
| 歌唄 | うたう | うた |
| 謡 | うたう | うたい |
| 謳唱 | うたう | ー |

## 歌

14画 9級

音読み カ

訓読み うた・うた-う

成り立ち 形声。欠＋哥。かぎ型に出る大きな声。

意味 ❶うた。うたう。「演歌・謳歌・凱歌・歌曲・歌劇・歌手・歌唱・歌謡・軍歌・校歌・国歌・讃歌・唱歌・聖歌・悲歌・牧歌・寮歌」

▽彼女は**歌**がうまい（＝声を伸ばして節をつけたもの）。
▽子供と一緒に童謡を**歌う**。
▽聖歌隊が賛美歌を**歌う**。
▽彼女は子守**歌**を**歌**って赤ん坊を寝かしつけた。
▽弟は**歌**の道に進んだ（↓歌手・和歌）。
▽**歌**の文句にあるようなせりふを言うな（↓歌詞）。
▽父は佐渡おけさを**歌**った（↓民謡）。
▽深い森の中で小鳥の**歌**を聞く（↓さえずり）。
▽森の水車が陽気に**歌**っている（＝快く聞こえる）〔擬人法〕。

慣 **歌**は世につれ世は**歌**につれ＝はやっている歌はその時代をよく反映するものである

❷和歌。「歌人・歌聖・歌仙・歌道・狂歌・古歌・雑歌・長歌・短歌・反歌・挽歌・本歌・連歌・和歌」

▽百人一首の**歌**を読みあげる（＝和歌）。
▽平安時代の貴族は事あるごとに**歌**を詠んだ。
▽北原白秋は日本の心を**歌**った（＝詩にする）。
▽「花」は隅田川の春景色を**歌**っている。
▽『万葉集』には素朴な感動が**歌われ**ている（＝和歌にする）。
▽白河の関は古来から**歌**に有名です（↓歌枕）。

†❷は漢字本来の意味ではない。

## 謡

16画 4級

音読み ヨウ

訓読み うたい・うた-う

成り立ち 形声。言＋䍃。声を長く伸ばし節をつけてうたう。

意味 ❶楽器に合わせないでうたう。「謡詠」

❷はやりうた。「歌謡・童謡・民謡・俚謡」

▽祖母は赤ん坊をおぶいながら、低い声で「ねんねんよう」と**謡**っていた（＝口ずさむ）。

❸うわさ。「謡言」
❹能楽のうたい。「謡曲」
▽父は上機嫌で「高砂」を**謡い**始めた（↓謡曲）。
†❹は漢字本来の意味ではない。

## *唄 10画 2級

**音読み** （バイ）
**訓読み** うた
**成り立ち** 形声。口＋貝。梵語のbhasaの音訳。
**意味** ❶仏の功徳をほめたたえるうた。「唄音・梵唄」
❷口ずさんでうたう。
▽はやり**唄**（↓流行歌）。
▽三味線を弾いて小**唄**を**唄う**（＝小粋に口ずさむ）。
†❷は漢字本来の意味ではない。

## 唱 11画 7級 ⇩となえる

**音読み** ショウ
**訓読み** とな-える（うた・うた-う）
**成り立ち** 形声。口＋昌。明白にものをいう。
**意味** ❶となえる。「暗唱・唱和・復唱・朗唱」
❷うた。うたう。「愛唱・詠唱・歌唱・合唱・高唱・重唱・唱歌・叙唱・斉唱・絶唱・独唱・輪唱」
❸言い始める。「主唱・唱導・提唱・夫唱婦随」
▽保険については契約書に**唱って**ある（↓注記されている）。
▽広告には結構な効能が**唱って**ある（↓宣伝されている）。

## 謳 18画 1級

**音読み** オウ
**訓読み** うた-う・うた
**成り立ち** 形声。言＋區。体をかがめて含み声でうたう。
**意味** ❶節をつけてうたう。「謳詠・謳歌・謳唱」
❷ほめたたえる。「謳頌」
▽この碑文は博士の業績を**謳って**いる（＝讃える）。
▽戦争放棄は憲法に**謳われて**いる（＝宣言する）。
▽ボタン一つでいつでも風呂に入れるというのが**謳い**文句だ（↓宣伝文句）。
㊜わが世の春を**謳う**＝思う存分楽しむ

# うち

内（中・家・裏）

**使い分けマニュアル** 「**内**」は内部の意の場合に。「**中**」は特に心の中の場合に。「**家**」は家族・家庭の場合に。「**裏**」はある状態の場合に。

自分の内にこもっている。（性格が内向的だ）
自分の中にこもっている。（深く思っている）
自分の家にこもっている。（一歩も外に出ない）
自分の裏にこもっている。（悪い状況下にある）

## 内

4画　9級

**音読み** ナイ・ダイ（ドウ・ノウ）

**訓読み** うち（い－る）

**成り立ち** 会意。冂＋入。おおいの中にいれる。

**意味** ❶一定範囲のなか。「案内・園内・屋内・管内・機内・境内・圏内・構内・口内・校内・国内・社内・車内・場内・体内・町内・内因・内外・内在・内耳・内政・内線・内戦・内装・内蔵・内臓・内部・内服・内包・内面・内容・内乱・内陸・年内・部内・湾内」

▽このドアは**内**からは開かない（＝部屋の中）。

▽誰が来ても屋敷の**内**へは一歩も入れるな。

▽相手に手の**内**は見せない（↓作戦）。

慣鬼は外福は**内**＝わざわいは家の外へ出ろ、さいわいは家の中へ入れ

腹も身の**内**＝食べ過ぎるな

❷家のなか。「家内・内儀・内室・内助・内戚」

慣**内**を外にする＝外出ばかりしていて家にいない

❸心のなか。「内観・内向・内証・内心・内省・内面」

▽部長は**内**に閉じこもる性格だ（＝自分の中）。

▽選手たちはファイトを**内**に秘めている。

▽作者が**内**に熱い情熱を持っていることがわかる。

❹宮中。「参内・入内・内裏・内侍」

❺表に出さない。「内縁・内規・内示・内実・内緒・内情・内申・内諾・内通・内定・内紛・内聞・内密」

## 中

4画　10級　⇩あたる・あてる、なか

**音読み** チュウ・ジュウ*

**訓読み** なか（あ－たる・あ－てる）

**成り立ち** 象形。旗ざおを枠の中心に突き通す。

**意味** ❶まんなか。「中央・中華・中核・中堅・中原・中軸・中心・中枢・中点」

❷物と物の間。「中間・中継・中耳・中秋・中旬・中性・中段・中年・中腹・中庸・中立・中流」

▽結論はこのひと月の**中**には決まる（↓一ヵ月以内）。

❸うちがわ。「暗中・海中・渦中・眼中・空中・劇中・

山中・車中・手中・術中・心中・水中・地中・中空・熱中・夢中」

▽主人公の心の**中**を思いやる（＝心情）。

▽彼は苦しい胸の**中**を聞いてくれた。

▽一杯飲むのも仕事の**中**だ（＝含まれる）。

▽子育てなど苦労の**中**には入らない。

▽『硝子戸の**中**』（夏目漱石）

❹ある状況のもと。「寒中・忌中・最中・暑中・中止・中絶・中断・中途・道中・途中・日中・病中・旅中」

❺つらぬき通す。「中傷・中毒・的中・必中・命中」

## 家

10画　9級　⇩や

**音読み**　カ・ケ

**訓読み**　いえ・や（うち）

**成り立ち**　会意。宀＋豕。屋根の下でブタを飼う。

**意味**　❶いえ。「家屋・家具・家畜・在家・借家・出家・商家・人家・生家・他家・農家・民家・隣家」

▽ずいぶん大きな**家**が建ったね（＝家屋）。

▽その人は大型犬を**家**の中で飼っている（＝部屋）。

▽雨の日は子供が**家**の中で遊ぶのでうるさい。

▽日曜は**家**でごろごろしている（＝自分のいえ）。

▽遅くなるんなら**家**に電話しろよ（＝相手のいえ）。

▽父は仕事の関係で**家**を空けることが多い。

▽お父さん、今日はお**家**にいらっしゃいますか。

▽今夜**家**へ来ないか（＝家庭）。

❷血縁。一族。「一家・王家・家業・家系・家計・家事・家臣・家族・家庭・家宝・家名・家老・旧家・公家・家来・後家・実家・檀家・分家・本家・良家」

▽**家**は四人家族です（＝家族）。

▽**家**はみんな夜更しです。

▽**家**中そろって初詣でに出かけた（＝家族全員）。

▽お**家**の方はお元気ですか（＝相手の家族）。

▽**家**の兄は銀行に勤めています（＝自分の兄）。

▽**家**の人に相談してみますわ（＝自分の夫）。

▽（子供に）早くお**家**へ帰りなさい（＝家族のもと）。

❸専門職。「画家・芸術家・建築家・作家・宗教家・政治家・専門家・大家・評論家・落語家・楽天家」

❹くに。「国家」

## 裏

13画　5級　⇩うら

**音読み**　リ

**訓読み**　うら（うち）

**成り立ち**　形声。衣＋里。すじ目の入ったうら地。

**意味**　❶うらがわ。「裏面・表裏」

❷うちがわ。「胸裏・禁裏・成功裏・内裏・肚裏・脳裏・秘密裏」
▽会議は秘密の**裏**に幕を閉じた（↓ずっと秘密で）。
▽万博の成功の**裏**には数々の苦心があった（＝裏側）。

## うつ　打・討・撃（搏）

**使い分けマニュアル**　「**打つ**」は物理的に叩く場合、大きな動作をする場合に。「**討つ**」は敵を攻撃して殺す場合に。「**撃つ**」は鉄砲などを発射して攻撃する場合に。「**搏つ**」は心臓が鼓動する場合に。

胸を打つ。（手のひらで。深い感動が）
胸を撃つ。（弾丸が胸に命中する）
胸を搏つ。（心臓が強く鼓動する）

## 打　5画　8級

**音読み**　ダ（チョウ・テイ）
**訓読み**　う-つ（ぶ-つ・ダ-ス）
**成り立ち**　形声。手＋丁。トンと手でうつ。

**意味**　❶うつ。たたく。「殴打・強打・金打・打開・打撃・打診・打倒・打破・打撲・乱打・連打」
▽顔を平手で**打つ**（↓人が人を物理的に叩く）。
▽雨が窓を**打っ**ている（↓無生物が）。
▽パソコンのキーを**打つ**（↓目的のために）。
▽句読点を適切に**打つ**（＝つける）。
▽金槌で釘を**打つ**（＝打ち込む）。
▽時計が九時を**打っ**た（＝時報を鳴らす）。
▽太鼓を**打っ**て遊ぶ（＝打ち鳴らす）。
▽ころんで頭を**打っ**た（＝叩いて損傷する）。
▽友人と碁を**打つ**（＝ゲームなどをする）。
▽早めに手を**打つ**（＝対策を立てる）。
▽白鵬は上手投げを**打っ**た（＝かける）。
▽交渉が決裂したらストを**打て**（＝決行する）。
▽車の手金を**打っ**ておいた（＝払う）。
▽聴衆の胸を**打つ**話（＝感動させる）。
▽畏敬の念に**打たれる**（＝感動する）。
▽戦闘機の轟音が耳を**打っ**た（＝衝撃を与える）。
㊧慣 相槌を**打つ**＝肯定の返事をする
**打っ**て出る＝積極的に攻撃する
**打て**ば響く＝すぐさま応ずる
舌鼓を**打つ**＝賞味する

終止符〔ピリオド〕を**打つ**＝終わる
手を**打つ**＝非常に喜ぶ
膝を**打つ**＝納得する

❷（野球で）球をうつ。「安打・犠打・好打・代打・打球・打撃・打線・打率・長打・痛打・貧打・猛打」
▽直球を捨ててカーブを**打つ**（＝叩いて飛ばす）。
▽ホームランを**打つ**。
▽今度はぼくたちが**打つ**番だ（↓打撃）。
❸接頭語。「一網打尽・只管打坐・打算」

## 討　10画　5級

**音読み** トウ
**訓読み** う-つ（たず-ねる）
**成り立ち** 形声。言＋寸。言葉ですみずみまで追及する。
**意味** ❶たずねる。きわめる。「検討・討議・討論」
❷せめうつ。「征討・掃討・追討・討幕・討伐」
▽あだを**討つ**（＝殺す）。
▽背後に**討っ**手が迫っている（↓襲撃者）。
㊜かたきを**討つ**＝しかえしをする
　不意を**討つ**＝相手の予期しないときに攻撃する

## 撃　15画　4級

**音読み** ゲキ（ケキ）
**訓読み** う-つ
**成り立ち** 形声。手＋毄。固いものがカチンとうちあたる。
**意味** ❶強くうつ。「一撃・衝撃・打撃・電撃」
❷せめる。「挟撃・迎撃・撃退・撃破・撃滅・攻撃・襲撃・出撃・進撃・追撃・突撃・反撃」
❸鉄砲・大砲を発射する。「撃沈・撃墜・射撃・銃撃・狙撃・直撃・迫撃・爆撃・砲撃」
▽銃を**撃つ**（＝発射する）。
▽クマを**撃つ**（＝銃で撃ち殺す）。
▽若者は**撃た**れて死んだ（＝銃器で）。
❹目にふれる。「目撃」
❺非難する。「駁撃」

## 搏　13画　1級

**音読み** ハク
**訓読み** う-つ・と-る・つか-まえる・はばた-く
**成り立ち** 形声。手＋尃。てのひらをパンとうちあてる。
**意味** ❶とらえる。「搏景」
❷うつ。たたく。「搏撃・搏動・心搏・脈搏」
▽心臓が規則正しく**搏っ**ている（＝リズムを刻む）。
▽傷口がずきずきと脈**搏っ**ている（↓拍動）。

# うつる・うつす

## 移・写・映（遷）

**使い分けマニュアル**

「**移る**」は物の位置・場所がかわる場合に。

「**写る**」は写真が撮影されている場合に。「**映る**」は反射して見える場合、よく似合う場合に。「**遷る**」は都の場所がかわる場合に。

「**移す**」は物の位置・場所をかえる場合に。「**写す**」はコピーする場合、写真を撮影する場合、描写する場合に。「**映す**」は反射させて見る場合、映画やテレビを撮影する場合に。「**遷す**」は都の場所をかえる場合に。

都の落日が移る。（だんだん西に傾いていく）
都の落日が写る。（写真に）
都の落日が映る。（湖面に）
都の落日が遷る。（新しい首都の夕焼け）
机を移す。（部屋の奥から窓際へ）
机を写す。（写真をとる）
机を映す。（映画にする）

| 使用漢字 | 自動詞 | 他動詞 |
| --- | --- | --- |
| 移写映遷 | うつ\|る | うつ\|す |

## 移

11画　6級

**音読み** イ

**訓読み** うつ－る・うつ－す

**成り立ち** 形声。禾＋多。横になびく稲穂。

**意味** ❶うつす。うつる。「移管・移行・移住・移植・移籍・移転・移動・移入・移民・推移・転移・変移」

▽鉢植えを日向に**移す**（＝場所をかえる）。
▽この大学は来年八王子市に**移る**（＝引っ越す）。
▽なべのてんぷら油を油こしに**移す**。
▽わが社は本社を海外に**移した**（＝移転する）。
▽田中君を営業へ**移そう**（＝移籍させる）。
▽父の店は他人の手に**移った**（＝渡る）。
▽前の席へ**移る**（＝移動する）。
▽女房の風邪が息子に**移った**（＝伝染する）。
▽話題は両国の共同防衛に**移った**（＝次に進む）。
▽事態はすでに最終調整の段階に**移っている**。
▽十二世紀末、時代は武士の時代へと**移った**。
▽季節は駆け足で**移っていく**（＝過ぎ去る）。

㊫**移れば**変わる世の習い＝時代とともに人の考え方も変わってしまうのが世の中だ

心を**移す**＝関心の対象を取り替える

時が**移る**＝時間がたつ。時代が変わる

❷回覧文書。「移檄・移文」

## 写

5画　8級

**音読み**　シャ

**訓読み**　うつ－す・うつ－る

**成り立ち**　形声。旧字は「寫」で、宀＋舄。場所をうつす。

**意味**　❶かきうつす。「誤写・写経・写譜・写本・書写・転写・透写・筆写・模写・臨写」

▽講義をそのままノートに**写す**（＝書き写す）。

❷うつしだす。「映写・活写・試写・実写・写実・写真・写生・接写・描写・複写」

▽擬音語は音や声を言葉に**写し**た語だ（＝表現する）。

▽下町情緒をあますところなく**写す**（＝描写する）。

▽薄紙を通して下の文字が**写っ**て見える（＝透ける）。

▽ここで記念写真を**写そう**（＝撮影する）。

▽背景と人物がバランスよく**写っ**ている（＝写真に）。

## 映

9画　5級　⇩はえる

**音読み**　エイ

**訓読み**　うつ－る・うつ－す・は－える（は－やす）

**成り立ち**　形声。日＋央。明暗がはっきり浮かび出る。

**意味**　❶はえる。かがやく。「映輝・照映・反映」

▽紅葉が目にまぶしく**映る**（＝はえる）。

▽彼女は和服よりドレスのほうが**映り**がいい（＝似合う）。

❷うつしだす。「映画・映写・映像・上映・投映・放映」

▽彼女は振袖姿を鏡に**映し**て見た（＝反射させる）。

▽山中湖に富士山が**映っ**ている。

▽ＯＨＰを使って資料を**映し**て見せた（＝画面に）。

▽障子に影絵を**映し**て見せる。

▽廊下に黒い人影が**映っ**た（＝見える）。

▽駅前でテレビに**映さ**れてしまった（＝撮影する）。

▽うちのテレビはよく**映ら**ない（＝映写される）。

▽その風習は外国人の目には奇妙に**映る**（＝思われる）。

▽背景と人物がバランスよく**映っ**ている（↓見た目の印象）。

## 遷

15画　準2級

**音読み**　セン

**訓読み**　（うつ－す・うつ－る）

**成り立ち**　形声。辵＋䙴。中身が抜け出てよそへうつる。

**意味** ❶場所を変える。「左遷・遷幸・遷都」
▽七九四年に都が平安京へ**遷された**。
▽一八六八年、都が東京に**遷った**。
❷うつりかわる。「遷移・遷化・変遷」

# うむ・うまれる

## 生・産

**使い分けマニュアル** 「**生む・生まれる**」はすべての場合に。「**産む・産まれる**」は出産・誕生の瞬間を強調したい場合に。

子供を生む。（誕生させる）
子供を産む。（分娩する）

| 使用漢字 | 自動詞 | 他動詞 |
|---|---|---|
| 生産 | うまれる | うむ |

## 生

5画 10級 ⇩いきる・いける・いかす、なる・なす

**音読み** セイ・ショウ

**訓読み** い‐きる・い‐かす・い‐ける・う‐まれる・う‐む・お‐う・は‐える・は‐やす・き・なま（いのち・うぶ・な‐る・な‐す）

**成り立ち** 会意。もえでる草の芽。

**意味** ❶はえる。「群生・自生・生長・密生・野生」
❷うまれる。「更生・再生・出生・生滅・新生・生死・生得・生年・生育・生家・生起・生産・生殖・生成・生地・生来・胎生・誕生・転生・派生・発生・卵生」
▽母は三男二女を**生んだ**（＝誕生させる）。
▽ゆうべ子犬が八匹**生まれた**（＝誕生する）。
▽ショパンはポーランドに**生まれた**。
▽女に**生まれて**よかった（→女である）。
▽監督は野球をするために**生まれて**きたような人だ（→非常に野球が巧みだ）。
▽戦後日本が**生んだ**代表的な科学者（＝育てる）。
▽その作家は数々の名作を**生んだ**（＝作る）。
▽民衆の知恵がことわざを**生んだ**（＝発生させる）。
▽努力こそがよい結果を**生む**。
▽何気ない一言が誤解を**生んだ**（＝起こす）。
▽マタイ受難曲は聴く者の心に深い感動を**生む**。
▽第二次大戦後新しい国々が**生まれた**。
▽今大会で日本新記録が**生まれた**（＝作られる）。
▽彼の話で新たな疑問が**生まれた**（＝起こる）。
▽南欧の自然にふれて**生まれた**曲（＝できる）。

▽漢字の草書体からひらがなが**生まれ**た。
▽仏教はインドで**生まれ**た。
㊪案ずるより**生む**がやすし＝考えてばかりいるより、実際にやってみるほうがいい結果が得られる
**生み**の親より育ての親＝自分を生んでも育ててくれない親より、血のつながりはなくとも育ててくれた親のほうが尊い
❸いきる。いのち。「一生・永生・往生・寄生・共生・厚生・衆生・生涯・人生・生花・生活・生還・生気・生計・生死・生鮮・生息・生存・生態・生物・生命・生理・殺生・蘇生・半生・平生・民生・養生・余生」
❹未熟な。「生薬・生硬・生兵・生路」
❺勉強している人。「学生・塾生・生徒・寮生」
❻男性が自分を謙遜して言う語。「愚生・小生」

## 産

11画　7級

**音読み** サン
**訓読み** う-む・う-まれる・うぶ
**成り立ち** 会意。生＋产。母体の一部がくっきりと切り離される。
**意味** ❶子をうむ。「安産・産気・産褥・産卵・死産・出産・早産・多産・難産・流産」
▽このニワトリは月に二十個卵を**産む**（＝産卵する）。
▽サケは卵を**産む**ために川をさかのぼる。
▽子馬は**産まれる**とすぐ立ち上がる。
▽ゆうべ子犬が八匹**産まれ**た。
▽毎日十万羽のヒヨコが**産まれ**ている。
❷つくりだす。「原産・国産・産業・産出・産物・水産・生産・増産・畜産・特産・物産・名産・量産」
❸もとで。「遺産・財産・資産・倒産・動産・破産」

# うら

裏（心）

**使い分けマニュアル** 「**裏**」は見えない側・内部の意の場合に。「**心**」は「うらがなしい」「うらさびしい」などの複合語の場合に。

## 裏

13画　5級　⇩うち

**音読み** リ
**訓読み** うら（うち）
**成り立ち** 形声。衣＋里。すじ目の入ったうら地。
**意味** ❶うらがわ。「裏面・表裏」

▽小切手の**裏**に署名する（＝金額の書いてない方）。
▽（トランプ）カードは**裏**を向けて置いてください（＝数字の書いてない方）。
▽ホットケーキは三分たったら引っ繰り返して**裏**を焼きます（＝今まで下だった方）。
▽足**裏**マッサージを受ける（＝ふだん見えない所）。
▽家の**裏**に物置がある（＝表側でない方）。
▽**裏**へ回ったら何をしでかすかわからない（↓陰で）。
▽男は**裏**から手を回して事件をもみ消した（＝通常ではわからない方法で）。
▽この事件には**裏**がある（＝表に見えない事情）。
▽つれない言葉の**裏**に切ない慕情が見え隠れする（＝はしばしに）。
▽この番組は巨人戦の**裏**番組として作られた（↓同時間帯に放送する対抗番組）。
▽（野球）一回**裏**の攻撃（↓後攻）。
▽その学説は豊富な用例に**裏**打ちされている（↓証拠づけられる）。
▽**裏**芸（↓主たる職業・技芸ではない芸）。
▽彼は**裏**口入学したらしい（＝正規でない方法）。
㊖**裏**には**裏**がある＝内情は複雑の上にも複雑をきわめること
**裏**の**裏**を行く＝予想外のことをしたと思ったら、さらにその予想外のことをされる
**裏**を返せば＝反対の見方をすれば
**裏**をかく＝相手の予想外のことをする
**裏**を取る＝供述を証明する証拠を捜し出す
❷うちがわ。「胸裏・禁裏・成功裏・内裏・肚裏・脳裏・秘密裏」

## 心

4画　9級　⇩こころ

**音読み**　シン
**訓読み**　こころ（うら）
**成り立ち**　象形。全身に血を行き渡らせる心臓。
**意味**　❶心臓。「心音・心筋・心室・心電図・心拍・心不全・心房」
❷こころ。気持ち。「安心・会心・関心・感心・苦心・決心・細心・執心・傷心・初心・心因・心外・心境・心血・心証・心情・心身・信心・心酔・心中・心痛・心配・心理・心労・童心・内心・熱心・変心・放心・本心・慢心・無心・野心・用心・良心」
▽**心**哀しい秋の景色（↓なんとなく哀しい）。
▽一人でとる夕食は**心**寂しい（↓やるせない）。
❸まんなか。かなめ。「遠心力・核心・求心・重心・心髄・

心棒・中心・灯心・都心・爆心地」

## うらむ・うらみ　恨（怨*・憾）

**使い分けマニュアル**　「**恨む・恨み**」は相手を憎んだり不満に思ったりする場合に。「**怨む・怨み**」はうらみの感情に憎悪が伴っているような場合に。「**憾む・憾み**」は自分の行為を後悔する場合に。

事件を恨む。（そのせいで大損をした）
事件を怨む。（人生を棒に振った）
事件を憾む。（もう少し注意すればよかった）

| 使用漢字 | 動詞 | 名詞 |
| --- | --- | --- |
| 恨怨憾 | うら\|む | うら\|み |

### 恨　9画　3級

**音読み**　コン
**訓読み**　うら-む・うら-めしい
**成り立ち**　形声。心+艮。心に残って消えない傷あと。
**意味**　❶うらむ。「遺恨・怨恨・悔恨・長恨歌・痛恨」

▽商売がうまくいかず世の中を**恨んだ**（＝憎む）。
▽彼女は自分の運命を**恨んだ**（＝のろう）。
▽おれがうまくやったからって**恨む**なよ（＝嫌う）。
▽おまえ、おれに何か**恨み**でもあるのか（＝心に秘めた憎しみ）。
▽夫に積もり積もった**恨み**をぶちまけた（＝不満）。
▽「ごめんなさいね」「もう**恨ん**でなんかいないよ」（＝悪く思う）
▽平家一門は**恨み**を飲んで壇ノ浦に沈んだ（↓恨みを晴らすことなく）。
▽（勝負）これで**恨み**っこなしだ（↓あいこ）。
㊇**恨み**骨髄に徹する＝非常に深く恨む
食い物の**恨み**は恐ろしい＝自分が食べられなかったことは決して忘れない

### 怨*　9画　2級

**音読み**　エン・オン
**訓読み**　（うら-む・うら-み）
**成り立ち**　形声。心+夗。抑えられて動けない心。
**意味**　❶うらむ。「怨恨・怨嗟・怨念・怨霊・私怨」

▽逆**怨み**された（＝憎悪）。
▽（仇討ち）必ず**怨み**を晴らす（↓敵を取る）。

▽被害漁民たちは「**怨み**」の文字を掲げて公害企業に詰め寄った（＝がんじがらめの憎悪）。

## 憾

16画　準2級

**音読み**　カン

**訓読み**　（うら－む）

**成り立ち**　形声。心＋感。心の中に残るショック。

**意味**　❶心残り。「遺憾・憾悔」

▽四番打者がチャンスで凡退したことが**憾まれる**（＝後悔される）。

▽現状解決を急ぎすぎた**憾み**がある（＝欠点）。

# うれい

憂・愁

**使い分けマニュアル**　「**憂い**」は不安・心配の場合に。「**愁い**」は物悲しい場合に。

憂いを帯びた眼差し。（なにやら不安げな）

愁いを帯びた眼差し。（物悲しげで魅力的な）

## 憂

15画　3級

**音読み**　ユウ

**訓読み**　うれ－える・うれ－い・う－い

**成り立ち**　会意。頁＋心＋夊。頭と心が悩ましい。

**意味**　❶思いなやむ。「一喜一憂・外憂・杞憂・内憂・憂鬱・憂国・憂愁・憂色・憂悶・憂慮」

▽森林を伐採したままにしておくと災害を招く**憂い**がある（＝おそれ）。

▽父はガンの手術後五年を経て、再発の**憂い**なしと医者に太鼓判を押された（＝心配）。

㊪後顧の**憂い**＝残った者への心配事

備えあれば**憂い**なし＝準備をきちんとしておけば、結果を恐れる必要はない

遠き慮りなければ近き**憂い**あり＝先々のことを考えておかないとすぐにわざわいに見舞われる

## 愁

13画　準2級

**音読み**　シュウ

**訓読み**　うれ－える・うれ－い

**成り立ち**　形声。心＋秋。小さく縮んだ心。

**意味**　❶なげき悲しむ。「哀愁・郷愁・愁傷・愁色・愁訴・

春愁・悲愁・憂愁・旅愁」
▽**愁い**を帯びたまなざし（＝悲しそうな）。
▽行く春の**愁い**を感じる（＝物悲しさ）。
▽彼女は夫を失って以来**愁い**に沈んでいる（＝悲哀）。

## える・うる
### 得・獲

**使い分けマニュアル** 「**得る**」はある物を自分の所有物にする場合に。「**獲る**」は狩猟や漁などによって手に入れる場合に。

富と名声を得る。（結果として手に入れる）
富と名声を獲る。（強引な商法や猟官活動で）

**得** 11画 （7級）

**音読み** トク
**訓読み** え－る・う－る
**成り立ち** 会意。彳＋貝＋手。じっと手中に持つ。
**意味** ❶手に入れる。「獲得・既得権・自業自得・拾得・取得・所得・生得・得失・得点・得票」
▽毎月二十万の収入を**得**ている（＝自分の物にする）。
▽一年間に**得**た賞金は二億円に上る（＝獲得する）。
▽その作品は今年度の芥川賞を**得**た。
▽読書によって知識や教養を**得る**（＝身につける）。
▽仕事を続けても**得る**ものは何もない（＝実利）。
▽法案は過半数の賛成を**得**た（↓賛成される）。
▽その候補は有権者の絶大な支持を**得**た（↓支持される）。
▽絶好の機会を**得**た（↓めぐってくる）。
▽機会を**得**てお手紙を差し上げる次第です（↓機会があったので）。
▽百万の味方を**得る**思い（↓非常に心強く思う）。
▽国民の理解を**得る**（↓納得させる）。
▽病を**得**て病床に臥せる（↓病気である）。
▽罪を**得**てとらわれの身となる（↓罪に問われる）。
㊕虎穴に入らずんば虎子を**得**ず＝危険を冒さなければ利益を自分の物にできない
地の利を**得る**＝有利な地理的条件を与えられる
水を**得**た魚＝活躍の場を与えられて生き生きとしているたとえ
❷さとる。「会得・感得・習得・説得・体得・得意・得心・得々・納得」
㊕志を**得る**＝目的を果たす

事なきを**得る**＝無事何事もなくすむ
時宜を**得る**＝その機会にふさわしい
当を**得る**＝的中する
時を**得る**＝その機会にふさわしい
所を**得る**＝その場にふさわしい
要領を**得**ない＝納得できない
わが意を**得**たり＝心の底から納得した

❸利益。「損得・得策・役得・欲得・利得」

❹できる。「帰不得」

▽あの男なら借金を踏み倒すこともあり**得る**（＝可能性がある）。

▽騎士は王女の愛を勝ち**得**た（↓愛情を受け取ることができる）。

▽その光景には落涙を禁じ**得**ない（↓とどめられない）。

㊐言い**得**て妙＝非常にうまい言いまわしだ

❺二重否定で、不本意だが～する。

▽多少の欠席者はやむを**得**ない（↓容認する）。

▽締切に間に合わなければ断らざるを**得**ない（↓しかたがない）。

▽総理は辞めるつもりがないと考えざるを**得**ない（↓思える）。

▽暴挙と言わざるを**得**ない（↓暴挙と言いたい）。

▽やる気がないんならやめてもらわざるを**得**ない（↓やめてもらおう）。

†❹から発展した日本語独特の用法。

## 獲

16画　4級

**音読み**　カク

**訓読み**　え－る

**成り立ち**　形声。犬＋蒦。手で囲んでつかまえておく。

**意味**　❶つかまえる。「漁獲・獲得・捕獲・乱獲」

▽漁師たちは海によって日々の糧を**獲る**（＝手に入れる）。

▽今日の**獲**物は山鳥だ（↓捕まえたもの）。

# おか

丘・岡*（陸）

**使い分けマニュアル**　「丘」は小高い土地を表す場合に。「岡」は現在では固有名詞と接頭語の場合に。「陸」は水のない所の意の場合に。

## 丘

5画　4級

**音読み**　キュウ

**訓読み** おか

**成り立ち** 象形。周囲より小高い土地。

**意味** ❶小高い土地。「丘陵・砂丘・段丘・墳丘」

▽小高い**丘**の上に研究所がある（＝小高くなった所）。

▽**丘**を越えてハイキングに行く。

▽**丘**に登って春風に吹かれた。

## *岡

8画　2級

**音読み** （コウ）

**訓読み** おか

**成り立ち** 会意。山＋网。上が直線状の高台。

**意味** ❶高台。「岡阜・岡陵・崇岡・林岡」

❷局外の場所。

▽岡場所（↓私娼街）。

▽岡惚れ（↓わきからひそかに恋い慕うこと）。

㊜岡目八目＝第三者は当事者よりも状況がよくわかるたとえ

†❷は漢字本来の意味ではない。

## 陸

11画　7級

**音読み** リク（ロク）

**訓読み** （おか・くが）

**成り立ち** 形声。阜＋坴。連なる高地。

**意味** ❶水のない所。「上陸・水陸・大陸・着陸・内陸・陸軍・陸上・陸地・陸路・陸橋・離陸」

▽海女が**陸**へ上がって休む（＝陸上）。

▽**陸**釣り（↓船を使わないでする釣り。カエル・トンボなどの陸上動物を取る釣り。女をあさること）。

▽**陸**穂（↓水田でなく畑で作る稲）。

▽**陸**湯（↓入浴する浴槽とは別の場所に沸かしてあるあがり湯）。

㊜**陸**へ上がった河童＝無力で何もできないたとえ

❷とびはねる。「陸続・陸離・陸梁」

## おかす

犯・侵・冒

**使い分けマニュアル** 「**犯す**」は法律・規則を破る場合、女性を暴行する場合に。「**侵す**」は権利や領土を侵害する場合に。「**冒す**」は危険や風雨を問題にしない場合に。

彼女は犯された。（男に乱暴された）
彼女は侵された。（著作権を）
彼女は冒された。（ガンに）

## 犯 5画 6級

**音読み** ハン（ボン）
**訓読み** おか-す
**成り立ち** 会意。犬+㔾。犬が枠の外に飛び出る。
**意味** ❶おきてを破る。「違犯・侵犯・犯行・犯罪・防犯」
▽彼は重大な過失を**犯した**（＝しでかす）。
▽グループの規律を**犯す**者は容赦しない（＝破る）。
▽私は絶対に殺人を**犯して**いない（↓罪を）。
▽法を**犯す**者が跡を絶たない。
▽その少年は空腹に堪えきれず盗みを**犯した**。
❷罪。罪人。「共犯・再犯・重犯・主犯・初犯・戦犯・犯人・累犯」
❸女性を暴行する。「女犯・不犯」
▽眠狂四郎は**犯した**女に一片の憐憫を持った（＝暴行する）。

## 侵 9画 4級

**音読み** シン
**訓読み** おか-す（みにく-い）
**成り立ち** 形声。人+𠬶。他人の領分にまではき進む。
**意味** ❶他人の領分に入りこむ。「侵害・侵攻・侵入・侵犯・侵略」
▽日本の領空を**侵す**（＝勝手に入る）。
▽ソ連はアフガニスタンの国境を**侵した**。
▽住民の権利を**侵す**べきではない（＝奪う）。
▽その法案は表現の自由を**侵す**ものだ（＝損なう）。

## 冒 9画 4級

**音読み** ボウ（ボク・モウ）
**訓読み** おか-す（おお-う・むさぼ-る・ねた-む）
**成り立ち** 会意。目+冃。目をおおって進む。
**意味** ❶かぶる。「冒頭」
❷無理に進む。「感冒・冒険・冒進・冒瀆」
▽危険を**冒す**つもりはない（＝敢行する）。
▽救助隊は風雨を**冒して**捜索を続けた（＝突破する）。
▽肝臓がガンに**冒されて**いる（＝病巣がある）。
▽たんぱく質は水酸化ナトリウムに**冒される**（↓腐食される）。
▽徹夜が続いているので昼食後は眠気に**冒されて**しまう

(↓抵抗できない)。

❸ねたむ。「冒疾」

## おく　置(措・擱)

**使い分けマニュアル** 「**置く**」は物理的に据える場合に。「**措く**」は放置して何もさせない場合に。「**擱く**」は書き終える場合に。

筆を置く。(机の上に)
筆を措く。(放り出して書かない)
筆を擱く。(小説を書き終える)

### 置

13画 7級

**音読み** チ

**訓読み** お-く

**成り立ち** 形声。网+直。あみをまっすぐに立てておく。

**意味** ❶据える。設ける。「安置・位置・処置・設置・装置・措置・置換・倒置・配置・放置・留置」

▽テーブルの上に花瓶を**置く**(=載せる)。
▽車、どこに**置い**てきたの(=駐車する)。
▽いつまでもあなたのそばに**置い**てほしいの(=一緒にいる)。
▽我々は困難な状況に**置かれ**ている(=いる)。
▽その国では軍部が政府を支配下に**置い**ている。
▽目標は高いところに**置く**べきだ(=設定する)。
▽最悪の事態を念頭に**置く**(↓初めに考える)。
▽森君は信用の**置ける**人物だ(↓信用できる)。
▽子供のしつけに重きを**置く**(↓重視する)。
▽下宿人を**置く**(=下宿させる)。
▽タイに支店を**置く**(=設置する)。
▽そろばんに一と**置く**(=表示させる)。
▽(商店で)「乾電池ある?」「うちには**置い**てません」(=販売している)
▽彼は妻子を**置い**て家出した(=残す)。
▽大きな荷物はホテルに**置い**てきた(=預ける)。
▽あっ、傘を電車の中に**置い**てきちゃった(=忘れてくる)。
▽ペンを持つ手を**置い**て窓の外を見る(↓ペンを手から離して)。

㊖一目**置く**=自分よりすぐれていることを認める。敬意を表する
気の**置け**ない=気を遣わなくてよい。気を遣わなければ

ならない

下にも**置か**ない＝丁重にもてなす

隅に**置け**ない＝あなどりがたい。要領がよい

～の風上にも**置け**ない＝非常に下劣な～だ

❷宿場。「置亭・置郵・置伝」

## 措 11画 3級

**音読み** ソ

**訓読み** （おーく・はかーらう）

**成り立ち** 形声。手＋昔。手を物や台の上に重ねておく。

**意味** ❶据えつける。「挙措・措辞・措定」

▽君をこのまま**措く**のは惜しい（＝放置する）。

▽この問題はしばらく**措こ**う。

▽委員長は田中氏を**措い**て他にはない（↓田中氏以外に）。

▽政治改革は今を**措い**てやる時はない。

(慣)垂涎**措く**あたわず＝どうしても欲しいという気持ちをおさえられない

❷とりはからう。「失措・措置・措弁」

▽そんなこと言うとただじゃ**措か**ないよ（＝すませる）。

▽あいつに必ず謝らせずには**措か**ないぞ。

## 擱 17画 1級

**音読み** カク

**訓読み** おーく

**成り立ち** 形声。手＋閣。つかえさせて手をとめる。

**意味** ❶さしとめる。「擱座・擱筆」

▽作家は「下人の行方はだれも知らない」という文で筆を**擱い**た（↓作品を終えた）。

# おくる　送・贈

**使い分けマニュアル** 「**送る**」は物事を相手方に届ける場合、人を行かせる場合、時を過ごす場合に。「**贈る**」は相手に金品を与える場合に。

金を送る。（為替で。小切手で）

金を贈る。（賞金として。謝礼として）

## 送 9画 8級

**音読み** ソウ

**訓読み** おくーる

**成り立ち** 会意。辵＋关。物をそろえてよそへ運ぶ。

**意味** ❶みおくる。「歓送・送迎・葬送・送別」
▽お宅までお**送り**しましょう（＝一緒に行く）。
▽友だちを成田空港まで**送っ**た（＝別れを見届ける）。
▽友人の門出を盛大に**送っ**た（→祝う）。
▽今年祖母と母を**送っ**た（＝見とる）。
▽忙しい毎日を**送る**（＝過ごす）。
▽テレビを見ながら行く年を**送る**。
▽春を**送り**夏を迎えた。
▽彼女は事業家の妻として平凡な一生を**送っ**た。
▽その詩人は故郷の村で晩年を**送っ**た。
▽老犬に静かな余生を**送ら**せる。
㊬**送り火**＝魂を墓場へみおくるための火
　野辺の**送り**＝遺体を墓場へみなで運んでいく儀式
❷おくりとどける。「運送・護送・送球・送検・送信・送付・送料・直送・転送・配送・発送・返送・放送・郵送・輸送」
▽宅配便で荷物を空港に**送る**（＝移動させる）。
▽あなたの写真を**送っ**てください（→郵便で）。
▽外国に為替で金を**送っ**た（＝送金する）。
▽通信衛星に電波を**送る**（＝送信する）。
▽心臓は全身に血液を**送る**（＝循環させる）。
▽彼女はせんすで風を**送っ**た（＝あおぐ）。
▽彼女は弟に合図を**送っ**た（＝見せる）。
▽応援団は盛んな声援を**送っ**た（＝聞かせる）。
▽その作家は多くの傑作を世に**送っ**た（＝出す）。
▽国連に特使を**送る**（＝派遣する）。
▽日本は世界選手権に二百人の選手を**送っ**た。
▽監督はリリーフをマウンドへ**送っ**た（→投げさせる）。
▽人々は重油の桶を手から手へ**送っ**た（＝順に移動させる）。
▽走者を二塁へ**送る**（＝進塁させる）。
▽「おこなう」は「う」だけを**送る**（＝仮名書きする）。
㊬秋波を**送る**＝色目を使う

## 贈
18画　4級

**音読み** ゾウ・ソウ
**訓読み** おく-る
**成り立ち** 形声。貝＋曾。相手の持ち物の上に重ねて増やす。
**意味** ❶宝を与える。「寄贈・贈呈・贈答・贈与・贈賄」
▽母にバラの花束を**贈っ**た（＝与える）。
▽父は退職するときネクタイを**贈られ**た。
▽ここに感謝の言葉を**贈り**ます（→感謝する）。
▽早稲田大学はカラヤンに名誉博士号を**贈っ**た。

# おくれる　後・遅

**使い分けマニュアル** 「**後れる**」は取り残される場合に。「**遅れる**」は予定に間に合わない場合、進行の割合が遅い場合に。

開発が後れている。(取り残されている)
開発が遅れている。(予定より遅い)

## 後

9画 9級 ⇩あと

**音読み** ゴ・コウ

**訓読み** のち・うし-ろ・あと・おく-れる（しり）

**成り立ち** 会意。彳＋夊＋幺。少しずつ行っておくれる。

**意味** ❶おくれる。「後学・後進・後発・後家」

▽冷夏で稲の生育が**後れ**ている（↔丈が低い）。
▽学校の勉強が**後れ**ている（＝劣っている）。
▽中国の内陸部は開発が**後れ**ている（＝取り残されている）。
▽パソコンの勉強をしないと時流に**後れる**。
▽日本の技術革新は世界に**後れ**まいとしてきた（＝負ける）。
▽文豪が亡くなったのは愛妻の死に**後れる**こと半年であった（↔生き残る）。
▽写メールしないの？ **後れ**てるう（↔ださい）。

慣 **後れ**をとる＝負ける。先に行かれる

❷時間的にあと。「以後・雨後・後悔・後期・後継・後任・後輩・午後・後日・今後・最後・食後・生後・戦後・直後・没後・老後」

❸空間的にうしろ。「後逸・後衛・後援・後退・後半・後編・後方・後光・銃後・背後」

## 遅

12画 4級

**音読み** チ

**訓読み** おく-れる・おく-らす・おそ-い

**成り立ち** 会意。辶＋犀。歩みのおそいサイ。

**意味** ❶のろい。「遅速・遅々・遅鈍」

▽あの時計は二分**遅れ**ている（＝隔たりがある）。
▽うちの柱時計は一日に五分以上**遅れる**（＝進行の割合がおそい）。
▽知恵**遅れ**の子（↔知能が足りない）。

❷まにあわない。「遅延・遅刻・遅参・遅滞」

▽彼はいつも約束の時間に**遅れる**（＝後で来る）。
▽試合は雨のため一時間**遅れ**て始まった（＝後になる）。
▽その河口堰は自然保護団体の反対にあって完成が十年も**遅れ**た（↓十年後に完成する）。
▽ベルボトムはもう流行**遅れ**よ（＝はやらない）。
❸じっとまつ。「遅旦・遅明」

## おこる・おこす・おきる　怒・起・興（熾）

**使い分けマニュアル**　「**怒る**」は人が腹を立てる場合、相手を叱る場合に。「**起こる**」は物事や事件が新たに発生する場合に。「**興る**」は国や産業など発生が好ましい場合に。

「**起こす**」は物理的に位置を立てる場合、人の目を覚まさせる場合、物事を開始する場合に。「**興す**」は新規の有益な事業を始める場合に。「**熾す**」は火の勢いを盛んにする場合に。

「**起きる**」は物理的に立つ場合、目が覚める場合、物事が開始する場合に。「**熾る**」は火の勢いが盛んになる場合に。

| 使用漢字 | 他動詞 | 自動詞 | |
|---|---|---|---|
| 怒 | おこらす | おこる | ― |
| 起熾 | おこす | おこる | おきる |
| 興 | おこす | おこる | ― |

### 怒

9画　（4級）

**音読み**　ド（ヌ）
**訓読み**　いか－る・おこ－る
**成り立ち**　形声。心＋奴。じわじわと力む心のストレス。
**意味**　❶腹を立てる。「喜怒哀楽・激怒・怒気・怒号・怒声・怒髪・憤怒」
▽母は**怒**って部屋から出て行った（＝腹を立てる）。
▽つまらないことで**怒る**なよ（＝不機嫌になる）。
▽いたずらをやめないと、しまいには**怒る**よ（＝怒りを爆発させる）。
▽あの先生は**怒**ってばかりいる（＝怒りを見せる）。
▽ゆうべ遅く帰ったらおやじに**怒ら**れた（＝叱る）。
▽（夫に）たまにはあなたから**怒**ってやってください（＝厳しく注意する）。
❷勢いが激しい。「怒生・怒張・怒濤・怒馬」

### 起

10画　（8級）　⇩たつ(2)・たてる

**音読み** キ

**訓読み** お-きる・お-こる・お-こす（た-つ）

**成り立ち** 形声。走＋己。曲がっていたものが伸びて立つ。

**意味** ❶おこる。はじまる。「縁起・起因・起源・起首・起承転結・生起」

▽原発で大きな爆発事故が**起こ**った（→平穏を乱す事件が発生する）。

▽セーターを脱ぐと静電気が**起こ**った（＝発生する）。

▽会場のあちこちで拍手が**起こ**った（＝沸く）。

▽核戦争が**起こら**ないように祈る（＝勃発する）。

▽傍聴席からどよめきが**起こ**った。

▽静かな湖面に急に大波が**起こ**った（＝立つ）。

▽寒くなると神経痛が**起こる**（＝出現する）。

▽川柳は柄井川柳の名から**起こ**った（＝由来となる）。

❷おこす。たてる。「喚起・起業・起工・起訴・起草・起動・起用・決起・再起・奮起・蜂起・発起人」

▽倒れた大木を**起こす**（＝立てる）。

▽病人を**起こ**して食事をさせた（＝座らせる）。

▽貧困から身を**起こす**（＝出世する）。

▽赤ん坊を**起こす**な（＝目を覚まさせる）。

▽対談の録音をワープロ原稿に**起こす**（＝文字化する）。

▽出金伝票を**起こす**（＝新たに書く）。

▽行動を**起こす**前によく考えろ（＝開始する）。

▽彼女は国を相手どって訴訟を**起こ**した。

▽やけを**起こす**（→自暴自棄になる）。

▽かんしゃくを**起こす**（→怒る）。

▽発達した積乱雲は雷を**起こす**（＝発生させる）。

▽たばこの火の不始末から山火事を**起こ**した。

▽電車の中で急に腹痛を**起こ**した。

▽東名高速で事故を**起こ**した。

▽水の力で電気を**起こす**（＝発生させる）。

▽この作品は文学界に新風を**起こ**した。

㊥慣 寝た子を**起こす**＝忘れていることを思い出させる

筆を**起こす**＝文章を書き始める

❸おきる。たつ。「起臥・起居・起床・起伏・起立・再起・突起・不起・勃起・躍起・隆起」

▽毎朝七時に**起きる**（＝目が覚める）。

▽二人の証言には食い違いが**起き**た（＝生ずる）。

▽高速道路ができてこの町にも変化が**起き**た。

▽胃腸病はストレスから**起きる**（＝発生する）。

▽夜中になると喘息の発作が**起きる**。

▽冬は空気が乾燥して火事が**起き**やすい。

▽静かな山村に恐ろしい殺人事件が**起き**た。

▽サル山の一角でオスどうしのけんかが**起き**た。

▽どうも勉強する気が**起き**ない（↓勉強したくない）。

## 興　16画　6級

**音読み**　コウ・キョウ

**訓読み**　おこ-る・おこ-す

**成り立ち**　会意。舁＋同。四本の手で協力して持ち上げる。

**意味**　❶おこる。おこす。「興行・興業・興奮・興隆・再興・振興・中興・復興・勃興」

▽父は事業を**興し**た（＝新しく始める）。

▽朱全忠は新しい国を**興し**た（＝作る）。

▽傾きかけていた家を**興す**（＝再興する）。

▽産業を**興し**て国民生活を向上させる（＝発展させる）。

▽子規は短歌革新運動を**興し**た（＝提唱する）。

▽中国に唐が**興っ**た（＝勃興する）。

▽繊維を中心とする地場産業が**興っ**た。

▽自然主義は明治時代に**興っ**た。

❷おもしろみ。「一興・感興・興趣・興味・座興・酔興・即興・不興・遊興・余興」

## 熾　16画　1級

**音読み**　シ

**訓読み**　さか-ん・おこ-す・おき

**成り立ち**　形声。火＋戠。かがり火をたいた目じるし。

**意味**　❶火がさかんである。「熾盛・熾烈・隆熾」

▽キャンプのために火を**熾す**。

▽暖炉の灰の中から**熾**火を探す（↓依然として残っている火種）。

▽彼の心に人間らしい感情が**熾**のように残っていた。

# おごる（傲*・奢・驕）

**使い分けマニュアル**　「**傲る**」は憎々しさを強調する場合に。「**奢る**」はぜいたくをする場合、人に御馳走する場合に。「**驕る**」は高慢である場合に。

彼は傲っている。（傲慢である）
彼は奢っている。（ぜいたくしている）
彼は驕っている。（自信過剰だ）

## 傲*　13画　2級

**音読み**　ゴウ

**訓読み**　（おご-る・あなど-る・あそ-ぶ）

**成り立ち** 形声。人＋敖。気ままにして高ぶる。

**意味** ❶おごり高ぶる。「傲岸・傲語・傲然・傲慢」

▽勝って**傲ら**ず負けて悪びれず（＝増長する）。

▽あの男は**傲り**高ぶっている（＝傲慢である）。

▽人を見下す**傲っ**た振る舞い（＝憎々しい）。

## 奢

12画 1級

**音読み** シャ

**訓読み** おごーる

**成り立ち** 形声。大＋者。大げさに充実しすぎる。

**意味** ❶ぜいたくである。「華奢・豪奢・奢侈」

▽その一族は**奢っ**た暮らしをしている（＝ぜいたくな）。

▽「ずいぶん御馳走だね」「ちょっと**奢っ**ちゃった」

▽たまには**奢っ**てよ（＝勘定を払ってもらう）。

㊎口が**奢っ**ている＝好きな食べ物がぜいたくである

## 驕

22画 1級

**音読み** キョウ

**訓読み** おごーる・ほしいまま・つよーい・さかーん

**成り立ち** 形声。馬＋喬。背の高い馬。高い所から見下ろす。

**意味** ❶おごり高ぶる。「驕気・驕奢・驕慢」

▽心の**驕り**が油断を生む（＝自信過剰）。

▽社会的な地位が高くても**驕っ**た人間にはなりたくない。

㊎**驕る**平家は久しからず＝一時調子がよいからといって傲慢になる者はその地位を長く保っていられない

# おさめる・おさまる

## 収・納・治・修

**使い分けマニュアル** 「**収める**」は採り入れたりしまったりする場合、事態を終わらせる場合に。「**納める**」は相手に支払う場合に。「**治める**」は国や山河を管理する場合に。「**修める**」は自分自身を対象とする場合に。「**収まる**」「**納まる**」「**治まる**」は「おさめる」に準ずる。

図書館に収める。（蔵書をしまう）
図書館に納める。（購入図書を渡す）
図書館を治める。（管理下に置く）
図書館を修める。（図書館について学ぶ）

| 使用漢字 | 他動詞 | 自動詞 |
|---|---|---|
| 収納治 | おさめる | おさまる |
| 修 | おさめる | ？ |

## 収　4画　5級

**音読み**　シュウ

**訓読み**　おさ-める・おさ-まる

**成り立ち**　会意。丩+攵。ばらばらの物をまとめる。

**意味**　❶とりいれる。「押収・回収・吸収・収穫・収拾・収集・収入・収納・収容・徴収・買収・領収」

▽文庫本が書棚にうまく**収まった**（=入る）。

▽掛け軸を箱に**収める**（=しまう）。

▽国宝を美術館に**収める**（=収蔵する）。

▽原稿は三百枚以内に**収める**（↓範囲内に入れる）。

▽これはほんの感謝の気持ちですが、お**収め**ください（=受け取る）。

▽論文を大学の紀要に**収める**（=収載する）。

▽野鳥の声をテープに**収める**（=収録する）。

▽『万葉集』には天皇から貧民までさまざまな階層の人の歌が**収められ**ている（=採択する）。

㊙慣　腹に**収める**=秘密にしておく

鉾を**収める**=戦いをやめる

元のさやに**収まる**=結局元通りになって解決する

❷とりだか。「月収・税収・増収・定収・年収」

❸一点にあつまる。「収縮・収束・収斂」

▽風はだいぶ**収まって**きた（=静かになる）。

▽インフレが**収まった**（=やむ）。

▽パトカーが出動してようやく騒ぎを**収めた**（=終わらせる）。

▽えこひいきされた弟は**収まら**ない（=納得しない）。

▽その場を丸く**収める**（↓円満に終わらせる）。

▽日本チームは緒戦で勝利を**収めた**（↓勝つ）。

▽ヤオハンは海外で多くの利益を**収めた**（=もうける）。

▽信長は権力を手中に**収めた**（=握る）。

▽新企画は成功を**収めた**（↓成功する）。

▽ダイエットは確実に効果を**収めて**いる（↓効果をあげる）。

## 納　10画　5級

**音読み**　ノウ・ナッ・ナ・ナン・トウ

**訓読み**　おさ-める・おさ-まる（い-れる）

**成り立ち**　形声。糸+内。糸を倉の内部にしまいこむ。

**意味**　❶とりいれる。「受納・笑納・納得・納涼」

❷しまいこむ。「格納・収納・納豆・納棺・納骨」

▽雛人形を来年まで納戸に**納めて**おく（=しまう）。

▽取引先に製品を**納める**（=届ける）。

▽売上を金庫に**納める**（=保管する）。

❸支払う。「延納・完納・後納・出納・上納・滞納・納税・納入・納付・物納・別納・返納・奉納・未納」

▽税金を**納める**（＝支払う）。

▽同窓会費を**納める**。

▽授業料は半年に一回まとめて**納める**。

㊖年貢の**納め**時＝観念して従う時（特に嫁入り時）

❹おわる。「納会・納盃」

## 治

8画　7級　⇩なおる・なおす

**音読み**　ジ・チ

**訓読み**　おさ－める・おさ－まる・なお－る・なお－す

**成り立ち**　形声。水＋台。水を人工的に調整する。

**意味**　❶とりしきる。「自治・政治・退治・治安・治国・治山・治水・治世・統治・徳治・文治・法治」

▽昔は水を**治め**、山を**治める**ことが国を**治める**ことの基本だった（→治山・治水、統治）。

▽神聖ローマ帝国は皇帝が**治め**ていた。

▽第二次大戦前、インドはイギリスが**治め**ていた（＝支配する）。

❷病気をなおす。病気がなおる。「完治・根治・全治・治験・治癒・治療・湯治・難治・不治」

▽頭痛がようやく**治まっ**た（＝なおる）。

## 修

10画　6級

**音読み**　シュウ・シュ

**訓読み**　おさ－める・おさ－まる（かざ－る・なが－い）

**成り立ち**　会意。彡＋攸。すらりと細長く整う。

**意味**　❶身をひきしめる。まなぶ。「研修・修学・修業・修士・修得・修了・修行・専修・必修・履修」

▽国会議員はまず自分の身を**修める**べきだ（→自己管理をする）。

▽茶の湯を**修める**（＝身につける）。

▽寺は学問を**修める**場所でもあった。

▽彼は大学院で法律を**修め**た（＝勉強する）。

❷つくろう。「改修・修辞・修飾・修正・修整・修繕・修復・修理・補修」

❸書籍をあむ。「監修・修史・撰修・編修」

# おす・おさえる

## 押・推・抑（圧・捺）

**使い分けマニュアル**　「**押す**」は物理的に圧力を加える場合、圧倒する場合、方針を貫く場合に。「**推す**」は推薦する場合、推測する場合に。「**圧す**」は圧力を強調する場合に。「**捺す**」ははんこや手形をおす場合に。

「**押さえる**」は物理的に動きを止める場合、相手を自分の支配下に置く場合に。「**抑える**」は抽象的なものの動きや程度を抑制したり制限したりする場合に。「**圧さえる**」は圧力を強調する場合に。

部長を押す。（肩を指圧する）
部長を推す。（役員に推挙する）
部長を圧す。（やらざるを得ないようにする）
腹の痛みを押さえて治す。（腹に手を当てる）
腹の痛みを抑えて治す。（痛み止めの薬を飲む）

| 使用漢字 | 他動詞 | |
|---|---|---|
| 押圧 | おす | おさえる |
| 推捺 | おす | ― |
| 抑 | ― | おさえる |

## 押 8画 4級

**音読み** オウ

**訓読み** お-す・お-さえる

**成り立ち** 形声。手+甲。外からかぶせて封じこめる。

**意味** ❶とりおさえる。「押収・押領」

▽先に入った紳士がドアを**押さえて**くれた（→閉まらないように）。
▽はしごを**押さえて**いて（→ぐらつかないように）。
▽犬が飛びつかないように**押さえる**（＝とどめる）。
▽傷口を**押さえて**血を止めた（＝手を当てる）。
▽銃声に思わず耳を**押さえた**（＝ふさぐ）。
▽警察は動かぬ証拠を**押さえた**（＝握る）。
▽担保物件を**押さえる**必要がある（＝確認する）。
▽万引きの現場を**押さえる**（＝見つける）。
▽若い人は頭から**押さえられる**のをいやがる。
▽会議室を**押さえて**おいてくれ（＝確保する）。
▽K社がシェアの半分を**押さえて**いる（＝占有する）。
▽文章の要点を**押さえる**（＝つかむ）。
▽犯行の現場を**押さえて**おけ（＝認識する）。
㊫首根っこを**押さえる**＝動かないように捕まえる。言い逃れできない証拠をつかむ
目頭を**押さえる**＝涙をぬぐう

❷印をおす。「押印・押書・押捺・花押」
▽ここに実印を**押して**ください。
▽彼は指紋を**押す**ことを拒否した（＝インクで型を取る）。
▽ブザーを**押して**知らせる（＝圧力を加える）。
▽手帳にスタンプを**押す**（＝印をつける）。

▽ドアを**押して**開ける（＝向こうへ動かす）。
▽デパートは**押すな押すな**の大盛況である（↓人が非常に混雑している）。
▽時間が**押して**いるから急げ（↓切迫している）。
▽**押して**いた試合を逆転負けした（↓優勢である）。
▽量販店ができたので**押され**ぎみだ（↓圧倒される）。
▽オリンピックの雰囲気に**押され**て惨敗した。
▽監督はあくまでバントで**押した**（↓方針を変えない）。
▽博士は高熱を**押して**出かけた（↓かまわず）。
▽原発は住民の反対を**押して**建設された。
㊏**押し**の一手＝ひたすら主張を貫くこと
**押し**も**押され**もしない＝立派な。一人前の
だめを**押す**＝こちらの勝利を相手に思い知らせる
念を**押す**＝確認する
判で**押し**たように＝いつもまったく同じに
横車を**押す**＝無理難題を言う
烙印を**押される**＝悪い評判を立てられる
❸韻を踏む。「押韻」

## 推
11画　5級

**音読み** スイ

**訓読み** お‐す

**成り立ち** 形声。手＋隹。ずっしりと重みをかけておす。

**意味** ❶おしうごかす。「推移・推敲・推参・推進」
❷あげ用いる。「推挙・推奨・推譲・推薦」
▽鈴木君を生徒会長に**推した**（＝推薦する）。
▽私の父は市長に**推された**。
▽芥川賞にはこの作品を**推し**ます。
❸おしいただく。「推戴・推服」
❹おしはかる。「邪推・推計・推察・推測・推定・推理・推量・推論・類推」
▽アクセントから**推して**彼女は大阪の生まれに違いない（＝推測する）。
▽データから**推す**と知事選は現職が有利だ。
㊏**推して**知るべし＝推測すればわかるはずだ

## 抑
7画　3級

**音読み** ヨク

**訓読み** おさ‐える

**成り立ち** 会意。手＋印の逆形。上から下へ圧力をかけておさえる。

**意味** ❶おさえつける。「抑圧・抑鬱・抑止・抑制・抑揚・抑々・抑留」
▽反対派の妨害を**抑える**（＝動きを止める）。

▽記事が公にならないように**抑えた**。
▽うわさを**抑える**のはむずかしい（＝止めさせる）。
▽田中先生は生徒の自由な意見を**抑え**ない。
▽ひしめく強豪を**抑え**て優勝した（＝負かす）。
▽物価を**抑える**（↓上がらないようにする）。
▽注射で痛みを**抑え**て出場する（↓感じなくする）。
▽甘さを**抑え**た大人の味（＝控える）。
▽上原は横浜打線を一点に**抑え**た（＝とどめる）。
▽涙を**抑え**られない（＝我慢する）。
▽（怒っている相手に）まあまあ、**抑え**て**抑え**て。
▽第一志望に合格してうれしさを**抑え**きれない。
▽私ははやる心を**抑え**て競技場に向かった。
▽彼は恋人への情熱を**抑え**られなかった。

## 圧

5画　6級

**音読み** アツ（オウ）
**訓読み** （お－さえる・お－す・へ－す）
**成り立ち** 形声。旧字は「壓」で、土＋厭。土をかぶせて出られないようにおさえる。
**意味** ❶力をくわえておす。「圧延・圧巻・圧搾・圧殺・圧死・圧縮・圧勝・圧倒・圧迫・圧力・威圧・指圧・重圧・弾圧・鎮圧・抑圧」
▽肩が凝っていてぐっと**圧す**と気持ちがいい（↓指圧）。
▽非常の際は赤いボタンを**圧し**てください（＝強く押す）。
▽**圧さ**れた空気がパイプから漏れだした（↓膨脹した）。
▽ハブの頭を二股の道具で**圧さえ**つけて捕まえた。
▽彼は社長の威厳に**圧さ**れて一言も反論できなかった（＝威圧される）。
❷おす力。「圧覚・圧点・外圧・眼圧・気圧・血圧・水圧・電圧・筆圧・風圧・油圧」

## 捺

11画　準1級

**音読み** ダツ・ナツ
**訓読み** お－す
**成り立ち** 形声。手＋奈。手をやわらかくおしつける。「押捺・捺印・捺染」
**意味** ❶手でおして跡をつける。
▽受取にはんこを**捺し**てください。
▽色紙に白鵬の手形を**捺し**てもらった。
▽化粧品の箱に金箔を**捺す**（＝貼りつける）。
(慣)判で**捺し**たように＝いつもまったく同じに

# おそれる・おそれ

## 恐・虞・畏*（慄*）

**使い分けマニュアル** 「**恐れる・恐れ**」は対象に恐怖心を持っている場合に。「**虞**」は悪い結果を予想する場合に。「**畏れる**」は尊敬する場合に。「**慄れる**」は恐怖の程度が非常に高い場合に。

新生物を恐れる。（自分がこわい）
新生物を畏れる。（非常に神聖な感じがする）
新生物を慄れる。（身の毛がよだつ）

| 使用漢字 | 動詞 | 名詞 |
|---|---|---|
| 恐 | おそれる | おそれ |
| 虞 | ― | おそれ |
| 畏慄 | おそれる | ― |

### 恐

10画 4級 ⇩こわい

**音読み** キョウ

**訓読み** おそ-れる・おそ-ろしい（こわ-い）

**成り立ち** 形声。心＋巩。心中に穴があいたむなしさ。

**意味** ❶おそれる。「恐慌・恐妻家・恐怖・恐竜」

▽一般に野獣は火を**恐れる**（＝こわがる）。
▽弟は非行グループの報復を**恐れた**。
▽国民は軍が実権を握るのを**恐れた**（＝危ぶむ）。
▽貴重な野生生物の絶滅を**恐れる**（＝危惧する）。
▽彼は両親に真実が知れるのを**恐れた**。
▽人々は圧政に**恐れ**を抱いた（＝恐怖心）。
▽相手がプロだからといって**恐れる**ことはない（＝おじけづく）。
▽彼女は猛犬に**恐れ**げもなく近づいた。
▽**恐れ**を知らぬ船乗りたち（＝勇敢な）。
▽失敗を**恐れ**ていては何もできない（＝懸念する）。
▽彼は留年を**恐れ**て一生懸命勉強した（↓留年すると困るので）。

慣 **恐れ**をなす＝恐ろしがる。たじろぐ

❷おどす。「恐嚇・恐喝・恐脅」

❸つつしむ。「恐悦・恐々謹言・恐縮」

▽「これはほんのお礼の気持ちです」「**恐れ**入ります」（＝恐縮する）。

### 虞

13画 準2級

**音読み** （グ）

**訓読み** おそれ

**成り立ち** 形声。虍＋呉。トラに似た動物。先のことを心配する。

**意味** ❶うれえる。「虞犯少年・憂虞」❷思いをめぐらす。「不虞」

▽肝炎は慢性化する**虞**がある（＝危険性）。

▽母は肺ガンの**虞**があると言われた（＝可能性）。

▽太平洋沿岸に津波の**虞**があります（＝予想）。

▽夜半から大雨になる**虞**がある（＝危惧）。

## ＊畏

9画　2級

**音読み** イ

**訓読み** おそ-れる（かしこ-い・かしこ-まる）

**成り立ち** 象形。鬼が武器を持っておどす。

**意味** ❶おそれおののく。「畏縮・畏怖・畏服」❷おそれおおい。「畏愛・畏敬・畏友」

▽神をも**畏れ**ぬ振る舞い。（＝あまりにも思いあがっている）

## ＊慄

13画　2級

**音読み** リツ

**訓読み** （おそ-れる・おのの-く）

**成り立ち** 形声。心＋栗。心がひりひりとはげしく痛む。

**意味** ❶おそれおののく。「戦慄・慄然・凛慄」

▽当時結核は死病ということで、人々から**慄れ**られていた。

▽国王の名前を聞いただけで人々は**慄れ**おののいた（↓恐怖政治）。

# おちる・おとす

## 落（墜・堕・陥）

**使い分けマニュアル**

「**落ちる**」は物理的に下に行く場合、程度が下がる場合、行き着く場合に。「**墜ちる**」は飛行機など重い物が高い所からおちる場合に。「**堕ちる**」は内容が崩れていく場合に。「**陥ちる**」は穴や深みにはまりこむ場合に。

「おとす」は「**落とす**」のみ。

ビルの外壁が落ちた。（タイルが剝がれた）

ビルの外壁が墜ちた。（クレーンで運搬中の巨大なパネルが落下した）

ビルの外壁が堕ちた。（亀裂が入って崩れた）

ビルの外壁が陥ちた。（地表にあいた穴にはまりこんだ）

| 使用漢字 | 自動詞 | 他動詞 |
|---|---|---|
| 落 | おちる | おとす |
| 墜堕陥 | おちる | ー |

## 落

12画 8級

**音読み** ラク

**訓読み** お-ちる・お-とす（さと）

**成り立ち** 形声。草＋洛。木の葉がぽろりとおちる。

**意味** ❶おちる。おとす。「陥落・下落・墜落・転落・落差・落日・落石・落馬・落盤・落葉・落雷・落花」

▽除雪作業中に屋根から**落ち**た（＝転落する）。
▽ベランダから洗濯物を**落とし**た（＝落下する）。
▽岩棚から雫が**落ち**てくる（＝したたる）。
▽道路の穴に**落ち**て足をくじいた（＝踏み外す）。
▽地震で壁が**落ち**た（＝剥落する）。
▽道路に柿の実が**落ち**ている（＝散らばる）。
▽あそこに財布が**落ち**ている（＝地表にある）。
▽砂漠に日が**落ち**た（＝沈む）。
▽春雨がぽつぽつ**落ち**てきた（＝降る）。
▽ゴルフ場の杉の木に雷が**落ち**た（↓落雷）。
▽事件は社会に暗い陰を**落とし**た（↓影響する）。
▽新幹線は駅の手前でスピードを**落とし**た（↓遅くする）。
▽円高で売上が**落ち**た（＝減る）。
▽二学期は一学期より成績が**落ち**た（＝下がる）。
▽その力士は十両に**落ち**た（＝陥落する）。
▽筆記試験は通ったが実技で**落ち**た（↓不合格）。
▽その候補は参院選で**落ち**た（↓落選する）。
▽夫はすぐに眠りに**落ち**た（↓眠る）。

(慣)猿も木から**落ちる**＝熟練している者でも失敗することがある
人後に**落ち**ない＝人に劣らない
ほっぺたが**落ちる**よう＝とてもおいしい様子
目から鱗が**落ちる**＝意外な真実がわかるたとえ

❷はずれる。はずす。「欠落・脱落・落選・落第」

▽木の葉が**落ちる**（＝本体から取れる）。
▽病気をして頰の肉が**落ち**た（↓やせる）。
▽観光客が来て地元に金を**落とし**ていく（↓金を遣う）。
▽この生地は色が**落ち**ない（＝あせる）。
▽せっけんで口紅のしみを**落とす**（＝取る）。

❸失う。「堕落・没落・落胆・落命・零落」

▽途中のページが**落ち**ている（＝抜けている）。
▽名簿に会長の名前が**落ち**ていた。
▽年をとって名人の腕も**落ち**た（↓技術が衰える）。

▽マドンナも人気が**落ち**てきた（＝なくなる）。
▽弟は兄貴よりだいぶ成績が**落ちる**（＝劣る）。
▽会社の信用が**落ちる**（＝悪くなる）。
▽あの店の魚は鮮度が**落ちる**（→古い）。
▽あの食堂は店を直してから味が**落ち**た（→まずくなる）。
▽平家は西国へと**落ち**ていった（＝逃げ去る）。
❹手に入れる。「落札・落手・落掌」
慣手に**落ちる**＝所有・管理下に入る
　腑に**落ち**ない＝納得できない
❺おちつく。「段落・落語・落成・落着・落慶」
▽（刑事が）ホシは**落ち**た（＝自白する）。
▽弟は物や金では**落ち**ない（＝籠絡される）。
▽（柔道）相手は締め技で**落ち**た（＝気絶する）。
▽半年後、手形が**落ち**た（＝現金になる）。
慣**落ちる**所まで**落ちる**＝最低・最悪の状態になる
　問うに**落ち**ず語るに**落ちる**＝聞かれても隠し通せること
　が、自分からだとうっかり話してしまう
❻あつまり。さと。「群落・集落・村落・部落」
❼わずか。「落索・落莫」
❽わだかまりがない。「洒落・磊落」
❾おおやけでない。「落胤・落首・落書」

## 墜

15画　3級

**音読み**　ツイ
**訓読み**　（お-ちる）
**成り立ち**　形声。土＋隊。ずしんと重い物がおちる。
**意味**　❶高い所からおちる。「撃墜・墜落」
▽四川盆地は巨大隕石の**墜ち**た跡だという（＝落下する）。
▽日航機は御巣鷹の尾根に**墜ち**た（＝墜落する）。
慣巨星**墜つ**＝偉大な人物が死ぬ
❷おとろえる。「墜緒・墜典」
❸失う。「失墜」
慣地に**墜ちる**＝まったく価値を失う

## 堕

12画　準2級

**音読み**　ダ
**訓読み**　（お-ちる・こぼ-つ）
**成り立ち**　形声。旧字は「墮」で、土＋隋。土がギザギザにくずれおちる。
**意味**　❶くずれおちる。「堕胎・堕落・堕涙」
▽祈禱で憑いていたキツネが**堕ち**た（＝付着していたものが出ていく）。
▽彼女は憑きものが**堕ち**たような顔をした（→気の抜け

た）。

▽あの名優も**堕ち**たものだ（＝悪くなる）。

▽地獄に**堕ちろ**（＝終極に到達する）。

▽その批評は理に**堕ち**たところがある（↓理屈にこだわる）。

▽最後にはいつも話が**堕ちる**（↓卑猥になる）。

❷なまける。「怠堕・堕弱」

## 陥

10画　準2級

**音読み**　カン

**訓読み**　おちい－る・おとしい－れる

**成り立ち**　形声。旧字は「陷」で、阜＋臽。土の穴にはまる。

**意味**　❶おちいる。「陥没」

▽手抜き工事で橋が**陥ち**た（＝陥落する）。

▽二人は出会ってまもなく恋に**陥ち**た（＝はまる）。

▽彼はまんまと敵の罠に**陥ち**た。

▽将軍は部下の謀略に**陥ち**た。

▽大阪城は容易に**陥ち**ない（＝陥落する）。

❷おとしいれる。「陥穽・陥落」

❸欠けた所。「欠陥・失陥」

# おどす

脅（威）

**使い分けマニュアル**　「**脅す**」は人に恐怖を感じさせる場合に。「**威す**」はびっくりさせる場合も含む。

彼女には脅しが効かない。（勇敢である）

彼女には威しが効かない。（慣れている）

## 脅

10画　3級

**音読み**　キョウ

**訓読み**　おびや－かす・おど－す・おど－かす（おび－える）

**成り立ち**　形声。肉＋劦。両わきから力ではさむ。

**意味**　❶わきばら。「駢脅」

❷おどす。「脅威・脅嚇・脅喝・脅迫」

▽彼は昔の悪事をばらすぞと友人に**脅され**て、やむなく金を貸した（＝脅迫する）。

▽うちの社長は**脅し**には屈しない。

▽男は刃物で人を**脅し**て金を奪った。

▽強盗は「手を上げろ。動くと撃つぞ」と**脅し**文句を並べた。

▽そんなこけ**脅し**にのるもんか（↓見かけだけ恐ろしいもの）。

❸すくめる。「脅肩・脅息」

## 威

9画 4級

**音読み** イ

**訓読み** （おど-す）

**成り立ち** 会意。女+戌。女性を武器でおどす。

**意味** ❶おどす。「威圧・威嚇・脅威・猛威」

▽フグは敵に襲われると、体を大きく膨らませ敵を**威し**て逃げる（＝びっくりさせる）。

▽ネコがインコを狙っていたので、シッシッと**威し**て追い払った（＝威嚇する）。

▽軍備を増強して周囲の国を**威す**（＝威圧する）。

(慣)鬼面人を**威す**＝見せかけだけでこわがらせる

❷おごそか。「威儀・威厳・威光・威信・威勢・威風・威容・威力・球威・権威・国威」

# おどる　踊・躍

**使い分けマニュアル** 「**踊る**」はダンスをする場合、操られる場合に。「**躍る**」は激しく跳ね回る場合に。

社長のアイディアに踊らされた。（操られて振り回された）

社長のアイディアに躍らされた。（わくわくさせられた）

## 踊

14画 4級

**音読み** ヨウ

**訓読み** おど-る・おど-り

**成り立ち** 形声。足+甬。上下にトントン足を動かす。

**意味** ❶おどる。「喜踊・舞踊・踊躍」

▽タンゴを**踊る**（＝リズムに合わせて体を動かす）。

▽**踊っ**ていただけますか（↓ダンスを）。

▽今の社長はフィクサーの指令で**踊っ**ているだけだ（＝操作される）。

▽社長のわがままに**踊ら**される（＝振り回される）。
▽警察はデマに**踊ら**された（＝翻弄される）。
▽あの歌手は人気に**踊ら**されている（＝影響される）。
▽交渉では言葉だけが**踊っ**ていた（↓空疎な議論）。
▽アル中の叔父からきた手紙は字が**踊っ**ている（＝乱れている）。
▽会議は**踊る**（＝紛糾する）。
㊎**踊る**阿呆に見る阿呆、同じ阿呆なら**踊ら**にゃ損々＝阿波踊りを踊っている者も見ている者も共に阿呆だが、同じ阿呆なら積極的に参加したほうがよい
我笛吹けど汝ら**踊らず**＝呼びかけにこたえて行動を起こす者は誰もいない

## 躍

21画 4級

**音読み** ヤク（テキ）
**訓読み** おど-る
**成り立ち** 形声。足＋翟。高く跳ね上がる。
**意味** ❶おどりあがる。「暗躍・一躍・活躍・跳躍・飛躍・躍如・躍進・躍動・躍起・勇躍」
▽浜辺で銀鱗が**躍っ**ている（↓魚が跳ねまわる）。
▽**躍る**ような足どりで歩く（＝飛び跳ねる）。
▽優勝したナインは**躍り**上がって喜んだ（＝飛び上がる）。
▽冷たい海の中へ身を**躍ら**せた（↓飛び込む）。
㊎心**躍る**ような＝わくわくするような
血沸き肉**躍る**＝体が熱くなりじっとしていられないほど興奮する様子
胸が**躍る**＝胸がときめく。わくわくする

# おもう

## 思（想・念・惟）

**使い分けマニュアル** 「思う」は広く一般的に使える。「想う」は情緒的なニュアンスを強調したい場合に。「念う」は長く心の中に蓄えておく場合に。「惟う」は知的な内容をつきつめて考える場合に。

国を思う。（社会問題・将来像などを）
国を想う。（故郷の野山を懐かしく）
国を念う。（いつか祖国を発展させたい）
国を惟う。（長所・短所をかんがみて）

## 思

9画 9級

**音読み** シ

**訓読み** おも-う（おぼ-しい・こころ）

**成り立ち** 会意。心＋囟。泉門（頭）と心で物をよくおもう。

**意味** ❶おもう。よく考える。「意思・思案・思考・思索・思想・思潮・思念・思慕・思慮・沈思」

▽明日は天気になる**思う**（＝予測する）。

▽あの人、誰だと**思い**ますか（＝推測する）。

▽息子の結婚に反対したのは、**思う**ところあってのことである（↓十分根拠がある）。

▽私はドイツに留学したいと**思う**（＝希望する）。

▽彼は**思う**に任せずいらだっている（＝期待する）。

▽夏休みは**思う**ぞんぶん遊ぶぞ（↓望むだけ）。

▽試験は**思っ**たとおり簡単だった（＝予想する）。

▽今年こそは英会話を習おうと**思う**（＝意図する）。

▽二度と家へ帰るものかと**思っ**た（＝決心する）。

▽ここでバントしたら敵の**思う**つぼだ（↓意図したとおり）。

▽子供が道路に飛び出してきたので、**思わ**ず叫んでしまった（↓意識せずに）。

▽ぼくをバカだと**思っ**ているのか（＝判断する）。

▽その皿は本物の柿右衛門だと**思わ**れていた（＝信じる）。

▽春を**思わ**せる陽気（↓錯覚させる）。

▽彼女の昇進を快く**思わ**ない人もいる（↓ねたむ）。

▽戦時中のことを**思え**ば、今はずいぶん恵まれている（＝回想する）。

▽子を**思う**親の恩（＝気遣う）。

▽病弱な姑を**思っ**て勤めを辞めた（＝配慮する）。

▽弟は今でも別れた恋人を**思っ**ている（＝愛する）。

▽国を**思う**気持ちは余人に負けない（＝心配する）。

▽彼はやって来たと**思っ**たらすぐ帰ってしまった（↓やって来るとすぐ）。

▽飯を食ってる奴がいるかと**思う**と、別の奴はテレビに釘付けである（↓飯を食ったりテレビを見たり）。

㊜**思いもかけず**＝意外なことに
**思いもつかない**＝まったく予期できない
**思いもよらない**＝考えもつかない。とんでもない

## 想

13画　8級

**音読み** ソウ・ソ

**訓読み** （おも-う）

**成り立ち** 形声。心＋相。相手に向かって心がひかれる。

**意味** ❶おもいうかべる。「愛想・回想・仮想・感想・空想・幻想・構想・思想・想起・想像・想定・着想・追想・発想・瞑想・妄想・予想・理想・連想」

▽想えば遠くへ来たもんだ（＝感慨にふける）。
▽亡夫の写真を見て過ぎし日を想う（↓懐かしく）。
▽故郷の山河を想う（＝懐かしむ）。
▽心の中でいつも君を想う（＝愛している）。
▽夫には想い人がいるらしい（↓密かに愛情を寄せる人）。

## 念 8画 7級

**音読み** ネン

**訓読み** （おも-う）

**成り立ち** 会意。心＋今。心の中におもいふくむ。

**意味** ❶心中のおもい。「一念・怨念・概念・観念・残念・情念・断念・通念・念頭・無念・理念」
▽自分が正しいと念うことをやりなさい（＝信じる）。
▽君のことを念えばこそ言うのだ（↓一途に）。
❷心にとめて忘れない。「記念・懸念・失念・執念・信念・専念・丹念・入念・念願・念力・念慮・放念」
❸となえる。「念珠・念仏」

## 惟 11画 準1級

**音読み** イ・ユイ

**訓読み** おも-う・これ・ただ

**成り立ち** 形声。心＋隹。一つのことだけをおもう。

**意味** ❶おもう。「思惟」
▽惟うに、証券不祥事は構造的なものである（↓自分の意見では）。
❷もっぱら。「惟一」

# おもて 表・面

**使い分けマニュアル** 「表」は物の表面・外側・目立つ側の場合に。「面」は古風な文体で、顔や鏡・水面など平らなものの場合に。

鏡の表。（裏でないほうの側）
鏡の面。（映るほうの側）

## 表 8画 8級 ⇩あらわす・あらわれる

**音読み** ヒョウ

**訓読み** おもて・あらわ-す・あらわ-れる（しるし）

**成り立ち** 会意。衣＋毛。毛皮を上にして着る上着。

**意味** ❶おもて。「意表・地表・表札・表紙・表層・表題・表皮・表面・表裏」

▽本の**表**にはギリシア文字が並んでいた（↓表紙）。
▽封筒の**表**に宛名を書く（↓宛先の側）。
▽トランプを**表**を向けて並べる（↓文字の書いてある側）。
▽（コインを投げて）**表**！
▽畳の**表**を替える（↓い草の表装）。
▽（野球）三回**表**に五点取った（↓先攻イニング）。
▽わが家は**表**から見ると大邸宅だ（＝正面）。
▽**表**の通りをおみこしが通った（↓大通り）。
▽物事の**表**側だけを見る（↓公的な面）。
▽この菓子は中身より**表**のほうが立派だ（＝包装）。
▽父は感情を**表**に表さない（＝表情）。
▽子供は**表**で遊びなさい（＝戸外）。
▽夜は一人で**表**を歩かないほうがいい（＝街路）。
▽（けんか）**表**へ出ろ（＝家の外）。
▽**表**向きは出張にして温泉旅行をした（↓公式）。
▽この事件が**表**沙汰になるとまずい（↓おおやけ）。
▽**表**立った反対はなかった（↓正面きった）。
▽手品はその漫才師の**表**芸だ（↓正規の芸）。
▽スカーフを中**表**にして畳む（↓色のきれいな側）。
▽**表**玄関（↓正面玄関）。
▽**表**参道（↓正面参道）。
▽南**表**の座敷（↓南向き）。
▽江戸**表**（↓江戸）。
▽国**表**（↓在所）。
❷明らかにする。「公表・代表・徴表・発表・表記・表現・表示・表彰・表情・表明」
❸めじるし。「表式・表識・表徴・表的」
❹主君にたてまつる文書。「辞表・上表文・表奏」
❺列記分類したもの。「一覧表・月表・時刻表・図表・年表・表計算・付表・別表」
❻軸などをしたてる。「表具・表装」

## 面

9画　8級

**音読み**　メン（ベン）
**訓読み**　おも・おもて・つら（も）
**成り立ち**　会意。顔のまわりを枠でかこむ。
**意味**　❶顔。「臆面・仮面・顔面・赤面・洗面・能面・覆面・満面・面識・面子・面貌・面目・面々」
▽娘は**面**を上げて闖入者を見据えた（＝顔）。
▽父は感情を**面**に表さない。
▽**面**を打つ（↓能面を作る）。
▽その俳優は細**面**だ（↓おもなが）。
▽小**面**（↓最も小さい若い女の能面）。
❷むく。「西面・直面・覿面・当面・東面・南面・北面・

面会・面詰・面責・面接・面前・面談」
❸そむける。「面縛」
❹おもての側。「一面・界面・海面・外面・額面・画面・球面・局面・月面・湖面・紙面・地面・斜面・正面・書面・水面・図面・前面・全面・側面・対面・多面・断面・帳面・底面・内面・反面・半面・表面・譜面・文面・壁面・方面・面積・裏面・両面・路面」
▽静かな水の**面**は鏡のように見える（＝表面）。
▽部長は批判の矢**面**に立たされた（＝正面）。

# おりる・おろす

**下・降・卸**

**使い分けマニュアル**

「**下りる**」は上から下へ移動してくる場合一般に。「**降りる**」は乗り物から出る場合、空から下に来る場合に。

「**下ろす**」は物理的に下に動かす場合、預金を引き出す場合に。「**降ろす**」は主に乗り物から出す場合に。「**卸す**」は商品を問屋から小売店に売り渡す場合に。

舞台から下りる。（客席に移動する）
舞台から降りる。（出演をやめる）
服を下ろす。（新しく着る）
服を降ろす。（コンテナから）
服を卸す。（問屋から小売店へ）

| 使用漢字 | 自動詞 | 他動詞 |
| --- | --- | --- |
| 下<br>降 | おりる | おろす |
| 卸 | ー | おろす |

## 下

3画　10級　⇩くだる・くだす、さがる・さげる、もと

**音読み** カ・ゲ

**訓読み** した・しも・もと・さ-げる・さ-がる・くだ-る・くだ-す・くだ-さる・お-ろす・お-りる

**成り立ち** 指事。おおいの下に物がある。

**意味** ❶した。「以下・下限・下方・下流・眼下・下旬・下水・下段・上下・地下・天下・皮下・零下」
❷ほとり。「閣下・貴下・月下・県下・傘下・時下・殿下・灯下・都下・配下・府下・陛下・目下・門下」
❸身分・年齢などが低い。「下位・下院・下級・下層・下等・下手・下賤・下品・下僕・下劣・臣下・部下」
❹したへ行く。「下降・下垂・下達・却下・下血・下校・下剤・下山・下車・下野・下落・下痢・降下・沈下・低下・投下・南下・卑下・落下」

▽階段を一段ずつ**下りる**（＝下に行く）。
▽川に沿って山を**下りる**（＝くだる）。
▽屋根の雪を**下ろす**（＝地面に落とす）。
▽てんぷらなべを火から**下ろす**（＝はずす）。
▽ソファにどっかりと腰を**下ろす**（↓座る）。
▽静かに幕が**下りて**きた（＝ぶら下がる）。
▽店はシャッターが**下りて**いた（＝閉まる）。
▽金庫は厳重に錠が**下りて**いた（＝かかる）。
▽窓のブラインドを**下ろす**（＝下げる）。
▽子供のズボンのあげを**下ろした**（＝長くする）。
▽原潜は横須賀港に錨を**下ろした**（↓停泊する）。
▽店は夜九時にシャッターを**下ろす**（↓閉店する）。
▽神棚からお供えを**下ろす**（＝いただく）。
▽庭木の枝を**下ろした**（＝切る）。
▽妊娠八か月のとき、大きな荷物を持った拍子に腹の子供が**下りて**しまった（＝流産する）。
▽ようやく営業許可が**下りた**（＝もらう）。
▽毎月年金が三万円ずつ**下りる**。
▽貯金を全額**下ろした**（＝引き出す）。
▽バラの挿し木が根を**下ろした**（↓根づく）。
▽古い毛布を犬用に**下ろした**（＝下げ渡す）。
▽きょう新しいスーツを**下ろした**（＝初めて着る）。

慣 肩の荷を**下ろす**＝ほっと安堵する
　髪を**下ろす**＝仏門に入る
　根を**下ろす**＝定着する
　胸のつかえが**下りる**＝ほっと安堵する

## 降

10画　5級　⇩くだる・くだす

**音読み** コウ（ゴウ）
**訓読み** お-りる・お-ろす・ふ-る（くだ-る・くだ-す）
**成り立ち** 形声。阜＋夅。足を下に向けて丘をくだる。
**意味** ❶したへ行く。「下降・降下・降格・降車・降誕・降任・降板・降臨・昇降・乗降・沈降」
▽飛行機がだんだん**降りて**きた（＝高度を下げる）。
▽人類はついに月面に**降りた**（＝着地する）。
▽浅田真央はトリプルアクセルを見事に**降りた**（＝着氷する）。
▽児童がバスから**降りて**きた（＝乗り物から出る）。
▽車いすの客を先に**降ろす**（＝乗り物の外へ出す）。
▽トラックから積み荷を**降ろす**。
▽テレビの番組を**降りる**（＝出演しなくなる）。
▽この勝負、**降りた**（＝やめる）。
▽彼は会長の座を**降りた**（＝辞任する）。

▽自民党はその候補を公認から**降ろ**した。
㊙看板〔のれん〕を**降ろす**＝商売・仕事をやめる。
❷したがう。「降参・降伏・投降」
❸空からおちる。「降雨・降水・降雪・降霜」
▽真っ白に初霜が**降り**ている（＝表面に付く）。
▽草むらは夜露が**降り**ていた。
❹おさえこむ。「降伏・降魔」
❺のち。「以降」

## 卸

9画 3級

**音読み** （シャ）
**訓読み** おろ-す・おろし
**成り立ち** 形声。卩＋午。きねでつきならす。
**意味** ❶下におろす。「卸下・卸責・卸頭」
▽この店は洋服生地を**卸し**ている（＝小売店に売る）。
㊙そうは問屋が**卸さ**ない＝思っているとおりにはいかない

# おろか

愚（痴・疎）

**使い分けマニュアル** 「**愚か**」は思慮が足りない、賢くないという場合に。「**痴か**」はその程度を強調したい場合に。「**疎か**」は程度が不十分であるという慣用句で用いる。

愚かな行為。（思慮が足りない）
痴かな行為。（恥を知れ）

## 愚

13画 3級

**音読み** グ
**訓読み** おろ-か
**成り立ち** 形声。心＋禺。おろかで鈍い心。
**意味** ❶おろか。「暗愚・愚挙・愚考・愚妻・愚説・愚息・愚痴・愚直・愚鈍・愚劣・愚弄・愚論」
▽土地ころがしなど**愚か**なことだ（＝愚劣）。
▽戦争は**愚か**な行為だ（＝無思慮）。
▽彼女は**愚か**にも株に手を出した（＝軽率）。
▽**愚か**な子ほどかわいい（＝馬鹿）。
▽場所柄もわきまえぬ**愚か**者め（＝低劣）。
▽彼女は自分の**愚か**しさに気づいた（＝浅薄）。

## 痴　13画　準2級

**音読み**　チ

**訓読み**　（おろ‐か・し‐れる・おこ）

**成り立ち**　旧字は「癡」で、疒＋疑。つかえて知恵が働かない。

**意味**　❶おろか。まぬけている。「音痴・愚痴・痴態・痴呆・白痴」

▽男に貢いだあげく犯罪に手を染めるとは、**痴か**なやつめ（＝馬鹿）。

❷一つのことに夢中になる。「書痴」

❸男女の色情。「痴漢・痴情・痴話」

## 疎　12画　準2級

**音読み**　ソ（ショ）

**訓読み**　うと‐い・うと‐む（おろそ‐か・とお‐る・とお‐す・まば‐ら・おろ‐か・うろ・おろ）

**成り立ち**　形声。束＋疋。束ねた物を一つずつ別々に離す。

**意味**　❶通じさせる。「疎水・疎通・疎明」

▽その老人はなけなしの貯金は**疎か**、先祖代々の土地まで奪われた（＝もとより）。

▽海外旅行は**疎か**、国内旅行だって行く暇がない。

㊫言うも**疎か**＝言うまでもない

❷うとんじる。「親疎・疎遠・疎外・疎隔」

❸まばら。「過疎・空疎・疎開・疎密・疎略・疎漏」

# おわる・おえる　終（了・畢）

**使い分けマニュアル**　「**終わる・終える**」はすべての場合に。「**了わる**」はいちおう一区切りつける場合に。「**畢わる**」はすべてけりをつける場合に。

一生を終わる。（昆虫の。植物の）
一生を了わる。（自裁する）
一生を畢わる。（大往生する）

| 使用漢字 | 自動詞 | 他動詞 | |
|---|---|---|---|
| 終 | おわる | おわる | おえる |
| 了 畢 | おわる | おわる | － |

## 終　11画　8級

**音読み**　シュウ

**訓読み**　お‐わる・お‐える（しま‐う・つい‐に）

**成り立ち** 形声。糸＋冬。糸巻に初めからおわりまで巻いて蓄えた糸の玉。

**意味** ❶おわる。おえる。「終焉・終演・終業・終局・終結・終止・終戦・終息・終了」

▽英語の授業が**終わっ**た（＝終了する）。

▽これでニュースを**終わり**ます。

▽ザリガニが脱皮を**終え**た。

▽線路はどこで**終わる**のか見当もつかない（＝終端）。

▽国会の会期は十日で**終わる**（＝満了する）。

▽この町では男の子は学校を**終える**と、ほとんど漁師になる（＝卒業する）。

▽画家は、晩年は田舎にひきこもり、静かな一生を**終え**た（＝閉じる）。

▽かげろうの短い一生が**終わっ**た。

▽一日の仕事を**終え**て家路を急ぐ（＝終わらせる）。

▽登頂は失敗に**終わっ**た（↓結果）。

▽理想を単なる理想に**終わら**せてはならない。

▽われわれの計画は夢で**終わっ**た（↓失敗する）。

❷最後の部分。「最終・始終・終極・終着・終点・終電・終盤・終幕・終末・有終・臨終」

▽長編小説をやっと**終わり**まで読んだ（＝最後）。

▽一生の**終わり**に食べたい物は何ですか。

▽色鮮やかな紅葉も散って、秋も**終わり**を告げている。

(慣) 一巻の**終わり**＝（人生）すべてがだいなしだ

**終わり**よければすべてよし＝最後にうまくまとめられれば最初の失敗はなかったことにできる

❸最後まで。「終始・終日・終身・終生・終夜」

## 了

2画 3級

**音読み** リョウ

**訓読み** （お－わる・しま－う・さと－る）

**成り立ち** 象形。物がもつれてぶら下がる。

**意味** ❶おわる。「完了・終了・満了・魅了」

▽最後の校正が**了わっ**てやっと下版できる（＝校了）。

▽（囲碁）隅に石を打って**了わり**となった（＝投了）。

❷明らかになる。「了解・了見・了承・了知」

## 畢

11画 準1級

**音読み** ヒツ

**訓読み** お－わる・ことごと－く

**成り立ち** 象形。鳥獣をとりおさえてけりをつける柄つきの網。

**意味** ❶おわる。「畢竟・畢生・畢命」

▽人生のすべてが**畢わっ**てしまった（↓十分に生きた）。

▽最後に大作を残して一生を畢わる。

❷つくす。「畢力」

**か行**

## かえりみる　顧・省

**使い分けマニュアル**　「顧みる」は気遣う場合に。「省みる」は反省する場合に。

過去を顧みる。（さかのぼって考える）

過去を省みる。（反省する）

### 顧

21画　3級

**音読み**　コ

**訓読み**　かえり-みる

**成り立ち**　形声。頁＋雇。狭い枠を限って頭をめぐらす。

**意味**　❶振り向いて見る。「回顧・後顧・顧命」

▽歴史を顧みて将来の指針とする（＝さかのぼって考える）。

▽後に顧みて心配のないようにしなければならない。

❷目をかける。「愛顧・一顧・恩顧・顧客・顧慮」
▽彼は身の危険も**顧み**ず燃えさかる家の中に飛び込んだ（＝気にしない）。
▽父は家庭を**顧み**ない人だった（＝配慮しない）。
▽他人の迷惑も**顧み**ず、自分の欲望を追求する。
▽上人は名利を**顧み**ず、己を捨てて衆生を救った。

## 省　9画　7級

**音読み**　セイ・ショウ
**訓読み**　かえり－みる・はぶ－く
**成り立ち**　会意。少＋目。目を細めてよく見る。
**意味**　❶振り返って見る。「自省・省察・内省・反省・猛省」
▽自分の過去を**省みる**（＝反省する）。
▽日に三度わが身を**省みる**（＝内省する）。
❷みまう。「帰省・省問・定省」
❸はぶく。「冠省・省資源・省筆・省略・省約」
❹役所。「財務省・省庁・本省・文部科学省」
❺中国の行政区画。「河北省・広東省・四川省」

# かえる⑴・かわる　変・代・替・換（易）

**使い分けマニュアル**　「**変える**」は本体の性質そのものをかえたり動かしたりする場合に。「**替える**」は別物におきかえる場合で、等価の新しい同様物にかえるときに。「**換える**」も別物におきかえる場合で、等価のまったく異なる物にかえるときに。「**代える**」は人を他の人にかえる場合、行為を他の行為にかえる場合に。「**易える**」は「不易流行」など熟語の訓読の場合に。
「**変わる**」「**替わる**」「**換わる**」「**代わる**」「**易わる**」は「かえる」に準ずる。

人生は変えられない。（宿命によって決まっている）
人生は替えられない。（取り替えるものがない）
人生は換えられない。（命が惜しい）
人生は代えられない。（他の人ではできない）

| | 使用漢字 | 自動詞 | 他動詞 |
|---|---|---|---|
| ⑴ | 変代替換易 | かわる | かえる⑴ |
| ⑵ | 返帰反還孵 | かえる⑵ | かえす |

## 変

9画 7級

音読み ヘン

訓読み か-わる・か-える

成り立ち 会意。旧字は「變」で、䜌＋攵。不安定にもつれてかわりやすい。

意味 ❶かわる。かえる。「一変・急変・不変・変化・変革・変換・変形・変更・変質・変態・変動」

▽台風は進路を北に変えた（↓方向）。
▽犯人は浮浪者に姿を変えて戻った（↓姿形）。
▽車のモデルが変わった（↓デザイン）。
▽午後に入り、雨から雪に変わった（↓状態）。
▽ヒキガエルは体の色を変える（↓色）。
▽トランスは電圧を変える装置だ（↓強さ）。
▽結婚してから彼女は変わった（↓様子）。
▽兄に説得されて気が変わった（↓考え）。
▽話題を変えよう（↓別の話）。
▽恋人の死が彼の人生を変えた（↓波瀾）。
▽気まずい雰囲気を変えるために飲み屋に入った（＝和やかにする）。
▽住所を転々と変える（＝移転する）。
▽テレビの位置を変える（＝移動する）。
▽彼女はまた仕事を変えた（＝転職する）。
▽結婚式の日取りを変える（＝変更する）。
▽この犬は三回も飼い主を変えた。

㊖風向きが変わる＝相手の態度が急に変わる
血相を変える＝非常に驚く
所変われば品変わる＝土地が違うとそこの物事や人間も違うものである
目先を変える＝印象を変える

❷普通でない。「変異・変死・変人・変則・変物」

▽変わった話（＝異常な）。
▽留守中何か変わったことはなかったか（＝異変）。
▽父は人が変わったように暗くなった（↓性格）。

㊖顔色一つ変えずに＝まったく平静な状態で
顔色が変わる＝驚く。衝撃を受ける
目の色が変わる＝ムキになる

❸普通でない出来事。「異変・事変・政変・大変」

❹音楽で、半音低い音。「変記号」

†❹は漢字本来の意味ではない。

## 代

5画 8級 ⇩よ

音読み ダイ・タイ

訓読み か-わる・か-える・よ・しろ

**成り立ち** 形声。人＋弋。互いちがいに入れかわる。

**意味** ❶かわる。かえる。「交代・総代・代案・代行・代作・代償・代表・代弁・代用・代理・名代」

▽担任が急病で他の先生に**代わっ**た（＝交代する）。

▽出席点呼のとき、友だちの**代わり**に返事をした。

▽運転、**代わっ**てやるよ。

▽（電話で）母と**代わり**ます。

▽当たっていない四番に**代え**て新人を代打に送った。

▽子供は命に**代え**ても守る（↓自分が死んでも）。

▽愛は何物にも**代え**がたい（↓代わりがない）。

▽レーヨンは絹に**代わる**繊維だ（＝代替できる）。

▽当選は商品の発送をもって発表に**代え**させていただきます（↓発表する代わりに）。

▽書面をもって御挨拶に**代え**させていただきます。

(慣)背に腹は**代え**られない＝ある程度の犠牲は我慢せざるを得ない

❷かわりに与える金。「代価・代金・地代」

❸世の中。「近代・現代・後代・古代・時代・上代・初代・世代・先代・前代・代々・年代・末代・歴代」

## 替 12画 4級

**音読み** タイ（テイ）

**訓読み** か－える・か－わる

**成り立ち** 会意。曰＋㚘。二人が入れかわる。

**意味** ❶かわる。かえる。「改替・交替・代替」

▽一万円札を千円札と**替える**（＝両替する）。

▽バスの前の席と**替わっ**てもらった（＝交替する）。

▽金魚鉢の水を**替える**（＝新しい水を入れる）。

▽病人のシーツを**替える**（＝新しくする）。

▽寮の食事はおかずが毎日**替わる**（＝違う）。

▽切れた電球を新しいのに**替え**た。

▽窓のガラスはアクリルに**替わっ**ている。

▽母はいろいろ言葉を**替え**て息子を説得した。

▽監督は先発投手を抑えと**替え**た（＝交代）。

▽日本の首都は京都から東京に**替わっ**た。

▽この店はライスのお**替わり**が自由だ。

▽交渉がうまくいかないのなら、人を**替え**てみたらどうだ（↓別の新しい人に）。

(慣)手を**替え**品を**替え**＝さまざまな手段を使って

❷おとろえる。「衰替・替廃・隆替」

## 換 12画 3級

**音読み** カン

**訓読み** か－える・か－わる

**成り立ち** 形声。手＋奐。手でするりと抜き取る。

**意味** ❶かわる。かえる。「移換・換気・換金・換言・換算・交換・互換・兌換・置換・転換・変換」

▽円をユーロに**換える**（＝両替する）。

▽小切手を現金に**換える**（＝換金する）。

▽家宝を金に**換える**（＝売る）。

▽ときどき部屋の空気を入れ**換え**ないといけないね。

▽明かりがランプから電灯に**換わ**った。

▽エネルギー源は石油から原子力に**換わ**った。

## 易

8画　6級　⇩やさしい、やすい

**音読み** エキ・イ

**訓読み** やさ－しい（か－える・か－わる・やす－い・あなど－る）

**成り立ち** 会意。平らにへばりつくヤモリ。

**意味** ❶やさしい。「安易・簡易・平易・容易」

❷あらためる。「改易・交易・不易流行・辟易・貿易」

▽世の中には**易わら**ざるものと移ろいゆくものとがある。

❸うらない。「易学・易経・易者・易断」

❹おさめる。「易耨」

# かえる(2)・かえす

### 返・帰（反・還・孵）

**使い分けマニュアル** 「**返る**」は裏表が反転する場合や状態・行為などが元へ戻る場合に。「**帰る**」は主に人や動物が元の所属場所に戻る場合に。「**還る**」は元の状態に戻る場合に。「**反る**」は反転する場合に。「**孵る**」は卵がヒナや幼生になる場合に。

「**返す**」「**帰す**」「**反す**」「**還す**」「**孵す**」は「かえる」に準ずる。

国に返す。（国から借りていたものを）

国に帰す。（生まれ故郷に帰らせる）

国に還す。（分割されていた国土を統合する）

†「かえる(1)」「かえる(2)」等の使い分けは111ページ参照。

## 返

7画　8級

**音読み** ヘン（ハン・ホン）

**訓読み** かえ－す・かえ－る

**成り立ち** 形声。辶＋反。逆方向に戻る。

**意味** ❶元の場所・状態に戻す。戻る。「返還・返却・返球・返済・返事・返信・返送・返品・返本・返礼」

▽図書館に本を**返す**（＝返却する）。

▽落とした財布が**返って**きた（＝戻る）。

▽問合せの回答がまだ**返って**こない（＝返信）。

▽青春時代は二度と**返らない**（＝戻る）。

▽借金を**返して**もらいたい（＝返済する）。

▽「おはよう」と挨拶すると、子供たちは元気に挨拶を**返して**くれた（↓同様の挨拶をする）。

▽「おーい」と呼ぶと「おーい」とこだまが**返って**きた（＝反響する）。

▽巨人は八回の裏に一点**返した**（＝反撃する）。

▽お言葉を**返して**恐縮ですが、（↓反論する）。

▽突然の解雇通告に**返す**言葉もない（↓返事する）。

▽寄せては**返す**波（↓沖へ引く）。

▽すぐさま会社へ取って**返した**（↓引き返す）。

㊏慣 裏を**返せ**ば＝見方を変えれば

恩を仇で**返す**＝恩を受けた相手に対して悪い行いをする

正気に**返る**＝現実に気がつく

初心に**返る**＝未経験の謙虚な心がまえに戻る

てのひらを**返す**＝それまでと正反対に行動する

童心に**返る**＝無邪気になる

白紙に**返る**〔**返す**〕＝元の状態に戻る〔戻す〕

覆水盆に**返らず**＝いちど起こってしまったことは取り返しがつかない

我に**返る**＝冷静になる

## 帰

10画 9級

**音読み** キ

**訓読み** かえ-る・かえ-す（とつ-ぐ・おく-る）

**成り立ち** 形声。旧字は「歸」で、帚＋止＋𠂤。ひとまわりして元の場所へ戻る。

**意味** ❶よりしたがう。「帰依・帰化・帰結・帰順・帰納・帰服・転帰」

❷元へ戻る。「回帰・帰臥・帰還・帰郷・帰国・帰心・帰省・帰巣・帰着・帰途・復帰」

▽会社が終わるとすぐ家に**帰ります**。

▽台風のため生徒を早く**帰した**（＝帰宅させる）。

▽従業員を故郷に**帰す**（＝帰郷させる）。

▽母のなきがらは天に**帰って**いった。

▽サケは四年後に生まれ育った川に**帰って**くる（＝戻る）。

▽松井は犠牲フライを打って三塁ランナーを**帰した**（＝生還させる）。

▽釣り上げた魚を川に**帰して**やる（＝放す）。

▽あの客はなかなか**帰**ってくれない（＝去る）。
▽学生は機動隊に「**帰れ**、**帰れ**」と連呼した。
慣 **帰**らぬ人となる＝死ぬ

## 反

4画　8級　⇩そる・それる・そらす

**音読み** ハン・ホン・タン
**訓読み** そ－る・そ－らす（かえ－す・かえ－る・そむ－く）
**成り立ち** 会意。厂＋又。薄い板を手で押してそらせる。
**意味** ❶元にかえる。かえす「反映・反響・反撃・反射・反省・反対・反転・反動・反応・反発・反論・反吐・反故」
▽（相撲）制限時間いっぱいで行司は軍配を**反し**た（＝裏を前面に向ける）。
▽（相撲）土俵際で足首が**反っ**てしまった（↓足の裏以外が土俵につく）。
▽（料理番組）魚を強火で二、三分焼いたら**反し**て裏側を焼きます（↓裏返す）。
▽春先の田んぼでは田を**反す**農夫の姿が見られる（＝耕す）。
❷そむく。「違反・造反・背反・反感・反旗・反逆・反抗・反骨・反則・反対・反発・反乱・謀叛・離反」
❸くりかえす。「反芻・反復」
❹そる。「外反母指・内反足・反脣」
❺土地の単位。「減反・反収」
†❺は漢字本来の意味ではない。

## 還

16画　準2級

**音読み** カン（ゲン）
**訓読み** （かえ－す・かえ－る・また）
**成り立ち** 形声。辵＋睘。円をえがいて元に戻る。
**意味** ❶ひきかえす。元に戻る。「往還・還元・還付・還暦・帰還・還俗・償還・生還・送還・奪還・返還」
▽落葉や動物の排泄物は土に**還る**（＝めぐり戻る）。
▽なきがらを土に**還す**（＝埋める）。
▽いちど破壊した環境を元の状態に**還す**ことはむずかしい（＝復元する）。
▽ワニはどんなに慣れていても、ある程度成長すると野性に**還る**（＝凶暴になる）。

## 孵

14画　1級

**音読み** フ
**訓読み** かえ－る・かえ－す
**成り立ち** 会意。卵＋孚。鳥が卵を抱いてはぐくむ。
**意味** ❶卵がかえる。卵をかえす。「孵化・孵卵」

▽カエルの卵が**孵**って小さなオタマが生まれた。
▽孵卵器をのぞいたらヒヨコが**孵**っていた。
▽ガンのヒナは**孵**って最初に見た動く大きなものを親と認識する。
▽うちのニワトリが卵を六個**孵**した。

## かおる・かおり
### 香・薫（馨）

**使い分けマニュアル** 「**香る・香り**」は花や抹香などのかおりの場合に。「**薫る・薫り**」は動物性の物や嗜好品のよいかおりの場合、抽象的なもののかおりの場合に。「**馨**」はほとんど人名に限る。

いい香りが漂ってくる。（バラの花の）
いい薫りが漂ってくる。（コーヒーの）

| 使用漢字 | 動詞 | 名詞 |
|---|---|---|
| 香 薫 | かおる | かおり |
| 馨 | — | かおる |

### 香 9画 4級

**音読み** コウ・キョウ
**訓読み** か・かお-り・かお-る（かんば-しい）
**成り立ち** 会意。黍＋甘。キビを煮たときの芳香。
**意味** ❶よいにおい。「香辛料・香水・香料・芳香」
▽花の**香り**のするせっけん。
▽その家はバラの**香る**生け垣がある。
▽彼女は何種類かの香水の**香り**をかいでみた。
▽リズの息はあまい**香り**がする（↓人間）。
▽台所からいい**香り**が漂ってきた（↓食物）。
▽海岸が近づくと潮の**香り**がした。
▽磯の**香り**をお届けいたします（↓海産物）。
❷たきもの。「香典・香道・香木・香炉・麝香・焼香・沈香・線香・聞香・抹香」

### 薫 16画 準2級 ⇩たく

**音読み** クン
**訓読み** かお-る（かおりぐさ・た-く）
**成り立ち** 形声。草＋熏。香草のにおいがたちこめる。
**意味** ❶よいにおい。「薫香・薫風・余薫」
▽どこからともなくバラの**薫り**が漂ってきた（＝甘いいいにおい）。
▽コーヒーの芳醇な**薫り**。

▽風**薫る**五月になりました（＝すがすがしい）。

❷よい感化を与える。「薫育・薫化・薫陶」

▽久しぶりに**薫り**高い文学に触れた（＝きわだって魅力がある）。

❸いぶす。「薫灼・薫製」

▽この作品には**薫り**高い思想が盛られている。

## 馨

20画 準1級

**音読み** キョウ・ケイ

**訓読み** かおーり・かおーる

**成り立ち** 形声。香＋殸。すみきった香りが遠くまで届く。

**意味** ❶かんばしい。「馨香・素馨・徳馨」

# かがみ　鏡（鑑）

**使い分けマニュアル** 「**鏡**」は道具を表す場合、その比喩的な場合に。「**鑑**」は模範・手本の場合に。

辞書は言葉の鏡。（現実に使われている言葉をそのまま反映する）

辞書は言葉の鑑。（あるべき言葉の使い方を示す）

## 鏡

19画 7級

**音読み** キョウ

**訓読み** かがみ

**成り立ち** 形声。金＋竟。明暗をくっきり映し出す青銅製のかがみ。

**意味** ❶姿を映して見る道具。「鏡台・鏡面・水鏡」

▽彼女は盛装すると**鏡**に姿を映して見た。

▽**鏡**をのぞくと眠そうな顔が映っていた。

▽**鏡**の向こうには別人のように美しい花嫁が立っていた（＝反射面）。

▽うちの息子は毎朝必ず三十分は**鏡**に向かう（↓身づくろいする）。

▽海は**鏡**のように静かだ（↓真っ平らに）。

▽日常の俗事に追われていると心の**鏡**が曇ってしまう（↓物に素直に応じる心）。

▽新聞は社会を映す**鏡**である（＝ありのままの姿）。

㊕**鏡**と相談する＝鏡を見てよく確認する

子は親の**鏡**＝子供を見るとどんな親かがわかる

❷手本。模範。「鏡戒・鏡鑑・鏡考」
❸レンズ。「眼鏡・顕微鏡・双眼鏡・望遠鏡・万華鏡」

## 鑑

23画　4級

**音読み** カン
**訓読み** *かんが-みる（かがみ）
**成り立ち** 形声。金＋監。伏目になって顔を水に映すかがみ。
**意味** ❶手本。模範。「殷鑑・亀鑑・図鑑・大鑑・年鑑・宝鑑・明鑑・名鑑」
▽貞女の**鑑**（＝模範）。
▽岩下さんは四十年間全然美しさが衰えない。ほんとに女優の**鑑**だね（＝理想）。
❷見分ける。「印鑑・鑑査・鑑察・鑑札・鑑識・鑑賞・鑑定・鑑別」

# かぎ

鍵*（鉤）

**使い分けマニュアル** 「鍵」は戸や蓋などの開閉器具の場合に。「鉤」は鋭角的に曲がった器具・武具の場合に。

鍵を外す。（錠前に差し込んで）
鉤を外す。（釣った魚の口から）

## *鍵

17画　2級

**音読み** ケン
**訓読み** かぎ
**成り立ち** 形声。金＋建。まっすぐに立てて差し込むかぎ。
**意味** ❶かぎ。「開鍵・秘鍵」
▽金庫に**鍵**を掛ける（＝施錠する）。
▽**鍵**の束を腰にぶら下げる（＝キー）。
▽防犯のためにドアに**鍵**を二つつけた（＝錠）。
▽問題を解く**鍵**はここにある（＝要点）。
▽あの男が事件の**鍵**を握っている。
㊖**鍵**の穴から天のぞく＝狭い見識を持って物事を判断する
❷ピアノなどの演奏部分。「鍵盤・黒鍵」

## 鉤

13画　準1級　⇩はり

**音読み** ク・コウ
**訓読み** かぎ・つりばり・か-ける・おびどめ・ま-がる
**成り立ち** 形声。金＋句。曲がったかぎばり。

**意味** ❶かぎばり。「玉鉤・鉤餌・帯鉤・釣鉤」
▽棒の先に**鉤**をつけて柿の実を取る。
▽マグロを**鉤**で引っ掛けて並べる。
▽ワシのくちばしは**鉤**形をしている。
▽会話の部分を**鉤**で挟む（↓「　」で）。
▽道路が**鉤**の手になっているところに家がある（↓鋭角に曲がっている）。
❷ひっかける。「鉤距・鉤索・鉤連・双鉤」

# かく　書・描

**使い分けマニュアル**

「書く」は文字や文章を記し残す場合に。「描く」は主に絵やデッサン、図形を記す場合に。

女性像を書く。（女性を主人公に小説を）
女性像を描く。（女性をモデルに油絵を）

## 書

10画　9級

**音読み** ショ
**訓読み** か-く（ふみ）
**成り立ち** 形声。聿＋者。筆を一か所に定着させる。
**意味** ❶文字をかく。「書記・書道・清書・板書」
▽アンケートを表に**書**いて集計する（↓数字）。
▽答えは黒鉛筆で**書き**なさい（↓文字）。
▽通知表に「優」と**書**いてあった（↓内容）。
▽「過労死」という言葉は英語ではどう**書き**ますか（＝つづる）。
▽彼女はとてもいい英語を**書く**（↓英作文が上手だ）。
▽雑誌に連載小説を**書**いている（＝執筆する）。
▽消費税が上がると新聞に**書**いてあった（＝掲載される）。
㊫顔に**書**いてある＝真実が顔の表情に表れている
❷文字。「楷書・行書・書画・草書・六書・隷書」
❸手紙。「遺書・願書・証書・書簡・書面・書類・投書・念書・封書・文書・返書」
❹本。「原書・古書・司書・辞書・書斎・書籍・書店・書評・書名・聖書・著書・読書・図書・洋書・類書」

## 描

11画　4級

**音読み** ビョウ（ミョウ）
**訓読み** えが-く・＊か-く
**成り立ち** 形声。手＋苗。手で物のすがたを細かく写しえがく。

**意味** ❶えがく。「線描・点描・描写」
▽キャンバスの中央に赤で太い線を**描く**（＝引く）。
▽トビが空に輪を**描い**て飛んでいる。
▽自宅までの地図を**描く**（↓線画）。
▽毎日漫画を**描い**ている（↓絵画）。
▽表をグラフに**描い**て表す（↓図形）。
▽絵画きに肖像画を**描い**てもらった（↓油絵）。
▽君の絵はなかなかよく**描け**ている（↓表現する）。
㊫絵に**描い**たよう＝誰の目にも明らかである
絵に**描い**た餅＝見ているだけで食べられない。話だけで実現しない

## かげ　影・陰（蔭・翳）

**使い分けマニュアル** 「**影**」は光が当たった反対側にできる物の形やその物の姿の場合に。「**陰**」は背後の意の場合に。「**蔭**」は恩恵の場合に。「**翳**」はもともと暗い意味はないが、人間の顔などに表れたニヒルな印象について用いる。

影を慕う。（その人の思い出の姿を求める）
陰を慕う。（涼しい場所を求める）
蔭を慕う。（恩恵を求める）
翳を慕う。（ニヒルな魅力に引かれる）

## 影

15画　4級

**音読み** エイ（ヨウ）
**訓読み** かげ（すがた・まぼろし）
**成り立ち** 形声。彡＋景。光によって明暗の境をつける。
**意味** ❶かげ。裏面。「陰影・影響・投影」
▽一本杉が夕日に長い**影**を落としている（＝黒い形）。
▽（映画館で）スクリーンの前を歩かないでください。**影**が映りますから。
▽あの秘書は**影**のように議員について離れない。
▽**影**絵を作って遊ぶ。
▽**影**の内閣（↓野党が作る疑似内閣）。
㊫**影**が射す＝影ができる。よくない徴候が現れる
❷ものの姿。「遺影・機影・魚影・近影・撮影・真影」
▽（浜辺の歌）月の色も星の**影**も（＝光）。
▽女王は鏡に映った自分の**影**に見入った（＝姿）。
▽富士山が静かな湖面に**影**を映している。

▽その犬は小川に映った自分の**影**におびえた。
▽ブロック塀に人**影**が映った（＝人の形）。
▽末期患者は忍び寄る死の**影**におびえている（↓恐怖感）。
㊜うわさをすれば**影**が射す＝うわさをすると、その人がすぐ姿を現す
**影**が薄い＝元気がない。目立たない。存在感がない
**影**も形もない＝痕跡も残さずになくなっている
**影**を落とす＝姿を映す。悪い影響を及ぼす
見る**影**もない＝まったくおちぶれてしまう

## 陰

11画　4級

**音読み** イン（オン・アン）
**訓読み** かげ・かげ-る（くら-い・ひそ-か）
**成り立ち** 形声。阜＋侌。日の当たらないかげ地。
**意味** ❶かげ。くもる。「陰鬱・陰影・陰気・陰湿・樹陰・緑陰」
▽うちの庭は前の家の**陰**になっている（＝後ろ）。
▽その犬は飼い主の**陰**に隠れた。
▽あの木の**陰**でお弁当を食べよう（＝下）。
▽雨が降ると昆虫は葉の**陰**に隠れる（＝裏）。
㊜**陰**になり日向になって＝何かにつけてたえず
草葉の**陰**＝墓場
寄らば大樹の**陰**＝権力者の傘下にいると恩恵をこうむることができる
❷移りゆく時間。「光陰・寸陰」
❸ひそか。「陰険・陰徳・陰蔽・陰謀・陰密」
▽**陰**で人の悪口を言うな（＝いない所）。
▽あいつは表面はうまいことを言っているが、**陰**へ回ったら何をしでかすかわからない。
▽この事件の**陰**には女がいる（＝背後）。
▽優勝の**陰**にはたゆまぬ努力があった（↓前提）。
㊜**陰**で糸を引く＝表面に出ないところに首謀者がいる
**陰**で舌を出す＝表面に出ないところであざ笑う
❹マイナス。「陰画・陰極・陰性・陰陽・陰暦・太陰」
❺人体の隠しどころ。「陰茎・陰部・陰毛・会陰」

## 蔭

14画　準1級

**音読み** イン
**訓読み** かげ・おかげ・おお-う・しげ-る
**成り立ち** 形声。草＋陰。日の当たらない暗いこかげ。
**意味** ❶ひかげ。「涼蔭・緑蔭」
❷おかげ。たすけ。「蔭庇・恩蔭」
▽孫のお**蔭**で寂しさを感じないですむ（＝恩恵）。
▽「お加減はいかがですか」「はあ、お**蔭**様で、だいぶ

よくなりました」（↓感謝）

**翳** 17画 1級

**音読み** エイ

**訓読み** かげ・かげ-る・かげ-り・かざ-す・かざ-し・くも-り・かす-む

**成り立ち** 形声。羽＋殹。羽でおおい飾ったおうぎ。

**意味** ❶絹の羽おうぎ。「翳羽」

❷おおう。かざす。「蒙翳」

❸日がかげる。「暗翳・陰翳」

▽彼女はどこか**翳**のある男性を好む（＝暗い印象）。

▽**翳**のある役を演じる（＝ニヒル）。

❹木が枯れる。「翳朽」

## かける(1)・かかる 掛・懸・架・係・賭*（罹）

**使い分けマニュアル** 「**掛ける**」は物をかぎ型にひっかける場合に。「**懸ける**」は中空に浮かばせる場合、懸賞や賭事など不安定に吊るす場合に。「**架ける**」は物の上に載せる場合に。「**賭ける**」は金品を賭博に使う場合に。「**掛かる**」「**懸かる**」「**架かる**」は「かける」に準ずる。「**係る**」は関係性を強調したい場合に。「**罹る**」は病気に限る。

金を掛ける。（何かのために消費する）
金を懸ける。（当たったら支払う）
金を賭ける。（当たると思う方につぎ込む）
橋が掛かる。（簡易はしごを向こうへ渡す）
橋が懸かる。（ゆらゆらする吊り橋が）
橋が架かる。（がっちりとした鉄橋が）

| 使用漢字 | 自動詞 | 他動詞 | 可能動詞 |
|---|---|---|---|
| 掛懸架 | かかる | かける(1) | かけられる |
| 係罹 | かかる | ー | ー |
| 賭 | ー | かける(1) | かけられる |
| 駆翔 | かける(2) | ー | かけられる |
| 欠缺闕 | かける | かく | ー |
| 書描 | ー | かく | かける |

**掛** 11画 3級

**音読み** （ケ・カイ）

**訓読み** か-ける・か-かる・かかり

**成り立ち** 形声。手＋卦。かぎ型に物を吊り下げる。

**意味** ❶かける。かかる「掛冠・掛帆・掛絡」

▽店の前に看板を**掛ける**(=引っ掛けて下げる)。
▽はしごを**掛け**て屋根へ上がる(=立てかける)。
▽大きな帆を**掛け**たヨットが湖面を走っていく。
▽レンジにやかんを**掛ける**(=火の上に乗せる)。
▽ドアに鍵を**掛ける**(=施錠する)。
▽ボタンをちゃんと**掛け**なさい(=はめる)。
▽プレゼントにリボンを**掛ける**(=結ぶ)。
▽古新聞にひもを**掛ける**(=縛る)。
▽ソファに腰を**掛ける**(=座る)。
▽ベッドに新しいシーツを**掛ける**(=おおう)。
▽キツネが罠に**掛かっ**た(=捕らわれる)。
▽急ブレーキを**掛ける**(=止める)。
▽たいへんお手数をお**掛け**しました。
▽人に迷惑を**掛ける**な。
▽彼女は着る物に金を**掛け**ている(=投資する)。
▽大**掛かり**なしかけ(→大規模)。
▽三日**掛かり**で部屋を掃除した(=消費)。
▽三**掛ける**五は十五(→3×5)。

㊞手を**掛ける**=労力を費やす
股に**掛ける**=影響下に置く

# 懸

20画 準2級

**音読み** ケン・ケ

**訓読み** か-ける・か-かる(へだ-たる)

**成り立ち** 形声。心+縣。心が宙吊りにぶら下がる。

**意味** ❶宙にかける。かかる。「懸賞・懸垂・懸命」

▽入口にのれんを**懸ける**(=吊り下げる)。
▽クモの巣が**懸かっ**ている(=張り渡す)。
▽三日月が中天に**懸かっ**ている(=浮かぶ)。
▽太陽に暈が**懸かっ**ている(=かぶる)。
▽竿に大きな鯉が**懸かっ**た(=ひっかかる)。
▽男は殺人の疑いを**懸け**られた(→容疑)。
▽すべり止め校に望みを**懸け**ている。
▽神社に願を**懸け**た(→願う)。
▽最後の仕事に首を**懸け**た(→辞める覚悟をする)。
▽優勝を**懸け**て両横綱が激突する(→争う)。
▽今度の事業には社運が**懸かっ**ている。
▽若者は国のために命を**懸け**た(=危険にさらす)。
▽名誉に**懸け**て秘密は守ります。

㊞てんびん〔はかり〕に**懸ける**=冷静に比べてみる

❷心配する。「懸念・懸案」

▽頭が薄いことを気に**懸ける**(=心配)。

❸遠く隔たる。「懸隔・懸絶」

### 架
9画　3級

**音読み** カ

**訓読み** か－ける・か－かる（たな）

**成り立ち** 形声。木＋加。支柱の上に横木を載せる。

**意味** ❶たな「開架・画架・高架・十字架・担架」

❷かけわたす。「架橋・架空・架設・架線」

▽隅田川に新しい橋が**架けられ**た（＝渡す）。

▽雨上がりの空にきれいな虹が**架かっ**た。

▽キリストを十字架に**架ける**（↓はりつけにする）。

▽その一座は川原に小屋を**架けた**（＝設ける）。

▽お台場の小屋にサーカスが**架かっ**ている（↓興行中）。

### 係
9画　8級

**音読み** ケイ

**訓読み** かか－る・かかり（つな－ぐ・かか－わる）

**成り立ち** 形声。人＋系。ひもでつなぐ。

**意味** ❶つながり。「関係・係争・係留・係累」

▽副詞は原則として述語に**係る**（＝修飾する）。

▽**係り**結びの法則（↓助詞と文末の関係）。

▽オウム事件は裁判に**係っ**ている（↓審理中）。

▽事件に**係る**一切の処理を弁護士に委ねた（＝関係する）。

▽歳をとっても子供に**係り**たくない（＝世話になる）。

▽この花瓶には保険が**係っ**ている（＝契約してある）。

### *賭
16画　2級

**音読み** ト

**訓読み** か－ける（かけ）

**成り立ち** 形声。貝＋者。財宝を集めてつぎ込む。

**意味** ❶かける。「賭射・賭書・賭博」

▽**賭**マージャンは違法だ（＝勝ったら金品を受け取る勝負をする）。

▽一番人気に十万円**賭けた**。

### 罹
16画　1級

**音読み** リ

**訓読み** かか－る・こうむ－る

**成り立ち** 形声。心＋羅。網にからまれた心。

**意味** ❶こうむる。「罹患・罹災・罹病」

▽昔の人はたいてい結核に**罹っ**ている（＝感染する）。

▽病気に**罹っ**てから治療するより予防が大切だ（＝発病する）。

# かける(2)

**駆**（翔）

**使い分けマニュアル** 「**駆ける**」は地上を移動する場合に。「**翔ける**」は空中や空想の中を移動する場合に。

夢の中を駆けめぐる。（大草原を）
夢の中を翔けめぐる。（大空を）

†「かける(1)」「かける(2)」等の使い分けは123ページ参照。

## 駆

14画 4級 ⇩かる

**音読み** ク

**訓読み** か-ける・か-る（お-う）

**成り立ち** 形声。旧字は「驅」で、馬+區。馬が背をかがめて早がけする。

**意味** ❶かける。「駆動・疾駆・前駆・先駆者」
▽その馬は全速力で**駆け**た（=走る）。
▽先頭でフィニッシュラインを**駆け**抜ける。
▽記者たちは現場へ**駆け**つけた（=急行する）。
▽父は金策のため**駆け**回っている（=奔走する）。
▽ロマンチシズムが青春時代を**駆け**抜けていく（=風靡する）。
❷かりたてる。「駆使・駆除・駆逐」

## 翔

12画 1級 ⇩とぶ・とばす

**音読み** ショウ

**訓読み** か-ける・と-ぶ

**成り立ち** 形声。羽+羊。羽を大きく広げてとぶ。

**意味** ❶とびめぐる。「群翔・飛翔」
▽夢が頭の中を**翔け**めぐる（=去来する）。
▽大空を**翔ける**翼（=高速で飛ぶ）。

# かさ

**傘**（笠・暈・嵩）

**使い分けマニュアル** 「**傘**」は柄がついている物の場合に。「**笠**」は直接頭にくくりつける物の場合に。「**暈**」は太陽や月の周りにできる光の輪の場合に。「**嵩**」は容量の意の場合に。

| 使用漢字 | アクセント |
|---|---|
| 傘笠暈 | かさ |

## 傘

12画　準2級

**音読み**　サン

**訓読み**　かさ

**成り立ち**　象形。かさを広げた形。

**意味**　❶かさ。「鉄**傘**・落下**傘**」

▽**傘**を差す（＝雨傘・日傘）。

▽スタンドに色とりどりの**傘**の花が開いた。

▽江戸時代の浪人は**傘**張りの内職をした。

▽会社に置き**傘**をしておく（↓突然の雨に備えて置いておく傘）。

▽合い**傘**（↓二人で一本の傘に入る）。

▽相合い**傘**（↓一本の傘型の下に二人の名前を書き、恋人どうしであることを暗示する）。

㊝唐〔柄〕**傘**＝柄をつけて持つようにした傘

蛇の目**傘**＝中心と周辺が黒・赤でその中間が白の、蛇の目模様の傘

番**傘**＝竹の骨に紙を張り油をひいた粗末な雨傘

❷守る物。「**傘**下」

▽日本はアメリカの核の**傘**の下にいる（↓庇護下）。

## 笠

11画　準1級

**音読み**　リュウ

**訓読み**　かさ

**成り立ち**　形声。竹＋立。△型に安定した柄のないかさ。

**意味**　❶かぶるかさ。「蓑**笠**・蓬**笠**・**笠**子」

▽お地蔵さんに**笠**をかぶせた（↓雪よけ）。

▽農夫が**笠**をかぶって田植えをしている。

▽**笠**をかぶって盆踊りを踊る（↓顔を隠すもの）。

▽電灯の**笠**をきれいに拭いた（＝シェード）。

▽このマツタケは**笠**が開いている（＝開いた部分）。

▽クラゲの**笠**（＝丸い部分）。

㊝三度**笠**＝三度飛脚がかぶっていた笠

〜を**笠**に着る＝〜を頼みにしていばる

## 暈

13画　1級

**音読み**　ウン

**訓読み**　かさ・ぼか-し・めまい・くら-む・ぼか-す・ぼ-ける・くま

**成り立ち**　形声。日＋軍。太陽のまわりをとりまく光の輪。

**意味**　❶太陽や月のかさ。「外**暈**・月**暈**・日**暈**」

▽太陽に**暈**がかかると雨と言われる。

▽今夜は満月に**暈**がかかっておぼろ月夜だ。
❷ぼかす。「暗暈・酒暈」
❸めまい。「眩暈・船暈」

## 嵩

13画 準1級

**音読み** シュウ・スウ

**訓読み** かさ・かさ-む・たか-い

**成り立ち** 会意。山＋高。高くそびえる山。

**意味** ❶高い山。「嵩高・嵩山」

▽発泡スチロールは軽いが**嵩**がある（＝量）。

▽彼は**嵩**高な荷物を抱えて入ってきた（→一抱え）。

㊎**嵩**にかかる＝優勢に乗じて一気に攻め込む

# かた・かたち

## 型・形・片（容）

**使い分けマニュアル** 「**型**」はタイプ・モデルの場合に。「**形**」は外形の場合に。「**片**」は慣用句と、一方を表す場合に。「**容**」は人の顔だちの場合に。

美しい型。（車のニューモデル）
美しい形。（自然の風景や美術品の外形）
美しい容。（女性の美しい顔だち）

| 使用漢字 | 名詞 | |
|---|---|---|
| 型<br>片 | かた | ― |
| 形 | かた | かたち |
| 容 | ― | かたち |

●「かた」と「かたち」

「かた」は外形や形式を客観的に表す。「かたち」は全体の形式や人の風体・容貌について、美醜の判断が加わる。

君の小説は型になっている。
（ジャンル別に分けることができる）
君の小説は形になっている。
（芸術作品として鑑賞に堪える）

## 型

9画 7級

**音読み** ケイ

**訓読み** かた

**成り立ち** 形声。土＋刑。粘土で作った鋳物の枠型。

**意味** ❶いがた。元になる物。「原型・成型・造型・体型・定型・典型・同型・変型・母型・模型」

▽歯医者で**型**を取る（↓見本となる歯の並び方）。

▽クッキーの生地を伸ばして**型**で抜く。

▽柔道では**型**の稽古から入る（＝決まったやり方）。

㊮**型**にはまる＝決まったやり方・考え方をする

**型**にはめる＝決まったやり方・考え方を強制する

❷様式。タイプ。「型式・類型」

▽これは古い**型**の車だ（＝タイプ）。

▽先のとがった**型**の靴がまた流行っている。

▽美容院で髪**型**がなかなか決まらない。

▽祖父は古い**型**の人間だ（↓考え方が古い）。

▽この映画は従来の**型**を破った（↓画期的）。

▽横綱の土俵入りには二つの**型**がある（＝様式）。

▽外国語学習ではまず基本的な文の**型**を覚える。

▽入社式は社長の**型**どおりの挨拶があった（↓常識的な形式）。

## 形

7画　9級

**音読み** ケイ・ギョウ

**訓読み** かた・かたち（なり）

**成り立ち** 形声。彡＋井。模様のついたかたち。

**意味** ❶物のかたち。「外形・球形・形相・形式・形状・形勢・原形・図形・造形・地形・人形・有形」

▽洗濯物は**形**を整えてから干す（＝元のスタイル）。

▽安物のスーツを買ったらすぐ**形**が崩れた。

▽髪の**形**を決めてから結う。

▽電気をつけたら塀に人の**形**が映った（＝影）。

▽砂浜に人**形**の窪みが現れ、海水浴客を震え上がらせた（＝輪郭）。

❷あらわす。かたちづくる。「形成・形声・形容・財形・整形・造形」

## 片

4画　5級

**音読み** ヘン

**訓読み** かた（きれ・ひら・わず-か・ペンス）

**成り立ち** 象形。木の右半分。割った木の切れはし。

**意味** ❶二つあるうちの一方。「片月」

▽（相撲）**片**や朝青竜、こなた白鵬（＝一方）。

▽**片**親は早くに亡くなった。

▽靴が**片**一方しか見つからない。

㊮**片**がつく＝処理される

**片**をつける＝処理する

❷切れはし。「一片・紙片・断片・破片・片鱗・木片」

❸わずか。「片影・片言・片時」

▽恋人のことは片時も忘れたことはない（↓わずかの時間）。

▽リンダの日本語はほんの片言だ（↓数語）。

▽両親は片田舎に住んでいる（↓辺境）。

## 容

10画　6級

**音読み**　ヨウ

**訓読み**（かたち・い−れる・ゆる−す）

**成り立ち**　会意。宀＋谷。空のわくに物を入れる。

**意味**　❶いれる。いれた物。「収容・内容・容器・容疑・容積・容量」

❷すがた。かたち。「威容・形容・陣容・全容・美容・変容・容姿・容体・容貌・理容」

▽姿容の美しい人に出会った（＝顔だち）。

▽鏡に向かって念入りに化粧し容を造る（↓美容）。

❸うけいれる。「寛容・許容・容易・容赦・容認」

# かたい

固・硬・堅・難

**使い分けマニュアル**　「固い」は鉱物系の物で、もとから全体がかたい場合に。「硬い」はもともと柔らかかった物が変化した場合、物の芯がかたい場合、融通がきかない意の場合に。「堅い」は保持した結果かたくなった物の場合、そのため確実である意の場合に。「難い」はむずかしい意の場合のみ。

この食べ物は固い。（石のようで歯が立たない）

この食べ物は硬い。（芯があって噛み切れない）

この食べ物は堅い。（確実に身になる）

## 固

8画　7級

**音読み**　コ

**訓読み**　かた−める・かた−まる・かた−い（もと−より）

**成り立ち**　形声。囗＋古。まわりをかためて動きがとれない。

**意味**　❶かたい。かためる。「凝固・拳固・固形・固体・固着・固定」

▽おもちが石のように固くなっていた。

▽卵を固くゆでる。

▽ダチョウの卵の殻は恐ろしく固い。

▽ツンドラ地方は夏以外は地面が固い氷でおおわれてい

る（＝もともと分厚い）。
▽ひもを**固く**結ぶ（＝きつい）。
▽雑巾を**固く**しぼって床を拭く。
▽この瓶は栓が**固く**て開かない。
▽目を**固く**つぶった（＝きつい）。
(慣)財布のひもが**固い**＝なかなか買わない
❷きびしい。「確固・頑固・強固・堅固・固辞・固執・固守・固定・断固」
▽私たちは**固い**握手を交わした（＝強い）。
▽夫は私を**固く**抱きしめてくれた。
▽組織の労働者の団結は**固い**（＝強い）。
❸もとから。「固有」

## 硬　12画　3級

**音読み**　コウ
**訓読み**　かた-い
**成り立ち**　形声。石＋更。石のようにかたくて強い。
**意味**　❶かたくて強い。「強硬・硬化・硬貨・硬質・硬水・硬直・硬度・硬軟・硬派」
▽このパン〔肉〕は**硬い**（＝噛み切れない）。
▽このアワビは身が**硬く**しまっている。
▽このリンクの氷は**硬い**（↓他に比べて）。
▽セメントは乾燥すると**硬く**なる。
▽私はいつも2Hの**硬い**鉛筆を使う。
▽年を取ると体が**硬く**なる（＝柔軟性がない）。
▽社長は**硬い**表情で役員全員の解雇を言い渡した（＝こわばっている）。
▽**硬い**こと言うなよ（＝融通がきかない）。
(慣)頭が**硬い**＝考え方に融通がきかない
❷熟していない。「硬渋・生硬」
▽初舞台でつい**硬く**なった（＝緊張する）。
▽彼の文章はまだまだ**硬い**（＝生硬）。
▽彼は**硬い**本は絶対読まない（＝まじめ）。

## 堅　12画　4級

**音読み**　ケン
**訓読み**　かた-い
**成り立ち**　形声。土＋臤。かたく締まっていてこわせない。
**意味**　❶かたくたもつ。「強堅・堅固・堅持・堅実・堅牢・剛堅・中堅」
▽ヒノキは非常に**堅い**木として知られている。
▽扉を**堅く**閉ざした（↓絶対開かないように）。
▽西武は守りの**堅い**チームだ（＝隙がない）。
▽彼女は身持ちが**堅い**（＝まじめ）。

▽無断駐車は**堅く**お断りします（＝断固）。
▽**堅**い商売（＝堅実）。
▽彼女は**堅**い人だから信頼できる（＝まじめ）。
▽あの会社は**堅い**（＝冒険をしない）。
▽巨人の優勝は**堅い**（＝確実）。
▽彼の決心は**堅い**（＝動かない）。
▽二人は永遠の愛を**堅く**誓った。
▽ムスリムはアラーを**堅く**信じている。
㊜口が**堅い**＝秘密をよく守る

## 難

18画　5級

**音読み**　ナン（ダン）
**訓読み**　かた－い・むずか－しい（にく－い）
**成り立ち**　会意。隹＋𦰩。鳥を火であぶる。
**意味**　❶むずかしい。「困難・難易・難解・難所・難色・難題・難聴・難点・難読・難物・難病・難問」
▽苦労は察するに**難く**ない（↓容易に想像できる）。
㊜言うはやすく、行うは**難し**＝口で言うのは簡単だが実際に行うのはむずかしい
❷わざわい。「一難・海難・苦難・災難・受難・盗難・難儀・難行・難破・難民・万難・避難・無難」
❸とがめる。「難疑・難詰・非難・論難」

# かたる　語（騙）

**使い分けマニュアル**　「**語る**」は話す、説明する場合に。「**騙る**」は人をだます場合に。
愛を語る。（愛していると言う）
愛を騙る。（愛していると見せかける）

## 語

14画　9級

**音読み**　ゴ（ギョ）
**訓読み**　かた－る・かた－らう（ことば・つ－げる）
**成り立ち**　形声。言＋吾。交互に会話をする。
**意味**　❶ことばを交わす。「豪語・語気・語勢・語調・私語・独語」
▽悲しい身の上を**語る**（＝まとまった内容を話す）。
▽カップルが夜のベンチで愛を**語る**（↓愛情を見せ合う）。
▽小学生に戦争の体験を**語**ってきかせた。
▽（本の題名）祖父・漱石を**語る**。
▽今夜は寝ずに**語り**明かそう（↓親しく話し合う）。

▽「平家物語」は琵琶法師によって**語られ**た（＝節をつけて歌う）。
▽私の大叔父はなにわ節**語り**をしている。
▽少女の目がすべてを**語っ**ている（＝内容を表す）。
▽阪神大震災の教訓は地域社会の大切さを**語る**。

慣 言わず**語ら**ずのうちに＝口ではっきり言わなくても
**語る**に足る＝話すだけの価値がある
問うに落ちず、**語る**に落ちる＝人に聞かれたときは隠し通せるが、自分から話すとついうっかり真実を話してしまう

❷ことば。「英語・漢語・敬語・言語・語彙・語句・国語・語源・熟語・主語・単語・標語・母語・和語」
❸はなし。「語録・勅語・落語」

## 騙

19画　1級

**音読み** ヘン
**訓読み** かた-る・だま-す
**成り立ち** 形声。馬＋扁。馬にひらりと飛び乗る。
**意味** ❶馬に飛び乗る。「騙馬」
❷人をだます。「欺騙・騙取」
▽その男は高名な画家の名を**騙っ**て自分の絵を高値で売りつけた（＝詐称する）。
▽彼は知人の大学教授の名を**騙っ**た。

## かど　角・門

**使い分けマニュアル** 「角」は物のとがった部分や町の交差点の意の場合に。「門」は家の門や家庭の意の場合に。

## 角

7画　9級　⇩すみ(2)

**音読み** カク
**訓読み** かど・つの（すみ・くら-べる）
**成り立ち** 象形。牛のつの。
**意味** ❶つの。「一角獣・角質・角膜・互角・犀角・触角・折角・頭角」
❷かど。「角材・口角・三角・四角・方角」
▽材木の**角**を削る（＝直角の部分）。
▽岩のとがった**角**で足をすりむいた（＝切先）。
▽ページの**角**を折らないでください（＝すみ）。
▽この先の**角**を曲がると病院がある（＝曲がり角）。
▽街**角**でタクシーをひろう（＝街頭）。

▽日本経済は曲がり**角**に来ている（↓直線的に発展できない地点）。

▽隣の奥さんはいつも**角**のある物の言い方をする（↓とげとげしい）。

(慣)**角が立つ**＝人間関係がぎくしゃくする

**角が取れてくる**＝性格が穏やかになる

豆腐の**角**に頭をぶつけて死んじまえ＝通常ではありえないばかばかしいことで死ぬ愚かなやつだ

目に**角**を立てる＝非常に怒って目をつり上げる様子

❸二つの直線が交わる所。「鋭角・外角・角度・仰角・広角・死角・直角・鈍角・内角」

▽この道路には四つ**角**が多い（＝交差点）。

†❸は漢字本来の意味ではない。

❹くらべる。「角逐・角力」

## 門

8画　9級

**音読み**　モン（ボン）

**訓読み**　かど（と・いえ・みうち）

**成り立ち**　象形。左右の扉。

**意味**　❶家の出入り口。「開門・校門・正門・城門・閉門・門衛・門外・門限・門戸・門前・門番・門扉」

▽決意新たに**門**を出づ（↓家の門）。

(慣)笑う**門**には福来る＝いつも笑っているような明るい家には幸福が訪れる

❷物の出入り口。「肛門・水門・門歯・幽門・竜門」

❸家柄。「一門・家門・武門・名門・門閥・門流」

❹教えを受ける場所。「直門・僧門・同門・入門・門下・門人・門跡・門弟・門徒・破門」

❺分類の一区別。「専門・部門・門外漢」

# かなしい

悲（哀・愛）

**使い分けマニュアル**　「**悲しい**」は悲哀の感情の場合に。「**哀しい**」は対象が何となく悲哀の情をもよおさせる場合に用いることが多く、「悲しい」よりも相対的に程度が下がる。「**愛しい**」はいとしさを感じる場合に。

悲しい人の話。（泣きたい。情けない）

哀しい人の話。（あわれだ）

愛しい人の話。（抱きしめたい）

## 悲

12画　8級

**音読み** ヒ
**訓読み** かな-しい・かな-しむ
**成り立ち** 形声。心＋非。心が二つに裂かれる気持ち。
**意味** ❶かなしい。「慈悲・悲哀・悲観・悲劇・悲惨・悲壮・悲痛・悲報・悲鳴・悲恋・悲話」
▽わが子に死なれて**悲しい**（＝心が裂かれる思い）。
▽彼女には親に捨てられた**悲しい**体験があった。
▽「もう会えない」と言うと、彼女は何とも**悲し**そうな顔をした（→泣かんばかりの）。
▽故郷の兄から**悲しい**知らせが届いた（→身内の不幸）。
▽人が信じられないなんて**悲しい**（＝情けない）。

## 哀
9画 3級 ⇩あわれ・あわれむ

**音読み** アイ
**訓読み** あわ-れ・あわ-れむ（かな-しい・かな-しむ）
**成り立ち** 形声。口＋衣。思いを胸におさえ、嘆声をこらえる。
**意味** ❶あわれむ。「哀史・哀憐・哀話」
❷かなしい。「哀歌・哀歓・哀願・哀愁・哀傷・哀惜・哀切・哀訴・哀調・哀痛・哀悼・喜怒哀楽・悲哀」
▽秋になると何となく**哀しく**やるせない（＝哀愁）。
▽人間万事金の世の中とは**哀しい**御時世だ（＝嘆かわしい）。

## 愛
13画 7級

**音読み** アイ
**訓読み** （いと-しい・かな-しい・お-しむ・め-でる・まな・う-い）
**成り立ち** 会意。心＋夂＋旡。胸がせつなくて足もとどこおる。
**意味** ❶いとしい。「愛玩・愛嬌・愛妻・愛称・愛情・愛人・愛想・愛着・愛撫・求愛・敬愛・最愛・慈愛・純愛・情愛・親愛・溺愛・熱愛・恋愛」
▽親の顔を知らずに育つわが子を**愛しく**思わぬ日はない（＝切ないほどいとしい）。
❷このむ。「愛飲・愛好・愛唱・愛読・愛用」
❸大切に思う。「愛郷・愛校・愛惜・愛蔵・割愛」

## かね
### 金・鐘（鉦・鉄）

**使い分けマニュアル** 「金」は金銭の場合に。「鐘」はお寺や教会のかね、合図のかねの場合に。「鉦」は伏せて鳴らす仏具の場合に。「鉄」は金属の意の場合や「鉄の草鞋」という慣用句の場合に。

表に金が落ちていた。（紙幣か硬貨）
表に鐘が落ちていた。（ハンドベル）
表に鉦が落ちていた。（僧侶が叩くもの）
表に鉄が落ちていた。（靴底から剝がれたもの）

## 金　8画　10級

**音読み** キン・コン
**訓読み** かね・かな（こがね）
**成り立ち** 会意。：+土+今。土中に含まれる砂金。
**意味** ❶金属。「金文・合金・鋳金・板金・冶金」
❷こがね。「黄金・金印・金貨・金塊・金閣・金鉱・金色・金杯・金箔・金髪・金粉・砂金・純金・白金」
❸とうとい物。「金句・金言・金城・金剛」
❹ぜに。「金額・金庫・金銭・金融・現金・資金・借金・集金・賞金・税金・大金・代金・貯金・賃金・入金・年金・罰金・募金・預金・料金・礼金」
▽**金**をもうける（＝金銭）。
▽駅のホームでお**金**を拾った（＝現金）。
▽月末だから**金**がない（＝所持金）。
▽**金**はある所にはあるもんだ（＝財産）。
▽家を買うのに親に半分**金**を出してもらった（＝資金）。
▽この仕事は全然**金**にならない（↓収入が少ない）。
▽彼は着る物に**金**を掛けている（↓高価な物を身につけている）。
▽コンピュータは**金**を食う（↓設置・稼働に費用がかかる）。
▽この庭園は豪商が**金**にあかせて造った（↓資金をつぎこんで）。
▽奴は大事な**金**づるだ（↓金もうけの手段）。
▽「タイのお**金**は何？」「バーツだよ」（＝通貨）
㊪色男、**金**と力はなかりけり＝外見のよい男は財力も権力ももたないものだ
**金**に糸目をつけない＝いくら高くてもかまわない
**金**に目がくらむ＝金銭欲のために道理を見る目が曇る
**金**の切れ目が縁の切れ目＝相手の金がなくなると付き合いもやめてしまう、せちがらい世の中
**金**の成る木＝楽に金をかせげる手段
**金**は天下のまわりもの＝金は使ってこそ役に立つものである
時は**金**なり＝時間は貴重である

## 鐘　20画　3級

音読み　ショウ（シユ）

訓読み　かね

成り立ち　形声。金＋童。ドンとついて鳴らすかね。

意味　❶つりがね。「警鐘・鐘楼・半鐘・梵鐘」

▽暮れ六つの**鐘**が聞こえてきた（＝ゴーンと鳴る寺の梵鐘）。

▽大みそかの夜は除夜の**鐘**を静かに聞く。

▽時計台の**鐘**が鳴る（＝カンカン鳴る吊るし鐘）。

▽結婚式の日、教会の**鐘**が響きわたった。

▽昔の小遣いさんはカランカランと**鐘**を鳴らして授業の時間を知らせた（＝ハンドベル）。

▽（陸上競技）最後の一周の**鐘**が鳴った。

▽彼はのど自慢で**鐘**一つだった（＝合図として打ち鳴らす音）。

▽全部解答し終わったところでちょうど**鐘**が鳴った（＝終わりの合図）。

▽（駅のアナウンス）**鐘**が鳴り終わりますと発車いたします（＝発車の合図）。

## 鉦

13画　準1級

音読み　セイ・ショウ

訓読み　かね

成り立ち　形声。金＋正。チャンチャンと叩いて鳴らすかね。

意味　❶叩きがね。どら。「撃鉦・鉦鼓・銅鉦」

▽僧侶は**鉦**を叩いてお経をあげた（＝チンチン鳴らす仏具）。

㊞慣　**鉦**や太鼓で捜し回る＝大勢を動員して大騒ぎしてあちこち捜す

## 鉄

13画　8級

音読み　テツ

訓読み　（くろがね・かね）

成り立ち　会意。旧字は「鐵」で、金＋戈＋呈。まっすぐ物を切り落とす鋭利な金属。

意味　❶てつ。「鋼鉄・砂鉄・製鉄・鉄管・鉄器・鉄橋・鉄筋・鉄鋼・鉄骨・鉄道・鉄板・鉄棒・鉄砲」

▽土井さんは**鉄**の箸で天ぷらを揚げる（＝金属製）。

▽靴の裏に**鉄**を打ってもらった（↓摩り減らないように）。

慣　**鉄**の草鞋をはいて捜し回る＝根気強く捜す

❷堅固な。「鉄拳・鉄人・鉄則・鉄壁・鉄腕」

# かま

## 窯・釜*・鎌*（竈・罐）

**使い分けマニュアル** 「**窯**」は焼き物などを作る施設の場合に。「**釜**」は中に食品を入れる道具の場合に。「**竈**」は調理器具を置く場所の場合に。「**罐**」はボイラーの場合に。「**鎌**」は大型の鋭利な刃物の場合に。

| 使用漢字 | アクセント |
|---|---|
| 窯釜竈罐 | かま |
| 鎌 | かま |

### 窯

15画　準2級

**音読み** ヨウ

**訓読み** かま

**成り立ち** 形声。穴＋羔。土器を焼く穴。

**意味** ❶かまど。陶磁器の生産地。「陶窯・窯業」

▽壺にうわぐすりをかけて**窯**で焼く（＝かまど）。

▽この山の奥に伊万里焼を焼く**窯**がある（＝陶磁器製作所）。

▽ピザを焼くには高温の**窯**が必要だ（＝オーブン）。

▽焼き物の里の**窯**元を訪ねる。

### 釜*

10画　2級

**音読み** （フ）

**訓読み** かま

**成り立ち** 形声。金＋父。ふくれた金属の大なべ。

**意味** ❶煮炊きするかま。「釜中生魚」

▽年代物の鍋・**釜**が並んでいる（＝飯を炊く道具）。

▽電気**釜**のスイッチを入れる。

▽峠の**釜**飯（↓釜に入ったままの飯）。

▽（茶道）風炉に**釜**を掛ける（＝湯を沸かす道具）。

▽あいつ、お**釜**だ（↓男色家）。

▽蔵王の火口湖をお**釜**という（↓丸い形の湖）。

慣 同じ**釜**の飯を食った仲＝一つの釜で炊いた飯を食べた、気心の知れた仲間

### 鎌*

18画　2級

**音読み** （レン）

**訓読み** かま

**成り立ち** 形声。金＋兼。草を集めて刈る道具。

**意味** ❶草木を刈り取る刃物。「短鎌・磨鎌・利鎌」

▽黄金の稲束にサクサクと**鎌**を入れた（↓鎌で切る）。

▽カマキリが**鎌**を持ち上げて威嚇した（＝鎌形の前足）。
㊜**鎌**を掛ける＝ひっかけようとする。探りを入れる
夕焼けに**鎌**を研げ＝夕焼けの翌日は晴れであるから仕事の準備をしておけ

## 竈

21画　準1級

**音読み**　ソウ

**訓読み**　かまど・へっつい

**成り立ち**　会意。穴＋土＋黽。土で築いて細長い煙突を通したかまど。

**意味**　❶かまど。へっつい。「竈戸・釜竈」

▽塩焼き**竈**（＝塩を作るかまど）。
㊜**竈**の下の灰まで＝家の中の物は残らずすべて

## 罐

24画

**音読み**　カン

**訓読み**　ほとぎ・かま

**成り立ち**　形声。缶＋雚。水を注ぎ入れるかめ。

**意味**　❶水を入れるかめ。「汽罐・薬罐」

▽うちの祖父は昔、蒸気機関車に乗って**罐**を焚いていた（＝ボイラー）。
▽まきで焚く昔の風呂ではお**罐**に触れてやけどすることがある（＝金属製の加熱部分）。

● 「缶」と「罐」

「罐」は「缶」の旧字ということになっているが、実は新旧の関係ではなく、別字である。「缶」のもともとの音読みは「フ」で、内部が丸くふくれた土器（ほとぎ）の意。「罐」の音読みは「カン」で、水を酌む器、転じて湯沸かし器の意。

「当用漢字表」制定の折り、「罐詰」「汽罐」などの書き換えとして「缶」が採用されたため、後から「カン」という音読みが加えられた。しかし「缶を焚く」では「かまをたく」とは読めない。

# かむ

（嚙・咬）

**使い分けマニュアル**

「**嚙む**」は口でする行為に広く用いられる。
「**咬む**」は歯や牙ではさんで傷つける場合に。

猫が指を嚙んだ。（甘えてフニフニと）
猫が指を咬んだ。（攻撃してガブリと）

## 嚙 18画 準1級

**音読み** ゴウ

**訓読み** か-む・かじ-る

**成り立ち** 会意。口＋齒。上下の歯をかみあわせる。

**意味** ❶かむ。「嚙指」

▽（歯医者で型を取る）はい、**嚙んで**（＝上下の歯をぐっと合わせる）。

▽彼は悔しそうに唇を**嚙んだ**（↓歯の間に下唇を挟む）。

▽食事はよく**嚙んで**食べなさい（＝咀嚼する）。

▽犬が大きな骨をカリカリ**嚙んで**いる。

▽ガムをクチャクチャ**嚙ま**ないでよ。

▽近頃の子供は柔らかいものをよく**嚙まず**に食べるから、顎が弱いんだ。

▽老人は歯のない口でもぐもぐ**嚙んだ**。

▽爪を**嚙む**のはよしなさい（＝かじる）。

▽その外人の名前は舌を**嚙み**そうだ。

▽あくびを**嚙み**ころす（↓出そうになるのを我慢する）。

▽恩師の言葉を**嚙み**しめる（↓何度も深く考える）。

▽岩を**嚙む**激流（＝激しくぶつかる）。

▽歯車がきちんと**嚙ん**でないと運動がうまく伝わらない（↓組み合わさる）。

▽どうも議論が**嚙み**合わないね。

▽「ファスナー上げて。動かないのよ」「横の布を**嚙んで**るわよ」（＝溝の間に挟む）

▽カセットケースに薄紙を**嚙ませ**てがたつきをなくす（＝挟む）。

▽この事件にはあの男が一枚**嚙んで**いるに違いない（＝関係する）。

慣 砂を**嚙む**ような思い＝無力感でやりきれない様子

**嚙んで**含めるよう＝よくわかるようにていねいに言い聞かせる様子

酸いも甘いも**嚙み**分けた＝人生の苦労や喜びをすべて経験している様子

## 咬 9画 1級

**音読み** コウ・ヨウ

**訓読み** か-む・かじ-る

**成り立ち** 形声。口＋交。上下のあごを交差させてぐっとかむ。

**意味** ❶かじる。「咬嚼・咬症」

▽猛犬に**咬まれ**た（＝歯で傷つける）。

▽ハブに**咬まれる**ことを沖縄の人は「打たれる」という（＝牙を突き刺す）。

▽クモは鋭い牙で**咬ん**だとき毒を注入する。
▽サメに太股をがっぷり**咬まれ**た（＝上下のあごで挟む）。
▽彼はしょっちゅう上役に**咬み**ついている（＝激しく反論する）。
慣 飼い犬に手を**咬まれる**＝信頼していた部下に裏切られるたとえ
窮鼠猫を**咬む**＝追い詰められた弱い者が強い者に一矢報いる

## から　空・殻・唐

**使い分けマニュアル** 「**空**」は空洞になった内部に視点がある場合に。「**殻**」はその外層に視点がある場合に。「**唐**」は中国関連の場合に。

| 使用漢字 | アクセント |
|---|---|
| 空殻 | から |
| 唐 | から |

### 空
8画　10級　⇩あく・あける、すく・すける・すかす

**音読み** クウ

**訓読み** そら・あ-く・あ-ける・から（あな・うろ・うつ-ろ・むな-しい・す-く・うつ-ける）

**成り立ち** 形声。穴＋工。突き抜けて中に何もない。

**意味** ❶穴があいている。「空洞・中空」
❷何も入っていない。「架空・空間・空虚・空席・空前・空想・空白・空腹・空砲・真空」
▽燃料タンクが**空**になった（＝中身がない）。
▽息子は財布を**空**にして帰ってきた。
▽夜遅くなると**空**のタクシーは少ない（↓乗客が乗っていない）。
▽家を**空**にして出てきた（↓留守番がいない）。
▽彼は相手が弱いと**空**いばりする（↓うわべだけの強がり）。
▽彼の約束は**空**手形に終わった（↓うそ）。
▽この福引は**空**くじなしです（↓はずれ）。
▽**空**約束するなよ（↓無責任な約束）。
▽初めて訪問するのに**空**手では行けない（↓手みやげを持たずに）。
▽鳥の**空**揚げ（↓衣をつけない揚げ物）。
❸大きい。「空闊」
❹そら。「滑空・空気・空軍・空港・空襲・空中・空路・航空・時空・上空・低空・天空・碧空・領空」

## 殻 11画 準2級

**音読み** カク

**訓読み** から

**成り立ち** 形声。殳＋壳。堅いからをコツコツたたく。

**意味** ❶外側をおおっているから。「甲殻・耳殻・地殻・皮殻・卵殻」

▽くるみの**殻**を割る（=硬い外側）。

▽もみ**殻**。

▽セミが**殻**を破って羽化してきた。

▽巣の中には卵の**殻**だけがころがっていた。

▽旧態依然とした**殻**を破る（=外層）。

▽自分の**殻**に閉じこもる（↓内向する）。

▽吸い**殻**を捨てるな（↓吸った残り）。

▽警察が踏み込んだときには、犯人はもぬけの**殻**だった（↓空き家）。

▽弁当の**殻**をかたずける（↓空き箱）。

▽苧**殻**を焚いて仏を迎える（↓アシの皮をむいた茎）。

㊬豆を煮るに豆**殻**を焼く=同族が互いに争う

## 唐 10画 4級

**音読み** トウ

**訓読み** から（もろこし）

**成り立ち** 会意。口＋庚。大きく口を開いて物を言う。

**意味** ❶中国の王朝。「盛唐・中唐・唐音・唐詩」

❷中国の古称。外国。「唐人・唐土」

▽**唐**天竺まで尋ねて行く（↓中国とインド）。

▽**唐**渡りの根付け（↓中国渡来）。

▽**唐**様の建築（↓中国風）。

▽**唐**織りの着物。

▽鳥の**唐**揚げ（↓衣をつけない揚げ物）。

❸大きな音や声。「浩唐・荒唐」

## かる 刈・駆・狩

**使い分けマニュアル** 「刈る」は刃物で短く切る場合に。「駆る」は走らせたり勢いづかせたりする場合に。「狩る」は獲物を追い求める場合に。

草原を刈る。（雑草を鎌で）

草原を駆る。（馬を走らせていく）

草原を狩る。（キツネやイタチを捕る）

## 刈 4画 4級

**音読み** （カイ・ガイ）

**訓読み** か-る

**成り立ち** 会意。刀+乂。草をはさみでかりとって形を整える。

**意味** ❶草をかる。「刈穫・刈除・斬刈」

▽たわわに実った稲を**刈る**（＝短く切り取る）。

▽日曜日に庭の芝を**刈**った。

▽朝露にぬれた牧草を**刈る**。

▽生け垣を**刈りこむ**（↓切って形を整える）。

▽月に一度床屋で髪を**刈る**（＝切る）。

▽先輩に頭を**刈**ってもらった（↓髪を切る）。

## 駆 14画 4級 ⇩かける(2)

**音読み** ク

**訓読み** か-ける・か-る（お-う）

**成り立ち** 形声。旧字は「驅」で、馬+區。馬が背をかがめて早駆けする。

**意味** ❶かける。「駆動・疾駆・前駆・先駆者」
❷かりたてる。「駆使・駆除・駆逐」

▽馬を**駆**って陣へ急ぐ（＝早く走らせる）。

▽彼女は不安に**駆られ**た（↓抑えられなくなる）。

▽彼は大声で叫びたい衝動に**駆られ**た（↓思わず～したくなる）。

▽好奇心に**駆られ**て博物館の裏口をのぞいた。

▽メロスは義憤に**駆られ**た（↓つき動かされる）。

(慣)余勢を**駆**って＝勢いに乗って

## 狩 9画 4級

**音読み** シュ

**訓読み** か-る・か-り

**成り立ち** 形声。犬+守。犬と勢子で取り囲んで獣をとる。

**意味** ❶かり。「狩人・狩猟」

▽紀州犬はイノシシを**狩る**（＝獲物として捕る）。

▽キツネ**狩り**は紳士のスポーツだ。

▽落人を**狩る**（＝追い立てる）。

▽もみじ〔桜〕**狩り**（＝見て回る）。

# かれる・からす

## 枯（涸・嗄）

**使い分けマニュアル** 「**枯れる**」は植物がかれる場合に。「**涸れる**」は水がなくなる場合に。「**嗄れる**」は声がかれる場合に。

「**枯らす**」「**涸らす**」「**嗄らす**」は「かれる」に準ずる。

夏枯れ。（雨不足で立木が枯れた）
夏涸れ。（雨不足でダムの水が涸れた）
夏嗄れ。（夏風邪で声が出なくなった）

| 使用漢字 | 自動詞 | 他動詞 |
|---|---|---|
| 枯<br>涸<br>嗄 | かれる | からす |

### 枯　9画　4級

**音読み** コ

**訓読み** か-れる・か-らす（から-びる）

**成り立ち** 形声。木+古。かれて固くなった木。

**意味** ❶かれる。「枯渇・枯死・枯木・枯葉」

▽花は水をやらないと**枯れる**（=しおれる）。
▽マツクイムシの被害で松が**枯れた**（=枯死）。
▽水やりを忘れて盆栽を**枯らして**しまった。
▽赤潮はサンゴを**枯らして**しまう（=死滅させる）。
▽この材木はよく**枯れて**いる（=乾燥）。
▽イチョウの葉が**枯れて**きた（=黄色くなる）。

❷勢いが衰える。「栄枯盛衰・枯淡」

▽あの俳優は芸が**枯れて**きた（=渋くなる）。
▽その書家は**枯れた**作風に魅力がある（=渋い）。
▽頑固おやじも年とともに人間が**枯れて**きた（=こだわりがなくなる）。

㊎痩せても**枯れて**も=どんなに困窮しても

### 涸　11画　1級

**音読み** コ

**訓読み** か-れる・つ-きる・から-びる

**成り立ち** 形声。水+固。水がなくなって固くなる。

**意味** ❶水がなくなる。「凝涸・涸渇」

▽日照り続きで滝が**涸れた**（=水がなくなる）。
▽川の水が**涸れて**川床が見えている。
▽温泉が**涸れた**（=出なくなる）。
▽彼女は三日三晩泣いて涙も**涸れた**。
▽走り続けていたらのどが**涸れて**きた（=乾いてこわば

る）。
▽明治以来の炭鉱も鉱脈が**涸れた**（＝尽きる）。
▽私はもう才能が**涸れ**てしまったらしい。
▽歌への情熱はまだ**涸れ**ていない。

## 嗄

13画　1級

**音読み**　サ
**訓読み**　か－れる・しわが－れる
**成り立ち**　会意。口＋夏。声がかすれてザラザラする。
**意味**　❶声がしわがれる。「嗄声」
▽風邪で声が**嗄れ**た（＝しわがれる）。
▽アヒルのヒナは声を**嗄らし**て鳴いていた（↓出ない声を振り絞って）。

# かわ(1)

川・河

**使い分けマニュアル**　「川」は水が流れている所の意で、自然・人工を問わず用いる。「河」はそのうち、自然の大きな川の場合に。

川を渡る。（鉄橋を渡って隣の市へ行く）
河を渡る。（国境を越えて隣の国へ行く）

## 川

3画　10級

**音読み**　セン
**訓読み**　かわ
**成り立ち**　象形。水の流れ。
**意味**　❶かわ。「河川・山川・川流・大川・百川」
▽小さな川が集まって大河になる（＝水の流れ）。
▽この川の流域には水田地帯が広がっている。
▽サケは川をさかのぼって産卵場所に向かう。
▽川を治めるのは一大事だ（↓水害を防ぐ）。
▽集中豪雨で前の道路が川になった（＝水流）。
▽おばさんは川向こうに住んでいる。
▽長瀞で川下りを楽しむ。
▽夏の夜空に天の川が流れている（↓銀河）。
慣 川越して宿をとれ＝困難なことは先に片づけよ
川の字に寝る＝子供を真ん中にはさんで父と母が枕を並べて寝る、ささやかで幸福な家庭の様子
三途の川＝あの世との境にある川
❷四川省の略。

## 河

8画 6級

**音読み** カ

**訓読み** かわ

**成り立ち** 形声。水＋可。かぎ形に曲がって流れる黄河。

**意味** ❶黄河。「河清・河南・河北・河陽」

❷一般に、かわ。「運河・河岸・河口・河川・河畔・銀河・山河・大河・氷河」

▽一行は大きな**河**に行く手を阻まれた。

# かわ(2)

皮・革

**使い分けマニュアル** 「**皮**」は動物・植物の表面にある物の場合、物事の外層を表す場合に。「**革**」は動物の皮から作った堅い製品を表す場合に。

皮のコート。(柔らかいラムやカーフ)

革のコート。(分厚い牛や馬)

## 皮

5画 8級

**音読み** ヒ

**訓読み** かわ

**成り立ち** 会意。動物の毛皮を手でかぶせる。

**意味** ❶動物のかわ。「脱皮・皮下・皮革・皮膚」

▽ころんで膝小僧の**皮**をすりむいた(＝皮膚)。

▽日に焼けて**皮**がむけてきた。

▽パオには羊の**皮**が張ってある(＝毛皮)。

▽牛の**皮**をなめす(＝毛を除いた表皮)。

▽あいつは人間の**皮**をかぶった鬼だ(↓表面は人間)。

慣 いい面の**皮**＝非常に困惑している

面の**皮**が厚い＝恥を知らない

捕らぬ狸の**皮**算用＝まだ実現していない物事の結果の利益を計算する

虎は死して**皮**を留め、人は死して名を残す＝死んだ後に名声を残すような生き方をすべきだ

化けの**皮**が剝がれる＝正体が現れる

❷物の表層。「外皮・種皮・樹皮・皮膜・表皮」

▽木の**皮**を剝いで繊維を取る(↓植物の)。

▽昔の肉屋は竹の**皮**に肉を包んだ(↓枯れた葉)。

▽みかんの**皮**をむく(＝果肉の外側)。

▽落ちていたバナナの**皮**ですべった。

▽リンゴを**皮**ごと丸かじりした。

▽スイカの**皮**は厚い（＝食べられない部分）。
▽この肉まんは**皮**が薄くておいしい（＝表層）。
▽シュークリームの**皮**を作る（＝外側）。
▽リンゴを煮てパイの**皮**で包む。
▽おいしいフランスパンは**皮**がかりっとしていて、中がふわふわだ。
▽牛乳を沸かしたら上に薄い**皮**ができた（＝膜）。
㊀慣 欲の**皮**がつっぱっている＝非常に強欲である
❸物事の表面。「皮相・皮肉」
▽今度の作品で彼は一**皮**むけたね（↓腕が上がる）。
㊀慣 一**皮**むけば＝正体を現せば

## 革
9画 5級

**音読み** カク
**訓読み** かわ（あらた-める・あらた-まる）
**成り立ち** 象形。ぴんと張って干した動物のかわ。
**意味** ❶なめしがわ。「堅革・皮革」
▽住所録に**革**のカバーをつける（＝なめしがわ）。
▽私はエナメルの靴より**革**の靴が好きだ。
▽猛獣遣いは**革**のむちを鳴らした。
▽おじは書類を牛**革**のトランクにしまった。
▽うちの店では**革**製品を扱っている。
❷あらたまる。「沿革・改革・革新・革命・変革」

## かわく
乾・渇

**使い分けマニュアル** 「**乾く**」は物自体が乾燥する場合、物の表面が乾燥する場合に。「**渇く**」はのどがかわく場合、何かを激しく求める場合に。

空気が乾いている。（湿度が低い）
空気が渇いている。（人々の欲求が高い）

## 乾
11画 4級

**音読み** カン（ケン）
**訓読み** かわ-く・かわ-かす（ほ-す・ひ・いぬい）
**成り立ち** 会意。倝＋乙。太陽が旗のように高く上がる。
**意味** ❶天。「乾元・乾坤一擲・乾徳」
❷かわく。かれる。「乾期・乾湿・乾性・乾燥・乾杯・乾物・乾麺」
▽冬場は空気が**乾**いている（＝乾燥している）。
▽洗濯物がからっと**乾**いた（＝水分がなくなる）。

▽砂漠では汗が出てもすぐ**乾く**（＝蒸発する）。
▽このペンキはまだ**乾いて**いません（↓濡れている）。
▽犬は鼻が**乾いて**なければまずだいじょうぶだ。
▽母犬がなめると濡れていた赤ん坊がみるみるうちに**乾いて**くる（＝水分が拭き取られる）。
▽富良野の雪は**乾いた**雪だ（＝水分が少ない）。
▽枯れ葉がカサカサと**乾いた**音を立てている（＝かすかで軽い）。
▽傷口がなかなか**乾か**ない（＝ふさがる）。
▽都会的な**乾いた**情感（＝人情味が薄い）。
㊖舌の根も**乾か**ぬうちに＝いま言ったばかりなのに
　涙の**乾く**ひまもない＝泣き続けている様子
❸利益をむさぼる。「乾没」
❹うわべ。「乾児・乾笑」

## 渇

11画　準2級

**音読み**　カツ
**訓読み**　かわ－く（むさぼ－る）
**成り立ち**　形声。水＋曷。水がかれて流れがかすれる。
**意味**　❶かれる。「渇水・枯渇」
❷のどがかわく。欲しがる。「渇飲・渇望・飢渇」
▽のどが**渇いた**（↓水が飲みたくなる）。
▽谷川の水で**渇いた**のどを潤す。
▽どんな水もマラリヤの熱による**渇き**を癒やすことはできない。
▽この子は親の愛情に**渇いて**いる（＝激しく求める）。
▽彼は心の**渇き**を癒やそうと夜の街をさまよった（↓感情的な欲求）。

# き

木（樹・柝）

**使い分けマニュアル**　「木」は一般に広く用いられる。「樹」は生きて立っている木で、特に大きい物の場合に。「柝」は歌舞伎・浄瑠璃・相撲で使う拍子木の場合に。

## 木

4画　10級　⇩こ

**音読み**　ボク・モク
**訓読み**　き・こ
**成り立ち**　象形。上に葉や花がかぶさった木。
**意味**　❶たちき。「花木・灌木・巨木・枯木・樹木・草木・大木・低木・倒木・木石・銘木・流木・老木」
▽山の**木**を切る。

▽庭に花の**木**を植える（↓きれいな花をつける木）。
▽山の斜面にクリの**木**が生えている。
▽うちには金のなる**木**なんてないよ。
▽枯れ**木**（↓枯れて水分のなくなった木）。
▽朽ち**木**（↓枯れて腐った木）。
▽雑**木**林（↓建築材として役に立たない木が生い茂った林）。
▽常磐**木**（↓常緑樹）。
㊥驚き桃の**木**山椒の**木**＝とても驚いた様子
**木**の芽＝山椒の若い葉
**木**の芽時＝木が芽吹く二月ころ
**木**を見て森を見ず＝細部にとらわれて全体を把握できないたとえ
猿も**木**から落ちる＝名人もたまには失敗することがあるというたとえ
❷材料としての木。「原木・香木・材木・土木・木石・銘木・木魚・木工・木材・木版・木棺・肋木」
▽果物を**木**の箱に入れて送った（＝木製）。
▽日本の家は**木**と紙でできている。
▽新築した家は**木**の香も新しい（↓新しい木材のいいにおいがする）。
▽白**木**の柱（↓削っただけで塗料を塗っていない木材）。
▽丸**木**舟（↓一本の木をそのままくり抜いて作った舟）。
㊥**木**で鼻をくくったよう＝そっけなくてとりつく島がない様子
**木**に竹を接ぐ＝合わない物どうしを強引につなぎ合わせるたとえ
❸（中国思想の）五行の一つ。「木星・木曜」
❹かざらない。「木訥・木強」

## 樹

16画　5級

**音読み**　ジュ
**訓読み**　（う-える・た-てる・き）
**成り立ち**　形声。木＋尌。直立した木。
**意味**　❶たちき。「果樹・樹海・樹脂・樹氷・植樹・針葉樹・菩提樹・落葉樹・老樹」
▽庭の古い松の**樹**に登って遊んだ。
▽老人が菩提樹の**樹**の下で休んでいる。
❷うちたてる。「樹善・樹徳・樹立」

## 柝

9画　1級

**音読み**　タク
**訓読み**　ひょうしぎ・き
**成り立ち**　形声。木＋斥。木を叩く。
**意味**　❶わける。ひらく。「開柝」

❷ひょうしぎ。「金柝・魚柝・警柝・柝声」

▽(歌舞伎)ちょーんと**柝**が入った。

▽(大相撲)**柝**の音が館内に響いた。

# きく(1)

## 聞・聴(訊)

**使い分けマニュアル** 「**聞く**」は耳から情報を得る場合、人にたずねる場合に。「**聴く**」は特に注意して聞き味わう場合に。「**訊く**」は堅い内容をたずねる場合に。

話を聞く。(友人の相談にのる)
話を聴く。(被爆者の体験談に耳を傾ける)
話を訊く。(警察官が事情を聴取する)

| | 使用漢字 | 自動詞 | 他動詞 | 使役動詞 |
|---|---|---|---|---|
| (1) | 聞 聴 | きこえる | きく(1) | きかせる |
| | 訊 | ― | きく(1) | きかせる |
| (2) | 効 利 | きく(2) | きかせる | ― |

## 聞

14画 9級

**音読み** ブン・モン

**訓読み** き-く・き-こえる

**成り立ち** 形声。耳+門。見えない所からきこえてくる。

**意味** ❶きいて知る。「見聞・聴聞・伝聞・百聞」

▽雷鳴を**聞い**てから何分もしないうちに、すごい雨が降ってきた(=音を耳で受け取る)。

▽ゆうべ九時ごろ銃声を**聞き**ませんでしたか。

▽谷川のせせらぎを**聞き**ながら山道を歩く。

▽エジプトでは見る物**聞く**物すべてが珍しかった(↓耳から入ってくる情報)。

▽キムタクってのはよく**聞く**名前だね(=聞き知る)。

▽そのニュースはテレビで**聞き**ました。

▽人から**聞い**た話だけど、N銀行が危ないそうだ。

▽最近、彼女のことは**聞か**ないね。

▽(教師が)よく**聞き**なさい(=聞いて理解する)。

▽専門家の意見を**聞く**必要がある。

▽先生はぼくたちの意見を全然**聞い**てくれない(=受け入れる)。

▽返事はOKと**聞い**た(=理解する)。

▽この子は親の言うことを**聞か**ない(=聞き従う)。

▽私のお願い、**聞い**てちょうだい。

▽娘は留学すると言って**聞か**ない(=納得する)。

▽聡は**聞か**ない子だ(↓強情)。

▽医者は「お加減は?」と**聞い**た（＝答えを得るために尋ねる）。

▽論文の発表者に疑問点を**聞い**た。

▽相手の都合も**聞か**ずにいきなり訪問するのは失礼だ。

▽（別離）もう会えないわ。理由は**聞か**ないで。

慣 一を**聞い**て十を知る＝少しの情報によって多くの知識を得る、非常に優秀な様子

～が**聞い**てあきれる＝～と言っているのは真っ赤なうそだ

**聞き**しにまさる＝うわさに聞いていた以上の

**聞く**と見るとは大違い＝話と実際とは非常に隔たっていて、実際は非常に悪い

**聞く**ともなしに**聞く**＝聞き取る意志がないのに耳に入ってくる

**聞く**に堪えない＝非常に内容が悪くて受け入れがたい

**聞く**は一時の恥、**聞か**ぬは一生の恥＝わからないことを尋ねるのは、そのときは自分の無知をさらけだすようで恥になるが、わからないままでいれば一生困ることになる

**聞く**耳を持たない＝受け入れようとしない

自分の胸に**聞け**＝真実は自分自身がよく知っているだろう

❷うわさ。「旧聞・醜聞・新聞・風聞」

❸香のにおいをかぐ。「聞香」

▽お香を**聞く**（＝においをかぐ）。

## 聴

17画 3級

**音読み** チョウ（テイ）

**訓読み** き-く（ゆる-す）

**成り立ち** 形声。旧字は「聽」で、耳＋悳＋壬。まっすぐききとる。

**意味** ❶よくきく。「傾聴・試聴・視聴・清聴・聴覚・聴講・聴衆・盗聴・難聴・拝聴・吹聴・傍聴」

▽午前中にH教授の講義を**聴く**（＝聞いて理解する）。

▽暇なときは軽い音楽を**聴く**（＝聞いて味わう）。

▽マタイ受難曲を**聴い**て感動した。

▽仕事をしながらラジオを**聴く**。

❷ききいれる。「聴許・聴用」

❸きいてさばく。「聴決・聴治・聴訟」

## 訊

10画 準1級 ⇩たずねる

**音読み** シン・ジン

**訓読み** たず-ねる・と-う・き-く・たよ-り

**成り立ち** 形声。言＋卂。すばやく次々とたずねる。

**意味** ❶たずねる。「訊問・審訊」

▽税務署から決算について**訊いて**きた（＝問いただす）。
▽警察からアリバイを**訊かれ**た（＝訊問する）。

## きく(2)　効・利

**使い分けマニュアル**

「**効く**」は予想される結果が現れる場合に。
「**利く**」は機能が発揮される場合に。

わさびが効いている。
（ピリッとした辛味が効果的である）
わさびが利いている。
（ピリッとした辛味を強く感じる）

†「きく(1)」「きく(2)」の使い分けは150ページ参照。

### 効

8画　6級

**音読み** コウ
**訓読み** き-く（なら-う・いた-す・かい）
**成り立ち** 形声。旧字は「效」で、攵＋交。二つのものを交差させてしぼり出す。
**意味** ❶ならう。「効顰・放効」
❷きく。ききめ。「効果・効用・効率・効力・時効・速効・特効薬・無効・有効」
▽この薬は頭痛によく**効く**（＝効果が現れる）。
▽テレビの宣伝が**効い**て商品はよく売れた。
▽父親のお説教が**効い**たみたいだ（↓素行が改まる）。
▽あいつのパンチは**効い**たよ。
▽この酒は**効く**ね（＝すぐ酔う）。
㊫薬が**効い**た＝体験・忠告がいましめとなった
❸尽くす。「効忠・効命」

### 利

7画　7級

**音読み** リ
**訓読み** き-く（よ-い・するど-い・と-し）
**成り立ち** 会意。刀＋禾。すらりと通り支障がない。
**意味** ❶するどい。「鋭利・利器・利口・利発」
❷役に立つ。「権利・功利・勝利・水利・福利・不利・便利・有利・利害・利水・利点・利便・利用」
▽この自転車はブレーキが**利か**ない（↓働かない）。
▽彼女は機転がよく**利く**（＝働く）。
▽せっかく譲ってくれた席に座らないのも気が**利か**ないね（↓思いやりがない）。
▽気の**利い**た贈り物をもらった（↓素敵な）。

▽夫と一か月も口を**利**いていない（↓話をしない）。
▽犬は鼻が**利く**動物だ（↓においに敏感）。
▽このゆかたはのりが**利**いている（↓バリバリ）。
▽この部屋は暖房が**利**いている（↓とても暖かい）。
▽アフガン・ハウンドは遠目が**利く**（↓遠くがよく見える）。
▽脳溢血の後遺症で左半身が**利か**ない（↓動かない）。
▽子供が小さいと自由が**利か**ない（↓縛られる）。
▽腕の**利く**職人が少なくなった（↓技術のある）。
▽彼はいろいろな所で顔が**利く**（↓影響力がある）。
▽**利き**酒（↓酒を味わい比べる）。
㊗聞いた風な口を**利く**な＝生意気なことを言うな
❸もうけ。「営利・元利・金利・高利・実利・低利・複利・名利・利益・利権・利子・利潤・利息・利率」

## きず

傷（創・疵・瑕）

**使い分けマニュアル** 「傷」は種類によらず一般に広く用いる。「創」は主に刀きずの場合に。「疵」は表面にある小さなきずの場合に。「瑕」は美しい物・すばらしい物の唯一の欠点の意の場合に。

## 傷

13画 5級 ⇩いたむ・いためる

**音読み** ショウ

**訓読み** きず・いた-む・いた-める（そこ-なう）

**成り立ち** 形声。人＋昜。ドンとぶち当たってきずつく。

**意味** ❶きず。けが。「外傷・火傷・軽傷・挫傷・死傷・刺傷・重傷・傷痕・創傷・凍傷・負傷・裂傷」
▽手首に刃物で**傷**をつけた（＝切った跡）。
▽刃物で刺された**傷**は心臓に達する深いものだった（＝刺した穴）。
▽麻酔が切れて**傷**がひどく痛んだ（＝手術痕）。
▽救護所で**傷**の手当てを受けた。
▽衝突事故で頭に**傷**を負った（＝負傷）。
▽その顔の**傷**、どうしたの？（＝けが）
▽これは岩が落ちてきて当たった**傷**だ（＝打撲）。
▽若いころけがした古**傷**が痛む。
▽机の表面に**傷**をつけてしまった。
▽ゴムの木の幹に**傷**をつけて樹液を採る（＝刃物で切った跡）。
▽心に深い**傷**を負った（＝ダメージ）。
▽無**傷**で勝ち進む（↓一つも負けないで）。
㊗暖簾〔看板〕に**傷**がつく＝信用を失う

❷きずつける。「殺傷・傷害・食傷・損傷・中傷」
❸嘆く。「哀傷・感傷・愁傷・傷心・嘆傷・悲傷」

## 創 12画 5級 ⇩つくる

**音読み** ソウ
**訓読み** *つく-る（はじ-める・きず）
**成り立ち** 形声。刀＋倉。素材に刀で切れ目を入れる。
**意味** ❶きず。「銃創・創傷・刀創・満身創痍」
▽男の背中には刀**創**があった。
❷はじめる。「創意・創刊・創業・創建・創作・創始・創設・創造・創立・独創的」

## 疵 10画 1級

**音読み** シ
**訓読み** きず・やまい・そし-る
**成り立ち** 形声。疒＋此。ぎざぎざと食い違うきず。
**意味** ❶きず。欠点。「瑕疵・細疵・疵病・小疵」
▽腹部に手術の**疵**が残っている（＝メスの跡）。
▽商品に**疵**がついた（＝表面がいたんだ）。
▽桃は**疵**がつきやすい。
▽コンタクトレンズに**疵**が入った。
▽鉱物にダイヤモンドで**疵**をつけて硬度を調べる。
㊞**疵**物＝多少の損傷のある商品
毛を吹いて**疵**を求む＝わざわざ他人の欠点やあら探しをする様子
脛に**疵**持つ身＝かつて悪事をしたことがあるたとえ
❷病気。「疵厲」
❸そしる。「毀疵」

## 瑕 13画 1級

**音読み** カ
**訓読み** きず・あやま-ち
**成り立ち** 形声。玉＋叚。玉の表面にあるきず。
**意味** ❶きず。欠点。「瑕瑾・瑕疵・細瑕・微瑕」
▽真珠の指輪に**瑕**がついてしまった。
▽そんなことをしたら弁護士の肩書に**瑕**がつく。
▽その女優は美人だし演技もうまいが、声の悪いのが**瑕**だ。
㊞玉に**瑕**＝すばらしい物に唯一の欠点があるたとえ

# きめる・きまる

決（極）

**使い分けマニュアル** 「**決める**」は未定の事柄を一つの事柄にする場合に。「**極める**」は限度を限ってびしっとまとめる場合に。

「**決まる**」「**極まる**」は「きめる」に準ずる。

内角に速球を決める。(投げる球を決定する)
内角に速球を極める。(ビシッと投げる)

| 使用漢字 | 他動詞 | 自動詞 |
|---|---|---|
| 決 極 | きめる | きまる |

## 決 7画 8級

**音読み** ケツ

**訓読み** き-める・き-まる (さ-ける)

**成り立ち** 形声。水+夬。水で堤防がえぐられる。

**意味** ❶やぶれる。「決壊・決裂」

❷きめる。きまる。「解決・可決・議決・決意・決議・決行・決算・決勝・決心・決戦・決断・決着・決定・決闘・採決・先決・判決・否決・評決」

▽就業規則を**決める**(=内容を決定する)。
▽卒業論文のテーマがようやく**決まっ**た。
▽議長を投票で**決め**た(=選ぶ)。
▽その議案に賛成するか反対するか、態度を**決め**兼ねている。
▽朝食はパンと牛乳に**決まっ**ている(=それだけ)。
▽先生はぼくがガラスを割ったと**決め**てかかっている(=信じこむ)。
▽「どうしてこの車に**決め**たの?」「燃費がかからないからだよ」(=結論を出す)
▽私には心に**決め**た人がいます(↓結婚相手)。
▽(ボウリング)その一投で勝負が**決まっ**た。
▽この旅の途中で死ぬのも天命と覚悟を**決め**た(↓肝を据えて慌てない)。
▽株主総会で株主と対決する腹を**決め**た。
▽おれが話を**決め**てきてやろう(=まとめる)。
▽昔は生まれながらに身分が厳しく**決まっ**ていた(=変えられない)。
▽(サッカー)小野がシュートを**決め**た(=蹴りこむ)。
▽**決め**手(↓結論に到る最重要点)。
▽**決め**球(↓勝負に使う投球)。

❸わかれる。「決別」

## 極 12画 7級 ⇩きわめる・きわまる

**音読み** キョク・ゴク

**訓読み** きわ-める・きわ-まる・きわ-み (き-まる・

きーめる）

**成り立ち** 形声。木＋亟。端から端まで張り渡した芯柱。

**意味** ❶きわみ。「究極・極限・極地・極刑・磁極・至極・電極・南極・北極・陽極・両極」

❷きわめる。「極致・極力・極論・極意・極道・極楽」

▽（相撲）小手投げに乗じて肩すかしを**極める**（＝勝負をつける）。

▽（柔道）一本で**極め**たい（＝きれいに技をかける）。

▽（体操）着地がぴたりと**極まり**ました。

▽今日はビシッと**極め**てるね（＝恰好いい）。

▽期限を**極め**て金を貸した（＝限定する）。

▽月**極**駐車場（↓月単位で貸し出す）。

▽**極まり**手（↓相撲で勝負を決する技）。

▽**極まり**文句（↓いつも言う同じセリフ）。

▽**極まり**が悪い（↓何となく居心地が悪い）。

❸非常に。「極左・極小・極少・極大・極端・極度・極悪・極寒・極上・極秘・極貧」

❹決定する。「極印」

†❹は漢字本来の意味ではない。

# きよい・きよらか

## 清（浄・潔・洌）

**使い分けマニュアル** 「清い・清らか」はすべての場合に。「浄い・浄らか」は宗教的なニュアンスを持たせたい場合に。「洌い・洌らか」は谷川の澄んだ水などの場合に。「潔い・潔らか」は汚れがなく罪がない場合に。

清らかな水。（見るからにきれいだ）
浄らかな水。（聖水）
潔らかな水。（汚染されていない）
洌らかな水。（冷たく透明に澄んでいる）

| 使用漢字 | 形容詞 | 形容動詞 |
|---|---|---|
| 清浄潔洌 | きよ｜い | きよら｜か |

## 清

11画　7級

**音読み** セイ・ショウ（シン）

**訓読み** きよーい・きよーまる・きよーめる（さやーか・すーむ）

**成り立ち** 形声。水＋青。きよらかに澄んだ水。

意味 ❶きよい。きよらか。「河清・清潔・清酒・清純・清浄・清水・清楚・清濁・清貧・清流」
▽（唱歌）山は青き故郷。水は**清き**故郷（＝澄みきっている）。
▽牧場の朝の空気は**清らか**に澄みきっている。
▽智子は**清らか**な目をしている（＝罪のない）。
▽**清らか**な心の持ち主（＝欲望がない）。
▽わたしたち、**清い**おつきあいをしましょうね（↔肉体関係のない）。
▽二人は二年間交際したが**清い**まま別れた。
慣 水**清ければ**魚すまず＝あまりに潔癖で完全であると生身の衆生は暮らしていけないというたとえ
❷きよめる。「廓清・粛清・清算・清書・清掃」
❸さわやか。「清香・清新・清々・清風・清涼」
❹尊敬語。「清栄・清祥・清聴・清適・清遊・清覧」

## 浄

9画　準2級

音読み ジョウ
訓読み （きよ－い）
成り立ち 形声。水＋争。汚れがなくきれい。
意味 ❶きよい。きよらか。「自浄・浄化・浄財・浄書・浄水・浄土・浄福・清浄・洗浄・不浄」
▽祖父の死に顔は**浄らか**だった（＝純粋である）。
▽（クリスマスの礼拝）この**浄らか**な夜を共に過ごしましょう（＝神聖な）。
▽（選挙）皆様の**浄き**一票をお願いいたします（＝打算のない）。

## 潔

15画　6級

音読み ケツ
訓読み いさぎよ－い（きよ－い）
成り立ち 形声。水＋絜。欲がなくきよらか。
意味 ❶汚れがない。「簡潔・潔白・潔癖・高潔・純潔・清潔・貞潔・不潔」
▽二人は長年にわたるわだかまりを**潔く**水に流した（＝後腐れなく）。

## 冽

9画　1級

音読み レツ
訓読み きよ－い・さむ－い
成り立ち 形声。水＋列。さらさらと流れる清流。
意味 ❶きよらかな水。「清冽・怜冽」
▽谷川の**冽らか**な流れに手をひたす（＝冷たくてきれい）。

# きる・きれる

## 切・斬*（伐・剪・截）

**使い分けマニュアル**　「**切る**」はすべての場合に。「**斬る**」は刀で人をきりころす場合に。「**伐る**」は樹木をきりたおす場合に。「**剪る**」は植え木などを短くきりそろえる場合に。「**截る**」は布などを裁断する場合に。「**切れる**」「**斬れる**」「**伐れる**」「**剪れる**」「**截れる**」は「きる」に準ずる。

ばっさりと切った。（人事で無能な社員を）
ばっさりと斬った。（辻斬りが人を）
ばっさりと伐った。（大木を）
ばっさりと剪った。（大枝を）
ばっさりと截った。（袖の布地を）

| 使用漢字 | 他動詞 | 自動詞 | 可能動詞 |
|---|---|---|---|
| 切 | きる | きれる | きれる |
| 斬伐剪截 | きる | ― | きれる |

**切**　4画　9級

**音読み**　セツ・サイ
**訓読み**　き-る・き-れる
**成り立ち**　形声。刀＋七。刃物をぴたりと当ててきる。
**意味**　❶刃物できる。きれる。「切開・切除・切断・切腹・切片」

▽はさみで小包のひもを**切る**（＝切断）。
▽フランスパンを厚く**切る**（＝分割）。
▽鳥肉を薄く**切る**（＝そぐ）。
▽伸びた爪を**切る**（＝短くする）。
▽ガンは**切ら**なくても治る（＝手術する）。
▽手の**切れる**ような新札（＝傷つける）。
▽冬の北風は身を**切る**ように冷たい（→非常に）。
▽（野球）三者連続三振に**切っ**て取る（＝打ち取る）。
▽（トランプ）キングをエースで**切る**（＝切り札を使う）。
▽手紙の封を**切る**（＝開ける）。
▽マラソン選手たちは正午にスタートを**切っ**た。
▽会社の買い物は伝票を**切っ**てください。
▽スイッチ〔電気〕が**切れ**た（→電流を止める）。
▽もう電話を**切る**よ（→通話をやめる）。
▽シャッターが**切れる**（→光線を遮断する）。
▽彼は言葉を**切っ**て考えこんだ（→話をやめる）。
▽トランプを**切る**（＝混ぜる）。

▽男は目の前で札びらを**切って**みせた（＝数える）。
▽あの男とは縁を**切り**たい（↓関係を断つ）。
▽そばをざるに上げて水を**切る**（＝振るい落とす）。
▽ヨットが青い波を**切って**進む（＝かきわける）。
▽大学入試のトップを**切る**（↓初めに）。
▽正面**切って**頼まれると嫌とは言えない（↓真正面から）。
▽（野球）ボールは右に**切れて**スタンドに入った（＝曲がる）。
▽木の影が大地を斜めに**切って**いる（＝区切る）。
▽期限を**切って**資金を融資した（＝制限する）。
▽五百点満点で三百点以下は**切られる**（＝退ける）。
▽これ以上まけると原価を**切って**しまう（＝下回る）。
▽十字を**切って**神に感謝する（↓手でかたどる）。
▽社長は「私にできないことはない」と大見得を**切った**（↓威張る）。

㊫**切って**も**切れ**ない仲＝非常に関係が深い
口火を**切る**＝物事を始める
首を**切る**＝職をやめさせる
自腹を**切る**＝自分で費用を払う
しらを**切る**＝知らないと言い張る
堰を**切った**ように＝いちどきにどっと
たんかを**切る**＝威勢のいい口をきく
火蓋を**切る**＝（戦いを）開始する
幕を**切って**落とす＝物事を一斉に開始する

❷さしせまる。「哀切・一切・懇切・親切・切実・切々・切迫・切望・大切・痛切・適切」

## *斬 11画 2級

**音読み** ザン（サン）
**訓読み** き－る
**成り立ち** 会意。車＋斤。車をおのできる。
**意味** ❶刀できる。「斬刑・斬罪・斬首・斬髪」
▽江戸時代でも路上で人を**斬る**などということはめったになかった（↓刀で切り殺す）。
▽（無想正宗）この刀は**斬れる**（↓一太刀で切り殺せる）。
▽（タイトル）世相を**斬る**（＝鋭く批評する）。
▽部長は「素人はだまってろ」の一言で、係長の発言を斬って捨てた（＝退ける）。
❷きわだつ。「斬新」

## 伐 6画 3級

**音読み** バツ（ハツ）
**訓読み** （う－つ・き－る・ほこ－る）
**成り立ち** 会意。人＋戈。刃物できりひらく。

**意味** ❶うつ。殺す。「殺伐・征伐・討伐」
❷きる。きりだす。「間伐・伐採・乱伐」
▽たきぎ用に木を**伐る**（＝伐採）。
▽インドネシアの密林からラワン材を**伐り**出す。
❸てがら。「勲伐・功伐」

## 剪
11画 1級

**音読み** セン
**訓読み** き－る・つ－む・ほろ－ぼす・はさみ・はさ－む
**成り立ち** 形声。刀＋前。そろえてきる。
**意味** ❶きりそろえる。「剪紙・剪定」
▽植木の古い枝を**剪**って形を整える（＝剪定）。
▽中国の**剪り**紙細工。

## 截
14画 1級 ⇩たつ(1)・たえる(2)

**音読み** セツ
**訓読み** た－つ・き－る
**成り立ち** 会意。戈＋雀。小さくほこできる。
**意味** ❶たちきる。「截然・截断・直截・半截」
▽型紙に沿って布を**截る**（＝裁断する）。
▽この裁ちばさみは全然**截れ**ない。

# きわめる・きわまる
極・究・窮（谷）

**使い分けマニュアル** 「**極める**」は物理的に最高点に達する場合、抽象的な物の程度を高める場合に。「**究める**」は抽象的な物を高度に達成する場合に。「**窮める**」は「究める」の中で、特に程度が極端であることを強調したい場合に。

「**極まる**」は抽象的な物の程度が高まる場合に。「**窮まる**」は極限まで追い詰められる場合に。「**谷まる**」は「進退谷まる」の場合に。

高度な技を極める。（最高のものを身につける）
高度な技を究める。（最高のものを研究する）
高度な技を窮める。（誰もできないことをする）

| 使用漢字 | 他動詞 | 自動詞 |
| --- | --- | --- |
| 極究窮 | きわめる | きわまる |
| 谷 | ー | きわまる |

## 極
12画 7級 ⇩きめる・きまる

**音読み** キョク・ゴク

**訓読み** きわ－める・きわ－まる・きわ－み（き－まる・き－める）

**成り立ち** 形声。木＋亟。端から端まで張り渡した芯柱。

**意味** ❶きわみ。「究極・極限・極地・極刑・磁極・至極・電極・南極・北極・陽極・両極」

❷きわめる。「極致・極力・極論・極意・極道・極楽」

▽チョモランマの頂上を**極める**（＝到達する）。

▽豊臣秀吉は太閤となり権力の頂点を**極め**た（↓最高権力者となる）。

▽新体操の美はここに**極まっ**た（＝最高である）。

▽感**極まっ**て泣きだした（↓感動が最高になって）。

㊫口を**極めて**＝それ以上言いようがないほど

❸非常に。「極左・極小・極少・極大・極端・極度・極悪・極寒・極上・極秘・極貧」

▽その仕事は困難を**極め**た（＝非常に）。

▽平家一門は栄華を**極め**た。

▽その記録は詳細を**極め**ていた。

▽社長は多忙を**極め**ている。

▽その国の経済は混乱を**極め**ている。

▽巻末に懇切**極まる**解説がついている。

❹決定する。「極印」

†❹は漢字本来の意味ではない。

## 究

7画　8級

**音読み** キュウ（ク）

**訓読み** きわ－める（きわ－まる）

**成り立ち** 形声。穴＋九。穴の奥までさぐる。

**意味** ❶きわめる。「学究・究極・究明・研究・探究・追究・論究」

▽事件の真相を**究める**（＝わかる）。

▽外国語を**究める**のは容易ではない（＝よくできるようになる）。

▽その道を**究め**た人（↓専門家）。

## 窮

15画　準2級

**音読み** キュウ

**訓読み** きわ－める・きわ－まる

**成り立ち** 形声。穴＋躬。曲がりくねって先がつかえた穴。

**意味** ❶きわめる。「窮極・窮理・追窮・無窮」

▽科学は真理を**窮める**学問である（＝追究する）。

❷動きがとれない。「窮屈・窮状・窮鼠・窮地・窮乏・窮余・困窮」

▽平家の命運もここ壇ノ浦でついに**窮まっ**た（＝尽きる）。

## 谷　7画　9級

**音読み** コク（ロク）
**訓読み** たに（きわ－まる・や）
**成り立ち** 会意。山の間に口をあけた割れ目。
**意味** ❶たに。「峡谷・渓谷・幽谷」
❷きわまる。「進退維谷」
▽敵は追い詰められ進退**谷まっ**ている（↓進むことも退くこともできない）。

# くせ

癖（曲）

**使い分けマニュアル** 「癖」はついしてしまう動作や習慣の場合に。
「曲」は「曲者・曲事」など熟語の場合に。

## 癖　18画　3級

**音読み** ヘキ
**訓読み** くせ
**成り立ち** 形声。疒＋辟。中心から片側にずれてしこりができる病気。
**意味** ❶やまい。「肩癖・痃癖」
❷くせ。「悪癖・潔癖・習癖・性癖・盗癖」
▽父は貧乏揺すりをする**癖**がある（＝衝動的にしてしまう動作）。
▽ぼくは高校時代に喫煙の**癖**がついてしまった（＝悪い習慣）。
▽かまってもらえないと所かまわずおしっこするなんて、**癖**の悪い犬ね（＝しつけ）。
▽部長の字には独特の**癖**がある（＝普通でない特徴）。
▽先生はちょっと**癖**のある人だ（＝独特の個性）。
▽ホリーの英語は**癖**がなくてきれいだ（＝なまり）。
▽ズボンに変な**癖**がついて取れない（＝折り目）。
▽この犬は**癖**のない毛で、手入れはやさしい（↓まっすぐでさらさら）。
▽ぼくの髪は**癖**毛だ（↓縮れ毛）。
▽夏休みに怠け**癖**がついた（↓勉強しないのが普通になる）。
▽課長は酒**癖**が悪い（↓酒を飲むと必ずする行動）。
▽手〔足〕**癖**（↓つい手〔足〕でしてしまう悪い行為）。
▽寝**癖**（↓朝、髪の毛が不自然に折れ曲がること）。
(慣)**癖**になる＝悪い習慣になる。とりこになる
**癖**をつける＝折り目をつける。習慣をつける
なくて七**癖**＝癖がないと思われる人でも七つくらいはあ

るものだ

一癖も二癖もある＝一筋縄ではいかない。厄介な

## 曲

6画　8級

**音読み**　キョク

**訓読み**　ま－がる・ま－げる（かね・くせ・くま・まが）

**成り立ち**　象形。直角にまがったものさし。

**意味**　❶まがる。まげる。「婉曲・曲折・曲線・曲面・屈曲・褶曲・湾曲」

❷不正。「曲事・曲説・曲論・曲解・歪曲」

▽**曲**者（↓不審な侵入者）。

▽**曲**事（↓犯罪。刑罰）。

▽愛想がよすぎるのが**曲**者だ（＝油断がならない）。

❸こまかい。「曲尽・曲成・曲礼」

❹変化に富んでおもしろい。「曲技・曲芸・曲馬」

❺音楽のふし。「音曲・歌曲・楽曲・戯曲・曲調・曲目・作曲・序曲・新曲・全曲・難曲・編曲・謡曲・浪曲」

▽（能楽）羽衣の**曲**の節を謡い出す（＝一曲の中心部分）。

▽**曲**舞（↓中世に流行した、謡曲に合わせた舞）。

❻なかま。「部曲」

# くだる・くだす　下（降）

**使い分けマニュアル**　「**下る**」は下に行く場合に広く用いられる。「**降る**」は「天降り」など限られた場合に限る。「**下す**」は下に行かせる場合に広く用いられる。「**降す**」は退ける場合に。

道を下る。（坂道をゆっくり下に行く）。
道を降る。（急転直下、別の道へ行く）。

遣いを下す。（地方へ派遣する）。
遣いを降す。（会わないで退ける）。

| 使用漢字 | 自動詞 | 他動詞 |
|---|---|---|
| 下降 | くだる | くだす |

## 下

3画　10級　⇩おりる・おろす、さがる・さげる、もと

**音読み**　カ・ゲ

**訓読み**　した・しも・もと・さ－げる・さ－がる・くだ－る・くだ－す・くだ－さる・お－ろす・お－りる

**成り立ち** 指事。おおいの下に物がある。

**意味** ❶した。「以下・下限・下方・下流・眼下・下旬・下水・下段・上下・地下・天下・皮下・零下」
❷ほとり。「閣下・貴下・月下・県下・傘下・時下・殿下・灯下・都下・配下・府下・陛下・目下・門下」
❸身分・年齢などが低い。「下位・下院・下級・下層・下等・下手・下賤・下品・下僕・下劣・臣下・部下」
❹したへ行く。「下降・下垂・下達・却下・下血・下校・下剤・下山・下車・下野・下落・下痢・降下・沈下・低下・投下・南下・卑下・落下」
▽山〔坂〕を**下る**（＝高い所から下へ行く）。
▽サケの稚魚は川を**下**って海に入る（＝下流へ行く）。
▽時代が**下る**（＝新しくなる）。
▽京都から山陽道を西へ**下る**（＝都から地方へ行く）。
▽部隊は南へ**下**った（＝北から南へ行く）。
▽ゆうべから腹が**下**っている（＝下痢をする）。
▽姉は胃腸が弱くすぐに腹を**下す**。
▽将軍の命令が**下**った（＝公式な決定がなされる）。
▽選挙によって国民の審判が**下**った。
▽判事は死刑判決を**下した**（＝最終決定をする）。
▽事故の被害者は三十人を**下ら**ない模様だ（＝下回らない）。
▽工事の費用は二十億円を**下ら**ない。
㊭野に**下る**＝権力から離れる

# 降

10画 （5級） ⇩おりる・おろす

**音読み** コウ（ゴウ）

**訓読み** お－りる・お－ろす・ふ－る（くだ－る・くだ－す）

**成り立ち** 形声。阜＋夅。足を下に向けて丘をくだる。

**意味** ❶したへ行く。「下降・降下・降格・降車・降誕・降任・降板・降臨・昇降・乗降・沈降」
▽源氏は臣籍に**降**った皇族である（↓皇室から民間へ行く）。
❷したがう。「降参・降伏・投降」
㊭軍門に**降る**＝戦いに負ける
❸空からおちる。「降雨・降水・降雪・降霜」
㊭天**降り**＝天上から下界へ降りてくること。中央官庁から地方または民間企業などに転職すること
❹おさえこむ。「降伏・降魔」
▽わが校は緒戦で強豪を**降し**、勢いに乗った（＝負かす）。
❺のち。「以降」

# くび

## 首（頸・馘）

**使い分けマニュアル** 「**首**」はすべての場合について広く用いられる。「**頸**」は細く伸びている部分であることを強調したい場合に。「**馘**」は解雇する場合に。

首を切る。（頭部を切断する。解雇する）
頸を切る。（頸部に傷をつける）
馘を切る。（社員を解雇する）

### 首　9画　9級

**音読み** シュ

**訓読み** くび（こうべ・はじ-め・かしら・もう-す）

**成り立ち** 象形。頭髪の生えた頭部。

**意味** ❶くび。あたま。かしら。「絞首刑・首肯・頓首・馬首」

▽彼女は**首**が細くてスタイルがいい（＝頭と胴体の間の細い部分）。
▽とっくりの**首**が折れた（＝最上部より少し下の細い部分）。
▽その子は父親の**首**にかじりついていた（↓肩の後ろに手を回してぶら下がる）。
▽**首**の皮一枚で優勝戦線に踏みとどまった（↓ほんの少しのところで）。
▽**首**を吊って自殺する（↓縊死する）。
▽詰め襟の制服は**首**が苦しい（＝首回り）。
▽セーターの**首**が汚れた（＝首が当たる部分）。
▽スターの顔を一目見ようと**首**を伸ばした（＝背伸びする）。
▽敵の**首**を取る（＝頭部全体）。
▽窓から**首**を出さないでください。
▽容疑者はがっくりと**首**を垂れた（↓下を向く）。
▽この子は生まれたばかりでまだ**首**が据わっていない（↓頭部が安定していない）。
▽不思議そうに**首**をかしげた（＝顔を傾ける）。
▽その外人はどうしようもないと**首**をすくめた（＝両肩を上げる）。
▽おれの判断は絶対正しい。**首**を賭けてもいいぞ（＝命を賭けても。職責を賭けても）。
▽労働者の**首**を切る（＝解雇する）。
▽課長にさからうと**首**が危ない（↓解雇の危険性がある）。
▽彼女がとりなしてくれたので、かろうじて**首**がつなが

った（↓辞めさせられずにすむ）。

▽とうとう首根っこを捕まえたぞ（=敵の急所）。

▽麗子は順に首ったけだ（↓惚れ込んでいる）。

▽辞書と首っ引きでホームズの冒険を読んだ（↓いちいち辞書を引いて）。

▽手〔足〕首（↓手〔足〕の細くなった所）。

▽首実検（↓討ち取った敵の顔を確認する）。

(慣)鬼の首でも取ったよう=大手柄を立てたように喜ぶ様子

首が回らない=借金がたくさんある様子

首に縄をつけてでも=強引に連れてくるたとえ

首をすげかえる=組織の長を辞めさせて代わりの人にする

首を縦に振る=肯定する。承知する

首を突っ込む=物事にかかわる

首を長くして=非常に期待して待つ様子

首をひねる=不審に思って考え込む

首を横に振る=否定する。承知しない

真綿で首を絞めるよう=じわじわと苦しめて殺す〔機能停止させる〕様子

❷はじめ。「機首・首唱・首尾・船首・部首」

❸最上位。「首位・首相・首席・首都・首班・首府」

❹かしら。「元首・首魁・首長・首脳・首領・党首」

❺もうす。「自首・首服」

❻おびと。

†❻は漢字本来の意味ではない。

❼漢詩や和歌を数える語。「百人一首」

## 頸

16画　準1級

**音読み**　ケイ

**訓読み**　くび

**成り立ち**　形声。頁+巠。まっすぐな首すじ。

**意味**　❶くびすじ。「頸椎・頸聯・刎頸」

▽キリンは頸が長い（=頭と胴体の間の細い部分）。

▽ずっと上を向いていたら頸が痛くなった。

▽屋上から転落し頸の骨を折って即死した。

▽その死体には頸を絞められた跡があった。

## 馘

17画　1級

**音読み**　カク

**訓読み**　くびき-る・みみき-る

**成り立ち**　形声。首+或。敵の耳を切る。

**意味**　❶耳を切る。「馘耳・浮馘」

❷首を切る。「馘首・斬馘」

❸解雇する。「馘首」

▽おまえは今日限り**馘**だ（＝解雇する）。
†❸は漢字本来の意味ではない。

# くむ(1)・くみ　組（与）

**使い分けマニュアル**　「組む・組」は一般に広く用いられる。集まって互いに調整する意のときは「**与する**」「与しやすい」を用いることができる。

| | 使用漢字 | 動詞 | | 名詞 |
|---|---|---|---|---|
| (1) | 組 | く‐む(1) | ー | く‐み |
| (1) | 与 | ー | くみ‐する | ー |
| (2) | 酌汲斟 | く‐む(2) | ー | く‐み |

## 組　11画　9級

**音読み**　ソ

**訓読み**　く‐む・くみ（くみひも）

**成り立ち**　形声。糸＋且。糸を上へと重ねて編んだくみひも。

**意味**　❶くみひも。「組纓・組甲・組綬」
❷くみたてる。「改組・組閣・組織・組成」

▽建築現場ではまず足場を**組む**（＝三次元にからみあわせる）。
▽材木をいかだに**組ん**で川へ流す（＝二次元にからみあわせる）。
▽腕を**組ん**で考える（↓自分の腕どうしを）。
▽恋人と腕を**組ん**で歩く（↓他人の腕と）。
▽電車の中では足を**組ん**で座らないでください。
▽座敷に上がって膝を**組ん**だ（↓あぐら）。
▽色糸を**組ん**でひもを編む（↓組ひも）。
▽（相撲）がっぷり四つに**組む**（↓腕をからめて戦う）。
▽活字を拾って版を**組む**（↓組版）。
▽仕事の工程を**組む**（＝計画する）。
▽パソコンのプログラムを**組む**（＝作る）。
▽漫才コンビを**組ん**で二十年になる（＝共にする）。
▽その企業はアメリカ企業と**組ん**で開発にあたった（＝協力する）。
▽球宴後は好カードが**組ま**れている（＝編成する）。
▽新企画のチームを**組む**（＝結成する）。
▽編隊を**組ん**で飛行する。
▽学生をいくつかの**組**に分ける（＝グループ）。
㊄**組んずほぐれつ**＝腕や足をからみあわせたり、離れたりして

手を**組む**＝協力する
徒党を**組む**＝悪事の組織を作る

## 与

3画 4級 ⇩あずかる・あずける

**音読み** ヨ

**訓読み** あた-える（くみ-する・あずか-る）

**成り立ち** 象形。旧字は「與」で、二人が両手で持ち上げる。

**意味** ❶力を合わせる。「与党・与力」
▽一味に**与する**者は今すぐ出て行け（＝味方する）。
▽彼の意見に**与する**者はいない（＝賛成する）。
▽科学万能の風潮には**与し**ない。
▽相手が女性で**与し**やすいと思ったら大間違いだ（↓扱いやすい）。
❷関係する。「関与・寄与・参与」
❸あたえる。「給与・授与・賞与・贈与・投与」

# くむ(2)

酌（汲・斟）

**使い分けマニュアル** 「**酌む**」は酒を注ぐ場合、気持ちをおしはかる場合に。「**汲む**」は水などをすくい取る場合、お茶を器に注ぐ場合に。「**斟む**」は気持ちをおしはかる場合のうち、より推量の度合いが強い場合に。

流れを酌む。
（きれいな水を酒のように飲み交わす）
流れを汲む。（名門の血筋に連なる）
流れを斟む。（話のなりゆきに合わせる）

†「くむ(1)」「くむ(2)」の使い分けは167ページ参照。

## 酌

10画 準2級

**音読み** シャク

**訓読み** く-む

**成り立ち** 形声。酉＋勺。酒をくみだす。

**意味** ❶酒をくむ。「酌婦・独酌・晩酌」
▽監督が選手全員に酒を**酌ん**でまわった（＝注ぐ）。
▽同窓生たちは夜遅くまで酒を**酌み**交わした。
❷おしはかる。「酌量・斟酌」
▽姑の気持ちを**酌ん**で外出をやめた（＝推量する）。

## 汲

7画 準1級

**音読み** キュウ

**訓読み** くーむ・ひーく

**成り立ち** 形声。水＋及。つるべで水を引き上げる。

**意味** ❶水をくみあげる。「汲引・汲水」

▽ひしゃくで井戸の水を**汲む**（＝すくう）。

▽私はお茶を**汲む**ために会社に入ったんじゃありません（＝器に注ぎ入れる）。

▽源先生は源家の流れを**汲ん**でいる家柄だ（＝家系を受け継ぐ）。

▽その学者の学説はサルトルの流れを**汲む**（＝思想に連なる）。

慣 **汲めども尽きぬ**＝次々に湧いてきてなくなることがない

❷せわしい。「汲々」

## 斟

13画 1級

**音読み** シン

**訓読み** くーむ・おしはかーる・おもいやーる

**成り立ち** 形声。斗＋甚。深さや量をさぐりながらくむ。

**意味** ❶くみあげる。「献斟・斟酒」

❷おしはかる。「斟酌・斟量」

▽我々の事情も**斟ん**でもらいたい（＝同情して理解する）。

▽市長は住民の意を**斟ん**で公害対策を打ち出した（＝考慮する）。

▽チャリティー・コンサートの趣旨を**斟ん**で寄付をしてくれる人がいた（＝理解する）。

# くら　倉・蔵

**使い分けマニュアル** 「**倉**」は穀物をしまう場所に。「**蔵**」はその他の大切な物をしまう場所に。

あの家には倉がある。（農家の穀物倉庫）

あの家には蔵がある。（旧家の家宝収蔵庫）

## 倉

10画 7級

**音読み** ソウ

**訓読み** くら（にわーか）

**成り立ち** 会意。食＋口。穀物をしまう所。

**意味** ❶物を入れておく所。「営倉・穀倉・船倉・倉庫・倉米・土倉・弾倉」

▽家の裏に米をしまう**倉**がある（＝穀物倉庫）。

▽胸**倉**をつかんで投げる（→着物の襟の合わせ目）。

❷あわてる。「倉皇・倉卒」

## 蔵

15画 5級

**音読み** ゾウ（ソウ）

**訓読み** くら（かく-れる・おさ-める）

**成り立ち** 形声。旧字は「藏」で、草＋臧。草で隠し、中にしまいこむ。

**意味** ❶かくす。ひそむ。「蔵匿・腹蔵・埋蔵」

❷しまっておく。「愛蔵・塩蔵・収蔵・所蔵・蔵書・貯蔵・内蔵・秘蔵・冷蔵庫」

❸物をしまっておく所。「経蔵・土蔵・無尽蔵」

▽旧家の**蔵**の中から古文書が見つかった（＝収蔵庫）。

▽先祖代々続いた杜氏の**蔵**を守る（＝醸造所）。

▽**蔵**元から直接仕入れる。

▽酒〔味噌〕**蔵**（＝生産施設）。

▽米**蔵**（↓米など大切なものを秘匿しておく所）。

▽**蔵**ざらえ大バーゲン（↓在庫一掃）。

▽タヌキが穴**蔵**からはい出てきた（↓暗い穴）。

㊕お**蔵**入り＝荷物が蔵から出ないこと。計画が中止になること

お**蔵**にする＝発売・発表を中止してしまいこむ

**蔵**が建つ＝大きな資産を残す

❹すべてを包含する。「三蔵・蔵王・地蔵・大蔵」

# けがす・けがれる

汚（穢・瀆）

**使い分けマニュアル**

「**汚す**」は神聖・純粋なものを損なう場合に。

「**瀆す**」は神聖なものを損なう場合に。

「**汚れる**」は神聖・純粋なものが損なわれる場合に。

「**穢れる**」は禁忌とされるよごれがある場合に。

教会を汚す。（悪口を言う）

教会を瀆す。（自分が神だと言う）

汚れた手。（犯罪を犯した）

穢れた手。（手水をつかっていない）

| 使用漢字 | 他動詞 | 自動詞 |
|---|---|---|
| 汚 | けがす | けがれる |
| 穢 | ー | けがれる |
| 瀆 | けがす | ー |

## 汚

6画 4級

**音読み** オ

**訓読み** けが－す・けが－れる・けが－らわしい・よご－す・よご－れる・きたな－い

**成り立ち** 形声。水＋于。くぼんだ水たまりの濁った水。

**意味** ❶くぼんだ土地。「汚下・汚池・汚隆」

❷きたない。きたなくする。「汚辱・汚染・汚濁・汚泥・汚点・汚物・汚名・汚穢」

▽**汚れ**た過去を清算したい（＝後悔の多い）。

▽お前の手は**汚れ**ている（＝多数の犯罪にかかわっている）。

▽犯罪者は自分の経歴を**汚し**ている（＝汚点を残す）。

▽神社の聖域を**汚す**ような行為（＝よごす）。

▽彼は万引きで捕まって学校の名誉を**汚し**た。

▽子供の純真な心を**汚す**（＝悪い影響を与える）。

▽夫の裏切りによって新婚旅行の美しい思い出を**汚され**た（＝だいなしにする）。

▽**汚らわしい**手で触るな（＝ほんとうにおぞましい）。

❸不正な。「汚職」

## 穢

18画　1級

**音読み** ワイ・アイ・エ

**訓読み** あ－れる・けが－れる・わる－い・きたな－い

**成り立ち** 形声。禾＋歳。稲を刈った後のごたごたした雑草。

**意味** ❶雑草。「穢草・蕪穢」

❷けがれ。けがらわしい。「穢土・汚穢・産穢」

▽この世の**穢れ**を払って浄土へ行く（＝物質や欲）。

▽昔、産後の女性は血の**穢れ**があると言われ、神社に参拝できなかった（＝宗教的な禁忌）。

## 瀆

18画　準1級

**音読み** トク

**訓読み** みぞ・けが－す・あなど－る

**成り立ち** 形声。水＋賣。水を抜き取る通水溝。

**意味** ❶みぞ。どぶ。「汚瀆・溝瀆」

❷けがす。よごす。「瀆神・自瀆・冒瀆」

▽みだりに神の名を呼ぶ者は神を**瀆す**者とみなされる（＝冒瀆する）。

▽人妻を**瀆す**不義の関係（↔貞操を犯す）。

▽人間の尊厳を**瀆す**行為（＝失わせる）。

# こ　小・子・粉・木・黄（児・蚕）

**使い分けマニュアル**　「**小**」はちいさい場合、接頭語の場合に。「**子**」はこどもの場合、接尾語の場合に。「**粉**」はこなの場合に。「**木**」は「木の実」「木の葉」などの場合に。「**黄**」は「黄金」などの場合に。「**児**」は幼いこどもであることを強調したい場合に。「**蚕**」はカイコの場合に。

## 小

3画　10級

**音読み**　ショウ

**訓読み**　ちい-さい・こ・お（さ）

**成り立ち**　象形。棒を削ってちいさく細くそぐさま。

**意味**　❶ちいさい。細い。短い。狭い。「過小・弱小・縮小・小額・小計・小国・小銃・小心・小数・小節・小説・小腸・小脳・小品・小論・大小・中小・矮小」

▽離れ小島（→小さい島）。

▽小刀で枝を切る（→小さい刀）。

▽小舟で川を渡る（→小さい船）。

▽白い小犬が留守番をしていた（→小型犬）。

▽白雪姫と七人の小人（→小さい人）。

▽（落語）それでは小話を一席（→簡単な話）。

❷すくない。すこし。わずか。「小異・小雨・小康・小食・小雪・小便・小用」

▽ごはんは小盛りにしてください（＝少量）。

▽小人数で出かけた（→少ない人数）。

▽小手先の技（→手の先のほう。ちょっとした技）。

▽小粋な女に出会った（→ちょっと粋な感じ）。

▽今日は小春日和だ（→陰暦十月）。

▽小首をかしげて見た（→少し首を傾ける）。

▽小腰をかがめて挨拶する（→少し腰をかがめる）。

▽小鼻をふくらまして得意そうだ（→鼻の両脇）。

▽午後になると小腹がすく（→少し腹が減る）。

▽小股の切れ上がったいい女（→すらりとした体つきの粋な女）。

▽本を小脇にかかえる（→脇の下にちょっと挟む）。

▽小切手を切る（→切手に似たもの）。

▽故郷で小正月を祝う（→一月十五日）。

❸おさない。年が若い。「小学・小子・小姑・小児」

❹取るに足りない。身分が低い。「小才・小事・小市民・小人・小吏」

▽まだまだ**小**者だ（→取るに足りない者）。
▽**小**生意気なやつめ（→憎たらしい）。
▽**小**ずるい態度（→いかにもずるそうな）。
▽**小**憎らしい口をきくな（→いかにも憎らしい）。
▽**小**汚い手を使うな（→いかにも汚い）。
▽**小**ざっぱりとした身なり（→さっぱりした）。
▽**小**ぎれいな顔だち（→まあまあきれいな）。
▽この**小**倅め（→生意気な若者）。
▽典型的な**小**役人だ（→融通の利かない小心者）。
❺謙遜語。「小官・小誌・小社・小生・小著・小論」

## 子 3画 10級

**音読み** シ・ス
**訓読み** こ（み・おとこ・ね）
**成り立ち** 象形。頭の大きな小さいこども。
**意味** ❶こ。こども。「一子・王子・妻子・子音・子宮・子女・子孫・子弟・実子・弟子・母子・養子」
▽うちは**子**なしだ（＝子供）。
▽幼**子**イエス（＝幼児）。
▽竹の**子**（＝本体から生じた芽）。
▽**子**会社（→従属関係にある会社）。
㊝**子**はかすがい＝仲の悪い夫婦でも子供がいると別れない
**子**を持って知る親の恩＝自分が親になって初めて親の苦労がわかるものだ
元も**子**もない＝元金も利息も失われる。全体がだいなしになる
❷たね。み。たまご。「子房・種子・精子・胞子・卵子」
▽このサケは腹に**子**を持っている（＝卵）。
▽玉**子**（→鶏卵）。
▽**子**持ち昆布（→魚卵の付着した昆布）。
❸ちいさいもの。要素。「因子・原子・子細・素粒子・電子・分子・陽子」
▽うちのクラスにはかわいい**子**が多い（＝女子）。
▽（ペット・ショップ）きゃっ、あの**子**、かわいい！（＝小さい犬・猫）
▽まだほんのひよっ**子**だ（→取るに足りない者）。
▽売り**子**が足りない（→販売員）。
▽江戸っ**子**（→江戸で生まれ育った者）
▽売れっ**子**（→流行になっている作家や芸能人）。
❹人間の敬称。「君子・孔子・才子・朱子・荀子・女子・荘子・孫子・男子・夫子・孟子・老子」
❺十二支の第一。「子月・子午線・子夜」
▽小野妹**子**（＝古くは男性、現在は女性の名につける接尾語）。
❻接尾語。「椅子・菓子・餃子・格子・骨子・冊子・獅子・

障子・扇子・調子・拍子・帽子・様子・利子」

▽振り**子**（↓小さい振動物）

▽呼び**子**（↓小さい笛）

## 粉

10画　7級

音読み　フン

訓読み　こ・こな（デシメートル）

成り立ち　形声。米＋分。細かく砕いた米。

意味　❶こな。「花粉・魚粉・金粉・骨粉・受粉・製粉・鉄粉・澱粉・粉塵・粉乳・粉末・米粉」

▽小麦**粉**（↓小麦をひいたこな）。

▽上新**粉**（↓米をひいたこな）。

▽白玉**粉**（↓餅米をひいたこな）。

㊜**粉**をふく＝物のまわりを白い粉がびっしりとおおう
　身を**粉**にして＝自分を犠牲にして一生懸命働くさま

❷こなごなに砕く。「粉骨・粉砕」

❸おしろい。「白粉・粉飾・粉黛」

## 木

4画　10級　⇩き

音読み　ボク・モク

訓読み　き・こ

成り立ち　象形。上に葉や花がかぶさった木。

意味　❶たちき。「花木・灌木・巨木・枯木・樹木・草木・大木・低木・倒木・流木・老木」

▽**木**の葉が舞う歩道（↓枯れた木の葉）。

▽リスが**木**の実を食べている（↓熟した木の実）。

▽**木**霊（↓木に住んでいるという精霊）。

▽**木**の下闇（↓初夏に葉が生い茂ってきて木の下が暗くなること）。

❷材料としての木。「原木・香木・材木・土木・木石・銘木・木魚・木工・木材・木版・木棺・肋木」

▽**木**っ端を集めて焚き付けにする（↓木屑）。

▽**木**挽き（↓材木を鋸で挽くこと）。

㊜**木**っ端微塵＝こなごなに砕け散るさま

❸（中国思想の）五行の一つ。「木星・木曜」

❹かざらない。「木訥・木強」

## 黄

11画　9級

音読み　コウ・オウ

訓読み　き・こ

成り立ち　象形。きいろく燃える火のついた矢。

意味　❶きいろ。「硫黄・黄玉・黄金・黄疸・黄銅・黄燐・黄河・黄昏・黄砂・黄泉・黄土・黄道・黄門」

▽**黄**金色の稲穂（↓ゴールド）。

## 児 7画 7級

**音読み** ジ・ニ

**訓読み** （こ）

**成り立ち** 象形。旧字は「兒」で、頭の泉門のまだ閉じないおさなご。

**意味** ❶幼いこども。「育児・嬰児・児戯・児童・小児・胎児・乳児・幼児」

▽幼児を抱いた母親（＝幼い子供）。

▽赤児を生む（→赤ん坊）。

▽お稚児さん（→乳飲み子。神社・寺院の祭礼に出る美しい男女の児童）。

▽緑児（→生まれたばかりの赤ん坊）。

❷親に対する子。「愛児・遺児・孤児・児孫・豚児」

❸若者。「球児・健児・寵児・風雲児」

## 蚕 10画 5級

**音読み** サン

**訓読み** かいこ（こ）

**成り立ち** 会意。旧字は「蠶」で、虫＋虫＋朁。桑の葉の間にもぐりこんで食べる虫の群れ。

**意味** ❶かいこ。「蚕糸・蚕食・天蚕・農蚕・養蚕」

▽春〔秋〕蚕（→春〔秋〕にとれる蚕）。

▽毛蚕（→孵化したばかりの蚕）。

▽桑蚕（→桑を食べる虫）。

# こう　請・乞*

**使い分けマニュアル** 「請う」は何かを頼んだり許可などを求める場合に。「乞う」は激しく欲しがって要求する場合に。

技術援助を請う。（援助の依頼をする）
技術援助を乞う。（援助を懇願する）

## 請 15画 3級 ⇩うける・うかる

**音読み** セイ・シン（ショウ）

**訓読み** こ-う・う-ける

**成り立ち** 形声。言＋青。すみきった目を向けて心から応対する。

**意味** ❶心から求める。「勧請・起請・懇請・請願・申請・請求・普請・要請」

▽受付に案内を**請う**た（＝頼む）。
▽専門家に教えを**請う**必要がある。
▽先方からぜひにと会への出席を**請う**手紙が来た。
▽その国は日本に技術援助を**請う**た。
▽彼女は神の許しを**請う**た（＝祈る）。
▽ひたすら慈悲を**請う**（＝望む）。
❷まねく。「招請・聘請」

## *乞　3画　2級

**音読み**（キツ・コツ）
**訓読み**　こ-う
**成り立ち**　象形。のどを詰まらせ哀れな声を漏らして物ごいする。
**意味**　❶こいもとめる。「乞食・乞請・乞命」
▽旅の僧は一夜の宿を**乞う**た（＝懇願する）。
▽被爆者は水を**乞い**ながら死んでいった（＝渇望する）。
▽（献本）**乞**御高評（↓あなたの批評をお願いします）。
▽「その続きは?」「**乞う**御期待だよ」（↓後で話すから楽しみにしていてください）

# こおる・こおり　氷・凍

**使い分けマニュアル**　「凍る」は動詞の場合のみ、「氷」は名詞の場合のみで、これは漢字本来の用法とは異なる。

路面が凍りついた。（凍結した）
路面に氷がついた。（氷の固まりが落ちている）

| 使用漢字 | 動詞 | 名詞 |
|---|---|---|
| 氷 | — | こおり |
| 凍 | こおる | — |

## 氷　5画　8級

**音読み**　ヒョウ
**訓読み**　こおり・ひ（こお-る）
**成り立ち**　形声。旧字は「冰」で、水＋冫。水が固体になる。
**意味**　❶こおり。こおる。「結氷・樹氷・薄氷・氷河・氷解・氷結・氷山・氷柱・氷点・霧氷・流氷」

▽庭の池に**氷**が張った。
▽春になって谷川の**氷**も解けた。
▽グラスに**氷**を入れてウイスキーを注ぐ。
▽ぶつけた所を**氷**で冷やした。
▽砕氷船は硬く凍った**氷**を砕いて進む。
▽彼女は**氷**のような手をしていた（＝非常に冷たい）。
▽あいつは**氷**のように冷たい男だ。
▽彼は村人の**氷**のような視線を感じた（＝冷酷な）。
慣 **氷と炭**＝両者が極端に異なるたとえ
**氷の刃**＝冷たくとぎすまされた刃
**氷は水より出でて水よりも寒し**＝弟子が師よりもまさっているたとえ

## 凍

10画　3級　⇩しみる

**音読み** トウ

**訓読み** こお－る・こご－える（い－てる・し－みる）

**成り立ち** 形声。冫＋東。すみずみまで張り通した氷。

**意味** ❶厚く張ったこおり。こごえる。「解凍・凍結・凍死・凍傷・凍土・冷凍」
▽道路の水たまりが**凍**っている（＝氷になる）。
▽水道管が**凍**って水が出なくなった。
▽新雪の表面が一晩で**凍**った（＝固くなる）。
▽アラスカの冬は空気まで冷たく**凍**っている（＝非常に低温になる）。
慣 血〔身〕も**凍る**＝非常に恐ろしい様子

## こころ　心（情・意）

**使い分けマニュアル** 「**心**」はすべての場合について広く用いられる。「**情**」は特に感情であることを強調したい場合に。「**意**」は意味内容であることを強調したい場合に。

民話の心。（民俗文化の精神性）
民話の情。（民俗の人情）
民話の意。（その民話の真意）

## 心

4画　9級　⇩うら

**音読み** シン

**訓読み** こころ（うら）

**成り立ち** 象形。全身に血を行き渡らせる心臓。

**意味** ❶心臓。「心音・心筋・心室・心電図・心拍・心不全・心房」

❷こころ。気持ち。「安心・会心・関心・感心・苦心・決心・細心・執心・傷心・初心・心因・心外・心境・心血・心証・心情・心身・信心・心酔・心中・心痛・心配・心理・心労・童心・内心・熱心・変心・放心・本心・慢心・無心・野心・用心・良心」

▽善行の記事を読むと**心**が温まる（＝感情）。

▽その童話を読むと**心**が洗われる思いがする。

▽母は**心**のやさしい女性だ。

▽博は洋子の**心**をつかもうとした（＝愛情）。

▽彼は**心**をこめて手紙を書いた。

▽**心**ないしうち（↓思いやりがない）。

▽彼女は息子の非行に**心**を痛めている（↓心配）。

▽山頂に出ると**心**躍る光景に出会った（↓わくわく）。

▽初恋の人に再会して**心**が騒ぐ（↓どきどき）。

▽先生の温かい配慮に生徒の**心**もなごんだ。

▽**心**に響く歌声に送られて卒業した（↓感動）。

▽その幼児のけなげな姿に**心**を打たれた

▽観衆は彼女の美しい姿に**心**を奪われた（＝魅惑）。

▽近ごろの親には**心**のゆとりがない（＝精神）。

▽芸術は**心**の糧となる（＝感性）。

▽みんなが**心**を一つにして戦った（＝気持ち）。

▽子供に**心**を残しながら働きに出た（↓未練）。

▽秘密を持っているのは**心**が重い（＝気分）。

▽彼には**心**に決めたことがある（＝意志）。

▽先方の**心**を酌んで招待を受けた（＝意向）。

▽好条件をもちかけられて思わず**心**が動いた。

▽子供の行動を疑うのも親の**心**の迷いだ（＝考え）。

▽自分は無実だと**心**の中で叫んだ。

▽これからは**心**を入れ替えて真面目に働きます。

▽**心**ある人はモラルの低下を情けなく思う（＝良識）。

▽彼女は**心**の病にかかっている（＝精神）。

▽相手の**心**を見抜く（＝本心）。

▽彼は親友に悩める**心**を打ち明けた。

▽私はあいつが**心**の底から嫌いだ。

▽彼女が**心**を許しているのは兄だけだ。

▽**心**に刻んで忘れないようにしたい（＝記憶）。

▽君の意見は**心**に留めておこう

▽亡き父の姿は今も**心**に残っている。

▽茶の湯の**心**を理解する（＝精神）。

㊙慣 親の**心**子知らず＝親が子供を思っていることを子供は気がつかないものだ

顔で笑って**心**で泣いて＝表面はにこやかにしていても本心では悲しく思っている様子

**心**ここにあらず＝ほかのことを考えている様子
**心**の欲するところに従えども矩を踰えず＝自分の思うままに行っても正道を外れない
**心**を鬼にして＝わざと無慈悲な気持ちになって

❸まんなか。かなめ。「遠心力・核心・求心・重心・心髄・心棒・中心・灯心・都心・爆心地」

## 情　11画　6級

**音読み** ジョウ・セイ

**訓読み** なさ－け（こころ・おもむき）

**成り立ち** 形声。心＋青。すみきったありのままの心。

**意味** ❶こころ。「感情・激情・強情・私情・純情・情感・情操・情熱・叙情・心情・人情・熱情・表情」

▽何気ない描写にも子供への深い**情**が表れている。

❷なさけ。まごころ。「愛情・温情・情愛・情実・同情・薄情・慕情・無情・友情」

▽彼女のプレゼントには**情**がこもっている（＝愛情）。

▽彼の家庭には**情**のふれあいがない（＝温かい感情）。

▽行政はもう少し**情**の通った対応をしてほしい。

❸異性を思う気持ち。「色情・交情・春情・情死・情事・情人・情欲・煽情的・多情・発情期・欲情・劣情」

❹あじわい。「詩情・情緒・風情・余情・旅情」

▽京都の寺院で日本の**情**を学ぶ（＝精神）。

❺ありさま。「国情・事情・情景・情勢・情報・政情・陳情・敵情・内情」

## 意　13画　8級

**音読み** イ

**訓読み** （こころ・おも－う）

**成り立ち** 会意。音＋心。胸中の思いを外に出さない。

**意味** ❶こころ。考え。「悪意・意外・意見・意向・意志・意地・意識・意図・意表・意欲・決意・故意・好意・合意・殺意・辞意・失意・随意・誠意・注意・敵意・同意・得意・任意・熱意・不意・本意・用意・留意」

❷内容。わけ。「意義・意味・意訳・会意・強意・語意・極意・詩意・真意・大意・題意・文意」

▽その解釈では詩の**意**が生きない（＝内容）。

▽「野茂の荒れ球とかけて柄の取れた肥えびしゃくと解く、その**意**は」「手のつけようがない」（＝意味）

# こす・こえる

## 超・越

**使い分けマニュアル**
「**越す**」は具体物をこす場合、移転する場合に。「**超す**」は抽象的な物が基準の範囲を上回る場合に。
「**越える**」は基準や障害をじっくりとまたぎこえる場合に。「**超える**」は基準をぴょんとはるかに跳びこえる場合に。

限度を越す。（限度額をオーバーしている）
限度を超す。（やりすぎだ）
年を越える。（翌年になる）
年を超える。（老年にもかかわらず何かする）

●「こす」と「こえる」
「こす」は本来「こえる」の他動詞であったが、現在では両方とも他動詞になってしまった。「こす」はそのときある基準を突破するニュアンス、「こえる」はそれまで積み重ねてきた総量が基準を上回るというニュアンスがある。

十万人を超す人出。（軽く十万人を突破した）
十万人を超える人出。（ついに十万人以上になった）
×今度こちらに越えてきた浅田です。
↓今度こちらに越してきた浅田です。

## 超

12画　3級

**音読み**　チョウ
**訓読み**　こ－える・こ－す
**成り立ち**　形声。走＋召。曲線を描いて障害を飛びこえる。
**意味**　❶飛びこえる。「超越・超過・超克・超党派」
▽彼女は若く見えるが実は四十を**超し**ている（＝基準を突破する）。
▽初詣には十万人を**超す**人出があった。
▽縄文土器は五千年の時を**超え**て私たちの心に迫ってくる（＝超越する）。
▽人類は音速の壁は**超え**たが、光速の壁はまだ**超え**られない。
▽その銀行は融資限度額を**超し**ては貸さない。
▽私たちの試合には予想を**超す**観客が集まった。
▽気温が四十度を**超え**た（↓以上になる）。

▽その事故では七百人を**超える**死者が出た。
▽体力の限界を**超え**ている。
▽予算の枠を**超え**た出費は認められない。
❷かけはなれる。「超音波・超人・超絶・超然・超俗・超能力」
▽弟子が師を**超え**た（＝すぐれる）。
▽ワイエスのテンペラ画は写生を**超え**ている（＝はるかにすぐれている）。
▽彼は常識を**超え**た発想をする（＝独創的）。
▽世代を**超え**た人々が集まった（＝問題にしない）。
▽党派の利害を**超える**。
▽賛成・反対の立場を**超え**た実りある議論をしたい。

## 越

12画　4級

**音読み**　エツ（オチ・オツ）
**訓読み**　こ-す・こ-える（こし）
**成り立ち**　形声。走＋戉。弾力をつけてはねあがる。
**意味**　❶こす。こえる。「越境・越権・越度・越年・激越・僭越・卓越・超越・優越」
▽日が暮れないうちに山を**越し**た（→空間）。
▽天城峠を**越え**ていく。
▽老人はめがね**越し**にこちらを見た。
▽ブブカは六メートルのバーを軽々と**越え**た。
▽一行は砂漠を**越え**て旅を続けた（→平面）。
▽国境を**越える**（→線）。
▽部長は毎年ハワイで年を**越す**そうだ（→時間）。
▽年**越し**そば（→大晦日に食べるそば）。
▽彼女は都心から郊外に**越し**た（＝移転する）。
▽学会にはお**越し**になりましたか（＝行く）。
▽ぜひまたお**越し**ください（＝来る）。
▽給料は高いに**越し**たことはない（→高いほうがよい）。
▽兄を**越え**て弟が先に博士号を取った（→先行する）。
▽結婚では弟に先を**越さ**れた（→先行される）。
㊗一線を**越える**＝決定的な境界を突破する。男女が肉体関係を結ぶ
峠を**越える**＝難所を無事に通過する。病人が危篤状態を脱する
❷おちる。「隕越」
❸国名。地名。「越鳥・越南・呉越同舟」

# こたえる

## 答・応（対・堪）

**使い分けマニュアル** 「**答える**」は言葉で反応する場合に。「**応える**」は行動でもって反応する場合に。「**対える**」はぴったり合ったこたえをする場合に。「**堪える**」は外からの働きかけが被害を与えるという場合に。

いくら言っても答えない。（返事をしない）
いくら言っても応えない。（反応がない）
いくら言っても対えない。（黙ったままだ）
いくら言っても堪えない。（平気だ）

### 答 12画 9級

**音読み** トウ

**訓読み** こた-える・こた-え

**成り立ち** 会意。竹＋合。竹の器にぴたりと蓋をかぶせる。

**意味** ❶こたえる。こたえ。「応答・解答・回答・口答・誤答・贈答・答案・答申・答弁・返答・問答」

▽小学生たちは名前を呼ぶと元気よく「はい」と**答え**た（＝言葉で返事する）。

▽アンケートに**答え**てください（＝回答する）。

▽（試験）最も適当なものを選んで**答え**なさい（＝解答する）。

▽痛い所はないかと聞くと、患者はどこも痛くないと**答え**た（＝返答する）。

▽口**答え**するな（↓反抗する）。

### 応 7画 6級

**音読み** オウ

**訓読み** *こた-える（まさ-に〜べし）

**成り立ち** 形声。旧字は「應」で、心＋䧹。相手の問いを心に受け止める。

**意味** ❶うけこたえる。「一応・応援・応需・応酬・応接・応戦・応諾・応答・応募・供応・呼応・内応」

▽山びこが**応える**（＝応答する）。

▽残念ながら御要望にはお**応え**できません（＝かなえる）。

▽政府の施策は時代の要請に**応える**ことはできない。

▽選手たちは郷土の期待に**応え**た（＝報いる）。

▽政府は委員会の批判に**応え**て新しい法案を国会に提出した（＝対処する）。

▽聴衆のアンコールに**応え**て一曲演奏した（＝承知する）。

▽ファンの声援に**応え**て大きく手を振った。
❷したがう。「応急・応分・応用・順応・照応・相応・即応・対応・適応・反応」
▽手**応え**は十分にあった（＝反応）。
▽このもちは歯**応え**がある（↓適度に硬い）。
▽見**応え**のある映画（↓見て十分満足できる）。

## 対

7画　8級　⇩むかう・むかえる

**音読み**　タイ・ツイ
**訓読み**　（むーかう・そろーい・つれあい・こたーえる）
**成り立ち**　会意。旧字は「對」で、寸＋丵。二つで一組になるようそろえる。
**意味**　❶むかう。「応対・対外・対岸・対象・対置」
❷はりあう。むかいあう。「対局・対決・対抗・対峙・対称・対戦・対談・対立・対話・敵対・反対」
❸つりあう。みあう。「対応・対価・対等・対流」
❹こたえる。「対案・対応・対策・対処」
▽おれの顔を見て聞いたことに**対えろ**（＝面と向かって返事する）。
▽君の要望にぴったりと**対える**案は残念ながらない（＝対案）。
❺つきあわせる。「絶対・相対・対照・対比・対訳」
❻二つで一組になる物。「一対・対句」

## 堪

12画　準2級　⇩たえる(1)、ためる・たまる

**音読み**　カン（タン）
**訓読み**　たーえる（こらーえる・こたーえる・たまーる）
**成り立ち**　形声。土＋甚。分厚くて重みのある山。
**意味**　❶こらえる。「堪忍」
▽冬の寒さが関節に**堪える**（＝被害を受ける）。
▽重労働が老いの身には**堪え**た（＝つらい）。
▽母のきびしい言葉が胸に**堪え**た（＝じんとくる）。
▽彼は警察に補導されたのに全然**堪え**ていない（＝反省する）。
▽前半飛ばしたのが**堪え**て、ランナーは途中でペースダウンした（＝悪影響）。
▽湯上がりにビールは**堪え**られないね（↓たまらなくうまい）。
▽ピッチャーは打たれながらも何とか五回を持ち**堪え**た（↓我慢して投げる）。
❷すぐれる。「堪能・不堪」

# こと

## 事・言・異・殊

**使い分けマニュアル** 「事」は事柄の意味で、修飾語がない場合に用いることが多い。「言」は主に複合語で用いる。「異」は「異なる」「～を異にする」の場合のみ。「殊」は「殊に」の場合のみ。

### 事 8画 8級

**音読み** ジ・ズ

**訓読み** こと（つか-える）

**成り立ち** 会意。又＋史。役人が計算棒を立てて持つ。

**意味** ❶ことがら。「悪事・火事・家事・記事・議事・行事・工事・事件・事故・事項・時事・事実・事情・事前・事態・事典・事例・従事・情事・食事・人事・炊事・大事・万事・無事・返事・法事・民事・用事」

▽事は順調に運んだ（＝懸案となっていること）。

▽事のついでに部屋中を掃除した（＝本来すべきこと）。

▽事ここに至ってはもうだめだ（＝最終局面）。

▽部長は事あるごとに説教を垂れる（＝機会）。

▽事のなりゆきを説明してほしい（＝事情）。

▽事の真相を確かめろ（＝重大事件）。

▽事もあろうに人を殺してしまった（↓最悪の事態）。

▽君と事をかまえるつもりはない（＝争い）。

▽そいつは事だ（↓大変だ）。

▽もしもの事があったらどうするんだ（＝非常事態）。

▽うちの姑はいつも事あれかしと願っている（↓いざこざを望む）。

▽老人が線路に落ちたが、乗客たちが助け上げたので事なきを得た（↓事件にならない）。

▽課長は事もなげに徹夜仕事を引き受けてくれた（↓気軽に）。

▽事と次第によっては私にも考えがある（＝事情）。

㊓せいては事をし損じる＝慌てると物事は成功しない

❷しごと。「幹事・刑事・検事・事業・事務・知事・判事・理事・領事」

❸つかえる。「師事・事大」

### 言 7画 9級 ⇩いう

**音読み** ゲン・ゴン

**訓読み** い-う・こと（ことば）

**成り立ち** 会意。辛＋口。はっきり角をつけて物をいう。

**意味** ❶いう。「過言・換言・言下・言及・公言・失言・助言・宣言・断言・提言・伝言・発言・予言」
❷ことば。「一言・格言・狂言・苦言・言外・言語・言行・言質・言論・祝言・方言・無言・名言・遺言」
▽父は二**言**三**言**何か言った（＝言葉）。
▽私にも一**言**言わせてください（＝自分の意見）。
▽彼はしょっちゅう独り**言**を言っている（＝独白）。
▽姑の小**言**は聞かないことにしている（＝苦言）。
▽なに寝**言**言ってるんだ（＝非現実的な意見）。

## 異

11画　5級

**音読み** イ
**訓読み** こと（あや-しい）
**成り立ち** 会意。もう一本の手で支える。別のもの。
**意味** ❶ことなる。「異議・異義・異郷・異質・異性・異動・異邦人・異名・異論・差異・他異・変異」
▽この梨は産地が**異**なる（＝違う）。
▽（試験）次の中から本文と**異**なっている意味を選べ（＝違う部分がある）。
▽私は君とは意見を**異**にする（＝互いに相違する）。
▽その兄弟は双子だが性格をまったく**異**にしている（↓全然似ていない）。
❷普通でない。「異才・異彩・異常・異色・異端・異物・異変・異様・異例・怪異・奇異・驚異・特異」

## 殊

10画　3級

**音読み** シュ
**訓読み** こと
**成り立ち** 形声。歹＋朱。株を切るような特別の殺し方。
**意味** ❶ころす。「殊死」
❷普通と異なる。「殊勲・殊勝・殊能・特殊」
▽今年の冬は**殊**に寒さが厳しい（＝特に）。
▽彼は成績が**殊**に悪いわけではない（＝特別に）。

# こる・こらす

凝・懲

**使い分けマニュアル** 「こる」は「**凝る**」だけですむ。
「**凝らす**」は物理的・抽象的に集中させ、固まらせる場合に。「**懲らす**」はこらしめる場合に。

| 使用漢字 | 自動詞 | 他動詞 |
|---|---|---|
| 凝 | こる | こらす |
| 懲 | こりる | こらす / こらしめる |

## 凝

16画　3級

**音読み** ギョウ

**訓読み** こ－る・こ－らす（しこ－り・こご－る）

**成り立ち** 形声。冫＋疑。凍って一か所につかえ止まる。

**意味** ❶かたまる。「凝結・凝固・凝脂・凝集」

▽肩が**凝**ってるね（＝張る）。

▽温泉で**凝り**をほぐす（＝筋肉のかたまり）。

❷集中する。「凝視・凝然・凝念」

▽いま占いに**凝**っている（＝執心する）。

▽ずいぶん**凝**った作りだね（＝工夫されている）。

▽目を**凝らし**て遠くを見る（＝焦点を合わせる）。

▽息を**凝らし**て獲物を待つ（＝止める）。

▽趣向を**凝らし**たパーティー（↓いろいろな趣向を取り入れる）。

▽工夫を**凝らし**た作品（↓精一杯工夫する）。

▽意匠を**凝らす**（↓デザイン性を重視する）。

▽女王の寝室は贅を**凝らし**た造りだった（↓非常にぜいたくに造ってある）。

▽『古今集』の歌は技巧を**凝らし**ている（↓技巧的）。

## 懲

18画　準2級

**音読み** チョウ

**訓読み** こ－りる・こ－らす・こ－らしめる

**成り立ち** 形声。心＋徴。少し現れた悪事をこらしめる。

**意味** ❶こりる。こらしめる。「勧善懲悪・懲役・懲戒・懲罰」

▽普通に注意して聞かないのなら、たまにはきつく**懲ら**してやったほうがいい（＝懲らしめて）。

# こわい

怖（恐・強）

**使い分けマニュアル** 「怖い」は恐怖を表す場合に。「恐い」はその中でも特に程度が高い場合に。「強い」は物が硬い場合に。

君はなかなか怖い人間だな。（侮れない）
君はなかなか恐い人間だな。（冷酷だ）
君はなかなか強い人間だな。（タフだ）

## 怖

8画　4級

**音読み** フ

**訓読み** こわ－い（お－じける・おそ－れる）

**成り立ち** 形声。心＋布。何かに迫られておびえる。

**意味** ❶こわがる。おそれる。「畏怖・恐怖」

▽（ホラー映画）ああ、**怖かっ**た（＝ぞっとする）。

▽うちの犬は雷や花火が**怖い**（＝恐れている）。

▽ゆうべ**怖い**夢を見た（＝恐ろしい）。

▽父が怒るととても**怖かっ**た（＝厳しい）。

▽恋人が**怖い**顔をしてにらんだ（＝きつい）。

▽彼は**怖い**物見たさに事故現場をのぞいた（→好奇心で）。

▽会長が後ろ楯なら**怖い**ものなしだ（＝無敵）。

▽これ、君が独りで作ったの？　これだから素人は**怖い**（＝侮れない）。

## 恐

10画　4級　⇩おそれる・おそれ

**音読み** キョウ

**訓読み** おそ－れる・おそ－ろしい（こわ－い）

**成り立ち** 形声。心＋巩。心中に穴があいたむなしさ。

**意味** ❶おそれる。「恐慌・恐妻家・恐怖・恐竜」

▽エイズは**恐い**（＝絶対かかりたくない）。

▽飛行機はときどき落ちるから**恐い**（＝危ないと思う）。

▽いじめを傍観していた彼は急に**恐く**なって逃げ出した（＝悪い予感）。

▽彼は**恐い**もの知らずだ（＝無鉄砲）。

❷おどす。「恐嚇・恐喝・恐脅」

❸つつしむ。「恐悦・恐々謹言・恐縮」

## 強

11画　9級

**音読み** キョウ・ゴウ

**訓読み** つよ－い・つよ－まる・つよ－める・し－いる（つと－める・こわ－い・したた－か）

**成り立ち** 形声。虫＋彊。硬い甲をかぶった虫。

**意味** ❶つよい。つよめる。「頑強・強化・強固・強硬・強豪・強弱・強靭・強打・強調・強敵・強度・強風・強力・強烈・屈強・強欲・最強・補強」

❷無理にさせる。「強行・強制・強要・強引・強姦・強奪・強盗・勉強」

❸こわい。こわばる。「強直・強情」

▽このスルメ、**強い**ね（＝硬い）。

▽冷蔵庫のごはんは**強かっ**た（＝がちがち）。

▽あなた、**強い**髪をしているのね（＝ごわごわ）。

▽**強い**ひげはすぐ伸びるんだよ（＝がりがり）。

▽この浴衣はのりが**強く**てばりばりだ。

▽部長の細君は情の**強い**人だ（＝扱いにくい）。

❹四十歳の異称。「強壮」

## さ行

# さお（竿・棹）

**使い分けマニュアル**
「**竿**」は木や竹で作った棒の場合に。「**棹**」は三味線と船を操る道具の場合に。

竿を立てる。（旗を掲げる）
棹を立てる。（三味線をしまう）

## 竿

9画　準1級

**音読み**　カン
**訓読み**　さお・ふだ
**成り立ち**　形声。竹＋干。まっすぐな竹の棒。
**意味**　❶竹ざお。「竿頭・竹竿」
▽（唱歌）夕焼けこ焼けの赤とんぼ。止まっているよ、**竿**の先（＝竹や木の棒）。
▽強い風で洗濯物が**竿**ごと落ちてしまった（＝物干し竿）。
▽大物がかかって**竿**がしなった（＝釣り竿）。
▽雁が**竿**になり鉤になりして北へ渡っていく（＝長い編隊飛行）。
▽（呼び声）竹屋、**竿**竹。
▽佐々木小次郎の物干し**竿**（↓非常に長い刀）。
▽旗**竿**（↓旗を掲げるための長い棒）。
▽**竿**秤（↓目盛りを打った棒の先端におもりをつけた秤）。
▽洗濯物・大漁旗・釣り**竿**は一**竿**・二**竿**と数える（＝長い物を数える助数詞）。
㊜**竿**の先に鈴＝口数が多くて騒々しいたとえ
❷竹のふだ。「竿牘」

## 棹

12画　1級

**音読み**　タク・トウ
**訓読み**　さお・さおさ－す
**成り立ち**　形声。木＋卓。水上に抜き出す棒。
**意味**　❶さお。さおさす。「棹歌・棹卒・棹郎」
▽船頭は**棹**を操って急流を下った（＝船を操るための長い棒）。
▽情に**棹**差せば流される（↓感情のままに行動すると、どうしようもなくなる）。
▽黒板塀の奥から**棹**の音が響くと、体の芯から力が抜け

ていく（↓三味線の音）。
▽津軽三味線は太**棹**だ（＝糸を張る部分の棒）。
▽**棹**と玉（↓俗語で陰茎と睾丸）。
▽三味線・箪笥・羊羹は一**棹**・二**棹**と数える（＝長い物を数える助数詞）。
㊜流れに**棹**差す＝流れに乗る。流れにさからう

## さがす　探・捜（索）

**使い分けマニュアル**　「**探す**」は求める物がはっきりわかっていて、それをいろいろな手段で手に入れようとする場合に。「**捜す**」はなくなった物、わからない物を追い求める場合に。「**索す**」は細かい所へ分け入ってさがす場合に。

家を探す。（住む家を不動産屋で）
家を捜す。（訪問先を。なくした鍵を求めて）
家を索す。（証拠を求めて徹底的に）

### 探　11画　5級

**音読み**　タン
**訓読み**　さぐ－る・さが－す
**成り立ち**　形声。手＋罙。手を深く入れてさぐる。
**意味**　❶さぐる。さがす。「探求・探究・探検・探査・探索・探知・探偵」
▽ライオンが獲物を**探し**ている（＝求めて動き回る）。
▽駅へ行く近道はないかと**探し**た。
▽不動産屋に新居を**探し**てもらった（↓斡旋）。
▽社長は娘の婿を**探し**ている（↓募集）。
▽毎日職を**探し**て走り回っている（＝求める）。
▽留学生にアルバイトを**探し**てやる（＝見つける）。
▽スイッチを手さぐりで**探し**た（＝さぐる）。
▽「青いソックス知らない？」「いちばん上の引き出しをよく**探し**てごらんなさい」（↓場所の中を）
㊜あらを**探す**＝欠点を見つけて攻撃する
❷たずねる。「探勝・探鳥会・探訪・探歴」
▽いま下の句に適当な言葉を**探し**ているんだ（＝考える）。
▽会社を休んだ口実を**探す**。
▽校正者はゲラを見てミスを**探す**（＝発見する）。

### 捜　10画　準2級

**音読み**　ソウ

**訓読み** さが-す

**成り立ち** 形声。旧字は「搜」で、手＋叟。隅の物をほうきや手でさがす。

**意味** ❶さがしもとめる。「捜査・捜索」

▽地図をたよりに彼の家を**捜した**（＝訪ねる）。

▽家出した息子の行方を**捜す**（＝捜索する）。

▽警察はその事件の目撃者を**捜して**いる。

▽母親は迷子になったわが子を必死に**捜した**。

▽部屋中**捜した**が鍵は見つからなかった（＝場所の中を見回る）。

▽このバッグは銀座中を**捜して**手に入れたものだ。

㊐慣 鉄の草鞋をはいて**捜し**回る＝根気強く捜す

鉦や太鼓で**捜し**回る＝大勢を動員して大騒ぎしてあちこち捜す

草の根分けても**捜す**＝あらゆる手段を尽くして徹底的に捜す

血まなこになって**捜す**＝必死になって捜す

## 索

10画 準2級

**音読み** サク

**訓読み** （つな・なわ・もと-める・さが-す）

**成り立ち** 会意。朩＋糸。一筋ずつ分かれた繊維。

**意味** ❶なわ。つな。「鋼索・脊索・鉄索・連索」

❷さがしもとめる。「検索・索引・思索・詮索・捜索・探索・模索」

▽辞書でこの言葉を**索した**が、見つからなかった（＝引く）。

▽警察犬は凶器を求めて林の中を**索し**回った（＝捜索する）。

❸ばらばら。さびしい。「索然・索漠・落索」

# さかな

魚（肴）

**使い分けマニュアル**

「魚」は魚類を指す場合に広く用いられる。「肴」は酒のおかずや余興の場合に。

スーパーで魚を買う。（タイやアジを）

スーパーで肴を買う。（刺し身や生ハムを）

## 魚

11画 9級

**音読み** ギョ

**訓読み** うお・さかな

**成り立ち** 象形。尾がぴんと張ったさかな。

**意味** ❶さかな。うお。「怪魚・魚肉・魚雷・魚類・成魚・鮮魚・稚魚・人魚・木魚・幼魚・養魚場・鯉魚」

▽珊瑚礁の海では**魚**の泳いでいるのが見える。

▽カワウは池や湖の**魚**を捕る。

▽都会の川に久しぶりに**魚**が帰ってきた。

▽弟は日曜日には**魚**釣りに行く。

▽日本人は**魚**を生で食べる民族である。

▽家々から**魚**を焼く煙が立ち昇っている。

▽私は青身の**魚**を食べるとじんましんが出る。

㋕**魚**と珍客は三日おけば臭う＝鮮魚も三日おけば腐って臭うのと同様、どんなに珍しい客も長居するといやがられる

**魚**は大名の子に、餅は乞食の子に焼かせろ＝魚はあまりいじりまわさずに鷹揚に焼け。餅は焦がさないようにこまめに引っ繰り返して焼け

逃がした**魚**は大きい＝いちど手に入れた物を失うとよけいにくやしいものだ

水を得た**魚**＝魚が水中に戻されたときのように生き生きと活躍する

## 肴

8画 準1級

**音読み** コウ

**訓読み** さかな

**成り立ち** 形声。肉＋爻。料理した肉を組み合わせたおかず。

**意味** ❶おかず。「佳肴・残肴・酒肴・珍肴・美肴」

▽（飲み屋で）熱燗二本と、**肴**は適当にみつくろってよ（＝酒のおかず）。

▽酒は一滴も飲めないが、酒の**肴**は大好きである。

▽昨夜はスルメと漬物を**肴**に飲んだ。

▽新婚の西君を**肴**にして飲んだ（＝なぐさみ）。

▽人を**肴**にしやがって（＝笑い者）。

▽宴会では彼女の中国体験談がかっこうの**肴**になった（＝酒席の余興）。

# さがる・さげる

## 下・提

**使い分けマニュアル** 「**下げる**」は上から下へ物理的・抽象的に行かせる場合に広く用いられる。「**提げる**」は手でぶら下げたり、持って来たりする場合に。「さがる」は「**下がる**」のみ。

バスケットを下げる。
(ショベルカーの運搬部分の位置を下にする)
バスケットを提げる。
(かごを手に持つ)

| 使用漢字 | 自動詞 | 他動詞 |
|---|---|---|
| 下 | さがる | さげる |
| 提 | ー | さげる |

## 下

3画 10級 ⇩おりる・おろす、くだる・くだす、もと

**音読み** カ・ゲ

**訓読み** した・しも・もと・さ-げる・さ-がる・くだ-る・くだ-す・くだ-さる・お-ろす・お-りる

**成り立ち** 指事。おおいの下に物がある。

**意味** ❶した。「以下・下限・下方・下流・眼下・下旬・下水・下段・上下・地下・天下・皮下・零下」
❷ほとり。「閣下・貴下・月下・県下・傘下・時下・樹下・灯下・都下・配下・府下・陛下・目下・門下」
❸身分・年齢などが低い。「下位・下院・下級・下層・下等・下手・下賤・下品・下僕・下劣・臣下・部下」
❹したへ行く。「下降・下垂・下達・却下・下血・下校・下剤・下山・下車・下野・下落・下痢・降下・沈下・低下・投下・南下・卑下・落下」

▽(写真撮影)右肩を少し**下げ**てください(=下に傾ける)。
▽飛行機は空港に近づくと機首を**下げ**た。
▽日よけを**下げる**(=おろす)。
▽祖父は目尻が**下がっ**ている(=下に向いている)。
▽祖母は孫にあまえられて目尻を**下げ**た(↓上機嫌で笑う)。
▽彼は父を見ると頭を**下げ**た(=おじぎする)。
▽軒からつららが**下がっ**ている(=下に向かって伸びている)。
▽のれんを**下げる**(=上から吊るす)。
▽将軍は胸に勲章を**下げ**ていた。
▽無礼者、**下がれ**(=出ていく)。
▽(レストランで)お**下げ**してもよろしいですか(=相手の食卓から向こうへやる)。
▽仏壇のお菓子を**下げ**て食べた(↓仏前から外す)。
▽車をもう少し**下げ**てください(=後退させる)。
▽行の初めは一字**下げ**て書きなさい。
▽ようやく熱が**下がっ**た(=低くなる)。
▽部屋の湿度をあまり**下げ**ないほうがいい。
▽物価は**下がら**ない(=安くなる)。
▽ラジオのボリュームを**下げる**(=小さくする)。

▽疑問詞のついた疑問文は文末を**下げ**て読む。
▽その選手は階級を一つ**下げ**て優勝した。
▽受験校のレベルを**下げる**。
▽生活水準を**下げる**（＝悪くする）。
▽課長はミスで地位を**下げ**られた。
㊖上げたり**下げ**たり＝ほめたりけなしたり
頭が**下がる**＝感心だ
男を**下げる**＝男性としての評判を悪くする
話を**下げる**＝話を下品にする
人に頭を**下げる**＝へつらう。わびる
溜飲が**下がる**＝すっとする

## 提

12画　6級

**音読み**　テイ（ダイ・チョウ）
**訓読み**　さ-げる（ひっさ-げる・ひさげ）
**成り立ち**　形声。手＋是。まっすぐにひっぱる。
**意味**　❶手に持ってぶらさげる。「提灯・提琴」
▽肩からバッグを**提げる**（＝ぶらさげる）。
▽彼女は買い物かごを**提げ**ていた（＝手に持つ）。
▽住民は手に手にバケツを**提げ**て給水車のまわりに集まった（＝たずさえる）。
▽娘の恋人が菓子折りを**提げ**てあいさつに来た。
㊖手鍋**提げ**ても＝（好きな男といっしょになれるなら女中をおかずに）自分で炊事をする貧しい境遇になってもかまわない
❷さしだす。「前提・提案・提供・提示・提出・提唱」
❸手をつなぐ。「提携・提挈」
❹ひきつれる。「提督」
❺だく。「孩提」

# さき　先・崎（前）

**使い分けマニュアル**　「**先**」はすべての場合について広く用いられる。「**崎**」は岬の固有名詞の場合に。「**前**」は「すぐ前の」という意の場合に。

## 先

6画　10級

**音読み**　セン
**訓読み**　さき（ま-ず）
**成り立ち**　会意。人＋足＋一。前に進み出る足のさき。
**意味**　❶空間的に前。「先駆・先端・先頭・先方」
▽鉛筆の**先**をとがらせる（＝先端）。

▽会社はあの銀行の**先**です（＝向こう）。
▽霧が深くて一メートル**先**も見えない（＝前方）。
▽砂丘がずっと**先**まで広がっている（＝進行方向）。
▽オオカミは**先**回りして獲物を待ち伏せする。
▽弟は行った**先々**で問題を起こす（＝到達場所）。
▽息子は行き**先**も告げずに出ていった。
▽これは勤め**先**の電話番号です。
▽相手**先**の名前をきいておいてくれ（↓相手）。
▽（見合い）**先**様はなんておっしゃってるの？
慣頭のてっぺんから足の**先**まで＝全身隙間なく完全に
一寸**先**は闇＝ほんの少し将来のことでも予測はまったくできない
鼻の**先**で笑う＝相手をあざけって笑う
針の**先**で突いたほどの〜＝非常に小さい〜
人をあごの**先**で使う＝こきつかう
目と鼻の**先**＝すぐ近くにある様子

❷時間的に前。「機先・先客・先決・先行・先攻・先日・先生・先制・先祖・先着・先哲・先年・先発・先般・先約・先例・優先」
▽母はいつも父より**先**に起きる（＝前）。
▽「風呂がわいたよ」「どうぞお**先**に」
▽で、その**先**はどうなったの（＝続き）。
▽これから**先**どうやって生きていこうか（＝将来）。
▽この年になると**先**の楽しみなど何もない。
▽四年**先**にはオリンピックがある（＝あと）。
▽娘の結婚などまだ**先**の話だ（＝遠い未来）。
▽一行より一足**先**に出発する（↓早く）。
▽食料を受け取るのは子供が**先**だ（＝優先）。
▽親は何より**先**に子供の幸福を考える。
▽代金は**先**に払っておきます（↓前払い）。
▽彼はいつも課長に言われない**先**に動く（＝言われる前に）。
慣後にも**先**にも＝これより将来にも過去にも
口から**先**に生まれる＝非常におしゃべりである
後悔**先**に立たず＝行為した後で後悔しても間に合わない
転ばぬ**先**の杖＝転ばないように前もって杖をつけば安全である
**先**が思いやられる＝将来に悪い結果が予想される
**先**が見えている＝将来の見通しが立つようになる。限界が感じられる。将来を見通せる能力がある
**先**が短い＝人生の残りが少ない
**先**を争う＝自分が先になるようにする
**先**を急ぐ＝後に用事があって時間がない
**先**を越される＝先行される

**先**を読む＝結末や将来を予測する
我**先**に＝自分がいちばん初めになるように
†漢字の「先」は過去の意だが、日本語の「さき」は過去も未来も表す。
❸一つ前の物。「先月・先刻・先妻・先週・先代」
▽**先**に述べたように（＝前に）。
❹さきがけとなる。「先見・先達・先輩・率先」

## 崎

11画　準2級

**音読み**　（キ）
**訓読み**　さき
**成り立ち**　形声。山＋奇。いびつに突出した山。
**意味**　❶けわしい。「崎嶇」
▽野島〔観音〕**崎**。

## 前

9画　9級

**音読み**　ゼン（セン）
**訓読み**　まえ（さき）
**成り立ち**　形声。刀＋歬。足をそろえて半歩ずつ進む。
**意味**　❶空間的なまえ。「眼前・神前・前衛・前傾・前後・前進・前線・前途・前部・前方・前面・前列・風前・墓前・面前・門前・霊前」
❷時間的なまえ。「空前・寸前・生前・戦前・前科・前期・前述・前身・前世・前例・前歴・直前・没前」
❸順序がまえ。「前記・前座・前菜・前段・前提・前半・前編・前略・同前」
▽その寺は**前**の地震で倒壊した（↓この前の）。
▽**前**の大戦中に日本軍が残した毒ガス兵器。
▽**前**関白太政大臣（＝すぐ前にやめた）。
❹まえもってする。「前借・前兆・前納」

# さく・さける

裂・割

**使い分けマニュアル**

「**裂く**」は具体物を刃物や手で切り分ける場合に。「**割く**」は一部を分け与える場合に。「**裂ける**」は具体物が縦方向に分けられる場合に。「**割ける**」は一部分を分けられる場合に。

ページを裂く。（びりびりに破る）
ページを割く。（使う）

| 使用漢字 | 他動詞 | 自動詞 | 可能動詞 |
|---|---|---|---|
| 裂 | さく | さける | さける |
| 割 | さく | ― | さける |

## 裂 12画 3級

**音読み** レツ

**訓読み** さ-く・さ-ける（きれ）

**成り立ち** 形声。衣＋列。衣を切りさく。

**意味** ❶さく。さける。「亀裂・決裂・炸裂・破裂・分裂・裂傷・裂帛」

▽紙を**裂いて**こよりを作る（＝手で細長く切る）。

▽チーズを細かく**裂いて**サラダにかける。

▽彼女はぼくの手紙をずたずたに**裂いた**。

▽サメの腹を**裂く**と大きなカメが出てきた（＝切る）。

▽あんまり笑うと腹の傷口が**裂け**そうだ（＝破れる）。

▽大陸の近くに地球の**裂け**目が連なっている（↓海溝）。

▽**裂き**イカ。

▽彼女は両親に恋人との仲を**裂かれ**た（＝無理やり切り離す）。

▽母は胸を**裂かれ**る思いで子供を手放した。

▽オオカミは口が耳まで**裂け**ている（＝大きく割れる）。

▽鋭い気合にその場の空気が二つに**裂け**た（↓気合の響きがあたりを支配する）。

㊧絹を**裂く**ような悲鳴＝（女性の）非常に鋭い悲鳴

口が**裂け**ても＝絶対に言えないたとえ

生木を**裂く**＝相思相愛の男女を無理に別れさせる

## 割 12画 5級 ⇩わる・われる

**音読み** カツ

**訓読み** わ-る・わ-り・わ-れる・さ-く（は-やす）

**成り立ち** 形声。刀＋害。刀で二つに切り分ける。

**意味** ❶わる。わける。「割愛・割拠・割賦・割腹・割烹・断割・等割・分割・卵割」

▽鳥を**割いて**調理する（＝まとまっている物を解体する）。

▽第二次大戦後、いくつかの国はいまだに領土を**割かれ**たままになっている（＝分割）。

▽紙面を半ページ**割いて**特集を組む（＝使う）。

▽この教科書では戦後処理に一章を**割いて**いる。

▽課長は人手を**割いて**自分の仕事を手伝わせた。

▽悪いが、これ以上時間を**割け**ないね（＝分け与えることができる）。

▽祖父は小遣いを**割いて**孫にお菓子を買ってやった。

▽食糧難の時代、多くの親が自分の食べ物を**割いて**子供に与えた（＝分け与える）。

# ささげる（捧・献）

**使い分けマニュアル** 「**捧げる**」は上に向けて持つ場合、抽象物を神仏などに供える場合に。「**献げる**」は具体物を神仏などに供えたり、丁重に差し出したりする場合に。

一身を捧げる。（一生かけて何かをする）
一身を献げる。（自分自身をいけにえとする）

## 捧

11画 準1級

**音読み** ホウ

**訓読み** ささ－げる・かか－える

**成り立ち** 形声。手＋奉。両手を挙げて上に物をのせる。

**意味** ❶ささげる。「捧持・捧日・捧心・捧呈」

▽卒業証書を**捧げ**持って壇を降りた（＝両手で頭の上に掲げて持つ）

▽（号令）**捧げ**、銃（↓銃を胸の前で上を向けて持つ）。

▽旗手は日の丸を胸の前に**捧げ**て堂々と行進した。

▽賛美歌は神に**捧げる**歌である（＝差し上げる）。

▽（歌のタイトル）君に**捧ぐ**。

▽尼僧が一心に祈りを**捧げ**ていた。

▽一同は犠牲者を悼んで一分間の黙祷を**捧げ**た。

▽小著を亡き妻に**捧げる**。

▽多くの青年たちが国のために命を**捧げ**た（＝相手のために自分の物を使い尽くす）。

▽博士は研究に一生を**捧げ**た。

▽あの人に身も心も**捧げ**ています。

## 献

13画 準2級

**音読み** ケン・コン

**訓読み** （たてまつ－る・まつ－る・ささ－げる）

**成り立ち** 形声。旧字は「獻」で、犬＋鬳。犬の肉を器に入れて差し上げる。

**意味** ❶たてまつる。ささげる。「献花・献金・献血・献詞・献上・献身・献呈・献本・貢献・奉献」

▽神前に玉串を**献げる**（＝供える）。

▽いけにえを**献げ**て神に祈った（＝差し出す）。

▽空港に降りた大統領に少女が花束を**献げ**た（＝丁重に渡す）。

▽部族長は皇帝にみつぎものを**献げ**た。

❷酒をすすめる。「一献・九献・献酬・献杯」
❸かしこい人。「文献」

## さす　指・差・挿・刺（注・点・射・鎖）

**使い分けマニュアル** 「**指す**」は具体物を示す場合に。「**挿す**」は物の間にはさむ場合に。「**刺す**」はとがった物で傷つける場合に。「**差す**」はそれ以外の場合について広く用いられる。「**注す**」は水や油をそそぐ場合に、「**点す**」は滴下する場合に、「**射す**」は光や色が現れる場合に、「**鎖す**」は扉を閉ざす場合に用いることもできるが、「**差す**」で代用できる。

傘で指す。（他の物や場所を示す）
傘を挿す。（傘立ての他の傘の間に入れる）
傘で刺す。（突き刺して傷つける）
傘を差す。（空に向けて広げる）

## 指　9画　8級

**音読み** シ
**訓読み** ゆび・さ-す
**成り立ち** 形声。手＋旨。まっすぐ伸びて物をさすゆび。
**意味** ❶手のゆび。「屈指・指圧・指紋・食指」
❷ゆびさす。「指揮・指向・指示・指針・指定・指摘・指導・指南・指名・指令・目指」
▽磁石の針が北を**指して**いる（＝方向を示す）。
▽ツバメは南国を**指して**飛び去った。
▽時計は十二時を**指して**いた（＝対象を示す）。
▽娘は「駅はあの銀行の裏です」と右手を**指した**。
▽明るい未来を**指して**進む（＝目的とする）。
▽将棋を**指す**（＝対象の方向に進ませる）。
▽今日英語の授業で**指された**（＝指名する）。
▽ x は未知数を**指す**（＝意味する）。
▽このitは何を**指して**いますか（→指示語）。
▽彼の批判は暗に部長を**指して**いた（＝暗示）。
㊎後ろ指を**指される**＝他人に悪く言われる
❸意向。「指帰・指趣」

## 差　10画　7級

**音読み** サ（シ）
**訓読み** さ-す（たが-う・つか-わす）
**成り立ち** 会意。羊＋左。長短ふぞろいなこと。

**意味** ❶食い違い。ふぞろい「交差・差異」
❷へだたり。「格差・僅差・誤差・差額・時差・大差・段差・点差・落差」
❸えらぶ。「差配・差別」
❹つかわす。「差役・差遣・選差」
❺さしこむ。
▽潮が**差し**てきた（＝満ちる）。
▽私の部屋は西日が**差す**（＝当たる）。
▽祖母から後光が**差し**て見えた（＝光を発する）。
▽少女の顔に血の気が**差した**（＝現れる）。
▽傘を**差し**なさい（＝かざす）。
▽白鵬は左を**差し**て攻めた（＝相手の腕と胴の間に入れる）。
▽腰に刀を**差す**（＝挟む）。
▽状**差し**に手紙を**差す**。
㊅嫌気が**差す**＝つくづくいやになる
　気が**差す**＝遠慮される。良心がとがめる
　**差しつ差されつ**＝互いに酒を酌み交わす
　**差す手引く手**＝前に手を伸ばしたり引いたり
　流れに棹**差す**＝流れに乗る。流れにさからう
　魔が**差す**＝無意識に悪い考えが浮かぶ
　†❺は漢字本来の意味ではない。

## 挿

10画　準2級　⇩はさむ・はさみ

**音読み** ソウ
**訓読み** さ-す（はさ-む・さしはさ-む・す-げる）
**成り立ち** 形声。旧字は「插」で、手＋臿。臼の中にきねをさしこむ。
**意味** ❶さしはさむ。「挿花・挿架・挿入・挿話」
▽バラを花瓶に**挿す**（＝口に入れる）。
▽髪にかんざしを**挿す**（＝隙間に入り込ませる）。
▽アジサイの若い芽を**挿し**て増やす（↓挿し木）。
▽雑誌に**挿し**絵をかく（↓補助的な絵）。

## 刺

8画　4級

**音読み** シ（セキ）
**訓読み** さ-す・さ-さる（とげ・そし-る・なふだ）
**成り立ち** 形声。刀＋朿。刃物でさす。
**意味** ❶つきさす。「刺客・刺激・刺殺・刺繍・刺傷・刺青・穿刺」
▽バラのとげで指を**刺した**（＝傷つける）。
▽標本に虫ピンを**刺し**て留める（＝裏まで貫く）。
▽団子を串に**刺す**（＝刺し通す）。
▽火が通っているかハンバーグに竹串を**刺し**てみた。

▽彼女は余りぎれで**刺し**子を**刺した**（＝縫う）。
▽手負いのシカにとどめを**刺す**（→殺す）。
▽委員長は暴漢に**刺された**（＝刃物で傷を負わせる）。
▽蚊に**刺された**（＝かむ）。
▽ミツバチは**刺す**と死ぬ（＝針で突く）。
▽塩素の臭いがつんと鼻を**刺した**（＝強く刺激する）。
▽肌を**刺す**ような寒さだった。
▽彼女の言葉が胸を**刺した**（＝ショックを与える）。
▽（野球）牽制でランナーを**刺す**（＝アウトにする）。
㊎釘を**刺す**＝相手の態度や気持ちが変わらないように念を押す
とどめを**刺す**＝再起不能なまでにやっつける
❷なじる。「刺譏・風刺」
❸なふだ。「名刺・門刺」
❹とげ。「刺毛・有刺鉄線」
❺さぐる。「刺史」

## 注　8画　8級　⇩そそぐ、つぐ・つぎ

**音読み** チュウ
**訓読み** そそ-ぐ（つ-ぐ・さ-す）
**成り立ち** 形声。水＋主。水をじっと立つようにそそぐ。
**意味** ❶そそぐ。「注射・注入・注連・流注」
▽杯を**注す**（＝酒をつぐ）。
▽機械に油を**注す**（＝注入する）。
▽お湯を**注して**味噌汁を薄める（＝そそぐ）。
▽豆を煮るときは途中で水を**注す**とよい（＝足す）。
㊎水を**注す**＝盛り上がっている状態を白けさせる。興奮を冷まさせる
❷一点に集める。「傾注・注意・注視・注目」
❸あつらえる。「外注・注進・注文・特注・発注」
❹詳しく説明する。「脚注・注記・注釈・補注・訳注」

## 点　9画　9級　⇩たつ(2)・たてる、つく(1)・つける(1)

**音読み** テン
**訓読み** （とぼ-る・とも-る・つ-ける・た-てる）
**成り立ち** 形声。旧字は「點」で、黒＋占。黒く小さいしるし。
**意味** ❶てん。しるし。「観点・起点・拠点・欠点・原点・交点・視点・時点・終点・重点・濁点・地点・点在・点字・点線・難点・盲点・要点・利点・論点」
❷批評する。「合点・減点・採点・失点・次点・点数・同点・得点・満点・零点」
❸つける。「点火・点眼・点検・点呼・点灯・点滅」
▽頬に紅を**点す**（＝色をつける）。

▽目薬を**点す**（＝滴下する）。

## 射 10画 5級

**音読み** シャ（セキ・ヤ）

**訓読み** い－る（う－つ・あ－てる・さ－す）

**成り立ち** 会意。身＋寸。弓矢を放って緊張を解く。

**意味** ❶弓矢を放つ。「騎射・射芸・射術」

❷うつ。「射撃・射殺・射程・射的・発射・乱射」

❸勢いよく出す。「射影・射出・射精・照射・注射・直射・投射・反射・噴射・放射」

▽雲の間から日が**射して**きた（＝入ってくる）。

㊎うわさをすれば影が**射す**＝うわさをすると、その人がすぐ姿を現す

❹ねらう。「射幸心・射策・射利」

## 鎖 18画 4級

**音読み** サ

**訓読み** くさり（とざ－す・さ－す）

**成り立ち** 形声。金＋𧴪。小さい金属を連ねたくさり。

**意味** ❶くさり。「金鎖・長鎖・鉄鎖」

❷つなぐ。「鎖骨・連鎖」

❸とざす。「鎖国・封鎖・閉鎖」

▽門の戸を**鎖す**（＝とざす）。

▽表門にかんぬきを**鎖して**閉じた。

# さとる・さとす

悟・諭（覚）

**使い分けマニュアル** 「**悟る**」は深く理解する場合、迷いを去って真理を得る場合に。「**覚る**」は気づく場合に。

「さとす」は「**諭す**」のみ。

真理を**悟る**。（深く理解する）

真理を**覚る**。（はっと気づく）

| 使用漢字 | 自動詞 | 他動詞 |
|---|---|---|
| 悟覚 | さと－る | － |
| 諭 | － | さと－す |

## 悟 10画 3級

**音読み** ゴ

**訓読み** さと－る

**成り立ち** 形声。心＋吾。神経が交差して気づく。

**意味** ❶さとる。「悔悟・覚悟・悟空・悟性・大悟」

▽言外の意味を**悟る**（＝気づく）。
▽社長は事の重大性を**悟って**いない。
▽己の運命〔限界〕を**悟った**（＝知る）。
▽宮本武蔵は剣の極意を**悟った**（＝深く理解する）。
▽その犬はうちの犬にとてもかなわないと**悟った**らしく、さっさと逃げていった（＝身にしみて思う）。
▽釈迦は菩提樹の下で**悟った**（＝迷いを去って真理を得る）。
▽ずいぶん**悟った**ような口をきくじゃないか（＝覚悟が決まっている）。
▽祖父は百を超えて**悟り**の境地に到ったようだ（＝世俗を超越した）。
❷かしこい。「英悟・明悟」

### 諭
16画　準2級

**音読み**　ユ
**訓読み**　さと－す
**成り立ち**　形声。言＋兪。疑念やしこりをえぐりとる。
**意味**　❶さとす。「教諭・説諭・風諭・諭旨」
▽家業を助けるために大学を諦めようとしたら、母に懇々と**諭された**（＝言い聞かせる）。
▽先生は弟子を不心得を教え**諭した**（＝わかるように指導する）。

### 覚
12画　7級　⇩さめる・さます

**音読み**　カク
**訓読み**　おぼ－える・さ－ます・さ－める（さと－る・さと－り）
**成り立ち**　形声。旧字は「覺」で、見＋學。見聞が一点にまとまってさとる。
**意味**　❶気づく。「感覚・嗅覚・幻覚・錯覚・視覚・自覚・触覚・知覚・痛覚・発覚・不覚・味覚」
▽相手に**覚られ**ないようにそっと近づいた（＝気づく）。
▽その男にだまされたと**覚った**ときは、すでに金を取られた後だった。
❷深く知る。「円覚・覚悟・才覚・先覚者」
▽母はすでに死期を**覚って**いた（＝知る）。
❸さます。さめる。「覚寤・覚寝・覚醒」

## さばく・さばける
**裁**（捌）

**使い分けマニュアル**　「**裁く**」は裁判など法律で理非を決める場合に。「**捌く**」は手などで具体的に処理する場合に。

「**裁ける**」「**捌ける**」は「さばく」に準ずる。

人を裁く。(有罪か無罪かを決める)

人を捌く。(適材適所に振り分ける)

| 使用漢字 | 他動詞 | 自動詞 | 可能動詞 |
|---|---|---|---|
| 裁 | さばく | ー | さばける |
| 捌 | さばく | さばける | さばける |

## 裁

12画 (5級) ⇩たつ(1)・たえる(2)

**音読み** サイ

**訓読み** た-つ・さば-く

**成り立ち** 形声。衣+𢦏。布をたちきる。

**意味** ❶布をたつ。「裁断・裁縫・洋裁・和裁」❷処置する。「決裁・裁決・裁定・裁判・裁量・制裁・総裁・仲裁・独裁」

▽代官は農民の水争いを**裁い**た(=仲裁する)。

▽町人のいざこざは町名主が**裁い**た(=決着をつける)。

▽外交官は外国の法律では**裁け**ない(=裁判によって正邪を決める)。

▽人を**裁く**者は清廉潔白であるべきだ。

▽人々は大岡越前の**裁き**を待った(=判決)。

❸裁判所。「家裁・高裁・最高裁・地裁」❹型。「体裁」

## 捌

10画 (準1級)

**音読み** ハチ・ハツ・ベツ

**訓読み** さば-く・さば-ける・は-ける・は-かす

**成り立ち** 形声。手+別。手で分ける。

**意味** ❶わける。「捌格」

▽紙を**捌い**てからコピー機にセットする(=ばらばらにほぐす)。

▽(茶道)袱紗を**捌く**。

▽(相撲)下がりを**捌い**て仕切る(=二つに分ける)。

▽最近の若い人は鳥や魚を**捌け**ない(=解体する)。

▽その時代劇俳優は着物の裾をうまく**捌く**(=扱う)。

▽信号機の故障した交差点に巡査が立って、渋滞を**捌い**た(=処理する)。

▽部長は未決書類の山を次々に**捌い**ていく(=片づける)。

▽注文が殺到してとても**捌き**切れない。

▽コンサートの券を**捌く**(=在庫を売り尽くす)。

▽暖冬で冬物が全然**捌け**ない。

▽隣の奥さんは**捌け**た人だ(=世慣れている)。

▽兄は原宿の露店でブランド物を売り**捌い**た(=手広く

大量に売る）。
▽武豊の手綱**捌き**は見事だ（＝扱い方）。
㊞手綱を**捌く**＝たくみに操る
❷数の八。

# さびしい　寂（淋）

**使い分けマニュアル**　「**寂しい**」は孤独を感じる場合、人が少ない場合に。「**淋しい**」はより感傷的になっている場合に。

木々の葉が散り果てた寂しい庭。
（人生の無常を感じる）
木々の葉が散り果てた淋しい庭。
（無性に人恋しい）

## 寂

11画　4級

**音読み**　ジャク・セキ
**訓読み**　さび・さびーしい・さびーれる（しずーか・さーびる）

**成り立ち**　形声。宀＋叔。家の中の人声が細く小さくなる。
**意味**　❶さびしくしずか。「閑寂・静寂・寂寞・寂寥」
▽異国で**寂しい**生活を送る（＝ひっそりしている）。
▽一人暮らしは**寂しい**よ（＝わびしい）。
▽花嫁の父はどことなく**寂し**そうな様子だった。
▽「うちは子供がいないもので」「まあ、それはお**寂し**いことですね」（＝張り合いがない）
▽ガンを宣告された夫は「心配するな」と**寂しく**笑った（＝理解されずに孤独を感じる）。
▽そんな**寂し**そうな顔するなよ（＝悲しい）。
▽すごすごと帰る男の後ろ姿は**寂しげ**だった。
▽木々の葉が散り果てた**寂しい**庭にたたずむ（＝人生の無常を感じる）。
▽門前の木を切ったら玄関が**寂しく**なった（＝味気ない）。
▽峠を越えると**寂しい**山道になる（＝人気が少ない）。
▽こんな**寂しい**所を女の子が一人で歩くのは危ない。
❷涅槃の境地。死ぬこと。「空寂・寂静・寂滅・入寂」

## 淋

11画　準1級

**音読み**　リン
**訓読み**　そそーぐ・したたーる・さびーしい・りんびょう

**成り立ち** 形声。水＋林。絶えまなく汁がしたたる。

**意味** ❶水がしたたる。「墨痕淋漓・淋雨・淋浪」

❷性病の一つ。「淋菌・淋疾・淋病」

❸さびしい。

▽妻に死なれて**淋しい**（＝孤独を感じる）。

▽君がいないと**淋しく**てたまらない（＝人恋しい）。

▽電話かけてあげなさいよ。今ごろ、彼女**淋しい**思いをしているに違いないわ（＝心細い）。

▽うちの犬は**淋しがり**屋だ（→人間を恋しがる）。

†❸は漢字本来の意味ではない。

# さめる・さます

**覚・冷（醒*・褪）**

**使い分けマニュアル** 「**覚める**」は眠り・夢・酔いなどから意識がはっきり戻る場合に。「**冷める**」は物理的・比喩的に熱が下がる場合に。「**醒める**」は酔いや迷いなどから意識がはっきり戻る場合に。「**褪める**」は色があせる場合に。

「**覚ます**」「**冷ます**」「**醒ます**」は「さめる」に準ずる。

彼女の恋は覚めている。（理知的である）
彼女の恋は冷めている。（もう愛していない）
彼女の恋は醒めている。（もう素面である）
彼女の恋は褪めている。（輝いていない）

おれが覚ましてやろう。（ぶんなぐって）
おれが冷ましてやろう。（息を吹きかけて）
おれが醒ましてやろう。（水をぶっかけて）

| 使用漢字 | 自動詞 | 他動詞 |
|---|---|---|
| 覚冷醒 | さめる | さます |
| 褪 | さめる | ー |

## 覚

12画 （7級） ⇩さとる・さとす

**音読み** カク

**訓読み** おぼーえる・さーます・さーめる（さとーる・さとーり）

**成り立ち** 形声。旧字は「覺」で、見＋學。見聞が一点にまとまってさとる。

**意味** ❶気づく。「感覚・嗅覚・幻覚・錯覚・視覚・自覚・触覚・知覚・痛覚・発覚・不覚・味覚」

❷深く知る。「円覚・覚悟・才覚・先覚者」

❸さます。さめる。「覚寤・覚寝・覚醒」

▽毎朝小鳥の声で目が**覚める**（＝起きる）。
▽昼寝から**覚め**たらもう四時だった。
▽病人は目を**覚まし**ていた（＝覚醒している）。
▽おい、もう酔いは**覚め**たか（＝正常な感覚を取り戻す）。
▽もうすぐ麻酔が**覚め**ます（＝切れる）。
▽母の意見を聞いて迷いから**覚め**た（＝冷静になる）。
▽ドライブ中はガムをかんで眠気を**覚ます**（↓眠らないようにする）。
▽涼しい風に吹かれて酔いを**覚まし**た。
㊜寝ても**覚め**ても＝どんな時でも
目が**覚める**〔目を**覚ます**〕＝正常な判断力を取り戻す

## 冷 7画 7級

**音読み** レイ
**訓読み** つめ-たい・ひ-える・ひ-や・ひ-やす・ひ-やかす・さ-める・さ-ます
**成り立ち** 形声。冫+令。すみきってつめたい氷。
**意味** ❶ひえる。ひやす。つめたい。「寒冷・冷雨・冷夏・冷害・冷気・冷却・冷蔵・冷凍・冷房・冷涼」
▽御飯が**冷め**てしまった（＝冷たくなる）。
▽スープの**冷め**ない距離に住む。
▽風呂のお湯が**冷め**た（＝ぬるくなる）。
▽熱いミルクを**冷まし**て子猫に飲ませた。
▽この薬は熱を**冷ます**効果がある（＝体温を下げる）。
▽湯**冷まし**で薬を飲む（↓ぬるくした湯）。
❷情が薄い。「冷遇・冷厳・冷酷・冷笑・冷静・冷然・冷淡・冷徹」
▽ゲーム熱は**冷める**気配がない（＝収まる）。
▽悲しい映画の途中で誰かがくしゃみをしたので、いっぺんに興が**冷め**た（＝しらける）。
▽スターのサインをもらった妹はいまだ興奮**冷め**やらぬ面持ちだ。
▽あれほど追いかけまわした彼女のことも、一年たって**冷め**た（＝愛情がなくなる）。
▽恵子にはどこか**冷め**たところがある（＝感情を動かされない）。
㊜熱しやすく**冷め**やすい＝すぐに興奮して夢中になるが、飽きるのも早い
百年の恋も**冷める**＝幻滅する
ほとぼりが**冷め**ないうちに＝そのときの記憶が生々しく残っているうちに
❸落ちぶれる。「冷官・冷落」

## *醒 16画 2級

**音読み** セイ
**訓読み** (さ-める・さ-ます)
**成り立ち** 形声。酉＋星。酒の酔いがさめてすっきりする。
**意味** ❶意識がはっきりする。「覚醒・独醒・夢醒」
▽飲んで二時間もたつからもう**醒め**たよ(＝正常になる)。
▽暴漢に襲われて絶叫したところで夢から**醒め**た(＝我に返る)。
▽彼は夢から**醒め**たように仕事に励んだ(↔現実的になって)。
㊐目の**醒める**ような＝非常に派手ではっきりした
❷さとる。「警醒・醒悟」
▽心の迷いを**醒ます**には時間が必要だ。
▽周人皆酔い我独り**醒め**たり(＝冷静である)。

## 褪

15画 (1級)

**音読み** タイ・トン
**訓読み** あ-せる・さ-める
**成り立ち** 形声。衣＋退。衣をおろしてぬぐ。
**意味** ❶ぬぐ。「褪手」
❷色があせる。「褪色」
▽カーテンの色が**褪め**た(＝色があせる)。
▽そんな**褪め**きった洋服、もう捨てなさい。

# さわる・さわり

触・障

**使い分けマニュアル** 「**触る・触り**」は具体物に接触する場合に。「**障る・障り**」はさしつかえる場合に。
体に触る。(手でさぐる)
体に障る。(悪影響がある)

| 使用漢字 | 動詞 | 名詞 |
|---|---|---|
| 触 障 | さわる | さわり |

## 触

13画 (4級)

**音読み** ショク(ソク)
**訓読み** ふ-れる・さわ-る
**成り立ち** 形声。旧字は「觸」で、角＋蜀。角を立てるようにじっとおしあてる。
**意味** ❶ふれる。あたる。「感触・触手・触媒・触発・触覚・接触・抵触」
▽足に何かぬるぬるした物が**触っ**た(＝ふれる)。
▽(掲示)**触る**な(＝意図的にさわる)。

▽赤ん坊は**触**ったりなめたりして物を確かめる。
▽濡れた手で電灯に**触る**と危険だ（＝接触する）。
▽傷口を汚い手で**触る**な（＝いじる）。
▽部長は女子社員の体に**触**ったというので訴えられた（＝さぐる）。
▽ぼくの話は彼の古傷に**触**ったようだ（＝刺激する）。
▽長編小説の**触り**の部分だけ紹介した（→中心部分）。
㊖**触ら**ぬ神にたたりなし＝神に直接ふれたりすると恐ろしい罰を受けるから、遠くから拝んでいるにこしたことはない

## 障

14画　5級

**音読み**　ショウ
**訓読み**　さわ-る（へだ-てる・ふせ-ぐ）
**成り立ち**　形声。阜＋章。土を築いて防ぎ止める。
**意味**　❶さえぎる。へだてる。「障子・障壁・保障」
❷さしつかえる。「故障・支障・障碍〔害〕・万障」

▽無理をすると体に**障る**よ（＝害になる）。
▽電車の中でピーピー鳴る携帯電話は神経に**障る**（＝気に入らない）。
▽気に**障**ったら勘弁してほしい（＝むかつく）。
▽ぼくが高校を中退したことが姉の縁談に**障**ったらしい（＝障害になる）。
▽これ以上詳しいことはいろいろ**障り**があるので、私の口からは言えません（＝支障）。
㊖当たらず**障ら**ず＝直接的でない。無害な
癪に**障る**＝腹が立つ
月の**障り**＝月経

# しげる

茂（繁）

**使い分けマニュアル**　「**茂る**」は一般に広く用いられる。「**繁る**」はたくさんはびこっていることを強調したい場合に。

青々と茂る。（公園の木の若葉が）
青々と繁る。（野原の雑草が）

## 茂

8画　4級

**音読み**　モ（ボウ）
**訓読み**　しげ-る（すぐ-れる）
**成り立ち**　形声。草＋戊。葉がおおいかぶさる。

**意味** ❶しげる。「繁茂・茂松・茂盛・茂林」
▽南の島では一年中シダやソテツなどが**茂**っている。
▽**茂**ったアシ原でヨシキリが鳴く。
▽原生林は大木が鬱蒼と**茂**って昼なお暗い。
▽神社の境内はこんもりと**茂**った森になっていた。
▽泉の前に菩提樹が葉を**茂らせ**ている（↓青々と）。
▽青々と**茂**った野菜畑がどこまでも広がる（↓葉ものの野菜）。
❷すぐれている。「茂行・茂才・茂秀」

## 繁

16画　4級

**音読み** ハン
**訓読み** （わずら-わしい・しげ-る）
**成り立ち** 形声。攴＋緐。どんどんふえる。
**意味** ❶ふえる。さかん。「繁栄・繁華街・繁盛・繁茂」
▽夏草の**繁る**野原（↓草がぼうぼうに）。
▽裏庭にびっしりと雑草が**繁**っている。
▽直径一メートルもあろうかという巨大なクスノキが葉を**繁らせ**ていた（↓一本の木の葉）。
❷回数が多い。わずらわしい。「繁雑・繁多・繁文・繁忙・繁用・繁礼・頻繁」

# しずめる・しずまる

### 沈・静・鎮

**使い分けマニュアル** 「**沈める**」は物理的・抽象的に物の内部に入れる場合に。「**静める**」は結果として静かにさせる場合に。「**鎮める**」は武力・薬など外力によって抑えて落ち着かせる場合に。
「**静まる**」は結果として自然に静かになる場合に。「**鎮まる**」は外力によって落ち着いた状態になる場合に。

気分を沈める。（落ち込ませる）
気分を静める。（興奮を冷ます）
気分を鎮める。（怒りをなだめる）

| 使用漢字 | 他動詞 | 自動詞 | |
|---|---|---|---|
| 沈 | しずめる | ― | しずむ |
| 静鎮 | しずめる | しずまる | ― |

## 沈

7画　4級

**音読み** チン（ジン）
**訓読み** しず-む・しず-める

**成り立ち** 形声。水＋冘。水中深くしずめる。

**意味** ❶下にしずむ。しずめる。「撃沈・沈香・沈丁花・沈下・沈潜・沈澱・沈没・浮沈」

▽敵の戦艦を**沈める**（＝撃沈する）。

▽海底にはたくさんのケーブルが**沈めて**ある（↓浮かないように）。

▽温泉に体を**沈めて**一息つく（＝十分につかる）。

▽ソファに深々と身を**沈める**（＝埋もれさせる）。

▽藪の陰に身を**沈めて**様子をうかがう（↓態勢を低くする）。

▽腰を**沈めて**相手のサーブを待つ（＝落とす）。

▽チャンピオンは挑戦者をマットに**沈めた**（↓ノックアウトする）。

▽（ゴルフ）バーディーパットを見事に**沈めた**（↓穴に入れる）。

❷気持ちが落ち込む。「消沈・沈鬱・沈痛」

❸静かに落ち着いている。「沈思・沈静・沈着・沈黙」

❹とどまる。「沈雲・沈滞」

❺夢中になる。「沈飲・沈酔・沈溺」

## 静

14画 7級

**音読み** セイ・ジョウ

**訓読み** しず・しず－か・しず－まる・しず－める

**成り立ち** 形声。争＋青。取り合いをやめてしずかに澄みわたる。

**意味** ❶しずまる。しずめる。「静止・鎮静・動静」

▽急にあたりが**静まり**かえった（＝しーんとなる）。

▽みんな寝**静まって**いるから大声を出すな（↓静かに寝ている）。

▽彼は吠えている番犬を**静めた**（＝なだめる）。

▽出番を前に、目を閉じて気持ちを**静める**。

▽どうしても気持ちが**静まらない**（↓いらいらしている）。

▽ゆったりした室内楽は興奮を**静めて**くれる。

㊊鳴りを**静める**＝音を立てないようにしている

❷しずか。おだやか。「安静・閑静・静脈・静穏・静観・静寂・静粛・静謐・静夜・静養・沈静・平静・冷静」

## 鎮

18画 3級

**音読み** チン

**訓読み** しず－める・しず－まる（おさ－え）

**成り立ち** 形声。金＋真。欠け目なく詰まった金属のおもし。

**意味** ❶おもし。「重鎮・風鎮・文鎮」

❷おさえる。しずめる。「安鎮・鎮圧・鎮火・鎮魂・鎮守・

鎮静・鎮痛・鎮撫」
▽騒ぎを**鎮め**てこい（＝平穏にする）。
▽メロスは荒れ狂う流れを**鎮め**たまえと祈った（＝落ち着かせる）。
▽将軍が混乱した国を**鎮め**た（＝平和にする）。
▽軍隊が出て暴動を**鎮め**た（＝鎮圧する）。
▽議長は紛糾する議会を何とか**鎮め**ようとした（＝収拾する）。
▽激しい歯痛を**鎮める**には冷やすのも一法だ（＝とる）。
▽レンコンの節は咳を**鎮める**作用がある（＝抑える）。
▽さしもの猛火も恵みの雨でようやく**鎮ま**った（＝抑えられる）。
❸大きな町。「武漢三鎮・景徳鎮」
❹常の。「鎮日」

## したがう　従（随）

**使い分けマニュアル** 「従う」は後からついていく場合、言うとおりにする場合に。「随う」は言うとおりになる場合に。

主人に従う。（後からついて行く）
主人に随う。（命令の通りになる）

### 従

10画　5級

**音読み** ジュウ・ショウ・ジュ
**訓読み** したが-う・したが-える
**成り立ち** 形声。旧字は「從」で、止＋彳＋从。人の後にしたがって行く。
**意味** ❶ついていく。「侍従・従軍・従者・従僕」
▽行列の最後尾に**従う**（＝ついていく）。
▽引率の先生に**従っ**て工場見学をした。
▽先生の音読に**従っ**て学生が繰り返す（↓ついて読む）。
❷その通りにする。ならう。「三従・従順・従属・臣従・追従・忍従・服従・盲従・隷従」
▽ここは先例に**従う**ことにする（＝ならう）。
▽恩師の忠告に**従う**（↓その通りにする）。
▽緊急の際は係員の指示に**従っ**てください。
▽天体は万有引力の法則に**従っ**て動いている。
▽手順に**従っ**てモデルを組み立てる。
▽葬儀は式次第に**従っ**て粛々と執り行われた。
▽地図に**従っ**て進むと川が見えてきた。

▽山では標識に**従って**歩くことが大切だ。
▽このロボットは人間の指示に**従って**動く。
▽時流に**従って**生きる（↓周囲の状況に合わせる）。
▽台風の進路は気圧配置に**従って**決まる。
▽彼はいつでも大勢に**従って**行動する。
▽彼女は流行には**従わ**ない（↓影響されない）。
(慣)老いては子に**従え**＝年を取ったら子供の言うとおりにせよ
郷に入っては郷に**従え**＝外国へ行ったらその国の習慣に合わせるべきだ
❸たずさわる。「従業員・従事」
❹付属するもの。「従孫・従犯・従父・従母」
❺より。から。「従前・従来」
❻落ち着いた様子。「従然・従容」
❼たて。「合従連衡・従横・従約」

## 随

12画　3級

**音読み**　ズイ
**訓読み**　（したが-う）
**成り立ち**　形声。旧字は「隨」で、⻌＋隋。時勢や先行者にまかせて進む。
**意味**　❶ついていく。「随員・随行・随身・随伴・随分・追随・付随」
▽国王には大勢の家来が**随って**いた（＝引き連れる）。
❷まかせる。「随意・随喜・随時・随所・随想・随筆」
▽黙って命令に**随え**（＝その通りにする）。
▽社長の意向には**随う**しかない。
▽君の意見にはにわかに**随え**ないね（＝採用する）。
▽昔の妻は夫に**随った**（＝素直に言うことを聞く）。

# しのぶ

忍（偲）

**使い分けマニュアル**　「忍ぶ」は人に知られずにする場合に。「偲ぶ」は心の中でなつかしむ場合に。

貧しさを忍ぶ。（何とか我慢する）
貧しさを偲ぶ。（なつかしく思う）

## 忍

7画　準2級

**音読み**　ニン（ジン）
**訓読み**　しの-ぶ・しの-ばせる（むご-い）
**成り立ち**　形声。心＋刃。ねばり強くたえる。

**意味** ❶たえる。「堪忍・忍従・忍耐・容忍」
▽苦痛を耐え**忍ぶ**（＝我慢する）。
▽二人は不便を**忍ん**で借家住まいをした。
▽その孤児の哀れな様子は見るに**忍び**ない（↓我慢できない）。
▽子供の本を捨てるに**忍び**ず、施設に寄付した。
▽恥を**忍ん**でお話しします（↓隠さない）。
❷ひそかにする。「忍者・忍術・忍法」
▽物陰に**忍ん**で恋人の姿を見送る（＝隠れる）。
▽二人は人目を**忍ん**で会った（↓見つからないように）。
▽夜になると同志がこっそり**忍ん**で来た。
▽越後の隠居とは世を**忍ぶ**仮の姿（↓公にできない）。
▽暗闇から男が**忍び**寄ってきた（↓静かに近寄る）。
▽彼女は姑の仕打ちを**忍び**泣いた（↓陰で泣く）。
❸むごい。「残忍・忍心」

## 偲

11画 準1級

**音読み** シ
**訓読み** しの-ぶ
**成り立ち** 形声。人＋思。たゆまず努力する。
**意味** ❶たゆまず努力する。「切々偲々」
❷思い起こしてなつかしむ。
▽亡き子を**偲ぶ**歌（＝思いなつかしむ）。
▽S氏を**偲ん**で友人たちが集まった。
▽故郷の母を**偲ん**で手紙を書いた（＝思う）。
▽その町には昔を**偲ば**せる物が多い（＝連想させる）。
▽年に一度日の丸弁当を食べて食糧難の時代を**偲ぶ**（＝想像する）。
▽丁寧な細工に職人の苦労が**偲ば**れる（↓思いやられる）。
▽書いた人の人柄が**偲ば**れる几帳面な筆跡。
▽豪壮な門構えに昔の栄華が**偲ば**れる。
†❷は漢字本来の意味ではない。

# しば

芝（柴）

**使い分けマニュアル** 「芝」は地面や崖などに敷き植えるイネ科の植物の場合に。「柴」は小枝や小枝で作った粗末なもの、小さいものの場合に。

芝を刈る。（短く平らにする）
柴を刈る。（小枝を集める）

## 芝

6画 4級

**音読み** （シ）

**訓読み** しば

**成り立ち** 形声。草＋之。すくすく伸びるきのこ。

**意味** ❶きのこの一種。「芝蘭・霊芝」

❷しば。雑草。

▽日曜日に庭の**芝**を刈る（＝イネ科の草）。

▽競馬場の**芝**は冬でも枯れない西洋**芝**である。

▽そのグランドは**芝**がところどころ枯れている。

▽この馬は**芝**のコースが得意だ（＝ターフ）。

▽（掲示）**芝**生に入るな（↓一面に芝を植えてある敷地）。

▽東京ドームは人工**芝**が敷いてある。

†❷は漢字本来の意味ではない。

## 柴

9画 準1級

**音読み** サイ

**訓読み** しば・まつ－り・ふさ－ぐ

**成り立ち** 形声。木＋此。不揃いなまま束ねた小枝。

**意味** ❶雑木。「柴扉・柴門・茅柴・鹿柴」

▽**柴**を折って火にくべる（＝小枝）。

▽（桃太郎）おじいさんは山へ**柴**刈りに、おばあさんは川へ洗濯に行きました（↓たきぎ取り）。

▽**柴**犬（↓小さい犬）。

▽**柴**の戸（↓粗末な戸、粗末な家）。

▽**柴**垣（↓粗末な垣根）。

❷柴を焚く祭り。「柴望」

# しぼる

## 絞・搾

**使い分けマニュアル** 「**絞る**」は対象の範囲を狭める場合、容器に力を加える場合に。「**搾る**」は力を加えて内容を外に出す場合に。

布を絞る。（絞り染めにする）

布を搾る。（雑巾をぎゅうきゅうと）

## 絞

12画 3級 ⇩しまる・しめる

**音読み** コウ

**訓読み** しぼ－る・し－める・し－まる（くび－る）

**成り立ち** 形声。糸＋交。ひもを交差させてしめあげる。

**意味** ❶首をしめて殺す。「絞殺・絞首刑」

▽ウエストを**絞**ったデザイン（＝細くする）。
▽巾着の口を**絞**って袋を閉じる。
▽大関は相手の差し手を**絞**った（＝まわりから締めつけて狭くする）。
▽鹿子に**絞る**（↓布を絞ってから染める）。
▽幕を上手に**絞る**（↓片寄せる）。
▽蛇口を**絞**って水量を抑える（＝開口部を狭める）。
▽ステレオの音量を**絞る**（＝小さくする）。
▽雑巾を固く**絞る**（↓水分を切る）。
▽問題点を一つに**絞る**（＝対象の範囲を狭める）。
▽委員長の候補者はまだ**絞られ**ていない。
▽優勝争いは巨人とヤクルトに**絞られ**てきた。
▽君の論文はもう少し的を**絞**ったほうがいい。
▽知恵を**絞**って考えた（↓苦心惨憺して考える）。
▽燃えさかる家の中で女性が声を**絞**って助けを求めていた（↓金切り声で）。
▽その犬は腹の底から**絞る**ようなうなり声をあげた（↓力のこもった）。
▽国民は汗水垂らして働いた金を税金で**絞り**取られるばかりだ（＝強制的に取る）。
（慣）紅涙を**絞る**＝美人が泣く
袖〔たもと〕を**絞る**＝激しく泣く

❷厳しい。「絞直」
❸あばく。「絞切」

## 搾

13画　3級

**音読み**　サク

**訓読み**　しぼ－る

**成り立ち**　形声。手＋窄。手で狭めしぼる。

**意味**　❶しぼる。「搾取・搾乳」
▽毎朝牛小屋で乳を**搾る**（＝出させる）。
▽菜種から油を**搾る**（＝採る）。
▽エビフライにレモンを**搾**ってかけた。
▽ぶどうを**搾**ってジュースを作る。
❷しめつける。「圧搾」
▽遅刻して先生に油を**搾られ**た（↓叱られる）。
▽たるんでいる後輩をみっちり**搾**ってやった（＝鍛える）。

# しまる・しめる
## 閉・締・絞・占（緊）

**使い分けマニュアル**　「**閉まる**」はドア・窓など開閉する物が閉じる場合に。「**締まる**」はゆるみがなくなる場合に。「**絞まる**」は首がしまる場合に。「**緊まる**」は精神的に緊張している場合に。
「**閉める**」はドア・窓など開閉する物を閉じる場合に。「**締める**」はゆるみをなくす場合、終わらせる場合に。「**絞める**」は首をしめる場合に。「**占める**」はある場所や地位・役割を得て存在する場合に。「**緊める**」はきつく縛る場合に。

舞台が閉まる。（芝居が終わる）
舞台が締まる。（きりっとする）
舞台が緊まる。（ぴりっとする）

舞台を閉める。（幕を下ろす）
舞台を締める。（全幕を終わらせる）
舞台を占める。（一定の場所を使う）

| 使用漢字 | 自動詞 | 他動詞 |
|---|---|---|
| 閉締絞緊 | しまる | しめる |
| 占 | ー | しめる |

## 閉

11画 5級 ⇩たつ(2)・たてる、とじる・とざす

**音読み** ヘイ

**訓読み** と-じる・と-ざす・し-める・し-まる（た-てる）

**成り立ち** 会意。門＋才。門をしめて隙間をふさぐ。

**意味** ❶とじる。しめる。「開閉・閉口・閉鎖・閉塞・閉門・密閉・幽閉」
▽**閉まる**ドアにご注意ください（＝開いていたものが閉じる）。
▽押し入れのふすまが**閉まら**ない。
▽ドアを**閉める**（＝開いていたものを閉じる）。
▽窓を**閉めて**北風を防ぐ。
▽びんのふたをきっちり**閉める**（↓隙間なく）。
▽引き出しを**閉めて**鍵を掛ける。
▽八時に表のシャッターを**閉める**（＝下ろす）。
▽口を**閉めろ**（↓おしゃべりをやめる）。
❷終える。終わる。「閉会・閉館・閉廷・閉店・閉幕」
▽その店はシャッターが**閉まって**いた（↓営業時間が終わっている。営業自体をやめている）。
▽図書館は九時に**閉まる**（＝終わる）。
▽その店は月末に店を**閉める**（＝廃業する）。

## 締

15画 3級

**音読み** テイ

**訓読み** し-まる・し-める（むす-ぶ）

**成り立ち** 形声。糸＋帝。糸で一か所にまとめる。

**意味** ❶固くむすぶ。「結締」
▽祖父はネクタイがうまく**締められ**ない（＝結ぶ）。
▽シートベルトを**締める**（＝緩んでいるものを結ぶ）。
▽金襴緞子の帯を**締める**。
▽ねじり鉢巻きを**締めて**受験勉強する。
▽このビンは栓が**締まっ**ていて開かない（＝堅い）。
▽玄関は鍵が**締まっ**ていた（＝開かない）。
▽ガスの元栓を**締める**（↓漏れないように）。
▽玄関の鍵を**締めろ**（↓絶対開かないように）。
▽ギターの弦を**締める**（↓調弦する）。
▽窓枠のボルトを**締める**（＝きつくする）。
▽窓枠をボルトで**締める**（＝固定する）。
▽帳簿を**締める**（↓決算する）。
▽（忘年会）三三七拍子で景気よく**締め**よう（＝終わらせる）。
▽費用は**締めて**十万円だ（↓合計）。
▽あのうちの奥さんは**締まり**屋だ（↓倹約家）。
▽彼は**締まっ**た体をしている（↓たるんでいない）。
▽このタイは身がよく**締まっ**ている（↓硬くて弾力がある）。
▽酢で**締め**たサバ（↓身を硬くする）。
▽長年風雨にさらされた土地は**締まっ**ている（＝固まっている）。
▽社内の規律を**締める**（＝厳格にする）。
▽少し家計を**締め**ないと大変だ（＝倹約する）。
▽その人形はきりっと**締まっ**た口元がりりしい（↓固く結んだ）。
▽デートを掛け持ちされるなんて**締まら**ない話だ（↓かっこわるい）。
㊀慣 勝って兜の緒を**締めよ**＝勝ったときこそ油断せずに後の備えをきちんとせよ
財布のひもを**締める**＝むだ使いをしない
たが〔手綱〕を**締める**＝管理を強化する
❷とりきめる。「締結・締盟・締約」

## 絞

12画 （3級） ⇩しぼる

**音読み** コウ
**訓読み** しぼ-る・し-める・し-まる（くび-る）
**成り立ち** 形声。糸＋交。ひもを交差させてしめあげる。
**意味** ❶首をしめて殺す。「絞殺・絞首刑」
▽詰め襟の制服は首が**絞まっ**て苦しい（＝きつい）。
▽ネクタイを引っ張ると首が**絞まる**よ（＝苦しい）。
▽老人は寝たきりの妻の首を**絞め**た（＝絞殺する）。
▽（柔道）奥襟をつかんで**絞める**（↓体を）。

▽このニワトリは朝**絞め**たものだ（＝屠殺する）。

㊜自分で自分の首を**絞める**＝自分自身に不利なことをする

真綿で首を**絞める**よう＝じわじわと苦しめて殺す（機能停止させる）様子

❷厳しい。「絞直」

❸あばく。「絞切」

## 占　5画　4級

**音読み**　セン

**訓読み**　し-める・うらな-う

**成り立ち**　会意。卜＋口。うらないによって一つに決める。

**意味**　❶うらなう。「占星術・占兆・卜占」

❷自分の物とする。「寡占・占拠・占有・占領・独占」

▽銀行が繁華街の一角を**占め**ている（＝ある場所に存在する）。

▽総会の最前列を報道陣が**占め**た。

▽わが社はビルの一～四階を**占め**ている（＝使う）。

▽政権の座を**占める**（＝ある地位に着く）。

▽上位三人をケニア勢が**占め**た（＝独占する）。

▽彼は卒業までずっと首席を**占め**ていた（＝譲らない）。

▽農業は重要な役割を**占め**ている（＝果たす）。

▽海は地球の表面の七十％を**占める**（＝ある割合でももつ）。

▽観客の半分を女性が**占め**ていた。

▽与党は議会の絶対多数を**占め**た。

▽死刑廃止論は慎重派が大勢を**占め**た。

㊜味を**占め**て＝よい思いが忘れられずに

頭〔心〕を**占める**＝そのことだけを考える

漁夫の利を**占める**＝第三者が利益を得るようになる

## 緊　15画　3級

**音読み**　キン

**訓読み**　（かた-い・し-める・ちぢ-む・きび-しい）

**成り立ち**　形声。糸＋臤。糸を堅くしめつける。

**意味**　❶きつくしめる。「緊縮・緊張・緊縛・緊密」

▽**緊まり**のない顔をするな（↔だらしのない）。

▽その役者が出演すると舞台が**緊まる**（＝緊張感が出る）。

▽監督は選手に「**緊まっ**ていこう」と言った（＝油断しない）。

▽油断しないで気持ちを**緊め**よう（＝緊張を解かない）。

❷さしせまる。「喫緊・緊急・緊迫」

# しみる

## 染（浸・凍・沁）

**使い分けマニュアル** 「**染みる**」は液体やにおいが浸透する場合、悪い習慣などに慣れる場合に。「**浸みる**」は主に液体が中から外へしみ出る場合に。「**凍みる**」は方言で凍ることを言う場合に。「**沁みる**」は心に深く感じる場合に。

壁紙に染みる。（塗料がしみこむ）
壁紙に浸みる。（雨漏りがしみ出る）
今夜はやけに凍みるなあ。（寒さが）
今夜はやけに沁みるなあ。（大仕事の後の酒が）

### 染

9画 5級 ⇩そめる・そまる

**音読み** セン（ゼン）
**訓読み** そ-める・そ-まる・し-みる・し-み
**成り立ち** 会意。水＋杂。器に染料を入れてじわじわとそめる。
**意味** ❶そめる。ひたす。「浸染・染色・染料・媒染」
❷しみこむ。うつる。「愛染・汚染・感染・伝染」
▽雨が下着まで**染み**てきた（＝染み込む）。
▽こぼれたコーヒーがテーブルクロスに**染み**た。
▽この便箋はインクが**染み**ない（＝にじむ）。
▽シャツに**染み**をつけてしまった（→液体の汚れ）。
▽夏はブラウスの脇の汗**染み**が気になる。
▽紫外線で顔に**染み**ができた（＝皮膚の変色）。
▽煮物に味がよく**染み**ている（＝中まで行き渡る）。
▽カーテンにタバコのにおいが**染み**ついて取れない。
▽悪習に**染みる**（＝慣れる）。

### 浸

10画 4級 ⇩つく(1)・つける(1)、つける(2)・つかる

**音読み** シン
**訓読み** ひた-す・ひた-る（つ-く・つ-かる・し-みる）
**成り立ち** 形声。水＋𠬶。水が次第にしみこむ。
**意味** ❶ひたす。ひたる。「浸出・浸潤・浸食・浸水・浸染・浸透・浸入」
▽雨が天井に**浸み**てきた（＝裏からしみ出る）。
▽塗料が壁紙の裏から表に**浸み**てきた。

## 凍 10画 3級 ⇩こおる・こおり

**音読み** トウ

**訓読み** こお-る・こご-える（い-てる・し-みる）

**成り立ち** 形声。冫+東。すみずみまで張り通した氷。

**意味** ❶厚く張ったこおり。こごえる。「解凍・凍結・凍死・凍傷・凍土・冷凍」

▽ゆんべ、表のおけの水が**凍みた**（＝凍る）。

▽今夜は**凍みる**なあ（＝非常に寒い）。

▽**凍み**豆腐（↓凍らせて作る豆腐）。

## 沁 7画 1級

**音読み** シン

**訓読み** し-みる・ひた-す

**成り立ち** 形声。水+心。水がすみずみまでしみわたる。

**意味** ❶しみこむ。「沁痕」

▽新緑が目に**沁みる**（＝印象的だ）。

▽心に**沁みる**歌声（＝感動する）。

▽夜風が身に**沁む**このゆうべ（＝心にこたえる）。

㊎骨身に**沁みる**＝心底納得する

# しるし・しるす 印・記（徴・標）

**使い分けマニュアル** 「印・印す」は後に残しておくマークなどの場合に。「記す」は書きとめる場合に。「徴」は実体を象徴する場合、将来のきざしを表す場合に。「標」は目じるしの場合に。

皇后陛下のお印。（持ち物につける紋様）
皇后陛下のお徴。（宝冠・勲章など）
皇后陛下のお標。（お手縫いの布につけた目じるし）
偉大な足跡を印す。（業績をあげる）
偉大な足跡を記す。（記録する）

| 使用漢字 | 名詞 | 動詞 |
|---|---|---|
| 印 | しる\|し | しる\|す |
| 記 | ― | しる\|す |
| 徴標 | しる\|し | ― |

## 印 6画 7級

**音読み** イン
**訓読み** しるし（しる-す）
**成り立ち** 会意。手＋卩。上から押しつけたしるし。
**意味** ❶はんこ。「印影・印鑑・印紙・印税・印肉・押印・検印・刻印・実印・調印・捺印・封印・烙印」
❷しるす。印刷する。「印画・印刷・印象・影印」
▽確認ずみにチェックを**印す**（＝マークをつける）。
▽人類は宇宙への第一歩を**印した**（＝業績をあげる）。
▽彼は南極の地に日本人として初めて足跡を**印した**（＝踏み出す）。
▽文章の大事な所に**印**をつける（＝記号）。
▽道に迷わないように木の幹に**印**をつける。
▽警官が事故現場にチョークで**印**をつけた。
▽雪**印**乳業（＝商標）。
❸仏教で、指で作る形。「印相・手印・法印」

## 記 10画 9級

**音読み** キ
**訓読み** しる-す
**成り立ち** 形声。言＋己。手がかりとなる言葉。
**意味** ❶かきとめる。「下記・記事・記者・記述・記入・記録・手記・書記・速記・注記・伝記・登記・日記・筆記・付記・簿記・明記・列記」
▽このことは日記に**記し**ておこう（＝書き留める）。
▽今日会った人の名前を手帳に**記す**。
▽宝のありかは地図に**記され**ていた（＝図示される）。
▽（試験）最も適切なものの記号を**記せ**（＝書く）。
▽金閣寺を焼いた犯人は歴史に名を**記す**ことになった（＝記録される）。
❷おぼえる。「暗記・記憶・記念」
▽私たちはたくさんの思い出を心に**記し**て母校を巣立っていく（＝記憶する）。
❸しるし。「記号・記章」

## 徴 14画 4級

**音読み** チョウ（チ）
**訓読み** （しるし・め-す）
**成り立ち** 会意。微＋王。王者が微賤な賢人を召す。
**意味** ❶取り立てる。「徴収・徴税・徴発・徴兵・徴用・追徴」
❷きざし。証拠。「吉徴・象徴・徴候・特徴・標徴」
▽これはほんのお礼の**徴**です（＝気持ちだけの品）。
▽**徴**ばかりの物ですが、どうぞお納めください。
▽うちの娘は十一の春、**徴**があった（↓初潮）。

▽初夜の床に**徴**があった（↓破瓜の血）。
▽月桂樹の冠は勝利の**徴**だ。
▽母の病状は回復の**徴**を見せた（＝証拠）。
▽雪は豊作の**徴**だといわれている（＝予兆）。

## 標

15画　7級

**音読み**　ヒョウ
**訓読み**　（こずえ・しるし・しる-す・しるべ・しめ）
**成り立ち**　形声。木+票。高く掲げたしるし。
**意味**　❶めじるし。「座標・指標・商標・道標・標語・標高・標示・標識・標準・標題・標本・墓標・目標」
▽胸に会員の**標**のバッジをつける（＝目じるし）。
▽赤信号は止まれという**標**だ。

# すえる・すわる

座・据（坐）

**使い分けマニュアル**　「**据える**」はすべての場合に。「**座る**」はいす・座席・床などに腰を下ろす場合に。「**据わる**」は主に物が動かない場合に。「**坐る**」は現在では座禅の場合のみ。

仏が座る。（鎮座している）
仏が据わる。（所定の場所に収まる）
仏が坐る。（座禅を組んでいる）

| 使用漢字 | 他動詞 | 自動詞 |
|---|---|---|
| 据 | すえる | すわる |
| 座坐 | ー | すわる |

## 座

10画　5級

**音読み**　ザ
**訓読み**　すわ-る（いま-す）
**成り立ち**　形声。广+坐。家の中のすわる所。
**意味**　❶すわる場所。「王座・口座・講座・座高・座席・座禅・座標・正座・即座・当座・便座・連座」
❷集まり。「座興・座長・中座・同座・満座」
❸同業者の団体。「一座・銀座・高座・座長・前座」
❹物をとりつける台。「銃座・台座・仏座・砲座」
❺すわる。腰かける。腰を下ろす。
▽席にお**座り**ください（＝腰掛ける）。
▽毎朝始発電車で**座**ってくる。
▽祖母はソファに**座**っている。
▽この教室は五十人しか**座れ**ない（＝収容する）。

▽机に向かって**座る**（↓机の前のいすに）
▽作家は**座る**仕事だ（↓座業）。
▽囲炉裏の前にどっかと**座る**（↓あぐらをかく）。
▽車座になって**座る**（＝腰を下ろす）。
▽床の間を背にして**座る**（＝落ち着く）。
▽**座れ**ないから畳へ上がるのは嫌だ（＝正座する）。
▽（犬に向かって）お**座り**！（＝尻をつける）
▽社長の椅子に**座る**のはだれだろう（＝就任する）。
▽部長は社長の後釜に**座る**つもりだ（＝後任になる）。
慣立てば芍薬、**座れ**ば牡丹、歩く姿は百合の花＝美しい女性の立ち居振る舞いの様子
†❺は漢字本来の意味ではない。

## 据

11画　準2級

**音読み**（キョ）
**訓読み** す-える・す-わる
**成り立ち** 形声。手＋居。土台や支柱の上に落ち着く。
**意味** ❶すえる。すわる。「据慢」
▽基礎の上に機械を**据える**（＝安定させる）。
▽庭の東南の角に槙の木を**据えた**（＝植えつける）。
▽将軍は愛鷹を拳に**据えた**（＝止まらせる）。
▽最近の乳児は首が**据わって**いる（＝安定している）。
▽この家具は**据わり**が悪い（↓安定しない）。
▽彼は酔うと目が**据わって**くる（＝動かなくなる）。
▽彼女は度胸が**据わって**いる（↓落ち着いている）。
▽社長は腹の**据わった**人だ（↓覚悟ができている）。
▽今夜は腰を**据えて**飲もう（↓この場でじっくりと）。
▽性根を**据えて**かかる（↓真剣になって）。
▽彼は顧客を上座に**据えた**（＝座らせる）。
▽首相はK氏を防衛大臣に**据えた**（＝任命する）。
▽彼は妻を会社の監査役の座に**据えた**（＝着かせる）。
▽ここへ判を**据えて**くれ（＝押す）。
慣お灸を**据える**＝懲らしめる
腹に**据え**かねる＝怒りを我慢しきれない
❷手が縮んで曲がる。「拮据」
❸よりどころにする。「考据」

## 坐

7画　準1級

**音読み** ザ
**訓読み** すわ-る・いなが-ら・そぞろ-に・いま-す・おわ-す・まします
**成り立ち** 会意。土＋人＋人。尻を下ろして低くなる。
**意味** ❶すわる。「胡坐・坐臥・坐視・坐礁・坐禅・坐談・坐薬・対坐・端坐・鎮坐・列坐・連坐」

▽彼はときどき禅寺へ**坐**りに行く（＝座禅を組む）。
▽禅僧はただひたすらに**坐**ることで心を澄ます。

●「座」と「坐」
本来「座」はすわる場所を表し、「坐」はすわる動作を表したが、現在の日本の公用文では、「座」で場所も動作も両方表すことになっている。

# すく・すける・すかす
## 透（空・梳・鋤・漉）

**使い分けマニュアル** 「**透く**」は物と物の間に隙間ができる場合、向こう側が通して見える場合に。「**空く**」は中身が詰まっていない場合に。「**梳く**」は髪や毛をとかす場合に。「**鋤く**」は田畑を掘り返す場合に。「**漉く**」は紙やのりを薄く伸ばして作る場合に。

「**透ける**」は向こう側が通して見える場合に。

「**透かす**」は物と物の間に隙間を作る場合、向こう側を通して見る場合に。「**空かす**」は中身を抜く場合に。

| 使用漢字 | 自動詞 | 自動詞 | 他動詞 | 他動詞 | 可能動詞 |
|---|---|---|---|---|---|
| 透 | すく | すける | ー | すかす | ー |
| 空 | すく | ー | ー | すかす | ー |
| 梳 鋤 漉 | ー | | すく | ー | すける |

## 透
10画 （4級） ⇩とおる・とおす

**音読み** トウ
**訓読み** す-く・す-かす・す-ける（とお-る）
**成り立ち** 会意。辵＋秀。とおりぬける。
**意味** ❶すきとおる。「透映・透視・透写・透明」
▽その川は底まで**透**いて見える（＝透明）。
▽裏のページの文字が**透**いている（＝透視）。
▽彼女の白い腕に静脈が**透**いて見えた（＝中の存在がわかる）。
▽カーテンごしに部屋が**透け**て見える（＝通して）。
▽夏物の和服は**透ける**（↓通して見える）。
▽**透け透け**ルック（↓わざと透けるように仕立てた服）。
❷とおりぬける。「浸透・透過・透水・透徹」
▽古い板戸が**透**いていて風が入る（＝隙間がある）。
▽葉が落ちて木々の間が**透**いてきた（＝空間ができる）。

## 空
8画 （10級） ⇩あく・あける、から

**音読み** クウ
**訓読み** そら・あ-く・あ-ける・から（あな・うろ・

うつ－ろ・むな－しい・す－く・うつ－ける）

**成り立ち** 形声。穴＋工。突き抜けて中に何もない。

**意味** ❶穴があいている。「空洞・中空」

▽（美容院で）髪が多いので空いてください（＝そぐ）。

▽うちの子は前歯の間が空いている（＝隙間がある）。

▽（植木の剪定）枝の間を少し空かす（↓風が通るように）。

❷何も入っていない。「架空・空間・空虚・空席・空前・空想・空白・空腹・空砲・真空」

▽昼間の電車は空いている（＝混雑していない）。

▽映画館は座席が空いていた（＝埋まっていない）。

▽今日は道路が空いてるね（↓車が少ない）。

▽憎らしい敵役が捕まって胸の空く思いがした（↓気分が晴れる）。

▽手の空いてる人はちょっと手伝って（↓暇な）。

▽ああ、おなかが空いた（↓空腹）。

❸大きい。「空闊」

❹そら。「滑空・空気・空軍・空港・空襲・空中・空路・航空・時空・上空・低空・天空・碧空・領空」

## 梳

10画 1級 ⇩とく・とける・とかす

**音読み** ショ・ソ

**訓読み** くし・くしけず－る・す－く・と－く

**成り立ち** 形声。木＋疏。毛を一筋ずつ分けて通す。

**意味** ❶くしけずる。「櫛梳・梳洗・梳毛」

▽姉は毎朝長い髪を梳く（＝くしやブラシでとかす）。

▽犬の毛を梳く（＝くしで整える）。

▽梳き櫛（↓とかすための櫛）。

## 鋤

15画 準1級

**音読み** ショ・ジョ

**訓読み** すき・す－く

**成り立ち** 形声。金＋助。力を入れて土を起こす金物。

**意味** ❶すき。すく。「耕鋤・鋤簾」

▽畑を鋤きかえす（＝土の中に空気を入れるように混ぜる）。

❷ほろぼす。「鋤除・誅鋤」

## 漉

14画 準1級

**音読み** ロク

**訓読み** こ－す・したた－らせる・す－く

**成り立ち** 形声。水＋鹿。水をしたたらせてこす。

**意味** ❶したたる。「漉々」

❷こす。「漉酒巾」

▽和紙〔のり〕を漉く（↓水分を切って紙〔のり〕の繊維を平面に残す）。

# すすぐ （濯・雪・漱・浣・滌）

**使い分けマニュアル** 「**濯ぐ**」は洗濯物などを水から出し入れしてすすぐ場合に。「**雪ぐ**」は恥などをなくすすすぐ場合に。「**漱ぐ**」は口をすすぐ場合に。「**浣ぐ**」は上から水をがばっとかけてすすぐ場合に。「**滌ぐ**」は水を細く注ぎかけてすすぐ場合に。

流れで濯ぐ。（洗濯物を）
流れで漱ぐ。（水を手ですくって口を）
流れで浣ぐ。（水に入って頭から）
流れで滌ぐ。（細い滝の水で清める）

## 濯

17画 準2級 ⇩あらう

**音読み** タク

**訓読み** （すすーぐ・あらーう）

**成り立ち** 形声。水＋翟。水上に抜き上げて洗う。

**意味** ❶あらう。「浣濯・洗濯・濯足・濯々」

▽洗濯物を水で**濯ぐ**（↓水で洗剤を洗い流す）。

▽**濯ぎ**の水がきれいになってから柔軟剤を入れる。

## 雪

11画 9級 ⇩そそぐ

**音読み** セツ

**訓読み** ゆき（すすーぐ・そそーぐ）

**成り立ち** 会意。雨＋彗。真っ白にぬぐい取る。

**意味** ❶すすぐ。ぬぐう。「雪辱」

▽恥を**雪が**なければならない（＝思い切った行動で名誉を取り戻す）。

❷ゆき。「降雪・豪雪・残雪・春雪・除雪・新雪・積雪・雪害・雪渓・雪月花・雪原・氷雪・風雪・防雪」

❸ゆきのように白い。「雪肌・雪白・雪髪・梨雪」

## 漱

14画 1級

**音読み** ソウ

**訓読み** すすーぐ・くちすすーぐ・うがい

**成り立ち** 形声。水＋欶。せかせかと動かしてあらう。

**意味** ❶くちすすぐ。「含漱・漱玉・漱石」

▽流れで口を**漱ぐ**（＝がぶがぶゆすぐ）。

## 浣

10画 1級 ⇩あらう

**音読み** カン

**訓読み** あら－う・すす－ぐ

**成り立ち** 形声。水＋完。勢いよく全体に水をかける。

**意味** ❶あらう。「浣雪・浣濯・浣腸」

▽汚れた犬の頭から水をかぶせ**浣いだ**（↓ざぶっと）。

❷十日間。「上浣・中浣・下浣」

## 滌

14画　1級　⇩あらう

**音読み** デキ・ジョウ

**訓読み** あら－う・すす－ぐ

**成り立ち** 形声。水＋條。背中に細く水を注ぎかけてあらう。

**意味** ❶細い水流であらう。「洗滌」

▽試験管を洗剤で洗ってから流水で十分に**滌ぐ**（↓水流を細く流す）。

❷ぬぐい去る。「掃滌」

# すすむ・すすめる

進・勧・薦（奨）

**使い分けマニュアル** 「**進む**」は一般に広く用いられる。「**進める**」は物理的・抽象的に先へ行かせる場合に。「**勧める**」は人に働きかける場合に。「**薦める**」は人や物を使うように働きかける場合に。「**奨める**」はよいことをするよう働きかける場合に。

自転車を進める。（前方へ発進させる）
自転車を勧める。（歩くと遠いので）
自転車を薦める。（コンパクトなタイプのを）
自転車を奨める。（医者が健康のために）

| 使用漢字 | 自動詞 | 他動詞 | 可能動詞 |
|---|---|---|---|
| 進 | すすむ | すすめる | すすめる |
| 勧薦奨 | ― | すすめる | すすめられる |

## 進

11画　8級

**音読み** シン

**訓読み** すす－む・すす－める

**成り立ち** 会意。辵＋隹。鳥が飛ぶように速く行く。

**意味** ❶すすむ。すすめる。「急進・行進・進級・進行・進出・新進・進退・進捗・進度・進入・進路・推進・前進・漸進・促進・直進・突進・発進・邁進・躍進」

▽一歩前へ**進め**（＝前へ出る）。

▽車を少し前へ**進める**（＝先へ行かせる）。

▽将棋の駒を**進める**（＝攻撃する）。

▽工事は予定通り**進ん**でいる（＝消化する）。
▽議長は冷静に議事を**進めた**。
▽話を**進め**よう。
▽交渉を**進める**にあたっては下準備が必要だ。
▽地球温暖化を防止する運動が**進め**られている。
▽十年前から大学生の意識調査を**進め**ている。
▽会議は順次**進め**られた（＝進行する）。
▽忙しさにかまけているうちに病気が**進ん**でしまった。
▽最近老眼が**進ん**で、暗くなるとよく見えない。
▽将来は芸術方面へ**進み**たい（＝目標とする）。
▽王の墳墓建設は奴隷の手によって**進め**られた。
▽その時計は一日に三分**進む**（＝早く行く）。
（慣）気が**進ま**ない＝やる気になれない
　駒を**進める**＝勝ち進む
❷のぼる。あがる。「栄進・昇進・進学・特進・累進」
▽軍隊で階級を**進める**（＝昇進する）。
▽息子は四月から中学に**進む**（＝進級する）。
❸よくなる。「精進・進化・進境・進展・進歩」
▽文明が**進ん**でいる国（＝発展する）。
▽この国の社会保障は**進ん**でいる（＝行き届いている）。
▽世界平和を**進める**（＝進展させる）。
▽漢字の練習は国語の学習を**進める**。
▽香辛料は食欲を**進める**（＝増進する）。
（慣）食が**進む**＝たくさん食べられる
　話が**進む**＝次の段階に行く
　筆を**進める**＝書き続ける
❹さしあげる。「寄進・進言・進上・進呈・進物」

## 勧

13画　4級

**音読み**　カン（ケン）
**訓読み**　すす－める
**成り立ち**　形声。旧字は「勸」で、力＋雚。やかましく言って力づける。
**意味**　❶すすめみちびく。「勧業・勧告・勧奨・勧賞・勧進・勧善懲悪・勧誘」
▽財政再建に質素倹約を**勧める**（＝熱心に説く）。
▽医者に塩分を控えるよう**勧め**られている（＝忠告する）。
▽叔父がしきりに泊まっていけと**勧め**てくれた。
▽友人にクラブへの入会を**勧め**られた。
▽親戚から見合いを**勧め**られた。
▽店員は客に服の試着を**勧め**た（＝誘う）。
▽来客にざぶとんを**勧める**（＝提供する）。
▽立ち上がって老先輩に座席を**勧め**た（＝譲る）。
▽客室乗務員は乗客に飴を**勧め**た（＝与える）。

▽お酒を無理に**勧め**ないでください（＝飲ませる）。

## 薦

16画　準2級

**音読み**　セン

**訓読み**　すす-める（こも・し-く・しき-りに）

**成り立ち**　会意。草＋廌。柔らかくそろった草。

**意味**　❶くさよもぎ。「食薦」
❷こも。「薦席」
❸すすめる。「自薦・推薦・他薦」

▽先生にこの辞書を**薦め**られた（＝使うように言う）。

▽推薦図書として『次郎物語』を**薦め**られた。

▽予備校の先生がP大を**薦め**てくれた。

▽田中君を委員長に**薦める**には理由があります。

▽本日のお**薦め**メニュー（→推奨品）。

## 奨

13画　準2級

**音読み**　ショウ（ソウ）

**訓読み**　（すす-める）

**成り立ち**　形声。旧字は「奬」で、大＋將。大きく伸ばし前進させる。

**意味**　❶すすめはげます。「恩奨・勧奨・奨学金・奨励・推奨・報奨」

▽（ドリンク剤）飲み過ぎ・食べ過ぎにお**奨め**します（＝ぜひにと言う）。

▽風邪の予防に水うがいを**奨める**（＝奨励する）。

# すてる

捨（棄）

**使い分けマニュアル**　「**捨てる**」は不用物を処分する場合、以後の関係を断つ場合などに。「**棄てる**」は二度と取り上げないつもりで放棄する場合に。

家庭を捨てる。（顧みないで仕事に打ち込む）
家庭を棄てる。（家出する）

## 捨

11画　5級

**音読み**　シャ

**訓読み**　す-てる（ほどこ-す）

**成り立ち**　形声。手＋舍。手を放して放置する。

**意味**　❶すてる。なげだす。「四捨五入・捨象・捨身・取捨」

▽古い家具を**捨て**た（＝不用な物を手元から離す）。

▽（掲示）ごみを**捨て**ないでください。
▽そんな甘い考えは**捨てる**んだね（＝やめる）。
▽先入観を**捨てる**ことが必要だ（＝持たない）。
▽障害者に対する偏見を**捨て**てほしい。
▽積年の憎しみを**捨てる**（＝忘れる）。
▽最後の最後まで希望を**捨てる**な（＝失う）。
▽交差点でタクシーを**捨て**て後は歩いた（＝降りる）。
▽ゴムぞうりを**捨て**て波に足を浸した（＝脱ぐ）。
▽私は過去は**捨て**た（＝忘れる）。
▽西行は世を**捨て**て庵を結んだ（→出家する）。
▽大学教授の地位を潔く**捨てる**（＝顧みない）。
▽遺産相続の権利は**捨てる**よ（＝放棄する）。
▽その仕事で彼は名を**捨て**て実を取った。
▽最後まで試合を**捨てる**な（＝あきらめる）。
▽友の窮状を**捨て**てはおけない（＝放置する）。
▽勝ち負けを**捨て**て全力を尽くすことだけを考える（＝こだわらない）。

慣 小異を**捨て**て大同につく＝多少の意見の相違は無視し、基本姿勢が共通しているものは集まる
掃いて**捨てる**ほどある＝非常にたくさんある
まんざら**捨て**たものではない＝それなりの価値があると認められる

❷ほどこす。「喜捨」

## 棄

13画 3級

**音読み** キ

**訓読み** （す-てる）

**成り立ち** 会意。𠫓＋其＋手。生まれた子をごみとりに入れてすてる。

**意味** ❶うちすてる。「遺棄・棄却・棄権・自暴自棄・唾棄・投棄・廃棄・破棄・放棄」
▽彼女は赤ん坊をコインロッカーに**棄て**た（＝遺棄する）。
▽公園に子犬が**棄て**られていた。
▽お願いだから私を**棄て**ないで（＝振る）。
▽二十歳のとき国を**棄て**た（＝他国へ逃げ出す）。
▽その男は家庭を**棄て**た（＝家出する）。

# すみ(1)

## 炭・墨

**使い分けマニュアル** 「炭」は燃料を表す場合に。「墨」は黒い絵具やその材料、黒い液体を表す場合に。

炭で絵をかく。（木炭画）
墨で絵をかく。（水墨画）

| | 使用漢字 | アクセント |
|---|---|---|
| (1) | 炭墨 | すみ(1) |
| (2) | 隅角 | すみ(2) |

## 炭

9画　8級

**音読み**　タン

**訓読み**　すみ

**成り立ち**　会意。山＋灰。山の中に隠された石炭。

**意味**　❶石炭。「採炭・石炭・炭鉱・炭田・泥炭」

❷すみ。「薪炭・木炭」

▽燃え残りのまきが**炭**になっていた（＝木炭）。

▽最近の高級な**炭**は百グラム一万円もする。

▽山あいに**炭**を焼く煙が立ち昇っている。

▽七輪に**炭**をおこしてサンマを焼く。

▽画用紙に**炭**でさらさらとデッサンした。

▽焼き網の焼けこげが**炭**になった（↓炭化）。

❸炭素。「炭化・炭酸・炭水化物・炭素・二酸化炭素」

## 墨

14画　3級

**音読み**　ボク（モク）

**訓読み**　すみ（むさぼ-る）

**成り立ち**　会意。土＋黒。煙突についたすすを固めた物。

**意味**　❶すみ。「水墨・白墨・墨汁・墨跡・名墨」

▽鍋底の**墨**を掻き落とす（＝すす）。

▽**墨**をすって心を静める（↓固体）。

▽筆に**墨**を含ませる（↓液体）。

▽空には**墨**を流したような雲が広がっている。

▽図面に**墨**を入れて完成する（＝黒色絵具）。

▽風景を**墨**一色で描く。

▽スパゲッティをイカの**墨**で煮る（＝黒い液体）。

㊝**墨**と雪＝まったく異なる二つの物のたとえ

**墨**は餓鬼にすらせ筆は鬼に持たせよ＝墨は力を入れないですり、筆は力強く持って書くべきだ

❷書画。「遺墨・貴墨・墨客」

▽**墨**絵（↓水墨画）。

❸墨子。「墨守」

# すみ(2)

隅（角）

**使い分けマニュアル**

「**隅**」は一般に広く用いられる。「**角**」は平面の直角の部分を表す場合に。

庭の隅に落ち葉がたまる。（端）
庭の角に落ち葉がたまる。（直角部分）

†「すみ(1)」「すみ(2)」の使い分けは230ページ参照。

## 隅

12画　準2級

**音読み**　グウ
**訓読み**　すみ
**成り立ち**　形声。阜＋禺。土盛りの曲がったすみ。
**意味**　❶かたすみ。「一隅・辺隅・路隅」
▽窓ガラスの**隅**は掃除しにくい（＝端）。
▽庭の**隅**にごみを掃き寄せる。
▽室内犬が部屋の**隅**に丸まっている。
▽売り場の四**隅**に監視カメラが設置されている。
▽彼は電車ではいつも**隅**の席に座る。
▽この町内のことは**隅**から**隅**まで知っている（↓くまなく全部）。
▽社会の**隅**でひっそりと暮らす（＝目立たない場所）。
▽叱られた子は**隅**で小さくなっていた。
▽頭の**隅**にちらりとある考えが浮かんだ（↓中心でない部分）。
慣 重箱の**隅**をつつく＝あら探しをする
**隅**に置けない＝軽視できない

## 角

7画　9級　⇩かど

**音読み**　カク
**訓読み**　かど・つの（すみ・くら－べる）
**成り立ち**　象形。牛のつの。
**意味**　❶つの。「一角獣・角質・角膜・互角・犀角・触角・折角・頭角」
❷かど。「角材・口角・三角・四角・方角」
▽窓ガラスの**角**は掃除しにくい（＝直角部分）。
▽風呂場のタイルの**角**にカビが生えた。
†漢字「角」は直角を二百七十度側から見た意味。日本語「すみ」は九十度側から見た意味。
❸二つの直線が交わる所。「鋭角・外角・角度・仰角・広角・死角・直角・鈍角・内角」

†❸は漢字本来の意味ではない。
❹くらべる。「角逐・角力」

## すむ　住・済・澄（棲）

**使い分けマニュアル**　「**住む**」は人間が居住・生活する場合に。「**棲む**」は動物などが生息する場合に。「**澄む**」は水・空気・色・音などが透明・純粋になる場合に。「**済む**」は物事が完了・解決する場合に。

アフリカに住む。（住居をかまえる）
アフリカに棲む。（野生動物が）
きれいに澄む。（水が透明になる）
きれいに済む。（完了する）

### 住　7画　8級

**音読み**　ジュウ
**訓読み**　す-む・す-まう（とど-まる）
**成り立ち**　形声。人+主。じっと立って動かない人。
**意味**　❶とどまる。すむ。「安住・移住・永住・居住・在住・住居・住所・住職・住宅・住民・先住・定住」
▽都会を嫌って田舎に**住む**（=人が居住する）。
▽彼は大きな家に一人で**住ん**でいる。
▽その家族は一つ家に**住ん**でいるのに、一週間に一度も全員そろって食事することがない（=生活する）。
▽その部屋には誰も**住ん**でいない。
▽彼には**住む**家がない（=安住する）。
㊥**住む**世界が違う=生活環境や考え方が違う
**住め**ば都=どんな所でも住み慣れた場所が最もよい所である

### 済　11画　5級

**音読み**　サイ（セイ）
**訓読み**　す-む・す-ます（わた-る・わた-す・すく-う・な-す）
**成り立ち**　形声。旧字は「濟」で、水+齊。水量をそろえて調節する。
**意味**　❶たすける。「救済・共済・経済・弘済」
❷なしとげる。「完済・決済・返済・弁済・未済」
▽今日は仕事が早く**済ん**だ（=完了する）。
▽宿題がまだ**済ま**ない（=終わる）。
▽試験の採点がやっと**済ん**だ。

▽支払いは九年先まで**済ま**ない（＝完済する）。
▽帳簿に**済**の判を押す（＝完了）。
▽**済ん**でしまったことは忘れたい（＝解決する）。
❸数が多い。「多士済々」

## 澄

15画　4級

**音読み** チョウ
**訓読み** す-む・す-ます
**成り立ち** 形声。水＋登。上に昇ってきたうわずみ。
**意味** ❶すむ。「清澄・澄心・澄明・明澄」
▽濯ぎの水が**澄ん**できたら柔軟剤を入れる（→濁りがなくなる）。
▽湖の**澄ん**だ水（＝透明な）。
▽秋になると空気が**澄ん**でくる（＝霞がなくなる）。
▽冬の夜空に**澄ん**だ月が浮かぶ（＝曇りがない）。
▽**澄み**きった青空（＝純粋である）。
▽その絵は**澄ん**だ色彩が特徴だ（＝混じりけがない）。
▽女学生たちの**澄ん**だ歌声が聞こえた（＝よけいな雑音がない）。
▽仏壇のおりんの**澄ん**だ音が響いた（＝複雑な響きが混じらない）。
▽「しろがね」という言葉は、上代は「しろかね」と**澄ん**で読んだ（→子音を無声で発音する）。
▽こまがじっと**澄ん**でいる（→止まって見えるように一点で回転する）。

## 棲

12画　準1級

**音読み** セイ
**訓読み** す-む・すみか
**成り立ち** 形声。木＋妻。鳥がそろって止まる木。
**意味** ❶宿とする。「隠棲・群棲・同棲・両棲類」
▽ウグイスは藪に**棲む**（＝生息する）。
▽昔の里山にはキツネやタヌキが**棲ん**でいた。
▽二人は出会って一か月後には一緒に**棲ん**だ（＝同棲する）。

## する
### 刷・擦（磨・擂・掏・摺）

**使い分けマニュアル** 「**刷る**」は印刷する場合に。「**擦る**」は摩擦して損なわれる場合に。「**磨る**」はみがく場合に。「**擂る**」はごまや味噌をする場合に。「**掏る**」は金品をかすめ取る場合に。「**摺る**」は激しくすって落とす場合に。

きれいに刷る。（版画を美しく印刷する）
きれいに擦る。（傷口が治療しやすい）
きれいに磨る。（錆を完全に落とす）
きれいに擂る。（ごまをきめ細かく）
きれいに掏る。（全額盗まれる）
きれいに摺る。（賭けた全部をなくす）

## 刷

8画　7級

**音読み**　サツ

**訓読み**　す－る（は－く）

**成り立ち**　会意。刀＋尸＋巾。汚れを刀で削り取る。

**意味**　❶けずり取る。「刷新」

❷こする。「印刷・縮刷・増刷」

▽版画を**刷る**（＝印刷する）。
▽カレンダーを**刷る**（＝印刷・製作する）。
▽本の初版を五千部**刷る**（＝印刷・製本する）。
▽このページ、**刷り**が薄いよ（→印刷の色）。

## 擦

17画　3級

**音読み**　サツ

**訓読み**　す－る・す－れる（こす－る・なす－る・さす－る・かす－れる）

**成り立ち**　形声。手＋察。ぎざぎざを手でこする。

**意味**　❶こする。「擦過傷・摩擦」

▽マッチを**擦って**火をつける（＝互いに摩擦させる）。
▽ころんでひざを**擦り**むいた。
▽袖口が**擦れ**て傷んでいる（＝擦り切れる）。
▽**擦り**傷を消毒する（→こすった傷）。

## 磨

16画　準2級

**音読み**　マ（バ）

**訓読み**　みが－く（と－ぐ・す－る）

**成り立ち**　形声。石＋麻。石をこすりあわせる。

**意味**　❶みがく。「研磨・切磋琢磨・磨石・練磨」

▽螺鈿の細工を**磨る**（＝みがく）。

❷すりへる。「鈍磨・不磨・磨崖仏・磨滅・磨耗」

▽鏃を平らな石で**磨って**研ぐ（＝押しつけて動かす）。
▽心静かに墨を**磨る**（＝少しずつ削る）。
▽鉄鍋の錆を**磨って**落とす（＝削り取る）。

## 擂

16画　1級

**音読み**　ライ

**訓読み** すーる・すりつぶーす・みがーく・うーつ

**成り立ち** 形声。手＋雷。ごろごろと音をたててする。

**意味** ❶する。「擂鉢」

▽薬草を薬研で**擂る**（＝細かくつぶす）。

▽味噌を**擂って**旨みを出す（＝粒をなくす）。

▽（老人が）このりんご、硬いから**擂って**よ（＝すりおろす）。

▽ほうれんそうを**擂り**ごまであえる。

㊪ごまを**擂る**＝おべっかを使う

❷うつ。「擂鼓」

## 掏

11画　1級

**音読み** トウ

**訓読み** えらーぶ・すーる

**成り立ち** 形声。手＋匋。土をこねる手つきですくう。

**意味** ❶すくう。「掏換」

❷手さぐりで取る。「掏児・掏摸」

▽人ごみで財布を**掏られ**た（＝かすめ取る）。

▽盛り場には**掏摸**が横行している（＝窃盗犯）。

## 摺

14画　準1級

**音読み** ショウ・ロウ

**訓読み** たたーむ・ひだ・すーる・くじーく

**成り立ち** 形声。手＋習。重ねて折り畳む。

**意味** ❶折り畳む。「摺畳・摺扇・摺本」

❷ひしぐ。「摺脇」

❸こする。

▽やれ打つな蝿が手を**摺る**足を**摺る**（↓こするようにして拝む）。

▽銭湯で垢を**摺る**（＝摩擦して落とす）。

▽もみを**摺る**（↓脱穀する）。

❹減らしてなくす。

▽競馬で有り金全部**摺って**しまった（＝なくす）。

▽カジノで千ドル**摺った**（＝賭けで失う）。

†❸❹は漢字本来の意味ではない。

# せめる

攻・責（譴）

**使い分けマニュアル** 「**攻める**」は敵対する相手を攻撃する場合に。「**責める**」は自分や相手の欠点をちくちくとがめる場合、拷問する場合に。「**譴る**」は言葉で叱責する場合に。

容赦なく攻める。（落城寸前の敵を）
容赦なく責める。（拷問する）
容赦なく譴める。（激しく問い詰める）

## 攻　7画　4級

**音読み**　コウ

**訓読み**　せ-める（おさ-める・みが-く）

**成り立ち**　形声。攴+工。道具で突き通す。

**意味**　❶せめる。うつ。「強攻・攻撃・攻守・攻勢・攻防・攻略・侵攻・正攻法・拙攻・速攻・猛攻」
▽大軍でとりでを**攻める**（＝攻撃する）。
▽（野球）巨人は嵩にかかって**攻めた**（＝ヒットを打つ）。
▽（サッカー）相手のゴールを**攻める**（＝点を取ろうとする）。
▽（相撲）白鵬は右をおっつけて**攻めた**（＝前に出る）。
▽泣き落としの手で**攻める**（＝要求する）。
▽仕事では**攻め**の姿勢が大切だ（↓積極的な）。
▽火〔水〕**攻め**（↓火〔水〕を使って攻撃する）。
❷みがく。「攻玉・専攻」

## 責　11画　6級

**音読み**　セキ（シャク）

**訓読み**　せ-める

**成り立ち**　形声。貝+束。貸借をちくちくとせめる。

**意味**　❶せめる。とがめる。「呵責・譴責・自責・叱責・面責・問責」
▽部下のミスを**責める**（＝過失を叱る）。
▽そんなに**責め**ないでくれ（＝なじる）。
▽母は息子の不心得を**責めた**（＝強く諭す）。
▽あまり自分を**責め**ないほうがいい（↓自責）。
▽休みの日はどこかに連れていけと子供に**責められる**（＝強く迫る）。
▽毎日借金取りに**責められ**ている。
▽犯人は良心に**責められ**て犯行を自白した。
▽水〔石子〕**責め**（＝水〔石〕を使って苦しめる）。
▽地獄の**責め**苦。
▽将軍は毎朝馬を**責める**（＝調教する）。
❷負わなければならない義務。「引責・重責・職責・責任・責務・文責・免責」
▽万一のときの**責め**は私が負う（＝責任）。

## 譴　21画　1級

**音読み**　ケン

**訓読み**　とが-める・せ-める・とが-め

**成り立ち** 形声。言＋遣。遠ざけようと言葉でせめる。

**意味** ❶とがめる。「譴責・譴怒・譴罰・天譴」

▽野党議員は政府の対応を厳しく**譴**めた（＝追及する）。

▽社長は部長の管理不行き届きを**譴**めた（＝なじる）。

## そう・そえる　沿・添（副）

**使い分けマニュアル** 「**沿う**」は線状の物の側についているという場合、その比喩的な用法で。「**添う**」はぴったりくっつく場合、目的にかなう場合に。「**副う**」はつき従う場合に。

「**添える**」は一般に広く用いられる。「**副える**」はつき従える場合に。

国策に沿う。（きまりどおりに）

国策に添う。（目的に合致する）

国策に副う。（補足となるきまり）

| 使用漢字 | 自動詞 | 他動詞 | 可能動詞 |
|---|---|---|---|
| 沿 | そう | ― | そえる |
| 添副 | そう | そえる | そえる |

## 沿

8画　5級

**音読み** エン

**訓読み** そ-う（ふち）

**成り立ち** 形声。水＋㕣。水がふちにそって流れる。

**意味** ❶ふち。へり。「沿海・沿革・沿岸・沿線・沿道」

▽谷川の流れに**沿**った所に水車小屋がある（↓側）。

▽その道は森に**沿**って続いていた（↓ふち）。

▽海岸線に**沿**って高速道路が走っている（＝平行）。

▽土産物店が街道に**沿**って並んでいる。

▽この道に**沿**って行けばやがて神社に出る。

▽登山ルートに**沿**って登る（＝従う）。

▽文脈に**沿**って要旨を考える（＝その通りに）。

▽環境対策は国策にも**沿**っている（＝合致する）。

▽政策は福祉重視の路線に**沿**っている。

▽父の方針に**沿**って厳しく育てられた（↓基準通りに）。

## 添

11画　4級

**音読み** テン

**訓読み** そ-える・そ-う

**成り立ち** 形声。水＋忝。薄い水の膜をはりつける。

**意味** ❶そえる。「添加・添削・添乗員・添付」

▽彼女には身に**添う**気品がある（＝伴う）。
▽光には必ず影が**添う**（＝つき従う）。
▽プレゼントに手紙を**添える**（＝一緒につける）。
▽手作りの品に真心を**添え**て贈ります（＝付属させる）。
▽課長が脇から言葉を**添え**てくれた（＝補足する）。
▽（不採用通知）残念ながら御希望に**添え**ないこととなりました。
▽御期待に**添える**よう頑張ります（＝目的に合致する）。
㊕影の形に**添う**がごとく＝物の影がその物にぴったりついて離れないように
人には**添う**てみよ＝人は結婚してみなければ、外から見ただけではそのよさはわからない

## 副　11画　7級

**音読み**　フク（フウ）
**訓読み**　（そ－う）
**成り立ち**　形声。刀＋畐。刀で裂いた二つがペアをなす。
**意味**　❶つきそう。「正副・副業・副作用・副産物・副詞・副社長・副賞・副食・副腎・副葬品・副知事」
▽念のため、書類にコピーを**副え**て先方に渡した（＝副本）。

# そそぐ　注（雪・灌）

**使い分けマニュアル**　「注ぐ」は川が流れ込む場合、水などを振りかける場合に。「雪ぐ」は清浄に洗い流す場合に。「灌ぐ」は上から水などを振りかける場合に。

水を注ぐ。（沸騰している鍋に）
水を灌ぐ。（地蔵の頭から）

## 注　8画　8級　⇩さす、つぐ・つぎ

**音読み**　チュウ
**訓読み**　そそ－ぐ（つ－ぐ・さ－す）
**成り立ち**　形声。水＋主。水をじっと立つようにそそぐ。
**意味**　❶そそぐ。「注射・注入・注連・流注」
▽隅田川は東京湾に**注ぐ**（＝流れ込む）。
▽水門を開けて田に水を**注ぐ**（＝入れる）。
▽滝のしぶきが紅葉に**注ぎ**かかる（＝降りかかる）。
▽目に薬剤を**注い**で洗う（＝流し入れる）。
▽杯になみなみと酒を**注い**だ（＝器につぐ）。

▽どんぶりにお湯を**注ぎ**、蓋をして三分待つ。
▽母は小皿にしょうゆを**注い**でくれた。
▽植木鉢に水を**注ぎ**かける。
▽会葬者は幼い遺児の姿に涙を**注い**だ（↓泣く）。
▽雲間から**注ぐ**春の日差し（↓光が差し込む）。
慣朱を**注ぐ**＝ぽっと赤くなる
　火に油を**注ぐ**＝ますます勢いを盛んにさせる様子
❷一点に集める。「傾注・注意・注視・注目」
▽娘に精一杯の愛情を**注い**で育てる（＝集中する）。
▽彼は装置の完成に全力を**注い**だ。
▽長年の心血を**注ぐ**研究が報われた。
▽彼の指摘に全員の視線が**注がれ**た（＝凝視する）。
▽自分の子供に意を**注ぐ**べきだ（＝注意する）。
▽世界中の目が中東情勢に**注がれ**ている。
❸あつらえる。「外注・注進・注文・特注・発注」
❹詳しく説明する。「脚注・注記・注釈・補注・訳注」

## 雪

11画　9級　⇩すすぐ

**音読み** セツ
**訓読み** ゆき（すすーぐ・そそーぐ）
**成り立ち** 会意。雨＋彗。真っ白にぬぐい取る。
**意味** ❶すすぐ。ぬぐう。「雪辱」
▽恥を**雪ぐ**（＝きれいにする）。
▽何としても汚名を**雪ぎ**たい（＝なくす）。
❷ゆき。「降雪・豪雪・残雪・春雪・除雪・新雪・積雪・雪害・雪渓・雪月花・雪原・氷雪・風雪・防雪」
❸ゆきのように白い。「雪肌・雪白・雪髪・梨雪」

## 灌

20画　準1級

**音読み** カン
**訓読み** そそーぐ
**成り立ち** 形声。水＋雚。水をどっとそそぎかける。
**意味** ❶水をそそぎかける。「灌漑・灌水・灌仏」
▽仏像に甘茶を**灌ぐ**（＝液体をかける）。
❷群がり生える。「灌木」

# そなえる・そなわる

備・供（具）

**使い分けマニュアル** 「**備える**」は将来のために準備する場合、設備として持っている場合に。「**供える**」は神仏に捧げる場合に。「**具える**」は能力や条件として持っている場合に。

「**備わる**」は準備されている場合、設備として持っている場合に。「**具わる**」は能力や条件として持っている場合に。

米を備える。（非常食として）
米を供える。（神前に）
能力が備わる。（設備についている）
能力が具わる。（人が持っている）

| 使用漢字 | 他動詞 | 自動詞 |
| --- | --- | --- |
| 備 具 | そなえる | そなわる |
| 供 | そなえる | ー |

## 備

12画 6級

**音読み** ビ（ヒ）

**訓読み** そな－える・そな－わる（つぶさ－に）

**成り立ち** 形声。人＋𤰇。人がえびらをつけてそなえる。

**意味** ❶あらかじめ用意する。「軍備・警備・守備・準備・備考・備蓄・備忘録・防備」

▽敵の襲来に**備える**（→迎え撃つ準備をする）。
▽台風に**備え**て雨戸を釘付けした。
▽万一の事態に**備え**ておく（→対策を立てる）。
▽社長は最悪の事態に**備え**て手を打った。
▽弟は入試に**備え**て受験勉強に余念がない。
▽選手は早めに床につき翌日の試合に**備え**た。
▽両親は老後に**備え**て年金を蓄えている。
㊜**備え**あれば憂いなし＝日ごろ準備をきちんとしておけば、いざというときに困らずにすむ

❷持っている。「完備・具備・常備・整備・設備・装備・配備・備品・不備・予備」

▽このホテルには最新式の設備が**備わ**っている（＝持っている）。
▽個室にはテレビと冷蔵庫が**備え**られている。
▽体育館に**備え**てある備品は大切に使おう。
▽国会図書館には日本で発行されたほとんどの本が**備え**られている。

## 供

8画 5級 ⇩とも

**音読み** キョウ・ク

**訓読み** そな－える・とも

**成り立ち** 形声。人＋共。両手で丁寧に捧げ持つ。

**意味** ❶差し出す。「供応・供花・供給・供出・供託金・供与・供覧・供物・供養・試供品・提供」

▽仏壇に花と水を**供える**（＝捧げる）。
▽先祖の墓に酒と花を**供え**た（＝手向ける）。

▽村祭りでは新米を神前に**供え**て祈る（＝置く）。
▽年末にお**供え**を注文する（↓鏡餅）。
❷事情を述べる。「供述・自供」
❸仕える。「供奉」

## 具

8画　8級

**音読み**　グ

**訓読み**　（つぶさ-に・そな-える・そな-わる・そろ-い・つま）

**成り立ち**　会意。貝＋廾。鼎を両手で捧げる。

**意味**　❶そろっている。「具象・具体・具備・不具・具有」
▽イルカは高い言語能力を**具え**ている（＝持っている）。
▽彼はリーダーの資質を**具え**ている。
▽おのずから身に**具わ**った品がある（＝存在する）。
▽この書類は必要な書式を**具え**ていない（＝条件として持つ）。
▽北京市にはオリンピック開催地としての条件が**具わっ**ている。
❷目的のために使う物。「家具・玩具・器具・寝具・道具・農具・武具・仏具・文房具・民具・遊具・用具」
❸詳しい。「具現・具申・敬具」

# そめる・そまる

初・染

**使い分けマニュアル**　「**初める**」はし始める意の複合動詞の場合に。「**染める**」は色をつける場合などに。「そまる」は「**染まる**」のみ。

彼女を見初める。（初めて女性として意識する）
彼女を見染める。（好きになる）

| 使用漢字 | 他動詞 | 自動詞 |
|---|---|---|
| 初 | そめる | ー |
| 染 | そめる | そまる |

## 初

7画　7級　⇩はじめ・はじめる

**音読み**　ショ（ソ）

**訓読み**　はじ-め・はじ-めて・はつ・うい・そ-める（うぶ）

**成り立ち**　会意。刀＋衣。衣にはじめて刀を入れる。

**意味**　❶はじめて。「初演・初見・初婚・初出・初対面・初潮・初任給・初犯・初夜」

❷物事のはじめ。「最初・初期・初級・初旬・初志・初心・初代・初段・初頭・初日・初歩・初老・当初」
▽夜がしらじらと明け**初める**（＝明け始める）。
▽先輩を思い**初め**た乙女心を日記につづる。
▽正月の書き**初め**（↓新年初めての書道）。

## 染

9画　5級　⇩しみる

**音読み**　セン（ゼン）

**訓読み**　そ－める・そ－まる・し－みる・し－み

**成り立ち**　会意。水＋杂。器に染料を入れてじわじわとそめる。

**意味**　❶そめる。ひたす。「浸染・染色・染料・媒染」
▽さらしを藍で**染める**（＝色をつける）。
▽髪を栗色に**染める**。
▽爪をマニキュアで**染める**（＝塗る）。
▽夕焼けが空を真っ赤に**染めた**（＝色づく）。
▽顔が真っ赤に**染まった**。
▽一杯のワインが彼女の頬をバラ色に**染めた**。
▽男は胸を血で**染めて**倒れていた（↓血まみれ）。
❷しみこむ。うつる。「愛染・汚染・感染・伝染」
▽彼の温かさが彼女の胸を**染めた**（↓印象を残す）。
▽高校の時悪事に手を**染めた**（↓始める）。
▽土地の習慣に**染まる**（＝影響される）。
▽すっかりぜいたくに**染まって**しまった（＝慣れる）。
▽大臣の令嬢に見**染められる**（↓愛される）。
▽そもそもの馴れ**染め**を聞かせてください（↓知り合うきっかけ）。
㊖筆を**染める**＝書画を書き始める

## そる・それる・そらす　反（逸）

**使い分けマニュアル**　「**反らす**」は物を通常とは反対側に曲げる場合に。「**逸らす**」は逃す、外すという場合に。「そる」は「**反る**」のみ。「それる」は「**逸れる**」のみ。

首を反らす。（後ろに曲げる）
首を逸らす。（当たらないようによける）

| 使用漢字 | 自動詞 | | 他動詞 |
|---|---|---|---|
| 反 | そ｜る | － | そら｜す |
| 逸 | － | そ｜れる | そら｜す |

## 反

4画 8級 ⇩かえる(2)・かえす

**音読み** ハン・ホン・タン

**訓読み** そーる・そーらす（かえーす・かえーる・そむーく）

**成り立ち** 会意。厂＋又。薄い板を手で押してそらせる。

**意味** ❶元にかえる。かえす。「反映・反響・反撃・反射・反省・反対・反転・反動・反応・反発・反論・反吐・反故」
❷そむく。「違反・造反・背反・反感・反旗・反逆・反抗・反骨・反則・反対・反発・反乱・謀叛・離反」
❸くりかえす。「反芻・反復」
❹そる。「外反母指・内反足・反脣」
▽その柱は長年の間に**反っ**てしまった（＝曲がる）。
▽窓枠が**反っ**ていて窓が動かない。
▽彼の親指は**反っ**ている（＝しなる）。
▽優勝した選手は得意そうに胸を**反らし**た（＝背中側に曲げる）。
▽その少女は体を**反らす**と頭が足の間から出る。
▽チャンピオンは唇を**反らし**て笑った（↓自慢そうに）。
▽その建物は中国風に**反らし**た屋根が特徴だ（↓天に向く）。
❺土地の単位。「減反・反収」
†❺は漢字本来の意味ではない。

## 逸

11画 準2級

**音読み** イツ（イチ）

**訓読み** （はしーる・うしなーう・そーれる・そーらす・はぐーれる・はやーる・すぐーれる）

**成り立ち** 会意。辵＋兎。ウサギがさっと逃げ失せる。

**意味** ❶はしる。逃げる。「逸散・亡逸」
❷なくなる。「逸史・逸文・逸話・散逸」
❸はずれる。それる。「安逸・逸脱・後逸・飄逸」
▽五発射て一発も的を**逸らさ**なかった（＝外す）。
▽学者の説を引用して批判を**逸らす**（＝かわす）。
▽捕手が球を後ろに**逸らし**た（＝取り損なう）。
▽街道を**逸れ**て間道に入る（＝脇へ行く）。
▽（野球）打球は大きく右に**逸れ**た（＝曲がる）。
▽つい話が脇道に**逸れ**た（↓外れる）。
▽太陽がまぶしくて目を**逸らし**た（↓そむける）。
▽彼女は昔の恋人と目が合って、視線を**逸らし**た。
▽話を**逸らす**な（＝替える）。
▽犯人は警察の注意を**逸らそ**うとした（＝攪乱する）。
▽人の気を**逸らす**（＝乱す）。

▽客を**逸らさ**ない話しぶり（↓退屈させない）。
❹すぐれている。「逸材・逸品・秀逸」

た行

# たえる(1)　耐・堪

**使い分けマニュアル**　「**耐える**」はある状況に負けない場合に。「**堪える**」はある状況を我慢する場合や、「〜にたえない」という慣用句の場合に。

暑さに耐える。（負けない）
暑さに堪える。（じっと我慢する）

| 使用漢字 | 自動詞 | 他動詞 |
| --- | --- | --- |
| 耐堪 | ー | たえる(1) |
| 絶 | たえる(2) | たつ(1) |
| 断裁截 | ー | たつ(1) |

## 耐

9画　4級

**音読み**　タイ

**訓読み**　た-える

**成り立ち** 形声。寸＋而。切れずにもちこたえる。

**意味** ❶もちこたえる。「耐久・耐性・耐用」

▽このシェルターは核攻撃に**耐える**。

▽この橋は阪神大震災級の地震にも**耐えられる**。

▽その堤防は洪水に**耐えられ**なかった。

▽学校の備品は乱暴な扱いに**耐えられる**。

▽彼はどんな困難にも**耐えられる**人間だ。

▽法隆寺は千年の風雪に**耐えて**建っている。

▽このテーブルは屋外での使用に**耐える**。

❷こらえる。「耐火・耐水・耐熱・耐乏・忍耐」

▽苦痛に**耐える**（＝こらえる）。

▽このビニール袋は高温に**耐える**（＝影響されない）。

▽深海魚は高い水圧に**耐えられる**。

▽極地の動物は寒冷な気候に**耐える**。

▽東京の暑さには**耐えられ**ない。

▽彼女は幾多の試練に**耐えて**成功した。

## 堪

12画 準2級 ⇩こたえる、ためる・たまる

**音読み** カン（タン）

**訓読み** た-える（こら-える・こた-える・たま-る）

**成り立ち** 形声。土＋甚。分厚くて重みのある山。

**意味** ❶こらえる。「堪忍」

▽こんな屈辱には**堪えられ**ない（＝我慢する）。

▽昔の日本人は貧乏に**堪えて**いた。

▽部長のセクハラは**堪えられ**ない。

▽市民は圧政に**堪えず**蜂起した。

▽政治家の汚職事件は憂慮に**堪え**ない（↓非常に遺憾だ）。

▽皆様方の御厚情は感謝に**堪え**ません（↓非常にありがたい）。

▽その本は一読に**堪える**内容がある（＝価値がある）。

▽彼なら十分に議長の任に**堪えられる**（↓務まる）。

▽評論家の批評に**堪える**記事を書く（＝受け止める）。

(慣)聞くに**堪え**ない＝内容や言い方がひどくて聞いていられない

見るに**堪え**ない＝内容や外見がひどくて見ていられない

❷すぐれる。「堪能・不堪」

## たく

炊（焚・薫）

**使い分けマニュアル** 「**炊く**」は飯や煮物を調理する場合に。「**焚く**」は火をつけて燃やす場合に。「**薫く**」は香木をたく場合に。

炊き物の香り。（おいしそうな煮物のにおい）
焚き物の香り。（部屋に漂うアロマの香り）
薫物の香り。（部屋に漂うお香の香り）

## 炊 8画 3級

**音読み** スイ
**訓読み** た-く（かし-ぐ）
**成り立ち** 会意。火＋欠。しゃがんで火を吹きおこす。
**意味** ❶火を使って食事の用意をする。「自炊・炊煙・炊事」
❷たく。「一炊・炊飯機・雑炊・飯盒炊爨」
▽電気釜でごはんを**炊く**（＝調理する）。
▽赤飯を**炊い**て大学合格を祝う。
▽母がおかゆを**炊い**てくれた（＝煮る）。
▽大根と里芋の**炊き**合わせ（↓煮物）。
▽鳥の水**炊き**（↓水から煮る）。
❸吹く。「炊累」

## 焚 12画 準1級

**音読み** フン
**訓読み** や-く・た-く
**成り立ち** 会意。火＋林。林が煙を吹き上げて燃える。
**意味** ❶やきはらう。「焚刑・焚死・焚書・焚身」
▽枯れ木を拾って火を**焚い**た（＝燃やす）。
▽能舞台の前庭にかがり火を**焚く**。
▽祭壇では護摩を**焚い**ている。
▽落ち葉をはき集めて**焚き**火をする。
▽まきで風呂を**焚く**（↓湯をわかす）。
▽石炭を**焚い**て暖を取る（↓熱を得る）。
▽ストロボを**焚い**て写真を撮る（↓光を得る）。
▽蚊取り線香を**焚い**て蚊を追い払う（↓煙を得る）。

## 薫 16画 準2級 ⇩かおる・かおり

**音読み** クン
**訓読み** かお-る（かおりぐさ・た-く）
**成り立ち** 形声。草＋熏。香草のにおいがたちこめる。
**意味** ❶よいにおい。「薫香・薫風・余薫」
❷よい感化を与える。「薫育・薫化・薫陶」
❸いぶす。「薫灼・薫製」
▽源氏は衣に香を**薫き**しめた（↓香りを得る）。
▽床の間に**薫**物が香っている（↓香木）。

# たくわえる

## 蓄（貯）

**使い分けマニュアル** 「**蓄える**」は少しずつ集めてたくわえる場合に。「**貯える**」はいつもあるようにためておく場合に。

財産を蓄える。（いつの間にか金持ちになった）
財産を貯える。（昔から金持ちだった）

### 蓄 13画 4級

**音読み** チク

**訓読み** たくわ-える

**成り立ち** 形声。草＋畜。越冬の際たくわえる野菜。

**意味** ❶ためておく。「蘊蓄・含蓄・蓄財・蓄積・貯蓄・備蓄」

▽飢饉に備えて食糧を**蓄える**（＝取っておく）。
▽先祖代々**蓄え**てきた財産を売り払った（↓蓄財）。
▽電気を化学エネルギーに変えて**蓄える**（↓蓄電）。
▽日頃**蓄え**た実力を遺憾なく発揮する（＝ためる）。

❷やしなう。「蓄髪・蓄鋭」

▽老人はあごひげを**蓄え**ていた（＝長く伸ばす）。

### 貯 12画 7級 ⇩ためる・たまる

**音読み** チョ

**訓読み** （たくわ-える）

**成り立ち** 形声。貝＋宁。枠の中に財貨をいっぱい詰め込む。

**意味** ❶たくわえる。「貯金・貯水・貯蔵・貯蓄」

▽ダムに水を**貯える**（↓貯水池）。
▽老後の**貯え**に手をつけたくない（↓貯金）。

# たすける・たすかる

## 助（扶・援・輔）

**使い分けマニュアル** 「**助ける**」は脇から手を出して力を加える場合に。「**扶ける**」は支えとなる場合に。「**援ける**」はたすけることによって相手に余裕ができる場合に。「**輔ける**」は弱小の主体を脇から補佐する場合に。「**助かる**」はすべての場合に広く用いられる。

子供を助ける。（難民の子の命を救う）
子供を扶ける。（養育する）
子供を援ける。（奨学金で大学に行かせる）
子供を輔ける。（幼少の主君を補佐する）

| 使用漢字 | 他動詞 | 自動詞 |
| --- | --- | --- |
| 助 | たすける | たすかる |
| 扶援輔 | たすける | ー |

## 助 7画 8級

**音読み** ジョ
**訓読み** たす-ける・たす-かる・すけ
**成り立ち** 形声。力+且。力をかさねる。
**意味** ❶すくう。「救助・自助・助命」
▽車にひかれて瀕死のネコを**助けた**（＝救う）。
▽この子はもう**助からない**（＝命を永らえる）。
▽命ばかりは**助けて**くれ（↔殺さないで見逃す）。
▽A銀行が苦境にあったわが社を**助けて**くれた。
▽**助ける**と思って五十万貸してくれ。
▽難民を**助ける**会に入った。
❷力を貸す。「援助・介助・助演・助言・助詞・助手・助成・助走・助長・助役・助力・内助・扶助・補助」
▽アルバイトをして家計を**助ける**（＝補助する）。
▽専務はよく私を**助けて**くれるよ（＝補佐する）。
▽マリーは夫を**助けて**研究を続けた（＝手伝う）。
▽息子は母を**助けて**荷物を運んだ（＝力を貸す）。
▽兄弟互いに**助け**合うことが大切だ（＝協力する）。
▽君が手伝ってくれたんで**助かった**（＝楽になる）。
▽ウーロン茶は脂肪の消化を**助ける**（＝働きを促進する）。
▽微量元素は植物の成長を**助ける**。
▽公共事業は地元の発展を**助ける**（＝促す）。
▽豊富なイラストが本文の理解を**助ける**（＝進める）。
(慣)芸は身を**助ける**＝何か技術や芸を持っているとそれを生活の糧にすることができる
弱きを**助け**強きを挫く＝弱い者に味方して強い者を抑える

## 扶 7画 準2級

**音読み** フ
**訓読み** （たす-ける）
**成り立ち** 形声。手+夫。手を脇に入れて支える。
**意味** ❶ささえる。「給扶・扶助・扶持・扶養」
▽松葉杖に**扶けられて**ようやく歩けた（＝物理的に支える）。

▽祖母は嫁の手に**扶け**てもらって体を起こした。
▽私には貧しい人々を**扶ける**力はない（＝経済的に支える）。
❷広がる。「扶疏」
❸早い。「扶揺」

## 援

12画 4級

**音読み** エン
**訓読み** （ひ-く・たす-ける）
**成り立ち** 形声。手＋爰。脇から仲介に入る。
**意味** ❶ひきよせる。「援引・援用」
❷たすける。「援軍・援護・援助・応援・救援・後援・支援・声援」
▽歳末**援け**合い運動（＝支え合う）。
▽先輩に残業を**援け**てもらった（＝代わりに一部を行う）。
▽「ずいぶん大きなトンカツだな、**援け**てやろうか」「いい！　一人で全部食べられる！」

## 輔

14画 準1級

**音読み** フ・ホ
**訓読み** たす-ける・すけ
**成り立ち** 形声。車＋甫。車の荷台を支える添え木。
**意味** ❶力を添えてたすける「輔佐・輔弼」
▽家老は幼君を**輔け**て藩を盛り立てた（＝輔弼する）。
❷ほおぼね。「唇歯輔車」

# たずねる

尋・訪（訊）

**使い分けマニュアル** 「**尋ねる**」はわからないものを人に聞いたり自分で調べたりして探る場合に。「**訪ねる**」は目的地である先方に行く場合に。「**訊ねる**」は問いただす場合に。

会社に尋ねる。（問い合わせる）
会社に訪ねる。（人を訪問する）
会社に訊ねる。（責任者に問いただす）

## 尋

12画 4級

**音読み** ジン
**訓読み** たず-ねる（つね・ひろ）
**成り立ち** 会意。左＋右＋寸。左右の腕をいっぱいに伸ばした長さ。

**意味** ❶ひろ。長さの単位。「尋引・千尋」

❷問いただす。「審尋・尋問・追尋・来尋」

▽通りがかりの人に道を**尋ねた**（＝質問する）。

▽デパートの店員に売り場を**尋ねる**。

▽詳しいことは係の者にお**尋ね**ください。

▽その子があまりかわいかったので名前を**尋ねた**。

▽戦地にいる息子の安否を**尋ねる**（＝問い合わせる）。

▽地名の由来を**尋ねる**（＝調べる。聞く）。

▽母を**尋ねて**三千里（＝一歩ずつたどって行く）。

▽哺乳類の祖先を**尋ねて**いくと、モグラのような食虫類にゆきつく（＝わからないものを探り調べる）。

▽禅の奥儀を**尋ねて**古文書をあさった。

▽あいつはお**尋ね**者だ（↓捜査されている者）。

▽新聞の**尋ね**人欄に友人の名前を見つけた。

❸ふつう。「尋常」

## 訪

11画 5級

**音読み** ホウ

**訓読み** おとず-れる・たず-ねる（と-う・おとな-う）

**成り立ち** 形声。言＋方。右に左にさがし回る。

**意味** ❶問う。「訪議・訪求」

❷おとずれる。「再訪・探訪・訪問・来訪・歴訪」

▽友人を会社に**訪ねる**（＝訪れる）。

▽十年ぶりに母の故郷を**訪ねた**。

▽その病院は遠くから患者が**訪ねて**くる（＝来る）。

▽お近くへおいでの節はお**訪ね**ください（＝寄る）。

▽各地の風物を**訪ねる**旅をしたい（＝おとなう）。

▽古代の遺跡を**訪ねて**青森を訪れた（＝探す）。

▽一行は古都の春を**訪ねて**散策した（＝味わう）。

## 訊

10画 準1級 ⇩きく(1)

**音読み** シン・ジン

**訓読み** たず-ねる・と-う・き-く・たよ-り

**成り立ち** 形声。言＋卂。すばやく次々とたずねる。

**意味** ❶たずねる。「訊問・審訊」

▽（警官が）ちょっとお**訊ね**したいことがあります（＝訊問する）。

▽医者に病状を**訊ね**たが、よく教えてくれなかった（＝次々と質問する）。

# たたかう　戦・闘

**使い分けマニュアル** 「**戦う**」は同じ立場の相手との比較的大規模なたたかいの場合に。「**闘う**」は相手が人間以外の状況など、比較的狭い範囲でのたたかいの場合に。

苦しい戦い。（実力伯仲のチームとのゲーム）
苦しい闘い。（悲惨な局地戦や闘病生活）

## 戦　13画　7級

**音読み** セン

**訓読み** いくさ・たたか-う（おのの-く・そよ-ぐ）

**成り立ち** 形声。旧字は「戰」で、戈＋單。武器でぱたぱた敵を倒す。

**意味** ❶たたかう。「開戦・観戦・休戦・苦戦・激戦・混戦・作戦・実戦・終戦・接戦・戦火・戦艦・戦記・戦災・戦死・戦車・戦場・善戦・戦争・戦闘・戦法・戦友・戦乱・戦略・戦力・戦列・対戦・挑戦・停戦・熱戦・敗戦・反戦・奮戦・防戦・乱戦・冷戦・論戦」

▽隣国と**戦う**（＝戦争する）。
▽兄は暴漢相手に素手で**戦った**（＝殴る）。
▽委員は盛んに意見を**戦わせた**（＝言い合う）。
▽景気対策を行わずに次の選挙は**戦えない**（＝相手を下して目的を達成する）。
▽正々堂々と**戦おう**（→スポーツなどの試合）。
▽わが校は初戦で強豪と**戦う**（＝試合をする）。
▽その力士は大関と互角に**戦う**（＝対戦する）。
▽二十四時間**戦え**ますか（＝精力的に仕事をする）。
▽腹が減っては営業現場で**戦え**ない。
▽人民は自由と平等のために**戦った**（＝目的達成のために積極的な行動をする）。

❷ふるえる。「戦々恐々・戦慄」

## 闘　18画　4級

**音読み** トウ

**訓読み** たたか-う

**成り立ち** 形声。旧字は「鬪」で、鬥＋尌。両者が立ちはだかってたたかう。

**意味** ❶たたかう。「格闘・激闘・決闘・健闘・死闘・戦闘・闘魂・闘志・闘争・闘病・奮闘・乱闘」

▽賃上げを要求して**闘う**（＝ストなどをする）。

▽目的達成まで断固**闘い**抜く覚悟だ（＝頑張る）。
▽その少年は難病と**闘って**いる（＝好ましくない状況に抵抗する）。
▽一行は寒さと**闘い**ながら行進を続けた。
▽母は今死と**闘って**いる。
▽さまざまな困難と**闘って**打ち勝つ（＝堪える）。
▽会社には不況と**闘う**余力がない（＝乗り切る）。
▽都会に住めばいろいろな誘惑と**闘わ**なくてはならない（＝抵抗する）。
▽睡魔と**闘い**ながら仕事をする（＝我慢する）。
▽救急救命センターは常に時間との**闘い**である（↓一刻を争う）。
▽欧米の自然観は自然と**闘って**征服するというものだ（＝敵に回す）。
❷たたかわせる。「闘牛・闘魚・闘鶏・闘犬」

# たつ(1)・たえる(2)

## 断・絶・裁（截）

**使い分けマニュアル** 「**断つ**」は上から下へずばりとたちきる場合、嗜好品などをやめる場合に。「**絶つ**」は細く続いているものをぶつぶつたちきる場合、抽象的な関係などをたちきる場合に用いる。「**裁つ**」は布を切る場合に。「**截つ**」はすっぱりと断言する場合などに。
「たえる」は「**絶える**」のみ。

消息を断つ。（自分から姿を隠す）
消息を絶つ。（相手と連絡が取れなくなる）

| 使用漢字 | 自動詞 | 他動詞 |
|---|---|---|
| 絶 | たえる(2) | たつ(1) |
| 断裁截 | ― | たつ(1) |
| 立建 | たつ(2) | たてる |
| 発起経 | たつ(2) | ― |
| 閉点 | ― | たてる |

† 「たえる(1)」「たえる(2)」の使い分けは245ページ参照。

## 断

11画 6級

**音読み** ダン
**訓読み** た-つ・ことわ-る（さだ-める）
**成り立ち** 会意。旧字は「斷」で、斤＋㡭。ずばりと上から下へ切る。
**意味** ❶たちきる。「横断・禁断・裁断・遮断・縦断・切断・断崖・断交・断食・断酒・断絶・断層・断続・断腸・

断熱・断念・断片・断面・中断・分断・油断」
▽鎖を**断つ**（=細長い物を切り捨てる）。
▽はらわたを**断つ**思い（↓非常に苦しい思い）。
▽敵の退路を**断つ**（=ふさぐ）。
▽燃料の補給路を**断たれ**た（=通じなくする）。
▽被災地はライフラインを**断たれ**た。
▽実家からの送金を**断たれ**たらやっていけない。
▽国交を**断つ**（=関係をやめる）。
▽祖母はお茶を**断っ**て孫娘の回復を祈った（↓以後摂取しなくなる）。
▽酒を**断た**ないと糖尿は治らないね。
(慣)快刀乱麻を**断つ**=もつれていた事柄を鮮やかに解決する
筆を**断つ**=自分から書かなくなる
❷さだめる。「英断・決断・診断・聖断・即断・断言・断固・断罪・断然・断定・独断・判断・予断・論断」
❸予告する。「無断」

## 絶

12画　6級

**音読み** ゼツ（ゼチ・セツ）

**訓読み** た-える・た-やす・た-つ（はなは-だ・わた-る）

**成り立ち** 会意。糸+刀+卩。刃物で糸を横に短く切る。

**意味** ❶たちきる。「絶縁・絶句・絶交・絶食・絶版・絶筆・断絶・中絶・途絶」
▽少年は十四歳の若い命を自ら**絶っ**た（↓自殺する）。
▽町から悪の根を**絶つ**（=なくす）。
▽最後の望みを**絶たれ**た（↓なくなる）。
▽ヤクザとの関係は**絶っ**ている。
▽彼は執筆中はいっさいの連絡を**絶つ**（=連絡が取れなくなる）。
▽登山隊は冬山で消息を**絶っ**た（=行方不明になる）。
▽その男とは一別以来音信を**絶っ**ている。
(慣)跡を**絶た**ない=いつまでも続いている
筆を**絶つ**=その作家がある日書かなくなる
❷なくなる。「気絶・空前絶後・根絶・絶息・絶望・絶命・絶滅・悶絶」
▽笛の音が**絶え**た（=とぎれる）。
▽親類との行き来が**絶え**ている。
▽この道は夜には人通りが**絶える**（=なくなる）。
▽泉岳寺の義士の墓に詣でる人は**絶え**ない。
▽一行からの連絡が**絶え**た（=消える）。
▽源氏は三代で後が**絶え**た（=消滅する）。
▽家の庭は花が**絶え**ない（↓いつもある）。
▽剣道をやっていると生傷が**絶え**ない（↓しょっちゅう

怪我をする)。
▽あの男と結婚すると苦労が**絶え**ないよ。
▽わが家では笑い声が**絶え**ない。
▽彼の受賞は**絶え**ざる努力のたまものだ(↓不断の)。
慣 息が**絶える**＝死ぬ
**絶え**て久しく〜ない＝非常に長い間〜ない
❸ことわる。「義絶・拒絶・謝絶」
❹へだたる。「隔絶・絶海・絶境」
❺けわしい。「絶崖・絶壁」
❻非常に。「凄絶・絶叫・絶景・絶好・絶賛・絶世・絶大・絶対・絶頂・絶品・絶妙・壮絶・卓絶・超絶」

## 裁

12画　5級　⇩さばく・さばける

**音読み** サイ
**訓読み** た-つ・さば-く
**成り立ち** 形声。衣＋𢦏。布をたちきる。
**意味** ❶布をたつ。「裁断・裁縫・洋裁・和裁」
▽型紙に沿って生地を**裁つ**(＝目的に合わせて切る)。
▽**裁ち**ばさみ(↓布を切る大型のはさみ)。
▽袖口は**裁ち**落としにした(↓切りっぱなし)。
❷処置する。「決裁・裁決・裁定・裁判・裁量・制裁・総裁・仲裁・独裁」
❸裁判所。「家裁・高裁・最高裁・地裁」
❹型。「体裁」

## 截

14画　1級　⇩きる・きれる

**音読み** セツ
**訓読み** た-つ・き-る
**成り立ち** 会意。戈＋雀。小さくほこで切る。
**意味** ❶たちきる。「截然・截断・直截・半截」
▽世相を**截つ**(＝すっぱりと切り捨てる)。

# たつ(2)・たてる
## 立・建(発・起・経・閉・点)

**使い分けマニュアル** 「**立つ**」は人や物が直立する場合、抽象的な物が目立つようになる場合に。「**建つ**」は建造物ができる場合に。「**発つ**」は出発地と到着地を示して出かける場合に。「**起つ**」は行動を起こす場合に。「**経つ**」は時間が経過する場合に。
「**立てる**」は人や物を直立させる場合、抽象的な物を目立たせる場合に。「**建てる**」は建造物を作る場合に。「**閉てる**」は引き戸を閉める場合に。「**点てる**」は茶の湯の場合に。

三十にして立つ。（誰にも依存しなくなる）
三十にして建つ。（一戸建てを建てられる）
三十にして発つ。（海外に雄飛する）
三十にして起つ。（会社の社長となる）

戸を立てる。（立てかける）
戸を建てる。（家を構える）
戸を閉てる。（締め切って開かなくする）

†「たつ(1)」「たつ(2)」の使い分けは253ページ参照。

## 立

5画　10級

**音読み** リツ・リュウ

**訓読み** た-つ・た-てる（リットル）

**成り立ち** 会意。一＋大。地の上に足を広げてたつ人。

**意味** ❶たつ。たてる。「起立・孤立・建立・自立・対立・中立・直立・倒立・独立・並立・立食・立像・立腹・両立・林立・連立」

▽（酔っぱらいに）自分の足で立て（＝直立する）。
▽遅刻したら廊下に立たされた（＝座らない）。
▽首相の後ろにはSPが立っている（→警護する）。
▽登山隊は山頂に立った（→登頂する）。
▽寝ていた犬が立って背伸びをした（＝起き上がる）。
▽馬は生まれてすぐに立つことができる。
▽家の中央に大黒柱を立てる（＝直立させる）。
▽校門の前に一本のヒマラヤ杉が立っている。
▽校門の前に看板を立てた（＝寄りかからせる）。
▽冬の朝、あぜ道に霜柱が立った。
▽シェパードは耳が立っている（＝起立する）。
▽コートの襟を立てる（＝起こす）。
▽本をきちんと立てて書棚に並べる。
▽猫に爪を立てられた（→ひっかかれる）。
▽田植えを手伝ったら翌日腰が立たなくなった（＝伸びる）。
▽このスルメはこわくて歯が立たない（→噛める）。
▽バッターボックスに立つ（→打席に入る）。
▽この春母校の教壇に立つ（→教師を始める）。
▽病気を押して舞台に立った（→出演する）。
▽彼は批判の矢面に立たされた（→直面する）。
▽日本の教育は岐路に立っている。
▽（マラソン）三十キロで野口が先頭に立った（＝行く）。
▽警察犬は警官の先に立って犯人を追った。
▽かわいそうと思う気持ちが先に立って、思うような治療ができない（→考える）。

▽人の上に**立つ**人になりなさい（↓模範となる）。
▽委員は苦境に**立た**された（↓立場）。
▽巨人は初回に五点をあげて優位に**立っ**た。
▽平和維持の前提に**立っ**て法律を考える。
▽相手の立場に**立っ**て考える（↓思いやる）。
▽妹とけんかすると必ず母は妹の側に**立つ**。
▽昔の女性は夫を**立て**た（＝優先する）。
▽そろそろ一人**立ち**しようと思う（↓独立する）。
慣 あちら**立てれ**ばこちらが**立たず**＝両方を満足させることがむずかしい様子
いても**立っ**てもいられない＝非常に落ち着かない様子
聞き耳を**立てる**＝耳をすましてよく聞く
後悔先に**立たず**＝行為の後で悔やんでも間に合わない
白羽の矢が**立つ**＝適格な人物として指名される
背が**立つ**＝首が水面から出る
**立っ**ている者は親でも使え＝急用のときは側に立っている人はだれでも利用してよい
とうが**立つ**＝古くなって利用できなくなる
歯が**立た**ない＝かなわない
目くじらを**立てる**＝細かいことにけちをつける
物は言いようで角が**立つ**＝言い方が悪いと相手の機嫌を損ねる

❷はじまる。はじめる。「確立・共立・県立・公立・国立・樹立・私立・市立・成立・設立・創立・都立・擁立・立案・立憲・立秋・立春・立証・立身・立派・立法」
▽彼女は作曲家として**立っ**た（＝独立する）。
▽友人は証言に**立っ**てくれた（＝行動する）。
▽大臣に代わって役人が答弁に**立っ**た。
▽自民党は女性候補を**立て**た（＝擁立する）。
▽検察側は目撃者を証人に**立て**た。
▽三四郎は挑戦を受けて**立っ**た（＝応戦する）。
▽食事の途中でトイレに**立つ**な（＝行く）。
▽部長は電話に出るために席を**立っ**た（＝離れる）。
▽相場が**立っ**た（＝開催される）。
▽酉の日に大鳥神社で市が**立つ**。
▽波が**立つ**（＝荒くなる）。
▽最近よくないうわさが**立っ**ている（＝起こる）。
▽筋道の**立っ**た話をしなさい（↓はっきりする）。
▽そんな恰好では人目に**立つ**（↓目につく）。
▽夏休みの計画が**立た**ない（＝できる）。
▽甲子園出場の目標を**立てる**。
▽やっと金策のめどが**立っ**た。
▽雑誌の記事を書いて生計を**立てる**。
▽部長のとりなしで面目が**立っ**た（＝維持する）。

▽義理が**立た**ないことはしない。
▽娘は小さいが物の用に**立つ**（＝利用できる）。
▽空見出しを**立てる**（＝作る）。
▽屋根の雪が大きな音を**立て**て落ちた（＝出す）。
▽額に青筋を**立て**て怒る（＝目立たせる）。
▽洗剤を入れてよく泡を**立てる**（＝作る）。
▽肉まんが湯気を**立て**ている。
▽原子構造に関する仮説を**立てる**。
▽警察犬は犯人検挙に手柄を**立て**た。
▽身の証を**立てる**（＝証明する）。
▽誓いを**立てる**（＝誓う）。
㊐慣足元から鳥が**立つ**よう＝非常にあわただしい様子
顔を**立てる**＝面目を保てるようにする
気〔神経〕が**立っ**ている＝神経質になっている
三十にして**立つ**＝三十歳で独立する
**立つ**鳥跡を濁さず＝立ち去ったあと、見苦しくないようにするたとえ
波風を**立てる**＝騒ぎを起こす
腹が**立つ**〔腹を**立てる**〕＝怒りが湧く〔怒る〕
耳に**立つ**＝鋭い音で聴覚を刺激する
目に**立つ**＝周囲からよく区別されて見える
役に**立つ**＝よく利用される

❸三次元。「立体・立方体」

## 建

9画　7級

**音読み** ケン・コン

**訓読み** た-てる・た-つ（くつがえ-す）

**成り立ち** 会意。廴＋聿。体を高くたてて堂々と歩く。

**意味** ❶たてる。おこす。「建業・建国・建材・建設・建造・建築・建立・再建・創建・土建・封建」
▽干潟に観察小屋を**建てる**（＝建造物を作る）。
▽軽井沢に別荘を**建て**た。
▽造成地にたくさんの住宅が**建っ**た（＝建設される）。
▽家の前に二十階**建て**のマンションが**建っ**た。
▽その寺は千年以上も前に**建て**られた。
▽創立者の銅像を**建てる**。
▽町角に教会が**建っ**ている（＝建物が存在する）。
▽河畔に石碑が**建っ**ている。
▽新しい国を**建てる**（＝作る）。
❷申し上げる。「建議・建言・建白」
❸くつがえす。「建水」

## 発

9画　8級

**音読み** ハツ・ホッ

**訓読み**（はな－つ・た－つ・ひら－く・あば－く）

**成り立ち** 形声。旧字は「發」で、弓＋癶。弓を左右に押し開いてぱっと発射する。

**意味** ❶はなつ。「散発・発散・発射・発砲・不発・暴発・乱発・連発」

❷出かける。「後発・始発・出発・先発・発車・発進・発信・発送・発着・発注」

▽特急は定刻に上野駅を**発**った（＝出発する）。

▽いつ沖縄へ**発ち**ますか（＝出かける）。

▽いよいよケニアへ**発つ**日が来た。

▽一行は北京を**発**って広東へ向かった。

❸生じる。「群発・再発・蒸発・触発・多発・挑発・突発・爆発・発案・発音・発火・発芽・発汗・発議・発光・発祥・発疹・発生・発電・発熱・発破・発病・発奮・頻発・奮発・発起・発句・発作・発足・発端・勃発」

❹延びる。「発育・発達・発展」

❺あらわす。「開発・告発・摘発・発覚・発揮・発掘・発言・発見・発行・発想・発売・発表・発明・利発」

## 起

10画 8級 ⇩おこる・おこす・おきる

**音読み** キ

**訓読み** お－きる・お－こる・お－こす（た－つ）

**成り立ち** 形声。走＋己。曲がっていたものが伸びて立つ。

**意味** ❶おこる。はじまる。「縁起・起因・起源・起首・起承転結・生起」

❷おこす。たてる。「喚起・起業・起工・起訴・起草・起動・起用・決起・再起・奮起・蜂起・発起人」

▽今こそ諸君が**起つ**時だ（＝蜂起する）。

▽市民はついに武器を手にして**起**った。

❸おきる。たつ。「起臥・起居・起床・起伏・起立・再起・突起・不起・勃起・躍起・隆起」

▽（柔道）内股をかけられたら**起**っちゃった（＝勃起する）。

## 経

11画 6級

**音読み** ケイ・キョウ（キン）

**訓読み** へ－る（たていと・おさ－める・た－つ）

**成り立ち** 形声。旧字は「經」で、糸＋巠。機のたて糸。

**意味** ❶たていと。南北。「経線・経度・東経」

❷すじみち。「経緯・経絡・神経」

❸変わらないもの。「経常・経費」

❹おさめる。「経営・経済・経理・経論・政経」

❺通り過ぎる。「経過・経験・経口・経由・経歴・経路・月経」

▽悲しみは時が**経つ**につれていよいよ深くなった（＝経

過する）。
▽失恋は時が**経**てば忘れるものだ。
▽終戦から長い年月が**経**った。
▽あの大事故から五年**経**った。
❻儒教の書物。「経学・経書・五経」
❼仏教の書物。「看経・経蔵・経典・経堂・経文・写経・説経・読経・納経」
❽月経。「経水・初経・閉経」

## 閉

11画 5級 ⇩しまる・しめる、とじる・とざす

**音読み** ヘイ
**訓読み** と－じる・と－ざす・し－める・し－まる（た－てる）
**成り立ち** 会意。門＋才。門をしめて隙間をふさぐ。
**意味** ❶とじる。しめる。「開閉・閉口・閉鎖・閉塞・閉門・密閉・幽閉」
▽雨戸を**閉**てきる（＝完全に閉める）。
▽病室はふすまの開け**閉**てにも気を使う（↓開閉）。
㊎人の口に戸は**閉**てられぬ＝他人のうわさを止める方法はない
❷終える。終わる。「閉会・閉館・閉廷・閉店・閉幕」

## 点

9画 9級 ⇩さす、つく(1)・つける(1)

**音読み** テン
**訓読み** （とぼ－る・とも－る・つ－ける・た－てる）
**成り立ち** 形声。旧字は「點」で、黒＋占。黒く小さいしるし。
**意味** ❶てん。しるし。「観点・起点・拠点・欠点・原点・交点・視点・時点・終点・重点・濁点・地点・点在・点字・点線・難点・盲点・要点・利点・論点」
❷批評する。「合点・減点・採点・失点・次点・点数・同点・得点・満点・零点」
❸つける。「点火・点眼・点検・点呼・点灯・点滅」
▽茶を**点**てる（↓抹茶を入れる）。

# たっとい⇩とうとい

# たとえる・たとえ

例（喩*・譬）

**使い分けマニュアル** 「例える・例え」は例として言う場合。「喩える・喩え」は古風な文章の場合に。「譬

**える・譬え**」は別の言い方で表現する場合に。

例えとして蝶を挙げる。(美しい物の例)
喩えとして蝶を挙げる。(比喩として)
譬えとして蝶を挙げる。(象徴として)

| 使用漢字 | 動詞 | 名詞 |
|---|---|---|
| 例喩譬 | たとえる | たとえ |

## 例

8画 (7級)

**音読み** レイ

**訓読み** たと-える (たぐい・ためし)

**成り立ち** 形声。人+列。いくつにも裂いて同類を並べる。

**意味** ❶ならわし。「異例・慣例・月例・恒例・先例・前例・定例・例会・例祭・例年」 ❷さだめ。「条例・通例・特例・凡例・判例・法例・例外・例言」 ❸たとえる。たとえ。「一例・挙例・実例・症例・事例・比例・用例・例解・例示・例証・例題・例文」

▽今回のテロ事件では真珠湾攻撃が**例え**に引かれ、心外に思った人は少なくない(=れい)。

▽**例え**は悪いけど、君が万引きで捕まったとしてごらんよ。

▽子供の非行の原因が主として家庭にあるというのは、世の**例え**にあるとおりだ。

▽甲虫とは、**例えば**カブトムシのような硬い羽を持つ虫の仲間です(↓例を挙げると)。

▽**例えば**住む家がない人のことを想像してみなさい(↓仮に)。

## *喩

12画 (2級)

**音読み** ユ

**訓読み** (たと-える・さと-す・やわ-らぐ・よろこ-ぶ)

**成り立ち** 形声。口+兪。疑問やしこりを抜き去る。

**意味** ❶さとす。「喩告・喩説」 ❷たとえる。たとえ。「暗喩・隠喩・直喩・比喩・譬喩・諷喩」

▽女性を花に**喩える**のは万国共通だ(=なぞらえる)。

▽この小説では独裁者を豚に**喩え**ている。

▽百万本の彼岸花が咲き誇るさまは、**喩え**ようもなく美しい(↓他の言い方が考えられない)。

## 譬

20画 (1級)

**音読み** ヒ

**訓読み** たと-え・たと-える・さと-す

**成り立ち** 形声。言＋辟。本筋に進まず横に避けて言う。

**意味** ❶たとえる。たとえ。「譬説・譬喩」

▽桜の花を霞や雲に**譬える**（＝言い換える）。

▽人生はよく旅に**譬え**られる。

▽現代語の意味を調べるとは、**譬え**て言えば自分の心を鏡でのぞくような作業だ。

▽「二度あることは三度ある」の**譬え**もある（＝ことわざ）。

▽いろはがるたには巧みな**譬え**が見られる。

▽イソップ物語を**譬え**に引いて教訓を垂れる。

▽**譬え**話を使ってわかりやすく説明した。

## たま
### 玉・球・弾・霊（珠・魂）

**使い分けマニュアル** 「**玉**」は宝石の場合、美しいもの、丸いものを表す場合に。「**球**」はスポーツやゲームに使うたまの場合に。「**弾**」は銃火器の弾丸の場合に。「**珠**」は連ねた真珠やそろばんのたまの場合に。「**霊**」は神秘的な人間の精神の場合に。「**魂**」は複合語の場合に。

## 玉
5画 10級

**音読み** ギョク

**訓読み** たま

**成り立ち** 象形。硬くて美しい石。

**意味** ❶ぎょく。宝石。「黄玉・玉砕・玉杯・玉門・紅玉・珠玉・碧玉・宝玉」

▽**玉**を磨く（＝なめらかな丸いたま）。

▽目の**玉**（＝球形をしたもの）。

▽毛糸を**玉**に巻く。

▽サーカスで犬の**玉**乗りを見た。

▽大**玉**ころがし。

▽行政改革は火の**玉**になってやりぬく覚悟だ（→情熱のかたまり）。

▽うどん〔ブロッコリー〕一**玉**。

▽**玉**のような汗（→水滴が球形になったもの）。

▽彼女の目に涙の**玉**が光っていた。

▽暴漢に**玉**を蹴られて飛び上がった（＝睾丸）。

▽眼鏡の**玉**が曇った（→円みのあるレンズ）。

▽**玉**砂利（→丸い形をしたきれいな大粒の砂利）。

▽**玉**ねぎ。

▽ガラス〔あめ〕**玉**。

▽鉄砲玉（↓勢いよく飛び出す丸いもの）。
▽玉突き（↓ビリヤード）。
▽十円玉（＝円形をしたもの）。
㊎艱難汝を玉にす＝苦労をすると人間は魅力的になるたとえ
掌中の玉＝非常に大切にしている宝
玉に瑕＝非常に美しいものに小さな欠点があるたとえ
玉の輿に乗る＝貧しい女性が裕福な男性と結婚する
玉磨かざれば光なし＝すぐれた人でも修業をしなければ大成しないたとえ
玉をころがすよう＝軽くなめらかで艶のある美しい声
目の玉が飛び出るよう＝非常に値段が高い様子
❷美しいもの。「玉台・玉容・玉露・玉稿・金科玉条」
▽玉のような男の子（↓非常に健康でかわいい）。
▽玉の肌（↓美しい肌）。
❸天子のもの。「玉音・玉顔・玉座・玉体・金枝玉葉」
❹人間。
▽おっ、あれ見ろよ。いい玉だぜ（↓美女）。
▽善〔悪〕玉（↓よい〔悪い〕役回り）。
†❹は漢字本来の意味ではない。

## 球

11画　8級

**音読み** キュウ
**訓読み** たま
**成り立ち** 形声。玉＋求。中心をしぼられた形の玉。
**意味** ❶丸い形のもの。「眼球・気球・球形・球茎・球根・球体・球面・血球・地球・天球・電球・半球」
▽電気の球が切れた（↓電球）。
❷運動で使うたま。「球技・球場・球速・硬球・剛球・水球・送球・速球・打球・卓球・直球・庭球・投球・軟球・配球・白球・飛球・返球・捕球・野球・落球」
▽（野球）そのピッチャーは球が速い（↓投球）。
▽松坂は今日は球が走っている。
▽三遊間に詰まった球が飛んだ。
▽息子は球拾いをしている。
▽（ビリヤード）球をポケットに沈める。

## 弾

12画　4級　⇩ひく

**音読み** ダン
**訓読み** ひ－く・はず－む・たま（はず－み・はじ－く・はじ－ける・ただ－す）
**成り立ち** 形声。旧字は「彈」で、弓＋單。弓をはじく。
**意味** ❶はじく。はじける。「弾弓・弾射」
❷鉄砲のたま。「凶弾・散弾・実弾・銃弾・弾丸・弾痕・

弾頭・弾道・弾薬・着弾・爆弾・砲弾・防弾」
▽鉄砲に弾をこめる（＝弾丸）。
▽弾はドアを貫通していた。
▽鉄砲や機関銃の弾が雨あられと飛んでくる。
▽彼は流れ弾に当たって大けがした。
▽人質を弾よけにする（↓身を護る道具）。
❸たたく。「糾弾・指弾・弾圧・弾劾」
❹かなでる。「試弾・弾琴・連弾」
❺はずむ。「弾性・弾力」

## 霊 15画 3級

**音読み** レイ・リョウ
**訓読み** たま（たましい・よ-い）
**成り立ち** 形声。旧字は「靈」で、巫＋霝。神に接する清らかなみこ。
**意味** ❶神のみたま。「神霊・精霊・霊感・霊験・霊山・霊場・霊媒」
▽言霊（↓言葉が持つ不思議な力）。
▽木霊（↓木の霊が呼びかけに応えるもの）。
❷たましい。「悪霊・慰霊・英霊・怨霊・死霊・精霊・亡霊・幽霊・霊園・霊界・霊柩車・霊魂・霊前・霊廟」
▽お霊屋（↓葬送の前に遺体を収めておく所）。
❸神秘的な。「霊感・霊芝・霊獣・霊性・霊長類・霊鳥・霊峰・霊薬・霊力」

## 珠 10画 準2級

**音読み** シュ
**訓読み** （たま）
**成り立ち** 形声。玉＋朱。粒のそろった真珠。
**意味** ❶真珠。美しいもの。「珠玉・真珠・宝珠」
▽蓮の葉の上に水滴が珠になっている（＝連なったたま）。
❷連ねた丸いたま。「珠算・数珠・念珠・連珠」
▽そろばんの珠（＝可動部分）。
▽五つ珠のそろばん。
▽珠のれん（↓玉を連ねて作ったのれん）。

## 魂 14画 3級

**音読み** コン
**訓読み** たましい（たま）
**成り立ち** 形声。鬼＋云。もやもやとした気体。
**意味** ❶たましい。「魂魄・鎮魂・霊魂」
▽人魂（↓人間の霊魂が形になったもの）。
▽魂祭り（↓盂蘭盆の儀式）。
▽魂迎え〔送り〕（↓盂蘭盆で祖先の霊を家に迎え送ること）。

▽**魂**鎮め（↓遊離している魂魄を元の体に納めるための祈り）。

❷こころ。精神。「魂胆・商魂・精魂・闘魂・入魂」

## ためる・たまる（貯・溜・堪）

**使い分けマニュアル** 「**貯める**」は金など必要なものを意識してたくわえる場合に。「**溜める**」はあまり好ましくないものの場合に。

「**貯まる**」は必要なものが集まる場合に。「**溜まる**」はあまり好ましくないものが集まる場合に。「**堪る**」は「たまらない」の形で、我慢できない意の場合に。

水を貯める。（発電・飲料水のために）
水を溜める。（排水できない庭に）

| 使用漢字 | 他動詞 | 自動詞 |
|---|---|---|
| 貯 溜 | ためる | たまる |
| 堪 | ー | たまる |

### 貯

12画 7級 ⇩たくわえる

**音読み** チョ

**訓読み** （たくわえる）

**成り立ち** 形声。貝＋宁。枠の中に財貨をいっぱい詰めこむ。

**意味** ❶たくわえる。「貯金・貯水・貯蔵・貯蓄」

▽地下のタンクに雨水を**貯める**（＝必要なものをたくわえる）。

▽ダムに川の水を**貯め**て発電する。

▽リスは冬に備えて木の実を**貯める**。

▽年金を節約して二十万**貯め**た（↓貯金する）。

▽節約しているのに少しも金が**貯まら**ない。

### 溜

13画 準1級

**音読み** リュウ

**訓読み** した-る・た-まる・た-める・ため

**成り立ち** 形声。水＋留。水がとどまる。

**意味** ❶したたる。「残溜・溜滴」

❷蒸発させたものを冷却する。「乾溜・蒸溜・分溜」

❸たまる。ためる。「溜飲」

▽遊水池であふれた水を**溜め**ておく（＝集める）。

▽屎尿を浄化槽に**溜める**（＝とどめる）。

▽家賃を三か月分**溜め**てしまった（＝滞納する）。

▽夏休みの宿題を**溜め**た（＝放置する）。
▽入院したから仕事が**溜ま**っている（＝滞留する）。
▽洗濯物を一週間**溜め**た。
▽腸内にガスを**溜め**ておいてはいけない。
▽一か月の入院で**溜め**た垢を洗い流した。
▽だいぶストレスが**溜ま**ってますね。
▽そのバーは若者の**溜まり**場になっている（↓集まる所）。
▽水**溜まり**。
▽ごみ**溜め**。
㊑掃き**溜め**に鶴＝汚い所に非常に美しいものがいるたとえ
†❸は漢字本来の意味ではない。

## 堪

12画 準2級 ⇩こたえる、たえる(1)

**音読み** カン（タン）
**訓読み** た－える（こら－える・こた－える・たま－る）
**成り立ち** 形声。土＋甚。分厚くて重みのある山。
**意味** ❶こらえる。「堪忍」
▽こんな土砂降りに遭っては新調の靴が**堪ら**ない（↓ひどく損なわれる）。
▽階段から転げ落ちたんだから**堪ら**ない、腰を骨折しちゃったよ（↓ひどいことになる）。
▽この暑さに冷房なしじゃ**堪ら**ない（↓我慢できない）。
▽風呂あがりの生ビールは**堪ら**ないね（↓非常にうまい）。
▽何だか寒くて**堪ら**ない（↓どうしようもない）。
▽初孫がかわいくて**堪ら**ない（↓どうしていいかわからない）。
❷すぐれる。「堪能・不堪」

# たよる・たより

頼・便

**使い分けマニュアル** 「頼る・頼り」はあてにする場合に。「便り」は手紙・通信の場合に。
頼りがない。（あてにできない）
便りがない。（手紙が来ない）

| 使用漢字 | 動詞 | 名詞 |
|---|---|---|
| 頼 | たよる | たより |
| 便 | － | たより |

## 頼

16画 4級

**音読み** ライ
**訓読み** たの－む・たの－もしい・たよ－る

**成り立ち** 形声。旧字は「賴」で、人＋貝＋束。財貨の貸借について、責任を人になすりつける。

**意味** ❶たよる。「信頼・無頼」

▽彼女は人に**頼って**ばかりいる（＝依存する）。

▽うちの娘は全然**頼り**にならない（→信頼できない）。

▽同郷の先輩を**頼って**上京する（＝援助を期待する）。

▽老後を子供に**頼る**つもりはない（＝世話をしてもらう）。

▽あなただけが**頼り**なの（＝支え）。

▽最近は計算機に**頼って**ばかりいるから、暗算ができなくなってしまった（＝そればかりを使う）。

▽教授は一度もメモに**頼らず**に二時間の講演を行った。

▽日本は食料のほとんどを輸入に**頼って**いる。

▽腹が立っても暴力に**頼って**はいけない（＝使う）。

▽想像に**頼って**物を言われても困る。

▽男は自然の恵みに**頼る**隠遁生活を送った。

▽地図を**頼り**に会社を探した（＝手掛かり）。

▽ろうそくの明かりを**頼り**に先へ進んだ。

▽勘を**頼り**に複雑な機械を修理した。

❷たのむ。ねがう。「依頼・亡頼・聊頼」

## 便

9画 7級

**音読み** ベン・ビン

**訓読み** たよ-り（くつろ-ぐ・つい-で・よすが・いばり・すなわ-ち・へつら-う）

**成り立ち** 会意。人＋更。硬く張ったものを平らにならす。

**意味** ❶たより。通信。「航空便・便箋・別便・郵便」

▽友人から**便り**があった（＝手紙）。

▽初めてお**便り**します（＝手紙を書く）。

▽皆様のお**便り**をお待ちしております（＝通信）。

▽その後、彼からなんの**便り**もない（＝連絡）。

▽故郷の**便り**が懐かしい（＝消息）。

▽日本各地から花**便り**が届いております（→花が咲いたという情報）。

㊖風の**便り**＝うわさ

**便り**のないのはよい**便り**＝手紙が来ないということは無事でいる証拠だ

❷都合がよい。「穏便・簡便・軽便・至便・便乗・便覧・不便・便益・便宜・便法・便利・方便・利便」

❸くつろぐ。「便衣・便室・便殿・便服」

❹大小便。「快便・血便・検便・宿便・小便・大便・排便・糞便・便器・便座・便所・便通・便秘・用便」

❺口がうまい。「便言・便巧」

❻しなやか。「便娟・便旋・便敏」

❼なれている。「便習」

❽太っている。多い。「便腹・便々」

# つかう　使・遣

**使い分けマニュアル** 「使う」は一般に広く用いられる。「遣う」は言葉・人形・時間・金などをあやつる場合に。

英語を使う。（いろいろな言語の中から英語を選択する）
英語を遣う。（縦横にあやつる）

## 使　8画　8級

**音読み** シ
**訓読み** つか-う（つか-わす）
**成り立ち** 会意。人＋吏。仕事に奉仕する人。
**意味** ❶つかう。用いる。「駆使・行使・酷使・使役・使途・使用・労使」

▽監督は選手を**使う**のがうまい（＝働かせる）。
▽人を**使って**いると不況がこたえる（＝雇う）。
▽簡単な事務なら娘を**使って**ください（＝利用する）。
▽電卓を**使って**計算する（↓道具として）。
▽エレンさんは箸を上手に**使う**。
▽大ホールではマイクを**使う**。
▽その彗星は双眼鏡を**使えば**見える。
▽彼は他人の名前を**使って**株取引をした。
▽彼女は通勤に自転車を**使う**（↓手段として）。
▽遠慮なく私の車を**使って**ください（＝利用する）。
▽関越を**使って**北陸方面に行く（＝通る）。
▽九州に行くときはいつも飛行機を**使う**。
▽このトイレは**使えません**（↓施設として）。
▽裏の空き地を資材置き場に**使って**いる。
▽インドでは英語が**使われて**いる（＝使用する）。
▽見え透いたトリックを**使う**な。
▽腹話術を**使う**。
▽大石内蔵助は剣の**使い**手だ（↓達人）。
▽オズの魔法**使い**。
▽中華料理は油を**使う**（＝材料として消費する）。
▽豊富な魚貝類を**使った**地中海料理。
▽この靴には子牛の革が**使って**ある。
▽製紙には大量の水を**使う**。
▽風力を**使って**発電をする。

▽この仕事はひどく体力を**使う**（＝消費する）。
㊜**頭を使う**＝よく考える
　あの手この手を**使う**＝いろいろな方法を試す
　だしに**使う**＝口実にする
　二枚舌を**使う**＝矛盾することを言って人をだます
　人をあごで**使う**＝尊大に命令して人を酷使する
　湯水のように**使う**＝浪費する
❷つかい。「使者・使節・使命・大使・天使・特使」

## 遣

13画　4級

**音読み**　ケン
**訓読み**　つか-う・つか-わす（や-る）
**成り立ち**　形声。辵＋貴。一部を分割してよそにやる。
**意味**　❶つかわす。「遣外・先遣・派遣」
▽人を**遣**って原稿を届けさせた（＝命じる）。
▽彼は巧みに人形を**遣**った（＝あやつる）。
▽サルや犬を**遣**って曲芸をさせる。
▽インドの蛇**遣い**。
▽敬語を正しく**遣え**ない人が多い（＝使いこなす）。
▽お年玉はもう**遣**ってしまった（＝消費する）。
▽税金はむだに**遣**ってほしくない。
▽彼は時間の**遣い**方がへただ。
▽同時通訳は神経を**遣う**仕事だ（→気を回す）。
▽どうぞ気を**遣わ**ないでください。
㊜両刀**遣い**＝酒と甘い物の両方を好む。男性と女性の両方を恋愛の対象にできる。
❷追いやる。「遣帰・遣情・遣悶・消遣」

# つかむ・つかまえる

**捕**（**摑**）

**使い分けマニュアル**　「**捕まえる**」は獲物や犯人などをつかまえる場合に。「**摑まえる**」は具体物を強く握る場合に。
「つかむ」は「**摑む**」のみ。

しっぽを捕まえる。（証拠を押さえる）
しっぽを摑まえる。（ぎゅっと握る）

| 使用漢字 | 他動詞 | | 自動詞 |
|---|---|---|---|
| 捕 | ー | つかまえる | つかまる |
| 摑 | つかむ | つかまえる | ー |

## 捕　10画　4級　⇩とる・とらえる

**音読み** ホ（ブ）

**訓読み** と-らえる・と-らわれる・と-る・つか-まえる・つか-まる

**成り立ち** 形声。手＋甫。手をぴたりと当てて持つ。

**意味** ❶とらえる。「逮捕・拿捕・捕獲・捕鯨・捕捉・捕縛・捕虜」

▽猫がネズミを**捕まえた**（＝捕らえる）。

▽クモは網を張って獲物を**捕まえる**。

▽チーターが獲物を**捕まえた**。

▽バチャバチャ跳ね回る魚を手で**捕まえる**のは、むずかしくて楽しい遊びだ。

▽警察は犯人を**捕まえた**（＝逮捕する）。

慣 しっぽを**捕まえる**＝動かぬ証拠を押さえる

## 摑　14画　準1級

**音読み** カク

**訓読み** つか-む

**成り立ち** 形声。手＋國。枠の中へ動物を囲い込む。

**意味** ❶手で打つ。「摑打」
❷つかむ。「摑混」

▽男はロープをしっかりと**摑まえた**（＝握る）。

▽その子は母親の袖をしっかりと**摑まえていた**。

▽相手の胸ぐらを**摑んで**投げ飛ばす。

▽ぐらぐらするから脚立をしっかり**摑まえていてくれ**（＝押さえる）。

▽警察は動かぬ証拠を**摑んだ**（＝入手する）。

▽彼は大金を**摑んだ**（＝得る）。

▽その議員は人心を**摑む**術を心得ている（＝掌握する）。

▽文章の要点を**摑む**（＝理解する）。

†❷は漢字本来の意味ではない。

## つく(1)・つける(1)　付・着・就（即・点・憑・浸）

**使い分けマニュアル** 「付く」は具体物がくっつく場合に。「着く」は到着する場合、落ち着く場合に。「就く」は仕事や役目を始める場合に。「即く」は「即かず離れず」などの場合に。「点く」は電気製品などのスイッチがオンになる場合に。「憑く」は異常物にとりつかれる場合に。「浸く」は水がひたる場合に。

「付ける」「着ける」「就ける」「即ける」「点ける」「浸

ける」は「つく」に準ずる。

駅のホームに付く。（非常用設備が）
駅のホームに着く。（電車が到着する）
駅のホームに就く。（ホーム勤務の駅員が）
駅のホームに点く。（蛍光灯が）
駅のホームに憑く。（自殺者の霊が）
駅のホームに浸く。（洪水の水が）

| 使用漢字 | 自動詞 | | 他動詞 | |
|---|---|---|---|---|
| 付着就即点 | ― | つく(1) | ― | つける(1) |
| 憑 | ― | つく(1) | ― | ― |
| 突吐搗撞衝 | ― | ― | つく(2) | ― |
| 浸 | つかる | つく(1) | ― | つける(2) |
| 漬 | つかる | ― | ― | つける(2) |

## 付

5画　7級

**音読み**　フ

**訓読み**　つ-ける・つ-く（あた-える）

**成り立ち**　会意。人+寸。手を相手にぴたりとつける。

**意味**　❶あたえる。「還付・寄付・給付・交付・送付・納付・配付・付託・付与」

❷つける。つく。「貼付・添付・付加・付記・付近・付随・付設・付箋・付属・付帯・付表・付録」

▽この接着剤はよく**付く**（＝くっつく）。
▽前にかがんで床に手を**付け**てください（＝触れる）。
▽ワイシャツに口紅が**付い**た。
▽カーテンにタバコのにおいが**付い**た。
▽旅行には日本人の添乗員が**付く**（＝側にいる）。
▽母は一晩中父の病床に**付い**ていた。
▽ボディーガードを**付ける**（＝側にいさせる）。
▽現地では通訳を**付け**てもらった。
▽コートには毛皮の襟が**付い**ている（＝付属する）。
▽今ならもれなくグラスが**付い**てきます（→おまけ）。
▽ドアにベルを**付ける**（＝付属させる）。
▽テレビにBSチューナーを**付ける**。
▽下段に注が**付い**ている（＝付随する）。
▽国会議員には公設秘書が二人**付く**（→補助として）。
▽履歴書には必ず写真を**付け**てください（＝貼る）。
▽漢字に振りがなを**付ける**（＝添える）。
慣（相撲）土が**付く**＝負ける

## 着

12画　8級

**音読み**　チャク・ジャク

**訓読み**　き-る・き-せる・つ-く・つ-ける

**成り立ち**「著」の通俗体。書いてとどめる。

**意味** ❶身につける。「試着・装着・着服・着用」

▽警官たちは防弾チョッキを**着けた**(=着る)。

▽そのホテルはネクタイを**着け**ていないと入れない(=締める)。

▽ネックレスを**着ける**(=掛ける)。

▽コンタクトレンズを**着ける**(=はめる)。

❷くっつく。「愛着・横着・吸着・執着・接着・着席・着地・着陸・土着・頓着・粘着・付着・密着・癒着」

▽どうぞ席にお**着き**ください(=座る)。

▽家族全員で食卓に**着く**(=向かう)。

▽位置に**着い**て。用意。ドン!

▽全員を守備に**着けた**(=配置する)。

▽隊長は兵隊を配置に**着けた**。

▽大御所を上座に**着けた**(=座らせる)。

❸ゆきつく。「帰着・祝着・終着・新着・先着・着任・到着・発着・必着・漂着・悶着」

▽宿には夕方**着い**た(=到着する)。

▽この列車、何時に東京へ**着き**ますか。

▽荷物が**着い**たら知らせてください(=入手する)。

▽手紙はゆうべ遅く**着い**た。

▽体が硬くて手が床に**着か**ない(=届く)。

▽息子は私の自転車に乗ると足が**着か**ない。

▽彼は天井に頭が**着き**そうだ(=触れる)。

▽ホテルの玄関にタクシーを**着ける**(=横付けする)。

▽ボートを岸に**着ける**(=接岸させる)。

㊞地に足が**着く**=着実・堅実である様子

❹おちつく。「決着・着実・着々・沈着・定着・落着」

❺つける。「着眼・着手・着色・着想・着目・着工」

▽君は目の**着け**どころがいいね(=着眼する)。

▽その飴には人工的な色が**着け**てある(=着色する)。

## 就

12画　5級

**音読み** シュウ・ジュ

**訓読み** つ-く・つ-ける(な-す・な-る)

**成り立ち** 会意。京+尤。人々を台地に寄せ集める。

**意味** ❶身を寄せる。「去就・就養・遊就」

❷はじめる。「就業・就航・就職・就寝・就任・就労」

▽毎晩十二時過ぎに床に**就く**(=寝る)。

▽人々は眠りに**就い**た(=眠る)。

▽委員たちは三三五五家路に**就い**た(=帰宅する)。

▽教職に**就く**(=就職する)。

▽部長は四月一日付で役職に**就い**た。

▽息子を社長の椅子に**就ける**(=就任させる)。

▽彼は夕方五時から勤務に**就く**（＝始める）。

㊖緒に**就く**＝始める

❸なしとげる。「成就」

## 即

7画　4級

**音読み**　ソク（ショク）

**訓読み**　（すなわ－ち・つ－く）

**成り立ち**　会意。皀＋卩。ごちそうのそばに寄る。

**意味**　❶接する。「即位・即事・即物的・不即不離」

▽ナポレオンは皇帝の位に**即い**た（＝就任する）。

▽藤原氏は孫を天皇の位に**即け**た（＝即位させる）。

㊖**即かず離れず**＝一定の距離を保って関係を持つ様子

❷ただちに。「即応・即死・即時・即日・即席・即断・即売・即興・即決・即効・即刻」

❸おわる。「即世」

## 点

9画　9級　⇩さす、たつ(2)・たてる

**音読み**　テン

**訓読み**　（とぼ－る・とも－る・つ－ける・た－てる）

**成り立ち**　形声。旧字は「點」で、黒＋占。黒く小さいしるし。

**意味**　❶てん。しるし。「観点・起点・拠点・欠点・原点・交点・視点・時点・終点・重点・濁点・地点・点在・点字・点線・難点・盲点・要点・利点・論点」

❷批評する。「合点・減点・採点・失点・次点・点数・同点・得点・満点・零点」

❸つける。「点火・点眼・点検・点呼・点灯・点滅」

▽明かりを**点ける**（＝点灯する）。

▽この部屋の電気**点か**ないよ。

▽テレビが一日中**点い**ている（＝通電する）。

▽ストーブが**点い**ている（＝点火する）。

▽ライターで火を**点ける**（＝点火する）。

▽ガスを**点け**たまま寝てしまった（＝燃焼させる）。

▽テレビを**点ける**（＝通電する）。

## 憑

16画　1級

**音読み**　ヒョウ

**訓読み**　よ－る・たの－む・つ－く・かか－る・かちわた－る

**成り立ち**　形声。心＋馮。ぴたりと合わせる証拠。

**意味**　❶よりかかる。頼る。「信憑性・憑拠」

❷とりつく。「憑依」

▽その老婆にはキツネが**憑い**ている（＝悪い物にとりつかれる）。

▽彼女は**憑き**物が落ちたような顔をした（↓正気に戻る）。

❸歩いて渡る。「暴虎憑河」

## 浸

10画　4級　⇩しみる、つける(2)・つかる

**音読み**　シン

**訓読み**　ひた-す・ひた-る（つ-く・つ-かる・し-みる）

**成り立ち**　形声。水＋𠬶。水が次第にしみこむ。

**意味**　❶ひたす。ひたる。「浸出・浸潤・浸食・浸水・浸染・浸透・浸入」

▽大雨で川が増水したときは、橋げたに少しでも水が**浸**くと危ない（＝接する）。

†他動詞「つける」は「つける(2)」を参照。

# つく(2)

突（吐・搗・撞・衝）

**使い分けマニュアル**　「**突く**」は物理的にぶつける場合に。「**吐く**」は口から吐き出す場合に。「**搗く**」は穀類をつく場合に。「**撞く**」は鐘やビリヤードの球をつく場合に。「**衝く**」は攻撃する場合に。

どんどん突く。（力士が相手の胸を）
どんどん吐く。（うそを）
どんどん搗く。（餅を）
どんどん撞く。（寺の鐘を）
どんどん衝く。（相手の弱点を）

†「つく(1)」「つく(2)」の使い分けは271ページ参照。

## 突

8画　4級

**音読み**　トツ

**訓読み**　つ-く

**成り立ち**　会意。穴＋犬。穴の中から飛び出す犬。

**意味**　❶ぶつかる。「激突・衝突・追突・突撃・突入・突破」

▽ひじで脇腹を**突か**れた（＝強く押す）。

▽機動隊は警棒で学生を**突い**た。

▽真っ赤に熟れた柿を棒で**突い**て落とした（＝つっつく）。

▽横綱は土俵際で相手の胸をどんと**突い**た（＝勢いよく押す）。

▽針で指を**突い**た（＝刺す）。

▽もりで魚を**突い**て捕る（＝突き刺す）。

▽壺の表面に針で**突い**たほどの傷がある（↓非常に小さ

い)。

❷つきでる。つきだす。「煙突・突起・突出・突端」

▽ところてんを**突く**(=細い所から勢いよく出す)。

❸にわかに。「唐突・突如・突進・突然・突発・突風」

## 吐 6画 4級 ⇩はく(1)

**音読み** ト

**訓読み** は-く(つ-く・ぬ-かす)

**成り立ち** 形声。口+土。口から外にはきだす。

**意味** ❶はく。もどす。「嘔吐・吐血・吐瀉」

▽船に酔って反吐を**吐**いた(=口から戻す)。

❷述べる。「吐露」

▽彼は思わずうそを**吐**いた(=言う)。

▽その子は悪態を**吐**いた(=ぬかす)。

## 搗 13画 1級

**音読み** トウ

**訓読み** つ-く・か-つ・う-つ・たた-く・か-てて

**成り立ち** 形声。手+島。すみずみまでたたきならす。

**意味** ❶うすでつく。「搗薬」

▽臼と杵で餅を**搗く**(=作る)。

▽もみを**搗**いて玄米にする(=脱穀する)。

❷みだす。「搗乱」

❸たたく。「搗衣」

▽土手を**搗**いて固める(=たたく)。

## 撞 15画 準1級

**音読み** トウ・ドウ・シュ

**訓読み** つ-く

**成り立ち** 形声。手+童。きねでつき通す。

**意味** ❶つきあてる。「撞木・撞球」

▽彼は毎日プールバーで玉を**撞**いている(→ビリヤード)。

▽寺で暮六つの鐘を**撞**いている(=打ち鳴らす)。

## 衝 15画 3級

**音読み** ショウ

**訓読み** (つ-く)

**成り立ち** 形声。行+重。どんとつきぬける大通り。

**意味** ❶つきあたる。「衝撃・衝動・衝突・折衝」

▽闇を**衝**いて稲妻が走った(=貫く)。

▽敵の隙を**衝く**(=攻める)。

▽不意を**衝か**れてあわてた。

▽彼女の批評は痛いところを**衝**いていた。

▽問題の核心を**衝く**意見だ(=指摘する)。

▽その質問はまったく意表を**衝い**ていた。
▽政策の矛盾を**衝かれ**る。
▽（野球）ランナーはホームを**衝い**たがアウトになった（＝強行する）。
▽（野球）斎藤は低めいっぱいを**衝い**た（＝攻める）。
▽悲惨な光景に胸を**衝かれ**た（＝衝撃を受ける）。
▽捜索は豪雨を**衝い**て行われた（＝障害を跳ね返す）。
▽打球は逆風を**衝い**てスタンドに入った（＝逆らう）。
㊚虚を**衝かれ**る＝油断しているところを襲われる
雲を**衝く**大男＝非常に背が高い男
底を**衝く**＝枯渇する。なくなる
盾を**衝く**＝逆らう
怒髪天を**衝く**＝非常に怒っている様子
❷大切なところ。「要衝」

## つぐ・つぎ　次・継・接（注・嗣）

**使い分けマニュアル** 「次ぐ・次」は順序が続いている場合に。「継ぐ・継ぎ」は連綿とつながっていく場合に。「接ぐ・接ぎ」は物理的につなぐ場合に。「注ぐ」は液体をそそぐ場合に。「嗣ぐ」は皇帝や将軍などの地位をつぐ場合に。

| 使用漢字 | 動詞 | 名詞 |
|---|---|---|
| 次継接 | つぐ | つぎ |
| 注嗣 | つぐ | ー |

### 次　6画　8級

**音読み** ジ・シ
**訓読み** つ-ぐ・つぎ（やど-る・つい-ず）
**成り立ち** 会意。二＋次。物をざっと並べて順序づける。
**意味** ❶やど。「歳次・亭次・旅次」
❷つぐ。二番め。「次回・次官・次期・次善・次長・次点・次男・漸次・逐次」
▽大阪は東京に**次ぐ**大都市である（＝二番め）。
▽T部長は専務に**次ぐ**位置にある。
▽この記録は彼のベストに**次ぐ**好記録だ。
▽日本チームは韓国に**次い**で三位になった。
▽A市に**次い**でB市でも食中毒が発生した。
▽まず梅が咲き、**次い**で桃が咲く（＝次に）。
▽野口選手の**次**に土佐選手が競技場に姿を現した。
▽国民は増税に**次ぐ**増税で圧迫されている（＝引き続く）。

❸順序。「高次・次元・次第・順次・席次・目次」
❹途中。「途次・路次」

## 継

13画 4級

**音読み** ケイ

**訓読み** つ−ぐ（まま）

**成り立ち** 会意。旧字は「繼」で、糸＋𢇍。切れた糸をつなぐ。

**意味** ❶つなぐ。「継承・継続・継体・後継・中継」

▽火鉢に炭を**継い**だ（＝後から足す）。
▽彼は言葉を**継い**だ（＝続ける）。
▽息**継ぎ**をブレスという（＝吸う）。
▽家業は弟が**継ぐ**（＝後に続いてする）。
▽兄は父の後を**継い**で職人になった。
▽死んだ父の遺志を**継ぐ**ために医者になる。
▽都会の若者が伝統の技を**継い**だ。
▽ジーパンの膝に**継ぎ**を当てた（＝端切れ）。
(慣)二の句が**継げ**ない＝あきれて物も言えない
　夜を日に**継い**で＝昼夜続けて

❷血縁がない。「継子・継父・継母」
†❷は漢字本来の意味ではない。

## 接

11画 6級

**音読み** セツ（ショウ）

**訓読み** つ−ぐ（は−ぐ・まじ−わる・もてな−す）

**成り立ち** 形声。手＋妾。相手とくっつく。

**意味** ❶つなぐ。ふれる。「間接・逆接・接合・接骨・接触・接続・接着・接点・接吻・直接・密接・溶接」

▽医者に骨を**接い**でもらった（＝つなぎ合わせる）。
▽バラは**接ぎ**木で増やす（↓枝に枝をつなぐ）。
▽骨**接ぎ**の看板を懸ける（↓接骨院）。
(慣)木に竹を**接ぐ**＝ちぐはぐな物を組み合わせるたとえ

❷ちかづく。「近接・接近・接戦」
❸まじわる。「応接・交接・接客・接見・接待・面接」
❹うける。「接受・接取・予防接種」

## 注

8画 8級 ⇩さす、そそぐ

**音読み** チュウ

**訓読み** そそ−ぐ（つ−ぐ・さ−す）

**成り立ち** 形声。水＋主。水をじっと立つようにそそぐ。

**意味** ❶そそぐ。「注射・注入・注連・流注」

▽カップにコーヒーを**注ぐ**（＝液体を器に入れる）。
▽ここにお湯を**注い**でください。

▽ジョッキにビールを**注**いで飲んだ。
▽重役たちの杯に酒を**注**いで回った（＝つぎたす）。
▽小皿に醤油を**注ぐ**。
❷一点に集める。「傾注・注意・注視・注目」
❸あつらえる。「外注・注進・注文・特注・発注」
❹詳しく説明する。「脚注・注記・注釈・補注・訳注」

## 嗣

13画 準2級

**音読み** シ
**訓読み** （つ－ぐ）
**成り立ち** 形声。冊＋口＋司。文書を神前で読み上げる後継者。
**意味** ❶あとをつぐ。「継嗣・後嗣・嗣子・嫡嗣」
▽その国では王女が王位を**嗣**いだ（↓後継者）。

## つくる

作・造・創

**使い分けマニュアル** 「**作る**」は一般に広く用いられる。「**造る**」は大規模な建造物や酒・急ごしらえの物などの場合に。「**創る**」は新たに組織などをつくる場合に。

花を作る。（畑で栽培する）
花を造る。（布で製作する）
花を創る。（神が美しいものとして）

## 作

7画 9級

**音読み** サク・サ
**訓読み** つく－る（な－す）
**成り立ち** 形声。人＋乍。人間が人為的な動作をする。
**意味** ❶つくる。「合作・劇作・傑作・原作・工作・作詩・作者・作成・作品・作文・作家・作曲・試作・詩作・製作・創作・大作・著作・名作・力作・労作」
▽チーズは牛乳で**作る**（＝手を加えて完成する）。
▽彼女はケーキを**作**ってくれた。
▽ツバメが軒下に巣を**作**っている。
▽日曜大工で本棚を**作る**。
▽玄関前に雪だるまを**作**った。
▽契約書を**作**ってください（＝新たに作成する）。
▽プログラムソフトを**作る**。
▽漢字を崩して仮名を**作**った（＝発明する）。
▽組合を**作**った（＝設立する）。
▽ライオンは群れを**作**って生活する。

▽シューベルトの**作**った歌曲。
▽世論はマスコミによって**作ら**れる。
▽毎年背広を**作る**（＝あつらえる）。
▽早いところ子供を**作れ**よ（＝生む）。
▽明るい家庭を**作り**たい（＝築く）。
▽犯罪のない社会を**作ろ**う。
▽北島選手は二つの世界新記録を**作**った。
▽毎日運動してじょうぶな体を**作り**ましょう。
▽彼は株で一財産**作**った（↓まとまった金額にする）。
▽彼は競馬で借金を**作**った。
▽彼は話を**作る**のがうまい（＝でっちあげる）。
▽適当な口実を**作**って会社を休んだ。
㊬しなを**作る**＝色っぽい身のこなしをする
❷穀物や野菜を育てる。「凶作・耕作・作物・作況・転作・農作・不作・米作・豊作・満作・連作」
▽裏の畑で野菜を**作**っている（＝栽培する）。
▽その町では花を**作る**農家が多い。
▽彼女は庭でバラを**作**っている。
❸なす。はたらく。「作業・作為・作戦・作動・作法・作用・所作・操作・動作・発作」
▽行列を**作る**（＝形をなす）。
▽彼は指で丸を**作**ってウインクした。
▽子供たちが手をつないで輪を**作**った。

## 造 10画 6級

**音読み** ゾウ
**訓読み** つく-る（いた-る・な-る・はじ-める・みやつこ）
**成り立ち** 会意。辶＋告。材料をくっつけ合わす。
**意味** ❶いたる。「造詣・造士」
❷つくる。「改造・建造・構造・醸造・人造・製造・造営・造園・造花・造形・造語・造作・造成・造船・創造・造反・鋳造・捏造・密造・木造・模造・乱造」
▽酒は米で**造る**（＝醸す）。
▽ワインはブドウから**造ら**れる。
▽妹は絹の布でバラの花を**造**っている（＝作り物）。
▽その男たちは偽札を**造**っていた。
▽新しい高速道路が**造ら**れた（↓大規模な建造物）。
▽ホテルの庭に日本庭園を**造る**。
▽田舎に大きな家を**造**った（＝建てる）。
▽マグロの土手を刺身に**造る**（＝切り分ける）。
▽お**造り**（＝刺身）。
▽彼は新語を**造る**名人だ。
▽立派な人間を**造る**のが教育の使命だ。

▽あの女優はずいぶん若く**造**っている（＝装う）。
▽あの笑顔は**造り**笑いだ（＝いつわり）。
❸あわただしい。「造次顛沛」

## 創

12画　5級　⇩きず

**音読み**　ソウ
**訓読み**　＊つく-る（はじ-める・きず）
**成り立ち**　形声。刀＋倉。素材に刀で切れ目を入れる。
**意味**　❶きず。「銃創・創傷・刀創・満身創痍」
❷はじめる。「創意・創刊・創業・創建・創作・創始・創設・創造・創立・独創的」
▽神は天と地を**創られ**た（＝創造する）。
▽F氏は私財を投じて学校を**創**った（＝創始する）。

# つける(2)・つかる

漬（浸）

**使い分けマニュアル**　「**漬ける**」は肉や野菜に味をしみこませる場合に。「**浸ける**」は水にひたす場合に。「**漬かる**」「**浸かる**」は「つける」に準ずる。

キュウリを漬ける。（ぬか漬けにする）
キュウリを浸ける。（冷水に放す）

†「つける(1)」「つける(2)」の使い分けは271ページ参照。

## 漬

14画　準2級

**音読み**　（シ）
**訓読み**　つ-ける・つ-かる
**成り立ち**　会意。水＋責。野菜を積み重ねて塩水につける。
**意味**　❶ひたす。ひたる。「漬浸」
❷つけものにする。「塩漬」
▽なすをぬかで**漬ける**（＝漬物にする）。
▽肉を煮汁に一晩**漬ける**（↓味をしみこませる）。
▽このキュウリはまだ**漬か**っていない（↓味がしみこんでいない）。
▽タイの味噌**漬け**。

## 浸

10画　4級　⇩しみる、つく(1)・つける(1)

**音読み**　シン
**訓読み**　ひた-す・ひた-る（つ-く・つ-かる・し-みる）
**成り立ち**　形声。水＋𠬶。水が次第にしみこむ。

**意味** ❶ひたす。ひたる。「浸出・浸潤・浸食・浸水・浸染・浸透・浸入」
▽洗濯物を洗剤に**浸けて**おく（＝ひたす）。
▽レタスを冷水に**浸けて**ぱりっとさせる。
▽ほうれんそうをゆでて水に**浸ける**（＝放す）。
▽肉を煮汁に一晩**浸ける**（＝沈めておく）。
▽台風で床上まで水に**浸かった**（→浸水する）。
▽肩までどっぷりと湯に**浸かる**（＝身を沈める）。
†自動詞「つく」は「つく(1)」を参照。

## つつしむ・つつしみ　慎・謹

**使い分けマニュアル**
「**慎む**」は慎重にする、量や回数を抑えるという場合に。「**謹む**」は「**謹んで**」の形で、丁重に何かをする場合に。
「つつしみ」は「**慎み**」のみ。

| 使用漢字 | 動詞 | 名詞 |
|---|---|---|
| 慎 | つつしむ | つつしみ |
| 謹 | つつしむ | ― |

### 慎
13画　4級

**音読み** シン
**訓読み** つつし-む（つつま-しい・つつま-しやか）
**成り立ち** 形声。心＋真。充実して隙間のない心。
**意味** ❶つつしむ。「謹慎・慎重・慎慮」
▽軽挙妄動を**慎む**（＝しない）。
▽公職にある者は言動を**慎んで**ほしい。
▽宴会では政治の話題は**慎む**べきだ（＝控える）。
▽最近は**慎み**のない娘が少なくない（→恥を知らない）。
▽暴飲暴食を**慎む**（→食べ過ぎ飲み過ぎしない）。
▽（医者が）タバコは**慎んだ**ほうがいいですね（＝やめる）。
▽肝臓を悪くして以来酒は**慎んで**いる。
▽電車の中では携帯電話は**慎んで**いる（→使わないようにする）。
㊜口を**慎む**＝不用意な発言をしないよう注意する
身を**慎む**＝出過ぎた行動をしないよう注意する

### 謹
17画　準2級

**音読み** キン
**訓読み** つつし-む
**成り立ち** 形声。言＋菫。こまやかに気を配る。

**意味** ❶つつしむ。「恭謹・謹賀・謹具・謹啓・謹厳・謹慎・謹製・謹聴・謹呈・謹白」

▽**謹んで**承りました（＝十分な敬意をもって）。

▽**謹んで**新春のお慶びを申し上げます。

▽**謹んで**お知らせ〔お詫び〕いたします。

▽「芥川賞をお受けいただけますか」「**謹んで**お受けいたします」

## つとめる・つとまる
### 努・勤・務（勉）

**使い分けマニュアル** 「**努める**」は自分自身のことや目標達成のために努力する場合に。「**勤める**」は職場に勤務する場合に。「**務める**」は役割をまっとうして責任を果たす場合に。「**勉める**」は特に労力を必要とする努力の場合に。

「つとまる」は「**勤まる**」と「**務まる**」で、「つとめる」に準ずる。

一生懸命努める。（できるだけ頑張る）
一生懸命勤める。（会社になじもうとする）
一生懸命務める。（責任を果たそうとする）
一生懸命勉める。（これ以上できないくらい）

| 使用漢字 | 他動詞 | 自動詞 | |
|---|---|---|---|
| 努勉 | ― | つとめる | ― |
| 勤 | ― | つとめる | つとまる |
| 務 | つとめる | ― | つとまる |

## 努
7画 7級

**音読み** ド

**訓読み** つと-める（ゆめ）

**成り立ち** 形声。力＋奴。じわじわと力をこめてねばる。

**意味** ❶頑張る。「努力」

▽その子は泣くまいと**努め**ていた（＝こらえる）。

▽自分では精一杯**努め**ているつもりだが、上司は理解してくれない（＝努力する）。

▽会社の発展に**努める**（＝力を傾ける）。

▽その国は環境保護に**努め**ている（＝実行する）。

▽親に心配をかけないように**努める**（＝配慮する）。

▽大臣はひたすら弁解に**努め**た（＝一生懸命する）。

▽彼は**努め**て冷静に振る舞った（＝できるだけ）。

▽老人には**努め**て親切にしよう。

## 勤
12画 5級

音読み キン・ゴン

訓読み つと-める・つと-まる（いそ-しむ）

成り立ち 形声。力+堇。力を使い果たす。

意味 ❶精を出す。「恪勤・勤勉・勤労・勤行」

▽父は銀行に勤めている（=勤労する）。

▽彼はどこにも勤めないらしい（=就職する）。

▽（僧侶が）では、お勤めさせていただきます（=読経する）。

▽息子は私の会社で何とか勤まっているようだ（=要求に応える）。

❷仕事。「勤務・欠勤・出勤・通勤・転勤・夜勤」

▽風邪をひいて勤めを休んだ（=仕事）。

▽姉は高校を卒業すると勤めに出た（→就職する）。

▽寺では毎朝お勤めをする（=読経）。

▽自営業はいいなあ。うちは勤め人だから全然自由がない（→サラリーマン）。

▽サラ金が勤め先まで追いかけてきた（→仕事場）。

## 務
11画 6級

音読み ム（ブ）

訓読み つと-める・*つと-まる（あなど-る・あなど-り）

成り立ち 形声。力+敄。困難を冒して努力する。

意味 ❶役目を果たす。「外務・義務・業務・勤務・激務・公務・債務・財務・雑務・実務・事務・常務・乗務・職務・庶務・責務・専務・総務・任務・労務」

▽木村君が議長を務めた（=役割をする）。

▽わたくしが委員長を務めさせていただきます。

▽私ではとても通訳は務まらない（→できない）。

▽主役が急病のため若手俳優が代役を務めた。

▽国会議員を三期務めた（=役目を果たす）。

▽彼女は良妻賢母の務めを果たした（=責任）。

▽納税と教育は国民の務めである（=義務）。

▽海外出張の務めを終えて帰国した（=職務）。

▽最近、夜のお務めはさっぱりだ（→性交）。

## 勉
10画 8級

音読み ベン

訓読み （つと-める）

成り立ち 形声。力+免。力をこめて子供を産む。

意味 ❶一生懸命頑張る。「勤勉・勉学・勉強」

▽二度とこのような不祥事が起こらないように全力をあ

げて**勉める**所存です。

▽弊社では技術の向上に日夜**勉めて**おります。

## つむ　積・摘・詰

**使い分けマニュアル** 「**積む**」は具体的抽象的に蓄積する場合に。「**摘む**」は小さく切り取る場合に。「**詰む**」は密で隙間がなくなる場合に。

草を積む。（干し草を荷車にたくさん載せる）
草を摘む。（食用の若草を切り取る）

| 使用漢字 | 自動詞 | 他動詞 | 可能動詞 |
| --- | --- | --- | --- |
| 積 | つもる | つむ | つめる |
| 摘 | ― | つむ／つまむ | つめる |
| 詰 | つむ／つまる | つめる | ― |

### 積　16画　7級

**音読み** セキ（シ・シャク）

**訓読み** つ-む・つ-もる（たくわ-える）

**成り立ち** 形声。禾＋責。収穫した稲をぎざぎざにつみ重ねる。

**意味** ❶つむ。つもる。「鬱積・山積・集積・積雲・積載・積雪・積分・堆積・蓄積・累積」

▽倉庫に天井まで米俵を**積む**（＝重ねる）。

▽机の上に漫画の本を**積み**上げる。

▽ブロックを**積ん**で塀を作る。

▽荷車に干し草を**積む**（＝載せる）。

▽タンカーには原油を**積ん**でいる（↓液体）。

▽この放送車には非常用の電源を**積ん**でいる。

▽経験を**積む**（＝たくさん持つ）。

▽練習を**積ま**ないとレギュラーになれない。

▽善行を**積む**（＝たくさん行う）。

▽毎月三万円ずつ銀行に**積む**（↓金を積み立てる）。

▽宝くじの賞金は銀行に**積ん**である（＝預金する）。

▽保釈金を**積ん**で出所する（＝支払う）。

▽いくら金を**積まれ**ても嫌な仕事はしないぞ（＝もらう）。

慣 山と**積む**＝たくさん盛り上げて置く

❷かけあわせた答え。「体積・面積・容積」

### 摘　14画　4級

**音読み** テキ

**訓読み** つ-む（つま-む）

**成り立ち** 形声。手＋商。指先でぐいと引き締めてちぎる。

**意味** ❶つまみとる。「摘芽・摘出・摘要」

▽新茶を**摘む**（＝つまみ採る）。

▽桑の葉を**摘ん**で蚕にやる。

▽いちごを**摘む**（＝取る）。

▽羊の毛を**摘み**取って糸を紡ぐ（＝刈り取る）。

㊓芽を**摘む**＝成長していく物を早い段階でなくす

❷あばく。「指摘・摘発」

## 詰

13画　4級

**音読み** キツ

**訓読み** つ‐める・つ‐まる・つ‐む（なじ‐る）

**成り立ち** 形声。言＋吉。言いのがれできないよう締めつけて問いただす。

**意味** ❶なじる。「詰問・難詰・面詰・論詰」

❷まがる。「詰曲・詰屈」

❸あけがた。「詰旦」

❹隙間がない。隙間をなくさせる。

▽このセーターは目が**詰ん**でいる（＝隙間が少ない）。

▽（将棋）あと一手で**詰む**（→王将を追い詰める）。

†❹は漢字本来の意味ではない。

## つる　釣・弦（吊・攣・蔓）

**使い分けマニュアル** 「**釣る**」は魚を捕る場合、えさや好物で誘う場合に。「**吊る**」は上からぶら下げる場合に。「**弦**」は弓のつるや、やかんなどの把手の場合に。「**蔓**」は植物の細く伸びる茎や眼鏡の場合に。

| 使用漢字 | 動詞 | 名詞 |
|---|---|---|
| 釣 吊 攣 | つる | つり |
| 弦 蔓 | ― | つる |

## 釣

11画　準2級

**音読み** チョウ

**訓読み** つ‐る

**成り立ち** 形声。金＋勺。水中から魚を高く抜き出す。

**意味** ❶魚をつる。「釣果・釣客・釣魚・独釣」

▽毛バリで**釣る**（＝竿で魚などを取り上げる）。

▽イカを**釣る**。

▽公園の池では鯉を**釣る**老人が多い。
▽トンボを**釣る**。
▽マグロをはえなわで**釣る**（↓縄についた針で）。
▽ごちそうに**釣られ**てパーティーにやってきた（＝引きつけられる）。
▽彼女は金や物では**釣られ**ない（↓籠絡される）。
▽子供をお小遣いで**釣っ**て、庭の草むしりをさせた（＝すかす）。
▽甘言で**釣っ**て高額商品を買わせる（＝誘惑する）。
▽隣の子供に**釣られ**てうちの子も泣き出した（↓触発される）。
▽他のランナーに**釣られ**てフライングした。
▽醤油の焦げるにおいに**釣られ**て屋台に人が集まってきた（↓誘われる）。
慣 エビでタイを**釣る**＝少しの元手で大きな利益を得るたとえ
**釣った魚にえさはやらない**＝自分の物になる前はいろいろ機嫌を取ったりするが、自分の物になると全然かまわなくなるたとえ

## 弦　8画　準2級

**音読み** ゲン
**訓読み** つる
**成り立ち** 形声。弓＋玄。細いつるを宙吊りに張る。
**意味** ❶弓のつる。「控弦・鳴弦」
▽弓の**弦**（＝張り渡す糸）。
▽囲炉裏の自在鉤に鍋の**弦**を懸けた（＝湾曲したとって）。
❷楽器に張った糸。「管弦楽・弦楽器・調弦」
❸半円形。「下弦・弦月・上弦」

## 吊　6画　準1級

**音読み** チョウ
**訓読み** つ－る・つる－す
**成り立ち** 会意。口＋巾。弔の俗字。布きれで何かをぶら下げる。
**意味** ❶つるす。ひっかける。「吊橋」
▽ＯＨＰを見るのにスクリーンを**吊っ**た（＝引っかけてぶら下げる）。
▽窓ぎわに薄いカーテンが**吊っ**てある。
▽部屋の隅に棚を**吊っ**た（＝取り付ける）。
▽夏の夜は蚊帳を**吊っ**て寝る。
▽彼は骨折した腕を包帯で**吊っ**ている。
▽瀬戸大橋は橋げたをワイヤーで**吊っ**ている。
▽軒下に風鈴を**吊っ**た（＝ぶら下げる）。

▽腹が出てきたので**吊り**ズボンをはこう。
▽倒産した会社の社長は首を**吊った**（＝くくる）。
▽（相撲）大関はまわしをつかむとすかさず**吊った**（↓相手の体を宙でぶら下げる）。
▽彼女は目が少し**吊って**いる（↓細く上に引っ張られている）。

## 攣

23画　1級

**音読み** レン

**訓読み** つ－る・ひきつ－る・か－かる・つな－がる・かが－まる・した－う

**成り立ち** 形声。手＋䜌。手足がもつれる。

**意味** ❶ひきつる。「痙攣・攣縮」
▽冷たい水に飛び込んだら足が**攣った**（＝けいれんする）。
▽寒いと背中の筋肉が**攣る**ことがある。
▽スカートの裾の縫い目が**攣って**いる（↓片側だけが伸びている）。
❷かかわる。「攣拘」
❸したう。「拳攣・攣々」

## 蔓

14画　準1級

**音読み** バン・マン

**訓読み** つる・はびこ－る・から－む

**成り立ち** 形声。草＋曼。長くずるずると伸びる草。

**意味** ❶かずら。「蔓生・蔓草」
▽アサガオの**蔓**が伸びてきた（＝巻きひげ）。
▽藤**蔓**で編んだ家具（＝かずら）。
▽ブドウの**蔓**が巻きついた。
▽眼鏡のレンズと**蔓**を布で拭く（＝耳にかける部分）。
❷ひろがる。「蔓延・蔓説」

# とうとい

尊・貴

**使い分けマニュアル**
「**尊い**」は対象が精神的にうやまえる場合に。
「**貴い**」は対象に価値がある場合に。
尊い教え。（霊験あらたか）
貴い教え。（多くの犠牲で得た教訓）

## 尊

12画　5級

**音読み** ソン

**訓読み** たっと－い・とうと－い・たっと－ぶ・とうと

―ぶ（みこと）

**成り立ち** 会意。酋＋寸。背の高い優美な酒つぼ。

**意味** ❶とうとい。とうとぶ。「自尊・尊敬・尊厳・尊称・尊崇・尊大・尊重・尊卑・独尊」

▽このお文には**尊い**教えが書いてある（↓神仏の霊験あらたかな）。

▽阿彌陀様の**尊い**お姿を拝む（＝尊敬すべき）。

▽少しでも社会に貢献しようとする姿勢は**尊い**（＝見習うべき精神を表している）。

▽青年は子供を救おうとして**尊い**犠牲になった。

㊫**尊い**寺は門から見ゆる＝霊験あらたかな寺は門構えからして立派である

❷たっとぶべき神仏。「三尊・釈尊・世尊・本尊」

❸敬意を添える語。「尊影・尊顔・尊父・尊名」

## 貴

12画　5級

**音読み** キ

**訓読み** たっと―い・とうと―い・たっと―ぶ・とうと―ぶ（たか―い）

**成り立ち** 会意。貝＋臾。ひときわ大きい財貨。

**意味** ❶とうとい。とうとぶ。「貴顕・貴人・貴賤・貴族・貴重・貴賓席・貴婦人・高貴・富貴」

▽源氏や平氏は皇室につながる**貴い**家柄だ（＝身分が高い）。

▽その事故によって**貴い**人命が失われた（＝代替できないほど貴重である）。

▽ホスピスの日常は一日一日が**貴い**。

▽オウム事件が残した教訓は**貴い**。

▽健康の**貴さ**は失ってみて初めてわかる（＝得難さ）。

▽真の自由ほど**貴い**ものはない。

㊫山高きがゆえに**貴からず**＝地位が高いからといって尊敬できるとは限らないというたとえ

❷値段が高い。「貴金属・騰貴」

❸敬意を添える語。「貴君・貴兄・貴国・貴女・貴著・貴殿」

# とおる・とおす

通（透・徹）

**使い分けマニュアル** 「**通る**」は一般に広く用いられる。「**透る**」は液体・光などが物の裏側まで達する場合に。「**徹る**」は声や光が遠くまで届く場合に。

「**通す**」「**透す**」「**徹す**」は「とおる」に準ずる。

課長の声が通った。（部長が聞いてくれた）
課長の声が透った。（今まで咳き込んでいたが）
課長の声が徹った。（会議室に響き渡った）

| 使用漢字 | 自動詞 | 他動詞 |
|---|---|---|
| 通透徹 | と｜おる | と｜おす |

## 通 10画 9級

音読み　ツウ・ツ
訓読み　とお－る・とお－す・かよ－う
成り立ち　形声。⻌＋甬。突き抜けて出入りする。
意味　❶とおる。とおす。「開通・貫通・直通・通過・通気・通行・通風・通路・不通・便通・融通」
▽障害物をよけて**通る**（＝進行する）。
▽家の前をダンプカーが**通**った（＝通行する）。
▽「このバスは銀座を**通り**ますか」「はい、**通り**ます」
▽その橋は今にも落ちそうで誰も**通ら**ない。
▽針に糸を**通す**（＝貫通させる）。
▽税関を**通る**のに一時間かかった（＝通過する）。
▽通用門を**通**って裏庭へ出た（＝経由する）。
▽中央高速を**通**って長野へ出よう。
▽彼女は一次試験に**通**った（＝合格する）。
▽この製品は国の検査に**通ら**なかった。
▽行革法案は衆議院を**通**った（＝可決する）。
▽（来客に）どうぞ客間へお**通り**ください（＝目的地に達する）。
▽檜の柾目の**通**った板（＝まっすぐ整っている）。
▽この子は鼻すじが**通**っている。
▽森氏は一本芯の**通**った男だ（＝骨がある）。
㊟避けて**通れ**ない＝問題点として適切に処理しなければならない
食事がのどを**通ら**ない＝食べることができない
❷かよう。「交通・通学・通勤・通商・通帳・文通」
▽納沙布岬へはバスが**通**っている（＝運行する）。
▽来月そのニュータウンへ地下鉄が**通る**。
▽やっとうちにも電話が**通**った（＝開通する）。
▽この地区はまだ電気が**通**っていない。
▽このパイプには水道が**通**っている（＝流れる）。
▽国境の鉄条網には電気が**通**っている。
▽豚肉はよく火を**通し**なさい（＝加熱する）。
▽この部屋は風がよく**通る**（＝吹き抜ける）。
▽吸入をしたら鼻が**通る**ようになった（＝呼吸する）。
❸伝える。「通信・通知・通報・通訳・通話・内通」
▽すでに先方に話は**通**っている（＝聞いている）。

▽客の注文はまだ**通**っていない（＝受け付ける）。
▽仲人を**通し**て希望を伝えた（＝仲介する）。
▽この文章は意味が**通ら**ない（↓わからない）。
▽彼の話は筋が**通っ**ていない（↓一貫性がない）。
▽被告の主張が**通っ**た（＝承諾される）。
▽そんな要求は**通ら**ない（＝許される）。
▽そんな甘い考えでは世の中**通ら**ないよ。
▽お**通し**（↓客の注文を受けたしるしに、料理の前に出す簡単なつまみ）。
慣 無理が**通れ**ば道理引っ込む＝道理に外れたことが横行すれば道理は行われなくなる
❹よく知っている。「消息通・食通・神通力・精通・通暁・通人・半可通」
❺広くゆきわたる。「共通・通貨・通称・通常・通俗・通念・通分・通弊・通用・通例・普通・流通」
▽彼は変人で**通っ**ている（＝思われている）。
▽彼女は四十過ぎだが二十代でも**通る**。
▽川平は新宿ではジェイという名で**通っ**ている（＝理解される）。
▽この先の店は名が**通っ**ている（＝有名である）。
❻初めから終わりまで。「通巻・通算・通史・通読・通年・通覧・通夜」
▽長編小説を最初から最後まで**通し**て読んだ。
▽ノンブルを**通す**（↓順番通りかどうか確認する）。
▽宝くじを**通し**番号で買った（↓続き番号）。
▽**通し**狂言（↓歌舞伎狂言を除幕から大切まで一度に演ずること）。

## 透

10画　4級　⇩すく・すける・すかす

**音読み** トウ
**訓読み** す-く・す-かす・す-ける（とお-る）
**成り立ち** 会意。辵+秀。とおりぬける。
**意味** ❶すきとおる。「透映・透視・透写・透明」
▽レースのカーテンを**透し**て向こうが見える（＝すかす）。
❷とおりぬける。「浸透・透過・透水・透徹」
▽彼女の声はよく**透る**（↓遠くまでよく聞こえる）。
▽この天幕は光を**透さ**ない（＝入る）。
▽下着まで**透る**ほどびしょぬれになった。

## 徹

15画　準2級

**音読み** テツ
**訓読み** （とお-る・つらぬ-く）
**成り立ち** 会意。彳+攴+育。するりと抜けて進む。
**意味** ❶つらぬきとおす。「一徹・貫徹・徹宵・徹底・徹頭徹尾・徹夜・透徹・冷徹」

▽男の声はびんびんと廊下の向こう側まで**徹**った（＝突き抜ける）。

▽厳しい寒さが骨まで**徹**って忍びがたい（＝しみる）。

▽霊能者は男の顔を**徹**して背後霊を見取った（↓向こう側に見る）。

❷とりのぞく。「徹兵・徹去」

# とが・とがめる（科・咎）

**使い分けマニュアル**

「**科**」は法律上罪となる場合に。「**咎**」は過ちの場合に。

「とがめる」は「**咎める**」のみ。

何の科もない。（法律上罰せられない）

何の咎もない。（責任を追及される覚えはない）

| 使用漢字 | 名詞 | 動詞 |
| --- | --- | --- |
| 科 | とが | ― |
| 咎 | とが | とがめる |

## 科

9画　9級

**音読み**　カ

**訓読み**　（とが・しな・しぐさ）

**成り立ち**　会意。禾＋斗。作物を量るます。

**意味**　❶等級。しな。「科学・学科・科目・教科・外科・歯科・内科・百科・文科・法科・理科」

❷法律の条文。「金科玉条」

❸とが。割り当て。「科料・罪科・前科」

▽彼は無実の**科**を負わされた（＝罪）。

▽盗みの**科**で捕まった。

▽一万円の罰金くらいの**科**ですんだんだから、まだいいほうだ（＝罰）。

❹あな。くぼみ。「科頭」

❺しぐさ。「科白」

## 咎

8画　1級

**音読み**　キュウ

**訓読み**　とが・とが-め・とが-める

**成り立ち**　会意。人＋各。障害につかえて順調に進めない。

**意味**　❶とが。「咎科・罪咎」

▽私には何の**咎**もない（＝非難されるべき点）。

❷とがめる。「咎戒・咎責」
▽過ちを**咎める**（＝追及する）。
▽人のやることをいちいち**咎める**（＝文句を言う）。
▽道で不意に警官に**咎められた**（＝怪しまれる）。
❸痛む。
▽汚い手でいじると傷が**咎める**よ（＝悪化する）。
▽借金を返していないのでどうも気が**咎める**（↓引け目を感じる）。
†❸は漢字本来の意味ではない。

# とく・とける・とかす

## 解・溶・説（梳・融）

**使い分けマニュアル**

「**解く**」は物理的・抽象的にかたまりやもつれをほぐす場合に。「**溶く**」は液体で薄める場合に。「**説く**」は言葉で納得させる場合に。「**梳く**」は髪や毛をくしけずる場合に。

「**解ける**」は物理的・抽象的にかたまりがほぐれる場合、固体がやわらかくなる場合に。「**溶ける**」は固体が液体になったり混ざったりする場合に。「**融ける**」は固体が液体になる場合に。

「**解かす**」は固い物をやわらかくしたり液体にしたりする場合、もつれた物を整える場合に。「**溶かす**」は溶質を溶媒に均一に混ぜ合わせる場合に。「**梳かす**」は髪や毛をくしけずる場合に。「**融かす**」は固い物を液体にする場合に。

問題を解く。（答えを出す）
問題を説く。（説明する）
砂糖が溶ける。（水に均一に混ざる）
砂糖が融ける。（自然に液状になる）
バターを解かす。（やわらかくする）
バターを溶かす。（スープに均一に混ぜこむ）
バターを融かす。（完全に液状にする）

| 使用漢字 | 他動詞 | | 自動詞 | 可能動詞 |
|---|---|---|---|---|
| 解溶 | とかす | とく | とける | とかせる |
| 説 | － | とく | － | とける |
| 梳 | とかす | とく | － | とかせる |
| 融 | とかす | － | とける | とかせる |

# 解

13画　6級　⇩わかれる・わかつ・わける・わかる

**音読み**　カイ・ゲ

**訓読み** と-く・と-かす・と-ける（さと-る・わか-る・ほど-く・ほど-ける・ほぐ-れる・ほつ-れる）

**成り立ち** 会意。角＋刀＋牛。ばらばらに分解する。

**意味** ❶ばらばらにする。「解散・解消・解析・解体・解凍・解剖・氷解・分解・融解・溶解」

▽卵一個を**解い**て煮汁にまわしかける（＝固体を混ぜて液体にする）。

▽グラスの氷が**解け**た（＝なくなる）。

▽根雪を**解かす**春の太陽（＝やわらかくする）。

▽冷凍食品を冷蔵室で**解かす**（＝解凍する）。

❷ほどく。「解禁・解雇・解除・解任・解放・解約・解脱・解毒・解熱・和解」

▽靴のひもを**解く**（↔結ばない状態にする）。

▽着物の帯を**解く**（↔長い布にする）。

▽三つ編みが**解け**てきた（＝ゆるむ）。

▽包装を**解く**と宝石箱が出てきた（＝開ける）。

▽敵軍は囲みを**解い**た（＝やめる）。

▽戒厳令が**解け**た（＝解除される）。

▽（アイスホッケー）ペナルティーが**解ける**（＝許される）。

▽夜中の十二時に魔法が**解ける**（＝効力がなくなる）。

▽友人とのわだかまりが**解ける**（＝やわらぐ）。

▽彼女に会って誤解を**解き**たい（＝なくす）。

㋲下ひもを**解く**＝（古代の）女性が男性に肉体を許す

❸さとる。「解決・解釈・解説・解答・解読・解明・見解・誤解・図解・正解・読解・難解・弁解・明解・理解」

▽生命の神秘を**解く**（＝明らかにする）。

▽疑問を**解く**（＝答える）。

▽CIAは暗号を**解い**た（＝解読する）。

▽なぞが**解け**た（＝明らかになる）。

▽試験の中で三問**解け**なかった（＝解答する）。

## 溶

13画　4級

**音読み** ヨウ

**訓読み** と-ける・と-かす・と-く

**成り立ち** 形声。水＋容。水の中に物を入れて混ぜこむ。

**意味** ❶ゆったりしている。「溶然・溶々」

❷とける。とかす。「溶液・溶解・溶剤・溶質・溶媒」

▽かたくり粉を水で**溶く**（＝液体と混ぜて薄める）。

▽コーヒーシュガーはなかなか**溶け**ない（＝液体の中に均質に混じり合う）。

▽この風邪薬はお湯に**溶かし**て飲む（＝溶媒の中に均質に混ぜる）。

▽洗剤を**溶かし**た水に洗濯物を浸ける。

▽ペンキをシンナーで**溶く**（＝薄める）。

▽チョコレートが**溶け**た（＝ぐにゃぐにゃになる）。
▽どろどろに**溶け**た溶岩が迫ってくる。
▽溶鉱炉で鉄を**溶かす**（＝固体を液状にする）。
▽バターを湯せんで**溶かす**。
▽混ぜた材料を火にかけて**溶かす**。
▽魚は水に**溶けた**酸素を呼吸している（↓気体が液体に混ざる）。

## 説

14画　7級

**音読み**　セツ・ゼイ（エツ）
**訓読み**　と－く（よろこ－ぶ）
**成り立ち**　形声。言＋兌。言葉でときほぐす。
**意味**　❶とく。のべる。「演説・解説・説教・説得・説法・説明・説話・遊説・力説」
▽コペルニクスは地動説を**説い**た（＝説明する）。
▽その医者は禁煙を**説い**て回った（＝説得する）。
▽今どき倹約を**説い**ても理解されない（＝提唱する）。
▽仏教の教えを**説く**（＝かみくだいて説明する）。
▽道理を**説い**て聞かせる（＝言い聞かせる）。
▽医者はその薬の効能を**説い**た（＝納得させる）。
▽口では政治改革を**説き**ながら企業献金はもらい続ける政治家が多い（＝偉そうに言う）。
㊫人を見て法を**説け**＝立派なことを言うときは相手が理解できるかどうかを見てからにせよ
❷意見。「概説・学説・仮説・逆説・自説・社説・序説・新説・図説・総説・通説・定説・論説」
❸ものがたり。うわさ。「巷説・小説・伝説・風説」
❹よろこぶ。「説懌・説楽」

## 梳

10画　1級　⇩すく・すける・すかす

**音読み**　ショ・ソ
**訓読み**　くし・くしけず－る・す－く・と－く
**成り立ち**　形声。木＋疏。毛を一筋ずつ分けて通す。
**意味**　❶くしけずる。「櫛梳・梳洗・梳毛」
▽もつれた髪を櫛で**梳く**（＝とかす）。
▽（子供に）頭を**梳かし**てやるからこっちへおいで。

## 融

16画　準2級

**音読み**　ユウ
**訓読み**　（と－ける・とお－る）
**成り立ち**　形声。鬲＋蟲。平均し調和したコロイド状になる。
**意味**　❶とおる。「金融・融資・融通」
❷とける。とかす。「融解・融合・融点・融和・溶融」

▽四月になると雪が**融ける**（＝水になる）。
▽猛暑で道路のアスファルトが**融ける**（＝液状に）。
▽すずは熱で簡単に**融ける**。
▽雪を**融かして**飲み水にする（＝水にする）。

## ところ

所（処）

**使い分けマニュアル** 「所」は一般に広く用いられる。「処」は何か特別なことをする場所に。

休み所。（一服する場所や機会、手段）
休み処。（喫茶店）

### 所 8画 8級

**音読み** ショ（ソ）

**訓読み** ところ

**成り立ち** 形声。斤＋戸。木をさくさくと切り分ける。

**意味** ❶ところ。「箇所・急所・近所・高所・地所・住所・随所・短所・長所・難所・便所・名所・要所」

▽学校から三キロの**所**に大きな沼がある（＝地点）。
▽ここが古代の遺跡の発見された**所**だ。
▽映画館の入口の**所**で彼と待ち合わせた。
▽（天気予報）きょうは**所**によりにわか雨が降るでしょう（＝地域）。
▽金はある**所**にはあるもんだ（＝場所）。
▽彼はいつも人のいない**所**で悪口を言う（＝場面）。
▽おやじのいる**所**で病気の話はするなよ。
▽ここにお**所**とお名前をお書きください（→住所）。
▽先生の**所**番地を教えてもらった。

慣 攻守**所**を替える＝攻撃と守備が交代する
**所**かまわず＝どこでも遠慮なく
出る**所**へ出る＝公の場で争う
**所**変われば品変わる＝住む場所が変わると人間も変わるものである
**所**狭しと＝たくさん散らかっている様子

❷施設。「刑務所・興信所・御所・裁判所・支所・所員・所長・入所・販売所・役所」

❸〜すること。「所轄・所見・所載・所在・所持・所信・所詮・所蔵・所属・所帯・所得・所有・所用」

❹〜される。「所以・所産・所収・所定」

### 処 5画 5級

**音読み** ショ（ソ）

**訓読み** （ところ・お-る・お-く）

**成り立ち** 会意。旧字は「處」で、虍＋几＋夂。ひとところに定着する。

**意味** ❶いる。「出処・処子・処暑・処女・処世術」

❷場所。「処々・随処」

▽駅から徒歩十分の**処**に公園がある（↓存在場所）。

▽お休み**処**（↓喫茶店・簡易旅館）。

❸とりはからう。「処遇・処刑・処事・処断・処置・処罰・処分・処方・処理・善処・対処」

## とし　年（歳）

**使い分けマニュアル** 「**年**」はすべての場合について広く用いられる。「**歳**」は暦の上で年末を言う場合、年齢の場合に。

年に似合わず〜。（若い割に〜）

歳に似合わず〜。（年取っている割に〜）

## 年

6画　10級

**音読み** ネン

**訓読み** とし（とせ）

**成り立ち** 形声。禾＋人。稲の実りのサイクル。

**意味** ❶みのり。「祈念祭・凶年・豊年満作」

❷暦のとし。「学年・近年・昨年・新年・生年・前年・年賀・年間・年鑑・年金・年月・年功・年号・年始・年中・年代・年度・年頭・年内・年々・年表・年俸・年末・年輪・毎年・来年・留年・例年」

▽**年**の初め〔暮れ〕（＝一年）。

▽どうぞよいお**年**をお迎えください（↓新年）。

▽**年**が明けた。

▽新しい**年**の御多幸をお祈り申し上げます。

▽今年は辰**年**だ。

▽二〇一一年は東日本大震災のあった**年**だ。

▽大都市の人口は**年**ごとに増えている。

㊚**年**が改まる＝新年になる

**年**を追って＝年数の経過に伴って

**年**を越す＝新年を迎える

**年**を経る＝長い年月を経過する

❸生まれてからの年数。「享年・少年・青年・壮年・中年・

年少・年長・年配・年齢・晩年・没年・老年」

▽お**年**はおいくつですか（＝生まれてからの年数）。

▽彼は十八の**年**に国を出た。

▽私はあなたと同い**年**です。

▽あの夫婦は奥さんのほうが十歳**年**が上だ。

▽君も**年**を食ったな（＝年齢を重ねる）。

▽おれももう**年**だから（＝老年）。

▽この**年**まで外国へ行ったことがない（＝現在）。

慣 亀の甲より**年**の功＝同じ「こう」なら亀の甲らより年功のほうがよい。老人の経験は貴いというたとえ

死んだ子の**年**を数える＝取り返しのつかないどうしようもないことを嘆くたとえ

**年**が行っている＝ふけている

**年**に似合わず＝若い割に

**年**には勝てない＝老化による体力の衰えを無視できない

**年**に不足はない＝年齢が若すぎるということはない

**年**は争えない＝老化による体力の衰えで年齢不相応のことができない

**年**を重ねる＝年齢を重ねる。経験を重ねる

## 歳

13画　4級

**音読み**　サイ・セイ

**訓読み**（とし・とせ・よわい）

**成り立ち**　会意。歩＋戌。半年ごとに刈り取って収穫する。

**意味**　❶みのり。「凶歳・豊歳」

❷暦のとし。月日。「歳月・歳出・歳入・歳暮・千歳・万歳」

慣 **歳**の市＝年末の市

**歳**の瀬＝年末

❸生まれてからの年数。「一歳・当歳子・芳歳」

慣 いい**歳**をして＝十分に分別のある年齢になって

**歳**が**歳**だから＝十分に老人だから

**歳**に似合わず＝老人の割に

❹木星。「歳星・太歳」

### ●「年」と「歳」

『古事記』や『日本書紀』に登場する天皇で、ときどき享年が百二十歳とか百三十六歳とかいう人がいる。そんなに長生きするものか、というので、国文学者は神話的フィクションだとしてきた。

しかしよく見ると、「天皇御年百二十歳」などと書いてあり、「年」と「歳」の漢字を使い分けている。「年」は米の一みのりで十二カ月を表すが、「歳」は雑穀の一みのりを表し、一年に二度収穫できるので、もともと半年の意であった。

# とじる・とざす

閉（綴）

**使い分けマニュアル** 「**閉じる**」は門・本・殻など、開いていた物が物理的にしまる場合に。「**綴じる**」は縫ってしめる場合、ばらばらのものを一つにまとめる場合に。

「とざす」は「**閉ざす**」のみ。

口を閉じる。（おしゃべりをやめる）
口を綴じる。（袋の入り口を縫う）

| 使用漢字 | 自動詞 | 他動詞 | |
|---|---|---|---|
| 閉 | とじる | とじる | とざす |
| 綴 | ― | とじる | ― |

## 閉

11画　5級　⇩しまる・しめる、たつ(2)・たてる

**音読み** ヘイ

**訓読み** と-じる・と-ざす・し-める・し-まる（た-てる）

**成り立ち** 会意。門＋才。門をしめて隙間をふさぐ。

**意味** ❶とじる。しめる。「開閉・閉口・閉鎖・閉塞・閉門・密閉・幽閉」

▽ドアをバタンと**閉じた**（＝しめる）。
▽官邸の扉は堅く**閉ざされ**ていた。
▽ハマグリは殻を**閉じ**ていた。
▽タッパーのふたを**閉じた**（＝ぴったり）。
▽教科書を**閉じ**なさい（→見ない）。
▽近づくとチョウは**閉じ**ていたはねを広げた。
▽吹き降りなので軒下でも傘を**閉じ**られない。
▽五時に窓口が**閉じる**（＝しまる）。
▽かちどき橋が次第に**閉じ**ていく。
▽目を**閉じ**て故郷を思う（＝つぶる）。
▽扇子を**閉じ**たり開いたりする（→一本にまとめる）。
▽ハスの花は夕方**閉じる**（＝まとまる）。
▽（私語）そこの二人、口を**閉じろ**（→話をやめる）。
▽被疑者は堅く口を**閉ざし**ていた（→緘黙）。
▽集落は冬の間、雪に**閉ざされる**（＝通行できなくなる）。
▽彼女は愁いに**閉ざされ**ていた（＝沈む）。

❷終える。終わる。「閉会・閉館・閉廷・閉店・閉幕」

▽ショパンは三十六年の短い生涯を**閉じた**（→死ぬ）。
▽事件は犯人逮捕で幕を**閉じた**（→終わる）。
▽国会は三月に会期を**閉じた**。

▽長引く不況で店を**閉じる**（＝廃業する）。

**綴** 14画 準1級

**音読み** テイ・テツ

**訓読み** つづ－る・と－じる・あつ－める

**成り立ち** 形声。糸＋叕。糸でつづりあわせる。

**意味** ❶つづる。「綴字・点綴・補綴・連綴」

▽洋服の肩と袖口を**綴じる**（＝縫いつける）。

▽外科医は傷口を縫って**綴じた**（＝ふさぐ）。

▽（クッション）まず布を袋状に縫って中にパンヤを詰め込んだら口を**綴じ**ます。

▽巾着袋の口を**綴じる**（＝縫ってふさぐ）。

▽雑誌に袋**綴じ**のページがついている（＝開いていない）。

▽原稿をホッチキスで**綴じる**（＝ばらばらの物をまとめる）。

▽書類をファイルに**綴じ**込んだ。

㊉慣 破れ鍋に**綴じ**蓋＝はんぱな物でもうまく組み合わせれば十分使うことができるたとえ

## ととのえる・ととのう

### 整・調（斉）

**使い分けマニュアル**

「**整える**」は乱れているものをまっすぐきちんと直す場合に。「**調える**」はバランスを取りながら望ましい状態にする場合に。「**斉える**」はふぞろいな物をそろえる場合に。

「**整う**」は乱れているものがきちんと直る場合に。「**調う**」はバランスが取れる場合に。

髪を整える。（櫛でなでつける）
髪を調える。（床屋で刈ってもらう）
髪を斉える。（全員同じ髪形にする）

| 使用漢字 | 他動詞 | 自動詞 |
|---|---|---|
| 整 調 | ととのえる | ととのう |
| 斉 | ととのえる | － |

**整** 16画 8級

**音読み** セイ

**訓読み** ととの－える・ととの－う

**成り立ち** 形声。敕＋正。まっすぐに正す。

**意味** ❶きちんとする。「均整・整形・整合・整骨・整然・整地・整頓・整備・整理・整列・調整・補整」

▽（相撲）乱れたまげを**整え**て表彰式に臨む（＝結い直す）。

▽服装を**整え**て賓客を待つ（＝改める）。

▽彼女は顔だちが**整**っている（↓美しい）。
▽卒業文集としての体裁を**整え**た（＝形づくる）。
▽会場整理員が入場者の列を**整え**た（＝ならす）。
▽深く息を吸って呼吸を**整える**（＝静める）。
▽わが軍は攻撃体勢を**整え**た（＝準備する）。
▽メイドがベッドを**整え**てくれた。
▽健康診断の前に体のコンディションを**整える**。
▽準備が**整**ったら出発しよう。
▽必要な書類を**整え**ておいてくれ（＝そろえる）。
▽相手の望む条件を**整える**のは大変だ。

## 調

15画　8級

**音読み**　チョウ

**訓読み**　しら-べる・ととの-う・ととの-える（やわら-ぐ・みつぎ・あざけ-る）

**成り立ち**　形声。言＋周。欠けめなくゆきわたらせる。

**意味**　❶ととのう。つりあう。「協調・空調・新調・調印・調教・調弦・調合・調剤・調整・調節・調達・調停・調度・調髪・調味料・調理・調律・調和」
▽合奏する前に琴の調子を**調える**（＝調弦する）。
▽二十人前の料理を**調え**た（＝調理する）。
▽（料亭）初夏の献立を**調え**てお待ちしております（＝用意する）。
▽婚礼衣装はすでに**調**っている（＝できあがる）。
▽両家の間に縁談が**調**った（＝成り立つ）。
▽部長が商談を**調え**た（＝まとめる）。
▽（料理番組）最後に塩こしょうで味を**調え**ます（＝おいしくする）。
❷しらべ。ねいろ。「哀調・格調・基調・強調・曲調・口調・語調・色調・順調・正調・体調・単調・短調・調子・長調・同調・復調・不調・変調・歩調・乱調」
❸しらべる。「調査・調書」
❹からかう。「調戯・調笑・調弄」
❺みつぎ。「調遣・調貢・調馬・調発・調布」

## 斉

8画　準2級

**音読み**　セイ（サイ）

**訓読み**　（ととの-える・ひと-しい・ものいみ・おごそ-か）

**成り立ち**　象形。旧字は「齊」で、多くの物が頭をそろえて並ぶ。

**意味**　❶ととのえる。「一斉・斉家・斉唱」
▽身を修め家を**斉え**国を治め天下を平らかにする（＝いさかいをなくす）。

❷ひとしくする。「均斉・斉眉・斉民・斉明」
❸おごそか。「斉粛・斉慄」

**●「斉」と「斎」**

日本人の姓で「さいとう」には「斉藤」「斎藤」の二通りの漢字がある。ときどき、「斎」は「斉」の旧字だと言う人があるが、この両者は新旧の関係ではなく、まったくの別字である。

「斎」は「斉＋示」で、「示」は神前にささげた物の台を表す。つまり「斎」は、人々が頭をそろえて神前でかしこまっているという意味の字である。そこで神仏に関係するような言葉（斎宮や精進潔斎など）は「斉」でなく「斎」なのである。

「書斎」は神仏を祭る部屋のごとく静粛でなければならないから、中でできることはせいぜい読書や書き物程度である。

# とどめる・とどまる（止・留）

**使い分けマニュアル** 「止める」は動いているものを停止させる場合に。「留める」は一か所に長くおく場合に。
「止まる」「留まる」は「とどめる」に準ずる。

駅に止める。（電車を動かさない）
駅に留める。（乗客を駅から出さない）

| 使用漢字 | 他動詞 | 自動詞 |
|---|---|---|
| 止留 | とどめる | とどまる |

## 止

4画 ⑨級 ⇩とまる・とめる、やむ・やめる

**音読み** シ
**訓読み** と－まる・と－める（とど－まる・とど－める・や－む・や－める・さ－す・よ－す）
**成り立ち** 象形。地についた足。
**意味** ❶とまる。とどまる。「休止・終止・静止・停止・黙止」
▽時間は**止まる**ことなく過ぎていく（＝途中でとまる）。
▽物価の上昇は**止まる**ところを知らない（＝とまらない）。
▽秀吉の野心は日本だけに**止まら**なかった（＝収まる）。
❷とめる。とどめる。「諫止・禁止・止血・制止・阻止・防止・抑止」
▽美しい景色にふと足を**止め**た（↓立ち止まる）。

▽父に死なれ涙を**止める**ことができなかった（↓泣き続ける）。

▽酒と言えば灘に**止める**（↓最高である）。

❸やめる。なくさせる。「止揚・中止・廃止」

❹ふるまい。「挙止・容止」

## 留

10画 6級 ⇩とまる・とめる

**音読み** リュウ・ル

**訓読み** と-める・と-まる（とど-まる）

**成り立ち** 会意。丣+田。動きやすい物をじっと押さえる。

**意味** ❶とまる。とどまる。「居留・寄留・在留・残留・滞留・駐留・逗留・留学・留任・留年・留守」

▽博士は定年後も赴任先に**留ま**った（＝残る）。

▽大学を卒業しても研究室に**留まる**つもりだ。

▽船長は最後まで船内に**留ま**った。

▽一人家に**留ま**って連絡を待つ（↓留守）。

▽記者は現場に**留ま**って取材を続けた（＝滞在する）。

▽三、四日ロンドンに**留ま**って、それからスコットランドへ旅立つ予定だ（＝逗留する）。

▽昔受けた銃弾が体内に**留ま**っている（＝残存する）。

▽監督は来期もチームに**留まる**（＝留任する）。

❷とめる。とどめる。「慰留・係留・拘留・保留・留意・留置・留保」

▽芭蕉が足跡を**留め**た地（＝滞在する）。

▽人々の記憶に**留め**られる（＝記録される）。

▽かろうじて命を**留める**ことができた（↓生き残る）。

▽どうぞ心に**留め**ておいてください（↓忘れない）。

# となえる

唱（称・誦）

**使い分けマニュアル** 「**唱える**」は一般に広く用いられる。「**称える**」は別名で呼ぶ場合に。「**誦える**」は特に経典などをメロディーをつけて読む場合に。

大声で唱える。（スローガンを提唱する）

大声で称える。（通称を言う）

大声で誦える。（経文を）

## 唱

11画 7級 ⇩うたう・うた

**音読み** ショウ

**訓読み** とな-える（うた・うた-う）

**成り立ち** 形声。口+昌。明白にものをいう。

**意味** ❶となえる。「暗唱・唱和・復唱・朗唱」
▽僧侶は念仏を**唱え**ていた（＝ぶつぶつ言う）。
▽山武士は呪文を**唱え**て火の中へ消えた。
▽万歳をみたび**唱える**（＝大声で言う）。
▽小学生たちは九九を**唱えた**（＝声を出して言う）。
▽彼は「傑作発表」と**唱え**て自作の詩を高らかに読み上げた（＝宣言する）。
❷うた。うたう。「愛唱・詠唱・歌唱・合唱・高唱・重唱・唱歌・叙唱・斉唱・絶唱・独唱・輪唱」
❸言い始める。「主唱・唱導・提唱・夫唱婦随」
▽ダーウィンは進化論を**唱えた**（＝提唱する）。
▽ガリレオは地動説を**唱えた**。
▽住民は原発建設反対を**唱え**ている（＝主張する）。
▽口で平和を**唱える**ばかりではだめだ。
▽教授の意向に異議を**唱える**者はいない。
㊜異を**唱える**＝反対する

## 称

10画 4級

**音読み** ショウ
**訓読み** （はか-る・とな-える・あ-げる・たた-える・かな-う）
**成り立ち** 形声。旧字は「稱」で、禾＋爯。稲穂を持ち上げてはかる。
**意味** ❶はかる。「称量」
❷つりあう。「相称・対称」
❸となえる。名づける。「愛称・仮称・敬称・詐称・自称・称号・総称・通称・人称・別称・名称・略称」
▽人々は古賀稔彦を平成の三四郎と**称えた**（＝名づける）。
❹たたえる。「称賛・称辞・称揚・褒称」

## 誦

14画 1級

**音読み** ショウ・ジュ
**訓読み** とな-える・よ-む・そら-んずる
**成り立ち** 形声。言＋甬。長く声を出してよむ。
**意味** ❶声を出してよむ。「愛誦・誦経・朗誦」
▽お題目を**誦える**（↓大声で）。
❷見ないで言う。「暗誦・口誦・伝誦・復誦」

# とぶ・とばす

**飛・跳**（翔）

**使い分けマニュアル** 「飛ぶ」は空中を移動する場合、起点から終点に直結する場合に。「跳ぶ」は上下にはねる場合に。「翔ぶ」は空をとびまわる場合に。「とばす」は「飛ばす」のみ。

虫が飛ぶ。（トンボやチョウが）
虫が跳ぶ。（ノミやキリギリスが）
虫が翔ぶ。（バッタの大群が）

| 使用漢字 | 自動詞 | 他動詞 | 使役動詞 |
|---|---|---|---|
| 飛 | とぶ | とばす | とばせる |
| 跳翔 | とぶ | ― | とばせる |

## 飛

9画　7級

**音読み**　ヒ

**訓読み**　と－ぶ・と－ばす（たか－い）

**成り立ち**　象形。鳥が翼を左右に開いてとぶ。

**意味**　❶空をとぶ。「飛燕・飛行機・飛翔・飛鳥・飛来・飛竜・飛礫・雄飛」

▽ツバメが**飛ん**でいる（＝空中を移動する）。
▽ジェット機が**飛ん**でいる。
▽担当の者があす北京へ**飛ぶ**（↓飛行機で）。
▽タンポポの綿毛が**飛ん**できた（＝漂う）。
▽風で帽子が**飛ん**でしまった（＝吹かれる）。
▽フリスビーを**飛ばす**（＝投げる）。
▽鉄砲玉が雨あられと**飛ん**でくる（＝高速で移動する）。
▽ファウルボールが**飛ん**できた。
▽このゴルフボールはよく**飛ぶ**。

㊏**飛ぶ**鳥を落とす勢い＝権勢が盛んな様子
**飛ん**で火に入る夏の虫＝知らずに、または自ら進んで危険に飛び込むたとえ
鳴かず**飛ばず**＝目だった活躍をまったくしない様子

❷とびはねる。「突飛・飛越・飛散・飛沫・飛躍」

▽健は十メートルの飛び込み台から**飛ん**だ（↓下に）。
▽水しぶきが観客席まで**飛ん**だ。
▽思わず怒鳴ったらつばが**飛ん**だ。
▽溶接棒から火花が**飛ん**でいる。
▽（相撲）得意の張手が**飛ん**だ（＝勢いよく届く）。
▽彼はしょっちゅう冗談を**飛ばす**（＝ぽんぽん言う）。
▽会社の秘密をばらすと首が**飛ぶ**（↓解雇される）。
▽CDの音が**飛ぶ**（＝抜ける）。
▽課長を**飛ばし**て部長になった（＝抜く）。
▽彼は地方へ**飛ばさ**れた（↓左遷される）。
▽カニを直火で焼いて水分を**飛ばす**（↓蒸発させる）。

㊏**飛ぶ**ように売れる＝次々とよく売れる様子
吹けば**飛ぶ**よう＝非常に頼りない様子

❸急ぎの。「飛脚・飛書・飛信・飛電・飛報」

▽記者は事故現場へ**飛んだ**（＝急行する）
▽車を**飛ばし**て駅へ行った（＝走らせる）。
▽知らせてくれれば**飛ん**で行くよ。
▽昔の写真を見て心は故郷に**飛ん**でいた。
▽犯人は北海道へ**飛ん**だらしい（＝急いで現場を離れる）。
❹根拠がない。「飛語・飛文」
❺空高くそびえる。「飛閣・飛棟・飛楼」

## 跳 13画 4級 ⇩はねる

**音読み** チョウ
**訓読み** は-ねる・と-ぶ（おど-る）
**成り立ち** 形声。足＋兆。地から離れてはねあがる。
**意味** ❶はねあがる。「跳身・跳躍・跳梁跋扈」
▽彼は走り幅跳びで七メートル**跳んだ**（↓水平に）。
▽彼女はバーを軽々と**跳んだ**（↓上に）。
▽カエルが石から石へぴょんぴょん**跳ん**だ。

## 翔 12画 1級 ⇩かける(2)

**音読み** ショウ
**訓読み** かけ-る・と-ぶ
**成り立ち** 形声。羽＋羊。羽を大きく広げてとぶ。
**意味** ❶とびめぐる。「群翔・飛翔」
▽自由に空を**翔ん**でみたい（＝あまがける）。
▽私、**翔ん**でる女にあこがれてるの（↓自由奔放な）。

# とまる・とめる

## 止・泊・留（停）

**使い分けマニュアル** 「**止まる**」は動いている物、変化している物が動かなくなる場合に。「**泊まる**」は船がとまったり人が宿ったりする場合に。「**留まる**」は固定する場合に。「**停まる**」は車などが所定の場所にとまる場合に。

「**止める**」「**留める**」「**泊める**」「**停める**」は「とまる」に準ずる。

駅に止まる。（事故で電車が動かない）
駅に留まる。（乗客が駅から出ない）
駅に泊まる。（駅で夜明かしする）
駅に停まる。（電車が通過しないで停車する）

| 使用漢字 | 自動詞 | 他動詞 |
|---|---|---|
| 止泊留停 | とまる | とめる |

## 止

4画　9級　⇩とどめる・とどまる、やむ・やめる

**音読み**　シ

**訓読み**　と－まる・と－める（とど－まる・とど－める・や－む・や－める・さ－す・よ－す）

**成り立ち**　象形。地についた足。

**意味**　❶とまる。とどまる。「休止・終止・静止・停止・黙止」

▽大雪で電車が**止まっ**た（＝進行できなくなる）。

▽この時計は**止まっ**ている。

▽停電で水道が**止まっ**た（↓水が出なくなる）。

▽鎮痛剤を飲んだら痛みが**止まっ**た（＝なくなる）。

▽あまりやせると生理が**止まる**よ（＝中断する）。

㊪足が**止まる**＝走る勢いがなくなる

❷とめる。とどめる。「諫止・禁止・止血・制止・阻止・防止・抑止」

▽この道には車は**止め**られない（＝駐車する）。

▽イナゴが大発生して列車を**止め**た（＝進行できなくする）。

▽給油中はエンジンを**止める**（＝動かさない）。

▽傷の出血を**止める**（＝出なくする）。

▽薬で咳を**止める**（＝抑える）。

▽電気料金を滞納して電気を**止め**られた。

▽水の中では息を**止め**ないで吐きなさい。

▽和歌を体言で**止める**（＝終わらせる）。

▽犯罪の低年齢化の傾向を**止める**。

▽けんかを**止める**（＝制止する）。

▽コーチはランナーの進塁を**止め**た。

▽親に外泊を**止め**られた（＝禁止する）。

▽医者に酒を**止め**られている。

㊪足を**止める**＝立ち止まる

息の根を**止める**＝とどめを刺す。完全に終息させる

手を**止める**＝続けている仕事を中断する

❸やめる。なくさせる。「止揚・中止・廃止」

❹ふるまい。「挙止・容止」

## 泊

8画　4級

**音読み**　ハク

**訓読み**　と－まる・と－める

**成り立ち**　形声。水＋白。船が浅い所にぴたりととまる。

**意味**　❶船がとまる。とめる。「停泊・泊船」

▽豪華客船が横浜港に**泊まっ**ている（＝停泊する）。

▽船長は船を沖あいに**泊め**た（＝停泊させる）。

❷家以外の所に宿る。「一泊・外泊・宿泊・漂泊」

▽温泉旅館に**泊まる**（＝宿泊する）。
▽出張で京都に**泊まる**（＝滞在する）。
▽今晩**泊めて**いただけますか（＝夜を過ごさせる）。
▽このホテルは三百人**泊められる**（＝収容する）。
❸うすい。「淡泊」

## 留

10画　6級　⇩とどめる・とどまる

**音読み**　リュウ・ル
**訓読み**　と－める・と－まる（とど－まる）
**成り立ち**　会意。丣＋田。動きやすい物をじっと押さえる。
**意味**　❶とまる。とどまる。「居留・寄留・在留・残留・滞留・駐留・逗留・留学・留任・留年・留守」
▽梁がきちんと柱に**留まって**いない（＝固定する）。
▽小鳥が木のてっぺんに**留まって**いる（＝いる）。
▽おやつの欲しい子はこの指**留まれ**（＝つかむ）。
㊜心に**留まる**＝印象深く感じる
　耳に**留まる**＝聞いて注意を引かれる
❷とめる。とどめる。「慰留・係留・拘留・保留・留意・留置・留保」
▽ポスターを画鋲で**留める**（＝固定する）。
▽名札を安全ピンで胸に**留める**（＝つける）。
▽パジャマのボタンを**留める**（＝はめる）。
▽論文をホチキスで**留める**（＝綴じる）。
▽前髪をピンで**留める**（＝押さえる）。
▽彼は警察に一晩**留められた**（＝留置する）。
▽郵便物を局で**留めて**おく（＝ためる）。
㊜気に**留める**＝考える。気にする。心配する
　心に**留める**＝意識する。忘れないようにする
　耳に**留める**＝聞いて意識する
　目を**留める**＝ふと注視する

## 停

11画　7級

**音読み**　テイ
**訓読み**　（と－まる・とど－まる）
**成り立ち**　形声。人＋亭。一か所に安定して動かない。
**意味**　❶とまる。とどまる。「停止・停滞・停泊・停留所」
▽赤信号で車が**停まって**いる（＝停止する）。
▽このバス、公園前は**停まり**ますか（＝停車する）。
❷とめる。とどめる。「調停・停学・停止・停車・停職・停戦・停電」
▽その代議士は新幹線を小さな駅に**停め**させた（＝停車させる）。

# とも

## 友・共・供（朋）

**使い分けマニュアル** 「**友**」は親しい人の場合に。「**共**」は一緒にする場合に。「**供**」は主人につき従う人の場合に。「**朋**」は特に親しい友人の場合に。

### 友 4画 9級

**音読み** ユウ

**訓読み** とも

**成り立ち** 会意。又＋又。かばいあう友。

**意味** ❶ともだち。仲間。「悪友・学友・旧友・級友・交友・親友・戦友・朋友・盟友・友人・良友」

▽故人はかけがえのない**友**だった（＝友人）。

▽T氏は生涯の**友**と呼べる人だ（＝親友）。

▽白血病**友**の会（→同病患者・家族の団体）。

▽李白は酒を**友**として詩作を重ねた（＝常に側に置く物）。

▽月を旅路の**友**とする（＝心の支え）。

▽お茶漬けの**友**（＝適当なおかず）。

㊥慣 昨日の敵は今日の**友**＝昨日まで敵対していた人が今日からは協力者になる。人間の離合集散のはなはだしさのたとえ

竹馬の**友**＝幼いときからの友人

莫逆の**友**＝非常に親しい友人

まさかの**友**が真の**友**＝逆境の時に助けてくれる友がほんとうの友である

類は**友**を呼ぶ＝同じような性格や趣味の者は寄り集まるものだ

❷親しい。「友愛・友誼・友軍・友好・友情」

### 共 6画 7級

**音読み** キョウ

**訓読み** とも

**成り立ち** 会意。廿＋廾。両手にささげて支え持つ。

**意味** ❶一緒に。「共栄・共益・共演・共学・共感・共存・共通・共同・共犯・共鳴・共有・公共」

▽ドレスと**共**の布でリボンを作る（＝同じ種類の物）。

▽長年行動を**共**にする（＝一緒にする）。

▽田中君は早慶戦で**共**に戦った仲だ。

▽彼女は男と一夜を**共**にした（＝同衾する）。

▽うちは**共**働きの家庭だ（→夫婦で働く）。

▽カマキリは**共**食いをする（→互いに食い合う）。

(慣)寝食を**共**にする＝一緒に生活する
❷共産主義の略。「反共・防共・容共」
❸つつしむ。「靖共」

## 供　8画　5級　⇩そなえる・そなわる

**音読み**　キョウ・ク
**訓読み**　そな－える・とも
**成り立ち**　形声。人＋共。両手で丁寧に捧げ持つ。
**意味**　❶差し出す。「供応・供花・供給・供出・供託金・供与・供覧・供物・供養・試供品・提供」
❷事情を述べる。「供述・自供」
❸仕える。「供奉」
▽社長は大勢の**供**を従えていた（＝部下）。
▽（来客に）駅までお**供**しましょう（↓同行）。
▽缶ビールを旅のお**供**にどうぞ（↓心和むもの）。

## 朋　8画　準1級

**音読み**　ホウ
**訓読み**　とも・なかま
**成り立ち**　象形。二すじ連ねた貝。
**意味**　❶ともだち。「同朋・朋輩・朋友」
▽**朋**あり遠方より来る、また楽しからずや（＝心の通った友人）。

## とる・とらえる
### 取・採・捕・執・撮・捉*（摂・盗）

**使い分けマニュアル**　「**取る**」は一般に広く用いられる。「**採る**」は手でつみとる場合、多くの中から選択する場合に。「**捕る**」は獲物などをつかまえる場合に。「**執る**」は事務や公務を執行する場合に。「**撮る**」は写真やビデオを撮影する場合に。「**摂る**」は体に必要なものを取り入れる場合に。「**盗る**」はぬすむ場合に。
「**捕らえる**」は物理的に獲物などを拘束する場合に。「**捉える**」は抽象的に把握する場合に。

花を取る。（花屋で選ぶ。詩歌の題材にする）
花を採る。（摘む）
花を撮る。（写真・ビデオに映す）
花を盗る。（こっそりぬすむ）

虫を捕らえる。（鳥が食べる）
虫を捉える。（カメラが動きを撮影する）

| 使用漢字 | 他動詞 | |
|---|---|---|
| 取採執撮摂盗 | とる | ー |
| 捕捉 | とる | とらえる |

## 取　8画　8級

**音読み**　シュ

**訓読み**　と-る

**成り立ち**　会意。又+耳。耳をつかんで持つ。

**意味**　❶とる。手に入れる。「採取・搾取・詐取・取材・取捨・取得・進取・摂取・奪取・聴取」

▽彼は病床の妻の手を**取っ**た（＝握る）。
▽お手に**取っ**てごらんください（＝取り上げる）。
▽あのカバンを**取っ**てください（＝手渡す）。
▽中華料理を小皿に**取っ**て食べる（＝分ける）。
▽たまには寿司でも**取ろ**うよ（＝配達させる）。
▽心電図を**取っ**てもらった（＝記録する）。
▽ドレスの寸法を**取る**（＝計る）。
▽びんのふたを**取る**（＝はずす）。
▽室内では帽子をお**取り**ください（＝脱ぐ）。
▽庭の草を**取る**（＝抜く）。
▽手術で胃を三分の二**取ら**れた（＝切除する）。
▽弟の敵を**取っ**てやった（＝復讐する）。
▽友人にガールフレンドを**取ら**れた（＝奪う）。
▽巨人は五回に五点を**取っ**た（＝得点する）。
▽天下を**取る**（＝支配する）。
▽彼女は調理士の資格を**取っ**た（＝得る）。
▽ウエーターが注文を**取り**に来た（＝受ける）。
▽君の分はちゃんと**取っ**てあるよ（＝確保する）。
▽いいから**取っ**ておけよ（＝受け取る）。
▽車間距離を十分**取っ**てください（＝あける）。
▽疲れたので少し休みを**取り**たい（＝得る）。
▽利根川から水を**取る**（＝持ってくる）。
▽ぼくは財産よりも愛を**取る**（＝選択する）。
▽駐車違反で罰金を**取ら**れた（＝請求する）。
▽打たせて**取る**ピッチング（＝倒す）。
▽民衆は武器を**取っ**て立ち上がった（＝操る）。
▽相撲を**取る**（＝組む）。
▽責任を**取る**（＝自分の物とする）。
▽発言を自分の都合のいいように**取る**（＝解釈する）。

㋫揚げ足を**取る**＝人の話を茶化す
足を**取ら**れる＝足が思うようにならずよろける
あぶはち**取ら**ず＝二つの物を追いかけて両方ともとり逃がすたとえ

鬼の首でも**取**ったよう＝非常に価値ある物を得て得意になる様子
逆手に**取る**＝攻撃されたことを相手への武器とする
死に水を**取る**＝人の死を見とる
手玉に**取る**＝相手をいいように操る
手**取**り足**取り**＝懇切丁寧に
手に手を**取**って＝互いに手を握って。協力して
手に**取る**よう＝非常に具体的によくわかる様子
**取**ってつけたよう＝非常にわざとらしい様子
**取る**に足りない＝問題にする価値がない
**取る**ものも**取り**あえず＝非常に切羽詰まっている様子
名を捨てて実を**取る**＝名誉よりも実利を求める
庇を貸して母屋を**取られる**＝親切心を起こしたばかりに、本体をのっとられるたとえ
元を**取る**＝元手の分は確保する
～を盾に**取る**＝～を都合のいいように使う

## 採

11画　6級

**音読み**　サイ
**訓読み**　と-る
**成り立ち**　形声。手＋采。手の先でつみとる。
**意味**　❶手にとる。「採掘・採決・採血・採光・採算・採取・採集・採点・採尿・採用・採録・収採・伐採」
▽山へきのこを**採り**に行く（＝摘む）。
▽そこのブドウを**採**ってはいけない。
▽検査のために血を**採る**（＝使うために出す）。
▽警察は指紋を**採**った（＝採取）。
▽ひまわりから油を**採る**。
▽天窓から光を**採る**（↓採光）。
▽社員を百人**採る**（＝採用する）。
▽市議会はA案でなくB案を**採**った（＝採択する）。
▽この小説はテーマを歴史に**採**っている。
▽委員長が決を**採**った（＝採決する）。

## 捕

10画　4級　⇩つかむ・つかまえる

**音読み**　ホ（ブ）
**訓読み**　と-らえる・と-らわれる・と-る・つか-まえる・つか-まる
**成り立ち**　形声。手＋甫。手をぴたりと当てて持つ。
**意味**　❶とらえる。「逮捕・拿捕・捕獲・捕鯨・捕捉・捕縛・捕虜」
▽猫がネズミを**捕る**（＝捕まえる）。
▽氷に穴をあけてワカサギを**捕る**。
▽トラは鋭い爪で獲物を**捕らえ**た（＝捕まえる）。

▽漁師は大きな鯉を素手で**捕らえた**。
▽珍しいチョウを捕虫網で**捕らえる**。
▽クモは網を張って獲物を**捕らえる**。
▽敵兵を**捕らえた**（＝拘束する）。
▽警察はようやく犯人を**捕らえた**（＝逮捕する）。
㊫**捕らぬ**狸の皮算用＝物事が成就しないうちから結果の計画を立てるたとえ

## 執

11画　4級

**音読み**　シツ・シュウ

**訓読み**　と－る（とら－える）

**成り立ち**　会意。幸＋丸。両手に手かせをはめてつかまえる。

**意味**　❶手に持つ。「執刀・執筆」
▽大学で教鞭を**執る**（↓教える）。
㊫筆を**執る**＝文章を書く
❷あつかう。「執権・執行・執事・執政・執務」
▽事務を**執る**（＝行う）。
▽社長自ら大掃除の指揮を**執った**（↓指揮する）。
㊫牛耳を**執る**＝思いどおりに操る
❸こだわる。「愛執・確執・固執・執拗・執着・執念」

## 撮

15画　3級

**音読み**　サツ

**訓読み**　と－る（つま－む）

**成り立ち**　形声。手＋最。三本の指先でごく少量をつまみとる。

**意味**　❶つまむ。「撮土・撮要」
❷とる。「撮影」
▽写真を**撮る**（＝撮影する）
▽念のためレントゲンを**撮って**みましょう。
▽子供の成長をビデオに**撮る**（＝録画する）。
▽その番組はＤＶＤに**撮って**ある。
†❷は漢字本来の意味ではない。

## ＊捉

10画　2級

**音読み**　ソク

**訓読み**　とら－える（と－る・つか－まえる）

**成り立ち**　形声。手＋足。手をぐっと縮めてつかむ。

**意味**　❶確実に得る。「捕捉」
▽レーダーが怪電波を**捉えた**（＝確実に捕捉する）。
▽カメラが**捉えた**決定的瞬間。
▽そのダニは肉眼では**捉えられない**（↓見定める）。

▽いろいろな機会を**捉え**て勉強しよう。
▽相手の言葉尻を**捉え**て反論する（＝つかまえる）。
❷つかむ。「把捉」
▽大意〔要点・概要〕を**捉える**（＝つかむ）。
▽詩のテーマをきちんと**捉える**。
▽相手の顔の特徴をよく**捉え**て似顔絵をかく。
▽その講演は**捉え**どころがない（↓不明確）。

## 摂

13画　3級

**音読み**　セツ（ショウ）
**訓読み**　（か-ねる・か-わる・と-る）
**成り立ち**　形声。旧字は「攝」で、手＋聶。合わせてくっつけて持つ。
**意味**　❶とりあつめる。「摂取・包摂」
▽朝食を**摂る**（＝食べる）。
▽栄養を十分に**摂る**（＝体に入れる）。
▽塩分を**摂り**すぎないようにする。
❷とりおこなう。「摂行・摂政」
▽皇太子は天皇に代わって政治を**摂っ**た（↓摂政）。
❸ととのえる。「摂生・摂養・摂理・統摂」

## 盗

11画　4級　⇩ぬすむ

**音読み**　トウ
**訓読み**　ぬす-む（と-る）
**成り立ち**　会意。旧字は「盜」で、次＋皿。皿の食物を見てうらやむ。
**意味**　❶ぬすむ。「怪盗・群盗・強盗・窃盗・偸盗・盗汗・盗掘・盗作・盗聴・盗難・盗用・野盗」
▽人の物を**盗っ**てはいけません（＝ぬすむ）。
▽泥棒に入られて二万円**盗られ**た。
▽この犯罪は物**盗り**のしわざではない（↓窃盗犯）。
▽国**盗り**物語（↓領国奪取）。

# な行

## ない　無・亡

**使い分けマニュアル**　「無い」は存在しない場合、所有しない場合、打ち消す場合に。「亡い」はある人が死んでしまっている場合に。

継承者は既に無い。（どこにもいない）
継承者は既に亡い。（いたが死んでしまった）

### 無　12画　7級

**音読み**　ム・ブ

**訓読み**　な-い

**成り立ち**　象形。両手に飾りを持って舞う人。

**意味**　❶ない。～でない。「無事・無精・無難・無礼・無益・無縁・無害・無休・無垢・無下・無形・無芸・無限・無効・無言・無罪・無視・無実・無臭・無償・無情・無心・無線・無断・無知・無敵・無二・無念・無謀・無味・無名・無用・無理・無料・無力・無論」

▽神も仏も無いものか（＝存在しない）。
▽伝統の技を継承する人は既に無い。
▽家には金が無い（＝所有しない）
▽私には住む家が無い。
▽遊んでいる暇は無い。
▽今日は元気が無い。
▽本物の富士山は見たことが無い（→経験しない）。
▽ゲームの終盤に客が帰ることは無いだろう（＝～べきでない）。
▽あんな奴には会いたくも無い（→打ち消し）。

慣　それは無い＝考えられない。言語道断である
無い袖は振れない＝所有しない金を貸すことはできない
無きにしもあらず＝まったくないわけではない
無い知恵を絞る＝一生懸命対策を考える
無い物は無い＝いくら要求されても応えることはできない
無いものねだり＝できないことがわかっていて求める
無いよりまし＝よくはないが、ないよりはよい
目が無い＝鑑識能力がない。非常に好きである

## 亡

3画 5級

**音読み** ボウ・モウ（ム・ブ）

**訓読み** なーい（にーげる・ほろーびる・うしなーう）

**成り立ち** 会意。乚＋人。人が物陰に姿を隠す。

**意味** ❶ほろびる。「興亡・存亡・亡国・滅亡」

❷死ぬ。「死亡・未亡人・亡夫・亡霊・亡者」

▽今は**亡き**父も喜んでいると思う（＝死んでいる）。

▽鎌倉を愛した文豪も既に**亡い**。

▽この世に**亡い**友人を思い出す。

❸逃げる。「亡逸・亡命」

❹ない。「亡状・亡頼・亡慮」

# なお（尚・猶）

**使い分けマニュアル** 「尚」は「やはり～である」の意の場合、「いっそう～である」の意の場合に。「猶」は「まだ、あと」の意の場合、「なお～のごとし」の意の場合に。

老いて尚、意気盛んだ。（老人なのに元気だ）

老いて猶、意気盛んだ。（若いころと同様だ）

## 尚

8画 準2級

**音読み** ショウ

**訓読み** （くわーえる・とうとーぶ・たっとーぶ・なお）

**成り立ち** 会意。向＋八。空気抜きの窓から空気が上がって分散する。

**意味** ❶たっとぶ。「好尚・尚古・尚武」

❷高い。「高尚・尚志」

❸なお。まだ。「尚早」

▽東日本大震災では**尚**、五千人以上の人が行方不明だ（＝依然として）。

▽春**尚**浅い一月末、庭前の梅が咲いた（＝まだ）。

▽彼は年が明けても**尚**、進学か就職か迷っている（↓まだ決まらない）。

▽裏手には昼**尚**、暗い森が広がる（↓昼でも）。

▽本年も**尚**一層のお引き立てをお願いいたします（＝ますます）。

▽傷口に包帯を巻いたら**尚**、痛くなった。

▽彼はローマで旅券と財布を盗まれた。**尚**困ったことに、

彼はイタリア語がわからないのだ。
▽小学校の同窓会はわくわくするが、初恋の人も出席するかと思うと、**尚**のこと胸がどきどきする。
▽早起きはつらい。冬の朝は**尚**更だ（＝よけい）。
❹こいねがう。「尚饗」
❺ひさしい。「尚友・尚論」
❻めとる。「尚主」
❼つかさどる。「尚書」
❽ついでに言えば。
▽（展示会の案内状）会期は今月末日までです。**尚**、御来場の節は本状を御提示ください（＝ちなみに）。
▽（試合の掲示）明日午前九時より紅白戦を行う。**尚**、雨天の場合は中止とする（＝ただし）。
▽（切符予約）**尚**、一度お申込なさいますとキャンセルによる返金はできませんので御了承願います。
†❽は漢字本来の意味ではない。

## 猶

12画　準2級

**音読み**　ユウ

**訓読み**　（なお・なお－～ごとし）

**成り立ち**　会意。犬＋酋。手足をのっそりと伸ばす動物。

**意味**　❶ためらう。「猶予」
❷ゆったりする。「猶然」
❸似る。「猶子・猶父」
❹なお。やはり。「猶恐失之」
▽早世した友人の笑顔が今も**猶**、目に浮かぶ（＝やはり）。
▽今後も**猶**、遅刻が続くようなら処分の対象とする（→今までと同様に）。
▽出発までに**猶**一週間あるから、あわてる必要はない（＝あと）。
▽幼女殺害とは憎んでも**猶**あまりある（→足りない）。
❺ちょうど～のようだ。「猶竜」
㊖過ぎたるは**猶**及ばざるがごとし＝やりすぎは足りないのと同じで、よくない

# なおる・なおす　直・治

**使い分けマニュアル**　「**直る**」は一般に広く用いられる。「**治る**」は病気などの状態が正常に戻る場合に。
「**直す**」「**治す**」は「なおる」に準ずる

悪い所が直る。（機械の故障、癖が）
悪い所が治る。（病気やけがが）

| 使用漢字 | 自動詞 | 他動詞 |
| --- | --- | --- |
| 直治 | なおる | なおす |

## 直　8画　9級

**音読み** チョク・ジキ（チ）

**訓読み** ただ-ちに・なお-す・なお-る（すぐ・ひた・あたい・じか）

**成り立ち** 会意。一＋目。目を直線状に向ける。

**意味** ❶まっすぐ。「曲直・硬直・垂直・直言・直視・直進・直線・直流・直列・直角・直球・直径」
▽（号令）前へならえ。**直れ**（＝元通りにする）。
▽仲**直り**しよう（↓元どおり仲良くなる）。
❷正しい。「愚直・実直・正直・率直・廉直」
▽時計を**直す**（＝修理する）。
▽最近の機械は一度壊れると**直ら**ない（↓修復不能）。
▽エンジンの調子が悪いので**直し**てもらった。
▽屋根の雨漏りを**直す**（＝修繕する）。
▽化粧室で服装の乱れを**直す**（＝整える）。
▽彼女は涙をぬぐって化粧を**直し**た。
▽そこへ**直れ**。説教してやる（↓正座する）。
▽つづりの間違いを**直す**（＝訂正する）。
▽ゲラの赤字が**直っ**た（＝訂正される）。
▽その企画は**直す**必要がある（＝改善する）。
▽この子は悪い癖が**直ら**ない（＝矯正する）。
▽ピッチャーのフォームを**直す**。
▽ズボンの丈を**直し**てもらう（＝調整する）。
▽いい加減で機嫌を**直せ**よ（↓機嫌をよくする）。
▽訪問着をドレスに**直す**（＝形を変える）。
▽平米を坪に**直す**（＝換算する）。
▽中国の元は日本円に**直す**といくらですか。
▽演説をフランス語に**直す**（＝翻訳する）。
▽傍線部のカタカナを漢字に**直せ**（＝書き換える）。
❸じかに。すぐ。「直々・直訴・直伝・直筆・直営・直撃・直後・直射・直上・直接・直前・直属・直腸・直通・直答・直面・直喩・直下・直感・直結・直行」
❹番にあたる。「宿直・当直・日直」
❺ねだん。「安直・高直」

## 治　8画　7級　⇩おさめる・おさまる

**音読み** ジ・チ

**訓読み** おさ-める・おさ-まる・なお-る・なお-す

**成り立ち** 形声。水＋台。水を人工的に調整する。

**意味** ❶とりしきる。「自治・政治・退治・治安・治国・治山・治水・治世・統治・徳治・文治・法治」

❷病気をなおす。病気がなおる。「完治・根治・全治・治験・治癒・治療・湯治・難治・不治」

▽けがが**治る**（＝正常になる）。

▽虫歯を**治す**（＝治療する）。

▽ガンを**治す**薬はまだ発見されていない。

▽胃潰瘍がお茶で**治っ**た（＝治癒する）。

▽体を完全に**治し**てから練習を始めなさい。

▽リウマチを**治す**には温泉がよい。

▽あの医者はなかなか**治し**てくれない。

▽心の病を**治す**のは大変だ（＝健全にする）。

▽あいつ、まだ**治っ**てない（↓正常でない）。

## なか　中・仲

**使い分けマニュアル** 「中」は一般に広く用いられる。「仲」は人間と人間の関係の場合、両者の仲介や仲裁をする場合に限る。

家族の中。（家庭内）

家族の仲。（親しさの程度）

## 中

4画　10級　⇩あたる・あてる、うち

**音読み** チュウ・ジュウ*

**訓読み** なか（あ－たる・あ－てる）

**成り立ち** 象形。旗ざおを枠の中心に突き通す。

**意味** ❶まんなか。「中央・中華・中核・中堅・中原・中軸・中心・中枢・中点」

▽彼女の顔は**中**高で整っている（↓鼻が高い）。

▽（相撲）今日は**中**日、八日目だ。

❷物と物の間。「中間・中継・中耳・中秋・中旬・中性・中段・中年・中腹・中盤・中庸・中立・中流」

▽先発投手は**中**五日おいて登板した（＝間隔）。

▽毎月の**中**の十日は比較的暇だ（＝中旬）。

㊫**中**を取る＝中間の値に決める

❸うちがわ。「暗中・海中・渦中・眼中・空中・劇中・山中・車中・手中・術中・心中・水中・地中・中空・熱中・夢中」

▽血管の**中**を調べる（＝内部）。

▽このたまねぎは**中**が腐っている。

▽箱の**中**はからっぽだった。
▽図書館の**中**では静粛に願います。
▽殺害現場は部屋の**中**から鍵が掛かっていた。
▽どうぞ**中**へお入りください（＝家の内部）。
▽（バス）お乗りになりましたら**中**ほどへお詰め願います（→入り口から遠い内部）。
▽彼女は人ごみの**中**に消えていた（＝範囲の内部）。
▽一頭のシカが森の**中**へと入って行った。
▽秘密を心の**中**にしまっておく（＝見えない深部）。
▽彼女の言葉の**中**には深い意味が隠されていた。
▽物質的繁栄の**中**の精神的貧困。
▽厳しい**中**にもやさしさがにじむ（＝同時に）。
▽病人がいると家の**中**が暗くなる（→家庭）。
▽あの会社の**中**は今めちゃくちゃだ（＝内情）。
▽ヒロインを二万人の応募者の**中**から選ぶ（＝範囲）。
▽僕たちの**中**で誰が最初に結婚するかな。
▽熱帯の果物の**中**ではドリアンがいちばん好きだ。
▽次の**中**から最も適切なものを選べ。
(慣)男の**中**の男＝理想的な男性
**中**でも＝とりわけ。特に
❹ある状況のもと。「寒中・忌中・最中・暑中・中止・中絶・中断・中途・道中・途中・日中・病中・旅中」
▽彼は雨の降りしきる**中**を出て行った（＝状況下）。
▽救助隊は吹雪の**中**を捜索に向かった。
▽歌手は割れるような拍手の**中**を退場した。
▽薄暗がりの**中**でだれかが呼んでいる。
▽その犬は厳しい寒さの**中**で震えていた。
▽本日はお忙しい**中**、ようこそお越しくださいました。
❺つらぬき通す。「中傷・中毒・的中・必中・命中」

## 仲

6画　7級

**音読み**　チュウ
**訓読み**　なか
**成り立ち**　形声。人＋中。長子と末子の間の子。
**意味**　❶人と人の関係。「仲介・仲裁」
▽二人の**仲**はみんな知っている（＝人と人の関係）。
▽ぼくたち兄弟は**仲**がよくない（＝親しさの程度）。
▽吉田君とは二十年来の**仲**だ（＝つきあい）。
▽北山さんとは家族ぐるみ行ったり来たりする**仲**です。
▽彼女は姑との**仲**がうまくいっていない。
▽隣の浩は僕の妹といい**仲**だ（→恋愛関係）。
▽うちの両親は夫婦**仲**がよい（→愛情関係）。
▽私たち、大の**仲**良しなの（→親友）。
(慣)同じ釜の飯を食った**仲**＝起居を共にした非常に親しい仲

間
犬猿の**仲**＝非常に関係が悪いたとえ
**仲**に入る＝仲裁する
**仲**を裂く＝別れさせる
**仲**を取り持つ＝仲介する
なさぬ**仲**＝自分が生んでいない子供
❷二番めの兄弟。「仲兄・仲父・伯仲叔季」
❸まんなか。「仲夏・仲秋・仲春・仲冬・仲陽」

## ながい　長・永

**使い分けマニュアル** 「長い」は一般に広く用いられる。「永い」は時間が非常にながい場合に限る。

長い人生。（短くない）
永い人生。（ずっと続いている）

### 長

8画　9級

**音読み** チョウ（ジョウ）
**訓読み** なが-い（おさ・た-ける）

**成り立ち** 象形。老人のながい髪。

**意味** ❶距離がながい。「身長・全長・体長・長身・長針・長蛇・長大・長短・長髪・長文・長編」
▽時計の**長い**針は一時間で一回回る（↓距離）。
▽彼女は髪が**長い**。
▽象は鼻が**長い**。
▽木村君は脚が**長く**てかっこいい。
▽このズボンは少し丈が**長い**。
▽この雑草は根が一m以上も**長く**伸びている。
▽江戸から京までの**長い**道のりを歩く（＝遠い）。
▽重い荷物を背負って**長い**坂を上る。
▽一文があまり**長い**と理解しにくい。
(慣)帯に短したすきに**長し**＝中途半端で何の役にも立たないたとえ
首を**長く**して＝非常に期待して待つ様子
**長い**ものには巻かれろ＝力のあるものに抵抗してもむだなたとえ
鼻の下を**長く**する＝男性が女性に対してしまりなく甘くなる様子
❷時間がながい。「延長・冗長・長音・長歌・長期・長久・長考・長日・長寿・長生・長命・長夜・悠長」
▽息子が家を出て**長い**月日がたった（↓時間）。

▽昆虫には十億年の**長い**歴史がある（＝古い）。
▽君とはずいぶん**長い**こと会わなかったね。
▽金属も**長い**間には劣化する。
▽春のお彼岸を過ぎると日が**長く**なる。
▽**長い**一日が終わった（↓長く感じられる）。
▽姉はトイレが**長い**（↓時間がかかる）。
▽父はガンでもう**長く**ない（↓余命が少ない）。
▽女房の話はだらだらと**長い**。
▽挨拶はあまり**長い**と飽きられる。
▽『源氏物語』は**長い**小説だ（＝規模が大きい）。
▽ワーグナーの楽劇はとてつもなく**長い**。
▽カモが**長**旅で疲れた羽を休めている。
㊎息が**長い**＝長期間着実に進行させる様子
　気が**長い**＝あせらずに着実にかまえている様子
　**長い**目で見る＝簡単に結論を出さないで、成長を見守る
❸まさる。「消長・助長・生長・成長・増長・長所・長成・長幼・長老・特長・年長」
❹かしら。「院長・駅長・園長・会長・学長・課長・館長・議長・局長・校長・座長・市長・社長・所長・署長・船長・村長・隊長・長官・町長・班長・番長・部長」

## 永

5画　6級

**音読み**　エイ（ヨウ）
**訓読み**　なが－い（とこしえ）
**成り立ち**　象形。水が分岐してながく伸びる。
**意味**　❶ながい時間。「永々・永遠・永久・永劫・永世・永続・永代・永年・永眠」
▽父は**永く**大臣の要職にある（↓ずっと続く）。
▽会長は三十年の**永き**にわたり会社のために尽くしてこられました。
▽不束者ですが末**永く**よろしくお願いいたします。
㊎**永い**眠り＝死

## なく

泣・鳴（哭・啼）

**使い分けマニュアル**　「**泣く**」は人間が何かを訴える意図で声を出したり涙を流したりする場合、その比喩的な場合に。「**鳴く**」は動物・鳥・虫などが音声を出す場合に。「**哭く**」は人間が大声をあげて人の死を悼む場合に。「**啼く**」は鳥が声を張りあげて鳴く場合に。

大声で泣く。（赤ん坊が）
大声で鳴く。（カラスが）
大声で哭く。（親友の早世を悼んで）
大声で啼く。（発情期の雄猫が）

## 泣

8画　7級

**音読み**　キュウ

**訓読み**　な-く

**成り立ち**　会意。水＋粒。せきあげてなく。

**意味**　❶なく。「感泣・号泣・哭泣・涕泣」

▽母親に死なれ、声をあげて**泣**いた（＝涙を流す）。
▽息子の金メダルを見て母は**泣**いた。
▽容疑者は**泣き**ながら犯行を自白した。
▽その映画を見た女性客はみな**泣い**ていた。
▽（予防注射）男の子なんだから**泣か**ないのよ（＝泣き叫ぶ）。
▽赤ん坊が**泣い**ている（＝声をあげて訴える）。
▽海外転勤の話をしたら女房に**泣か**れた。
▽桑田は鈴木の一発に**泣**いた（＝KOされる）。
▽重い税金に**泣い**ている人がいる（＝苦しむ）。
▽その候補は次点に**泣**いた（＝不運にあう）。
▽彼女は生き別れの不運に**泣**いた（＝悲しむ）。
▽君の万引きを知ったらお母さんが**泣く**よ。
▽怠けていると後で**泣く**ことになるよ（＝後悔する）。
▽そこんところを**泣い**てほしい（＝損失を引き受ける）。

㊞慣 一円に笑う者は一円に**泣く**＝小額だからとばかにして粗末に扱う者は、その小額のためにひどい目にあうことになるたとえ

今**泣**いたカラスがもう笑った＝感情の移り変わりの激しいたとえ

看板が**泣く**＝評判に傷がつく

**泣い**ても笑っても＝どんなにじたばたしてみても

**泣い**て馬謖を斬る＝人情としては忍びがたくても、断固不正は許さないたとえ

**泣きっ**面に蜂＝重ねて不幸に見舞われるたとえ

**泣き**を見る＝ひどい目にあう

**泣く**子と地頭には勝てぬ＝聞き分けのない子と地頭には逆らえないたとえ

**泣く**子も黙る＝非常に恐ろしい存在のたとえ

**泣く泣く**＝不承不承

～の名前が**泣く**＝～という名誉に傷がつく

## 鳴

14画　9級

**音読み** メイ（ミョウ）

**訓読み** なーく・なーる・なーらす

**成り立ち** 会意。口＋鳥。鳥が声をあげて存在を知らせる

**意味** ❶声を出す。「鶏鳴・長鳴・悲鳴・鹿鳴」

▽ゾウはトランペットのような声で**鳴く**（↓動物）。

▽隣の犬がキャンキャン**鳴い**てうるさい。

▽春先になると猫が甘ったるい声で**鳴き**始める。

▽ロバはブヒーブヒーと**鳴く**。

▽ヒツジやヤギはメーと**鳴く**。

▽池のヨシ原でウシガエルがウーウーと**鳴く**。

▽オンドリがコケコッコーと**鳴く**（↓鳥）。

▽ウグイスがホーホケキョと**鳴く**。

▽マツムシがチンチロリンと**鳴く**（↓虫）。

▽ウマオイがスイッチョンと**鳴く**。

▽この魚はウキブクロを縮めてギギギと**鳴く**（↓魚）。

㊎蚊の**鳴く**ような声＝非常にかぼそい声

閑古鳥が**鳴く**＝商店に客が非常に少ないたとえ

キジも**鳴か**ずば撃たれまい＝出過ぎた振る舞いをしなければひどい目にあうこともない

**鳴か**ず飛ばず＝世間的に目立った活躍をしない様子

❷音を出す。「共鳴・鳴弦・鳴動・雷鳴」

▽引き戸がキーキー**鳴い**ている（↓物）。

## 哭 10画 1級

**音読み** コク

**訓読み** なーく

**成り立ち** 会意。犬＋口＋口。犬のように大声でなく。

**意味** ❶大声でなく。「鬼哭・哭泣・痛哭・慟哭」

▽恩師の葬儀で弟子たちは地に崩れて**哭い**た（＝大声で死を悼む）。

## 啼 12画 1級

**音読み** テイ

**訓読み** なーく

**成り立ち** 形声。口＋帝。次々と口から声を出す。

**意味** ❶次々と声を出してなく。「啼泣・啼哭・啼鳥」

▽行く春や鳥**啼き**魚の目は泪（＝盛んに鳴く）。

# なみ　波・並（浪）

**使い分けマニュアル** 「**波**」は水面の動きの場合、上下に動いて押し寄せるものの場合に。「**並**」は連なっているものの場合、普通である意の場合に。「**浪**」は水面の動きで特に激しい場合に。

## 波　8画　8級

**音読み** ハ

**訓読み** なみ

**成り立ち** 形声。水+皮。水面が斜めにかぶさるなみ。

**意味** ❶なみ。「煙波・秋波・波及・波状・波線・波頭・波紋・波瀾・波浪・風波・余波」

▽今日は**波**が高い（=水面にできる上下の動き）。

▽サーフボードで**波**に乗る。

▽大**波**小**波**（→大きい波と小さい波）。

▽釣り人が高**波**にのまれた。

▽**波**しぶきがあがった。

▽彼女の胸は大きく**波**打っていた（→上下動）。

▽金髪がゆるやかに**波**打って優雅だ。

▽**波**線を引く。

▽（こいのぼり）いらかの**波**と雲の**波**（→軒を連ねた家と重なる雲）。

㊫**波**風を立てる=平和だったところに騒ぎを起こすたとえ

**波**の花=海面に浮かぶ波の白い泡

❷なみ形に動く物理現象。「音波・寒波・短波・中波・長波・電波・脳波・波長・波動」

▽あの作家は今**波**に乗っている（=上下に動くもの）。

▽好調の**波**がどこまで続くか見物だ。

▽彼女は成績に**波**がなく、コンスタントに八十点以上を取る（→安定している）。

▽フレーム内部には明るい光の**波**が押し寄せた（=殺到するもの）。

▽明治神宮前はどこまでも人の**波**だ。

▽陸橋の開通日には車の**波**がどっとやってきた。

▽どこの会社もバブルの**波**に洗われた。

▽その国には西洋文明の**波**が押し寄せている。

▽不景気の**波**が押し寄せてくる。

▽寄る年**波**には勝てない（→老齢）。

## 並　8画　5級　⇩ならぶ・ならべる

**音読み** ヘイ

**訓読み** なみ・なら－べる・なら－ぶ・なら－びに

**成り立ち** 会意。旧字は「竝」で、立＋立。人が二人ならんで立つ。

**意味** ❶ならぶ。ならべる。「並記・並行・並列」

▽山**並**が続く（↓連なっている山脈）。

▽閑静な町**並**（↓住宅街）。

▽お宅のワンちゃん、いい毛**並**ですねえ。

▽党内は足**並**がそろわない（↓歩調）。

▽駅前には桜の**並**木が続いている。

▽お手**並**拝見といきますか（↓腕前）。

▽公共料金が軒**並**値上げされた（↓例外なく全部）。

▽今年の作柄は例年**並**だ（↓同程度）。

▽彼女の歌はプロ**並**だ。

▽うちの娘は十人**並**の器量だ（↓普通）。

▽娘には世間**並**の支度はしてやりたい。

▽おれたちは人間**並**に扱われてない。

▽人**並**はずれた体力に物を言わせる。

▽彼の俳句は月**並**だ（↓平凡）。

▽社員を等し**並**に扱う（↓十把一からげに）。

❷普通である。

▽浅田真央は**並**の選手じゃない（＝平均的）。

▽**並**製の本（↓上製に対して普通の）。

▽**並**ずし五人前、お願いします（＝上等でない）。

▽辞書を作るのは**並**たいていの苦労ではない。

▽**並々**ならぬ熱意が伝わってきた。

†❷は漢字本来の意味ではない。

## 浪

10画 3級

**音読み** ロウ（ラン）

**訓読み** （なみ・みだ－りに）

**成り立ち** 形声。水＋良。清らかに流れる水。

**意味** ❶おおなみ。「激浪・蒼浪・波浪・碧浪」

▽**浪**が岩に当たっては砕け散っている（＝大きな波）。

▽断崖の下は逆**浪**が逆巻いていた。

▽船は白**浪**を蹴立てて進んだ。

❷さすらう。「浮浪・放浪・流浪・浪人・浪々」

❸みだり。でたらめ。「浪語・浪費」

# なみだ

涙（涕）

**使い分けマニュアル** 「涙」は一般に広く用いられる。「涕」は詩歌など特別の場合に。

## 涙

10画 4級

**音読み** ルイ

**訓読み** なみだ

**成り立ち** 形声。水＋戾。はらはらと重なり続くなみだ。

**意味** ❶なみだ。「感涙・血涙・催涙・落涙・涙痕・涙腺」

▽タマネギを切ったら**涙**が出た（＝目からあふれでる液体）。
▽あまりにおかしくて**涙**が出るほど笑った。
▽悲しいときには**涙**を流して泣けばよい。
▽父の目に**涙**が光っていた。
▽母親は**涙**にむせんだ。
▽その子は目に**涙**をいっぱいためていた。
▽再会した家族は感激の**涙**にくれた。
▽朝晩泣き暮らし、すでに**涙**もかれはてた。
▽彼の一生は**涙**なしには語れない（↓悲しむ）。
▽**涙**ながらに事情を語った（↓泣きながら）。
▽年を取って**涙**もろくなった（↓すぐ涙が出るようになる）。

㋶鬼の目にも**涙**＝非常に感動的で、非情な鬼でさえも泣かせることができるたとえ
お**涙**ちょうだい＝観客の感傷を誘うようなセンチメンタルな様子
聞くも**涙**語るも**涙**の物語＝非常に悲しい哀れな話
雀の**涙**＝非常に微量である様子
血も**涙**もない＝人間としての自然な感情がない様子
**涙**を誘う＝まわりの人がもらい泣きする
**涙**をのむ＝不本意な結果を受け入れる
**涙**をもよおす＝涙が出てくるような気持ちだ

## 涕

10画 1級

**音読み** テイ

**訓読み** なみだ・な－く

**成り立ち** 形声。水＋弟。下へ垂れて流れるなみだ。

**意味** ❶なみだ。「泣涕・涕泗・涕涙」

▽**涕**が頬を伝った（↓下へ流れるなみだ）。

● **「なみだ」の漢字**

日本語では「なみだ」という一つの言葉でも、分析的な中国語では、その状態によって異なる漢字で

区別して表す。

「涙」ははらはらと重なって流れるもの、「涕」は下の方に向かって流れ下るもの、「泗」は二つに分かれて鼻の穴から流れ出るものである。

現在は、泣いたときに鼻から出る液体は、風邪をひいたときに鼻から出る液体と区別なく「鼻水」と呼ぶが、古い辞書には「泗」にナミダと訓がついている。昔の人はなかなか科学的だったのである。

## ならう　習・倣

**使い分けマニュアル**　「**習う**」は知識や技術などを身につける場合に。「**倣う**」は模範に従う場合に。

アメリカ人に習う。（英語を）

アメリカ人に倣う。（規範としてまねする）

### 習

11画　8級

**音読み**　シュウ（ジュウ）

**訓読み**　なら-う

**成り立ち**　会意。羽＋自。鳥が何度も羽を重ねる。

**意味**　❶かさなる。「神仏習合」

❷まなぶ。「演習・学習・講習・自習・実習・習字・習熟・習得・習練・復習・補習・予習・練習」

▽息子は今ひらがなを**習**っている（＝学習する）。

▽そのアメリカ人は日本語を**習**っている。

▽彼女は家元の親に踊りを**習**った（＝教わる）。

▽子供のときピアノを**習**っていた。

▽絵とバイオリンとどっちを**習**いたい？

▽今車の運転を**習**っている。

▽手づかみで食べるなんて、そんなお行儀の悪いこと、誰に**習**ったの？（＝習慣となる）

㊝**習い**性となる＝同じことを繰り返していると、それが身について本性のようになる

**習う**より慣れよ＝知識として頭に入れるより、経験して身につけたほうがよい

門前の小僧**習わ**ぬ経を読む＝いつも身近に接していると特に教わらなくても身につくたとえ

❸しきたり。「悪習・因習・慣習・奇習・習慣・習性・習俗・習癖・常習・風習・陋習」

㊝世の**習い**＝世間一般の風潮

## 倣 10画 3級

**音読み** ホウ

**訓読み** なら-う

**成り立ち** 形声。人＋放。似たものを左右に並べて比べ合わせる。

**意味** ❶まねる。「倣効・模倣」

▽中国に**倣**って律令制度を定めた（＝まねする）。

▽アメリカに**倣**って男女差別を撤廃すべきだ。

▽初めは中国語に**倣**って漢字を読んでいた。

▽その村では長年のしきたりに**倣**って祭りが行われる（＝踏襲する）。

▽模範を示せばみんなそれに**倣う**だろう（＝従う）。

▽（号令）前へ**倣え**（↓まっすぐに並ぶ）。

㊖顰みに**倣う**＝何でもかんでも人のまねをするたとえ

# ならぶ・ならべる

並（列・双）

**使い分けマニュアル** 「**並ぶ**」は一般に広く用いられる。「**列ぶ**」は列を作る場合に。「**双ぶ**」は匹敵する場合に。

「**並べる**」「**列べる**」は「ならぶ」の使い方に準ずる。

一列に並ぶ。（横に）
一列に列ぶ。（縦に）
一列に双ぶ。（同等の力）

| 使用漢字 | 自動詞 | 他動詞 | 可能動詞 |
|---|---|---|---|
| 並 列 | ならぶ | ならべる | ならべられる |
| 双 | ならぶ | ー | ならべる |

## 並 8画 5級 ⇩なみ

**音読み** ヘイ

**訓読み** なみ・なら-べる・なら-ぶ・なら-びに

**成り立ち** 会意。旧字は「竝」で、立＋立。人が二人ならんで立つ。

**意味** ❶ならぶ。ならべる。「並記・並行・並列」

▽スタートラインに**並ぶ**（↓横一列）。

▽（電車の乗り場）三列に**並ん**でお待ちください。

▽男女が交互に**並ん**で座っている。

▽上の子は歯**並び**がよくない（↓歯列）。

▽今月は休日と出番が一日おきに**並ん**でいる（＝一定の順序で続く）。

▽図書カードは分類番号順に**並ん**でいる。
▽彼女の家は僕の家と**並ん**でいる（＝並行する）。
▽新幹線と在来線が**並ん**で走っている。
▽十字路に二本の松の木が**並ん**で立っている。
▽二学期は田中さんと**並び**たい（↓隣の席）。
▽土佐選手は猛烈に追い上げて先頭に**並ん**だ。
▽肉屋の**並び**に花屋がある（＝同じ側）。
▽のみの市にはたくさんの掘り出し物が**並ぶ**（＝同じ場所に存在する）。
▽書棚にずらりと専門書が**並ん**でいる。
▽食卓にごちそうが**並ん**でいた。
▽菊五郎は団十郎と**並び**称される名優だ（↓同等に呼ばれる）。
(慣)両雄**並び**立たず＝二人の英雄は互いに覇権を争うので共存できないたとえ
❷普通である。
†❷は漢字本来の意味ではない。

## 列

6画　8級

**音読み** レツ

**訓読み** （つら−なる・つら−ねる・なら−べる）

**成り立ち** 会意。刀＋歹。切れはしを一列にならべる。

**意味** ❶つらねる。「一列・行列・系列・整列・前列・葬列・隊列・直列・陳列・配列・並列・羅列・列挙・列強・列車・列伝・列島」
▽乗客がバス停に**列ん**でいる（↓縦一列）。
▽商品をずらりと棚に**列べる**（＝陳列する）。
❷順序。「順列・序列・同列」
❸加わる。「参列・列座・列席」

## 双

4画　3級　⇩ふた

**音読み** ソウ

**訓読み** ふた（ふた−つ・もろ・なら−ぶ・たぐい）

**成り立ち** 会意。旧字は「雙」で、隹＋隹＋又。つがいの二羽を手で持つ。

**意味** ❶ふたつ。「双眼鏡・双肩・双頭・双璧・双方・双眸・双葉」
❷匹敵する。「無双」
▽歌のうまさという点でマリア・カラスに**双ぶ**者はない（＝匹敵する）。
▽『枕草子』は『源氏物語』と**双ん**で平安女流文学の代表である（＝同等の）。
▽三大テノールに**双ぶ**テノールはなかなか現れない。

# なる・なす

## 成（生・為）

**使い分けマニュアル**

「**成る**」は成立する場合、成熟する場合、構成する場合に。「**生る**」は実ができる場合に。「**為る**」は変化の結果が出る場合に。

「**成す**」は抽象的な物を形づくる場合に。「**生す**」は子供を生む場合に。「**為す**」は行為を行う場合に。

柿が赤く成った。（熟した）
柿が赤く生った。（できた）
柿が赤く為った。（青から赤に変化した）

| 使用漢字 | 自動詞 | 他動詞 |
|---|---|---|
| 成生為 | なる | なす |

### 成　6画　7級

**音読み** セイ・ジョウ

**訓読み** な-る・な-す

**成り立ち** 形声。戈＋丁。まとめてしめくくる。

**意味** ❶なしとげる。「完成・既成・形成・結成・構成・合成・作成・賛成・熟成・成就・成仏・助成・成果・成句・成功・生成・成績・成敗・成否・成分・成立・造成・組成・大成・達成・天成・編成・落成」

▽（相撲）朝青竜、全勝優勝**成らず**（＝実現する）。
▽計画が**成る**も**成ら**ぬも担当者次第だ。
▽巨人の追加点は**成り**ませんでした。
▽新装**成っ**たデパートが明日オープンします。
▽国会は衆議院と参議院から**成る**（＝構成される）。
▽委員会は十人のメンバーから**成る**。
▽フィリピンはおよそ七千の島から**成る**。
▽会長のお**成り**です（→貴人の来訪）。
▽父は株で一財産**成し**た（＝作る）。
▽彼は英文学で一家を**成し**た（→大家となる）。
▽英語では主語と動詞が文の骨組みを**成す**。
▽彼の主張は全然意味を**成し**ていない。
▽主張のない論文は論文の体を**成さ**ない。
▽**成り**金（→短期間に財産を得ること〔人〕）。

㊐慣 一将功**成っ**て万骨枯る＝一人の将軍の功績の陰に多くの犠牲が報われないでいる
功**成り**名を遂げる＝功績をあげて名誉を得る
少年老いやすく学**成り**がたし＝少年はすぐに年をとるが、学問はなかなか奥義に到達しない

精神一到何事か**成ら**ざらん＝精神力をもって努力すれば、何事でも実現できる

名を**成す**＝有名になる

門前市を**成す**＝非常に繁盛している様子

ローマは一日にして**成ら**ず＝壮大な結果は短時間では得られないたとえ

わざわいを転じて福と**成す**＝悪いことがあっても、うまく処理してよい結果を得るたとえ

❷そだてる。「育成・成育・成魚・成熟・成人・成虫・成長・成鳥・早成・促成・晩成・養成・老成」

## 生

5画　10級　⇩いきる・いける・いかす、うむ・うまれる

**音読み** セイ・ショウ

**訓読み** い－きる・い－かす・い－ける・う－まれる・う－む・お－う・は－える・は－やす・き・なま（いのち・うぶ・な－る・な－す）

**成り立ち** 会意。もえでる草の芽。

**意味** ❶はえる。「群生・自生・生長・密生・野生」

▽この柿の木はよく**生る**（＝実ができる）。

▽庭の桃の木に実が**生**っている。

▽イチゴにたくさん実が**生**った。

▽金の**生る**木。

㊕瓜の蔓になすびは**生ら**ぬ＝血筋は争えないたとえ

❷うむ。うまれる。「更生・再生・出生・生滅・新生・生死・生得・生年・生育・生家・生起・生産・生殖・生成・生地・生来・胎生・誕生・転生・派生・発生・卵生」

▽彼女は三人の子を**生し**た夫と離婚した（↓子供を生む）。

▽この子とは**生さ**ぬ仲だ（↓血のつながりがない）。

❸いきる。いのち。「一生・永生・往生・寄生・共生・厚生・衆生・生涯・人生・生花・生活・生還・生気・生計・生死・生鮮・生息・生存・生態・生物・生命・生理・殺生・蘇生・半生・平生・民生・養生・余生」

❹未熟な。「生薬・生硬・生兵・生路」

❺勉強している人。「学生・塾生・生徒・寮生」

❻男性が自分を謙遜して言う語。「愚生・小生」

## 為

9画　4級

**音読み** イ

**訓読み** （ため・な－す・な－る・す－る・つく－る）

**成り立ち** 会意。旧字は「爲」で象＋手。象に手を加えて調教する。

**意味** ❶なす。なる。「営為・行為・作為・人為・所為・当為・無為・有為」

▽満月の晩、男はオオカミと**為**った（＝変化する）。

▽家は一夜で灰と**為**った（↓燃え尽きる）。
▽燃え上がる炎を前に**為す**すべもない（＝する）。
▽あの男は将来何事かを**為す**に違いない。
▽台風の猛威に**為す**所を知らなかった（＝対処する）。
▽悪を**為す**者（↓非常に悪いことをする者）。
㋲後は野と**為れ**山と**為れ**＝すんでしまったことはどうなろうと気にしないたとえ
朱に交われば赤く**為る**＝友人によってよくも悪くもなるたとえ
滄海変じて桑田と**為る**＝非常に変化が激しいたとえ
塵も積もれば山と**為る**＝細かいものでもたくさん積み重ねると大きな量になるたとえ
**為せ**ば成る＝物事は実行する意志があれば実現するものだ

## なれる・ならす

**慣**（馴・狎・熟）

**使い分けマニュアル** 「**慣れる**」は人が対象の状態になじむ場合に。「**馴れる**」は動物などがなつく場合に。「**狎れる**」はなじみ過ぎて甘える場合に。「**熟れる**」はすしなどが熟成する場合に。
「ならす」は「**慣らす**」と「**馴らす**」で、「なれる」に準ずる。

魚が慣れる。（水槽という環境に）
魚が馴れる。（人に親しむ）
魚が狎れる。（えさをくれる人を甘く見る）
魚が熟れる。（鮨が熟成する）

| 使用漢字 | 自動詞 | 他動詞 |
|---|---|---|
| 慣 馴 | なれる | ならす |
| 狎 熟 | なれる | ― |

### 慣

14画 6級

**音読み** カン
**訓読み** な－れる・な－らす（ならわし）
**成り立ち** 形声。心＋貫。長い年月をつらぬくやり方。
**意味** ❶なれる。なじむ。「慣行・慣習・慣性・慣用・慣例・習慣」
▽水泳の初心者はまず水に**慣れる**必要がある（＝違和感を感じなくなる）。
▽北海道の寒さに体を**慣らす**（＝感じなくさせる）。
▽粗食に**慣れる**（＝普通になる）。

▽長距離通勤は**慣れ**ています（＝苦痛でない）。
▽単身赴任の生活にもようやく**慣れ**た。
▽私は人前で話すことには**慣れ**ていない（＝経験が少ない）。
▽待たされるのには**慣れ**てるよ（＝諦めている）。
▽暗闇に目が**慣れ**て見えるようになった。
▽**慣れ**ない育児で疲れた（↔ふだんしていない）。
▽夫は**慣れ**た手つきで赤ん坊のおむつを替えた（＝上手な）。
▽家事も**慣れれ**ばどうということはない（＝習慣になる）。
▽彼は海外旅行には**慣れ**ている（＝要領がよい）。
▽遠足は**慣れ**た靴をはいたほうがいい（＝なじむ）。
▽新しい眼鏡に目を**慣らす**（＝なじませる）。
▽生徒は新任の先生にすぐ**慣れ**た（＝親しくなる）。
▽この子は知らない人にはなかなか**慣れ**ない。
（慣）習うより**慣れよ**＝知識として頭に入れるより、経験して身につけたほうがよい

## 馴

13画　準1級

**音読み**　シュン・ジュン・クン
**訓読み**　な－れる・な－らす・すな－お・よ－い・おし－え
**成り立ち**　形声。馬＋川。馬が従いなれる。
**意味**　❶なれる。なじむ。「馴化・馴致」
▽この犬は人に**馴れ**ていない（＝なつく）。
▽イルカを**馴らし**て芸をしこむ。
▽このオウムは人の手に**馴れ**ている（＝恐がらない）。
❷よい。「雅馴・馴行・馴良」

## 狎

8画　1級

**音読み**　コウ
**訓読み**　な－れる・あなど－る・もてあそ－ぶ
**成り立ち**　形声。犬＋甲。犬を檻の中に閉じこめておとなしくさせる。
**意味**　❶なれる。手なずける。「愛狎・狎玩・昵狎」
▽彼女は夫の愛に**狎れ**てわがままになった（＝甘えてつけあがる）。
▽ぜいたくに**狎れ**た現代人に江戸時代の生活は想像もつかない（＝どっぷり浸かる）。

## 熟

15画　5級

**音読み**　ジュク
**訓読み**　う－れる（に－る・に－える・う－む・な－れる・つらつら・つくづく・こな－す・こな－れる）

**成り立ち** 会意。火＋孰。火でくたくたに煮る。
**意味** ❶煮る。「熟食・熟烹・半熟」
❷うれる。みのる。なれる。「円熟・完熟・習熟・熟語・熟成・熟達・熟練・成熟・早熟・晩熟・未熟・爛熟」
▽小鯛の鮨が**熟れ**て食べられるようになった（＝熟成する）。
▽**熟れ**鮨（↓塩漬けの魚を飯と発酵させた食品）。
❸よくよく。「熟考・熟睡・熟知・熟読・熟慮」

## におう・におい

臭・匂*

**使い分けマニュアル** 「**臭**う・**臭**い」は主に悪臭の場合に。「匂う・匂い」はよい香りの場合に。

土の臭いがする。（泥くさい。不衛生だ）
土の匂いがする。（民族的だ。郷愁をそそる）

| 使用漢字 | 動詞 | 名詞 |
| --- | --- | --- |
| 臭<br>匂 | におう | におい |

## 臭

9画 準2級

**音読み** シュウ（キュウ）
**訓読み** くさ－い・*にお－う
**成り立ち** 会意。自＋犬。鼻でにおいをかぐ。
**意味** ❶くさい。におう。「悪臭・異臭・口臭・死臭・臭気・消臭・体臭・脱臭・防臭・無臭」
▽彼女は**臭い**の強くない化粧品を選ぶ（＝香料）。
▽猟犬はキツネの**臭い**をかぎつけた（＝臭気）。
▽ポチは電柱に**臭い**をつけた（↓放尿する）。
▽タバコの**臭い**がしみついて取れない。
▽大涌谷はいつも硫黄の**臭い**がたちこめている。
▽この煙はアンモニアの**臭い**がする。
▽（放屁）このあたりが**臭う**ぞ。
▽君の靴下は**臭う**ね（↓不潔である）。
▽トイレの**臭い**を消す（＝便臭）。
▽最近、自分の口が**臭う**と言う人が増えた。
▽この肉は**臭う**（↓腐敗している）。
▽酔ってるのね。**臭う**わよ（↓酒臭い）。
▽この事件には犯罪の**臭い**がする（＝主観的な疑惑）。
▽今度の不祥事はどうも経理部あたりが**臭う**な（＝疑わしい）。
❷悪いうわさ。「遺臭・臭聞」

## 匂*
4画　2級

**訓読み**　におーう（におーい）

**成り立ち**　国字。韵の略。美しい発色。

**意味**　❶美しい色つや。

▽その令嬢は**匂う**ばかりの美しさだ（↓美しさが輝き出る）。

▽朝日に**匂う**山桜（＝輝く）。

❷よい香り。

▽採れたてのみかんはとても**匂う**（＝よい香り）。

▽夏になると垣根の卯の花が**匂う**。

▽バラの**匂い**をかぐ。

▽彼女が立ち去ると香水が**匂っ**た。

▽若葉の**匂う**季節となりました（＝かおる）。

▽そのハンカチは甘い**匂い**がした。

❸趣。

▽生活の**匂い**の感じられる絵（＝趣）。

▽東欧の作曲家の曲はどことなく土の**匂い**がする（＝雰囲気）。

❹日本刀の刃のあやもよう。

# にくい・にくむ
## 憎（悪）

**使い分けマニュアル**　「**憎む**」は一般的に広く用いられる。「**悪む**」は好き嫌いとはっきりわかる場合に。「にくい」は「**憎い**」のみ。

嫁を**憎む**。（勝手放題やっているので）

嫁を**悪む**。（顔や性格が嫌いだから）

| 使用漢字 | 形容詞 | 動詞 |
|---|---|---|
| 憎 | にくーい | にくーむ |
| 悪 | ― | にくーむ |

## 憎
14画　3級

**音読み**　ゾウ（ソウ）

**訓読み**　にくーむ・にくーい・にくーらしい・にくーしみ

**成り立ち**　形声。心＋曾。心の中に積み重なる気持ち。

**意味**　❶にくむ。「愛憎・憎悪・憎嫉」

▽わが子を殺した犯人が**憎い**（↓殺してやりたい）。

▽彼はライバルの成功を**憎んだ**（＝恨む）。
▽**憎んで**もあまりある犯罪。
▽彼女は私を**憎んで**いるに違いない（＝嫌う）。
▽同じ国民どうしが**憎み合う**（＝激しく反目する）。
▽息子は彼女を**憎からず**思っているようだ（＝何となく気に入っている）。
㊝罪を**憎んで**人を**憎まず**＝犯した罪は糾弾するべきだが、罪を犯した人は糾弾しない
**憎めない**＝かわいらしいところがある

## 悪

11画　8級

**音読み**　アク・オ

**訓読み**　わるーい（にくーむ・あーし・いずくーんぞ）

**成り立ち**　形声。旧字は「惡」で、心＋亞。胸がつかえるいやな気持ち。

**意味**　❶わるい。「悪意・悪運・悪事・悪質・悪臭・悪食・悪性・悪態・悪党・悪徳・悪人・悪評・悪癖・悪法・悪魔・悪夢・悪名・悪友・悪用・悪辣・悪霊・悪路・悪化・悪漢・悪鬼・凶悪・邪悪・醜悪・粗悪」
❷気分がわるい。「悪寒・悪血・悪心・悪阻」
❸にくむ。「嫌悪・好悪・憎悪」
▽核兵器を**悪む**（＝徹底的に嫌う）。
▽世の不正を**悪む**（＝忌避する）。
▽新しいお妃は白雪姫を**悪んだ**（＝憎悪する）。

## にせ

偽（贋）

**使い分けマニュアル**　「偽」は本物に似せてあるもの全般について用いられる。「贋」はそのうち相手をだます目的で作られた財産や貨幣の場合に。

この指輪は偽物よ。（本物は高いから）
この指輪は贋物よ。（だまされたわよ）

## 偽

11画　準2級

**音読み**　ギ

**訓読み**　いつわーる・にせ

**成り立ち**　形声。旧字は「僞」で、人＋爲。作為を加えて形を変える。

**意味**　❶うそ。いつわり。「偽悪・偽作・偽書・偽証・偽善・偽装・偽造・偽名・虚偽・真偽」
▽偽の一万円札が見つかった（↓作り物）。

▽男は**偽**の証明書で資格を取った。
▽**偽**の証文をこしらえて借金を取り立てる。
▽彼はその**偽**の情報を信じた。
▽**偽**ブランドのバッグ（＝よく似ている）。
▽その無医村では**偽**医者と知りつつ雇った。
▽あいつは刑事だというが真っ赤な**偽**者だった。
❷人間の作為。「偽薄・偽謬」

## 贋
19画　準1級

**音読み**　ガン
**訓読み**　にせ
**成り立ち**　形声。貝＋雁。形よく整えた財物。
**意味**　❶にせ。「贋作・贋札・贋造・贋物・真贋」
▽この札は**贋**札らしい（➡巧妙な贋造紙幣）。
▽東南アジアには**贋**金造りの工場があるという。
▽それは色も輝きもルビーそのもので、とても**贋**の宝石とは思えない（＝よく似た作り物）。
▽そのシャガールの絵は実は**贋**物だった。
▽その刀は鑑定の結果、**贋**物であることが判明した。
▽名画は輸送中に**贋**物とすりかえられた。
▽この身分証明書は**贋**物だ。

# ぬすむ
盗（窃・偸）

**使い分けマニュアル**　「**盗む**」は具体物をぬすむ場合、相手の油断につけこんで何かする場合に。「**窃む**」は具体物をこっそりぬすむ場合に。「**偸む**」は中身を奪い取る場合に。

匠の技を盗む。（ひそかに学ぶ）
匠の技を窃む。（特許を他社に売る）
匠の技を偸む。（こっそり奪い取る）

## 盗
11画　4級　⇩とる・とらえる

**音読み**　トウ
**訓読み**　ぬす-む（と-る）
**成り立ち**　会意。旧字は「盜」で、次＋皿。皿の食物を見てうらやむ。
**意味**　❶ぬすむ。「怪盗・群盗・強盗・窃盗・偸盗・盗汗・盗掘・盗作・盗聴・盗難・盗用・野盗」
▽人ごみの中で財布を**盗**まれた（＝掏る）。

▽その男は**盗ん**だ品物を売りさばいている。
▽何者かが金庫の金を**盗ん**だ。
▽路上に停めておいた自転車を**盗ま**れた。
▽銀行に強盗が押し入り三億円を**盗ん**で逃走した（＝強奪する）。
▽他人の文章を**盗ん**で論文を書いてはいけない（＝無断で流用する）。
▽他社のアイディアを**盗む**（＝まねる）。
▽（野球）次の塁を**盗む**（↓盗塁する）。
▽私の唇を**盗ん**だあなた（↓不意にキスする）。
▽（野球）サインが**盗ま**れている（＝解読される）。
▽野茂はモーションを**盗ま**れた（＝つけこまれる）。
▽親方の芸を**盗む**（＝見て覚える）。
▽「仕事は**盗め**」と言われた（＝ひそかに学ぶ）。

## 窃

9画　準2級

**音読み**　セツ
**訓読み**　（ぬす－む・ひそ－かに）
**成り立ち**　形声。旧字は「竊」で、穴＋廿＋米＋卨。穴にしまった米を虫が食う。
**意味**　❶ひそかに取る。「窃取・窃盗・剽窃」
▽泥棒に入られて番犬を**窃ま**れた（↓留守の間に）。
▽空港でパスポートと現金を**窃ま**れた（↓気づかない間に）。
▽彼は友人の詩を**窃み**、別の題をつけて新作として発表した（↓剽窃する）。

## 偸

11画　1級

**音読み**　トウ・チュウ
**訓読み**　ぬす－む・かりそめ・かろ－んずる・うす－い
**成り立ち**　形声。人＋兪。中身を抜き取る。
**意味**　❶ぬすむ。「偸盗・偸眼・偸閒・偸利」
▽ハンドバッグから財布を**偸み**取った（＝抜き取る）。
▽その子は人目を**偸ん**でポルノを読んだ（＝見つからないように）。
▽授業中、先生の目を**偸ん**で弁当を食べた。
❷かりそめの。「偸安・偸薄」

# ぬるい

（温・緩）

**使い分けマニュアル**　「温い」は適度にあたたかい場合に。「緩い」は厳しさが足りない場合に。

温い日常。（手応えがなく物足りない）
緩い日常。（厳しさがなくだらしない）

## 温

12画　8級　⇩あたたか・あたたかい

**音読み**　オン（ウン）

**訓読み**　あたた－か・あたた－かい・あたた－まる・あたた－める（ぬく－い・ぬる－い・ぬく－める・ぬく－まる・たず－ねる・つつ－む）

**成り立ち**　形声。旧字は「溫」で、水＋昷。器の中にこもった水蒸気。

**意味**　❶むっとする蒸し暑さ。「温気」

❷ほっとする適度な高温。「温灸・温血・温室・温床・温泉・温帯・温暖・温湯・温浴・温和・微温・保温」

▽コーヒーが**温く**なった（＝熱くない）。

▽今日の風呂は**温い**。

▽玉露は**温い**お湯でいれる。

▽父は**温く**つけた燗が好きだ（↔人肌ほど）。

▽このビール、**温い**ね（＝冷たくない）。

▽谷川の水が**温く**なるともう春だ（↔氷が解ける）。

▽土手の上を**温い**風が流れていく（＝あたたかい）。

▽掘りごたつの炭が切れて**温く**なった（＝冷める）。

†漢字「温」は適度な高温の意だが、「ぬるい」はあるべき温度を失って体温近くなっているの意。

❸あたたかさの度合い。「温度・気温・検温・高温・室温・常温・水温・体温・低温・適温」

❹性格がおだやか。「温雅・温顔・温厚・温順・温情・温存・温良・温和」

❺たずねる。「温故知新・温習」

## 緩

15画　3級

**音読み**　カン

**訓読み**　ゆる－い・ゆる－やか・ゆる－む・ゆる－める（ぬる－い）

**成り立ち**　形声。糸＋爰。ゆとりをもたせて糸をほどく。

**意味**　❶ゆるい。ゆるやか。「緩解・緩急・緩衝・緩慢・緩和・弛緩・遅緩」

▽そんな**緩い**やり方ではしめしがつかないね（＝厳しさが足りない）。

▽その犯罪に対して罰金二十万円というのはいかにも手**緩い**。

# のこる・のこす

残（遺）

**使い分けマニュアル** 「**残る**」は一般に広く用いられる。「**遺る**」は後に価値がのこる場合に。「**残す**」「**遺す**」は「のこる」に準ずる。

死後に一億円残した。（余った）
死後に一億円遺した。（子供に遺産として）

| 使用漢字 | 自動詞 | 他動詞 |
| --- | --- | --- |
| 残 遺 | のこ｜る | のこ｜す |

## 残

10画 7級

**音読み** ザン

**訓読み** のこ-る・のこ-す（そこ-なう）

**成り立ち** 形声。旧字は「殘」で、歹＋戔。皮や肉をそぎとって小さくする。

**意味** ❶のこる。のこす。「残骸・残額・残響・残業・残金・残暑・残照・残雪・残像・残存・残党・残念・残飯・残品・残務・残留・残塁・敗残・老残」

▽脇腹に手術の痕が**残**っている。
▽タバコの臭いがまだ髪に**残**っている。
▽裸祭の風習は全国各地に**残**っている。
▽北国では四月でもまだ雪が**残**っている。
▽心に**残る**経験をした。
▽母の最後の言葉が耳に**残**っている。
▽世に名を**残す**（↓歴史上有名になる）。
▽（天気予報）午前中は小雨が**残る**でしょう（↓続く）。
▽疲れが翌日に**残**ってとれない。
▽彼の説明にはなお疑問が**残る**（＝余地がある）。
▽この試合は悔いの**残る**試合になった。
▽あれだけケチに徹すれば金が**残る**はずだよ（＝たまる）。
▽大学卒業後も研究室に**残る**（＝とどまる）。
▽放課後、教室に**残さ**れた（＝とどめる）。
▽コンクールで本選に**残**った（＝進む）。
▽五から三を引くと二**残る**（＝余る）。
▽給料からローンと生活費を引くといくらも**残ら**ない。
▽バイト代はあと千円しか**残**っていない。
▽まだ仕事が**残**っているから帰れない（＝終わらない）。
▽犯人は現場に証拠を**残し**ていった。
▽今年もあと三週間を**残す**のみとなりました。
▽給食は**残さ**ないで食べなさい。

▽（相撲）（行司が）**残**った、**残**った（＝持ちこたえる）。

❷きずつける。「残害・残欠・残破・衰残」

❸むごい。「残虐・残酷・残殺・残忍・無残」

## 遺　15画　5級

**音読み** イ・ユイ

**訓読み** （のこ－す・のこ－る・わす－れる・す－てる）

**成り立ち** 形声。辵＋貴。後にのこしたものが目立つ。

**意味** ❶のこす。とどめる。「遺憾・遺業・遺構・遺骨・遺作・遺産・遺志・遺書・遺跡・遺族・遺体・遺髪・遺品・遺物」

▽その城は現在では石垣だけが**遺**っている（＝一部が依然として存在する）。

▽石神井池のまわりにはわずかに武蔵野の面影が**遺**っている。

▽戦争体験は**遺る**者が伝えていく（＝生き残る）。

▽彼は息子に莫大な財産を**遺し**た（↓後に）。

▽祖父の**遺し**た教訓を忘れないようにしたい。

❷すてる。「遺棄・遺落」

❸わすれる。「遺失物・遺忘・遺漏・拾遺・補遺」

❹もらす。「遺精・遺尿」

❺おくる。「餉遺・贈遺」

# のぞむ・のぞみ

望・臨

**使い分けマニュアル** 「**望む**」は遠くを見渡す場合、期待する場合に。「**臨む**」はある場所や状況に直面する場合に。

海を望む。（海がよく見える）

海に臨む。（海岸沿いにある）

| 使用漢字 | 他動詞 | 自動詞 | 名詞 |
|---|---|---|---|
| 望 | のぞむ | ― | のぞみ |
| 臨 | ― | のぞむ | ― |

## 望　11画　7級

**音読み** ボウ・モウ

**訓読み** のぞ－む（もち・うら－む）

**成り立ち** 形声。月＋壬＋亡。満月を待ちのぞむ。

**意味** ❶遠くを見る。「一望・遠望・春望・眺望・展望・望遠鏡・望郷・望楼」

▽この高台からは富士山を**望む**（＝見渡す）。

▽この天守閣からは松本市を一望に望める。
▽その家は太平洋を望む高台に建っている。
▽山頂で夜空に満天の星を望む。
❷願う。「渇望・願望・希望・失望・志望・絶望・羨望・待望・熱望・望外・本望・野望・有望・要望・欲望」
▽彼は海外留学を望んでいる（＝願う）。
▽その医者は自ら望んで僻地へ行った（＝欲する）。
▽息子は自分から望んで海外協力隊に加わった。
▽「よし、もう一番勝負しろ」「それこそ望むところだ」（＝したい）
▽何でも望みをかなえよう（＝願い）。
▽みんな幸福を望んでいる（＝欲しがる）。
▽専務は次期社長の地位を望んでいる。
▽彼らは日本の援助を望んでいる（＝期待する）。
▽A氏を総理にと望む声が大きい。
▽犯人の少年には寛大な処置を望みます。
▽お望みとあらば、お供しましょう。
▽親は子供に多くを望みすぎる（＝要求する）。
▽（相撲）大関にとどまらずさらに上を望んでほしい（＝獲得する）。
▽（求人欄）高収入も望めます（＝得られる）。
❸人々から仰がれる。「衆望・信望・人望」
❹うらむ。「怨望」
❺満月。「朔望・望月・望日」

## 臨

18画　5級

**音読み** リン

**訓読み** のぞ-む

**成り立ち** 会意。臥＋品。物を並べて上からながめる。

**意味** ❶見下ろす。上の者が下へ行く。「君臨・光臨・降臨・来臨・臨御・臨幸・臨眺」
❷目前にする。「臨海・臨月・臨検・臨時・臨終・臨床・臨場感・臨席」
▽うちの畑は高速道路に臨んでいる（＝目前にする）。
▽浦賀は港に臨む静かな町だ。
▽その別荘は山中湖に臨む高台にある。
▽両選手は体調万全で決勝に臨んだ（＝直面する）。
▽父は死に臨んで兄弟仲良くと遺言した。
▽危機に臨んであわてないだけの準備をする。
▽来賓として式に臨む（＝出席する）。
▽首相は期待をこめて首脳会談に臨んだ。
▽心の準備を整えてから本番に臨む（＝出演する）。
▽社員の採用には白紙で臨む（＝対処する）。
▽違反者には厳罰をもって臨むつもりだ。

❸うつす。「臨画・臨写・臨書」

## のびる・のばす・のべる
### 伸・延・述（展・陳・叙）

**使い分けマニュアル**
「**伸びる**」は曲がっていた物がまっすぐになる場合に。「**延びる**」はその物自体が時間的空間的に長くなる場合、後ろにずれこむ場合に。「**展びる**」は薄くなって広がる場合に。
「**伸ばす**」「**延ばす**」「**展ばす**」は「のびる」に準ずる。
「**伸べる**」は曲がっているものをまっすぐにする場合に。「**延べる**」は面積を広げる場合、時間を延長・延期する場合に。「**展べる**」は薄める場合に。「**述べる**」はまとまった言葉で表現する場合に。「**陳べる**」は自分の意見などを披露する場合に。「**叙べる**」は順序だてて説明する場合に。

手が伸びる。（孫の手・マジックハンドが）
手が延びる。（組織の影響力が及ぶ）
意見を述べる。（言う）
意見を陳べる。（主張する）
意見を叙べる。（理路整然と）

| 使用漢字 | 自動詞 | 他動詞 | |
|---|---|---|---|
| 伸延展 | のびる | のばす | のべる |
| 述陳叙 | ｜ | ｜ | のべる |

## 伸
7画　3級

**音読み**　シン
**訓読み**　の-びる・の-ばす・*の-べる（の-す・の-る）
**成り立ち**　形声。人+申。まっすぐのばす。
**意味**　❶のばす。のびる。「延伸・屈伸・欠伸・伸縮・伸長・伸展」
▽桐は**伸びる**のが早い（=成長する）。
▽裏庭には雑草が**伸び**放題に**伸び**ている。
▽髪を長く**伸ばす**。
▽一年で身長が十センチ**伸び**た。
▽祖父は筆を持つと背筋がぴんと**伸びる**（=直線的になる）。
▽えびせんにあちこちから手が**伸び**た。
▽手を**伸ばし**て机の向こうの物を取った。

▽（和室で）どうぞ足を**伸ばして**ください（↓膝をまっすぐにする）。
▽子供の写真を大きく**伸ばした**（＝拡大する）。
▽土手の柳が手を**伸べて**招く（＝自然に伸ばす）。
▽私が途方に暮れていたとき、あの人が救いの手を**伸べて**くれた（＝差し出す）。
▽輪ゴムが**伸びた**（＝弾力を失って長くなる）。
▽そばが**伸びる**から早く食べなさい（＝ふやける）。
▽その力士の廻しはすぐ**伸びる**（＝緩む）。
▽挑戦者はリングに**伸びた**（＝へばる）。
▽暑いね。完全に**伸びて**るよ（＝体が弱る）。
▽英語の力が**伸びた**（＝発展する）。
▽移籍すると**伸びる**選手が多い（＝成長する）。
▽（野球）松井の打球はぐんぐん**伸びた**（＝飛ぶ）。
▽わが社の株価は順調に**伸びて**いる（＝上昇する）。
▽輸出はそれほど**伸びて**いない（＝増加する）。
▽会社は業績を**伸ばして**いる（＝向上させる）。
❷もうす。「再伸・追伸」

## 延

8画　5級

**音読み** エン

**訓読み** の－びる・の－べる・の－ばす（ひ－く・の－べ・は－え）

**成り立ち** 会意。廴＋ノ＋止。長くひきのばす。

**意味** ❶長くする。長くなる。「延々・延焼・延髄・延長・延命・蔓延」
▽奥羽山脈は青森県から福島県まで**延びて**いる（＝連なる）。
▽その川は千キロに渡って**延びて**いる（＝広がる）。
▽この春地下鉄の路線が**延びる**（＝延長する）。
▽最近ずいぶん日が**延びて**きた（＝長くなる）。
▽延長に入って野球中継が三十分**延びた**。
▽初物を食べると寿命が**延びる**。
▽（旅館の女中が）床を**延べて**もよろしいですか（＝敷き広げる）。
▽金の**延べ**棒（＝延ばした棒）。
▽**延べ**面積（＝合計）。
▽芝居は好評で公演が日**延べ**になった（＝延長）。
㊌足を**延ばす**＝予定より先まで行く
〜の手が**延びる**＝〜が及んでくる
❷時間が遅れる。「延期・延着・延納・順延・遅延」
▽大統領の来日が一か月**延びた**（＝後ろにずれる）。
▽具合が悪いので旅行の予定を先に**延ばした**。
▽日数を何日**延べて**も会談は行う（＝延期する）。

▽急用で日程を**延べ**ざるをえなくなった。
❸ひきいれる。「延見・延攬」

## 述 8画 6級

**音読み** ジュツ
**訓読み** の-べる
**成り立ち** 形声。辵+朮。既定の事柄に従った言動をする。
**意味** ❶のべる。「記述・供述・口述・述懐・述語・詳述・上述・叙述・前述・著述・陳述・論述」
▽電車の中で席を譲ったら、老人は丁寧に礼を**述べ**て座った（＝言う）。
▽要点を端的に**述べ**なさい（＝叙述する）。
▽（試験）次の文を読んで大意を**述べよ**（＝書く）。
▽手紙では頭語や時候の挨拶に続いて用件を**述べる**。
▽A氏はその著書の中で次のように**述べ**ている。

## 展 10画 5級

**音読み** テン
**訓読み** （つら-ねる・の-べる・ひろ-げる）
**成り立ち** 会意。尸+衣+㠭。重しを載せて平らにのばす。
**意味** ❶開いて並べる。「伸展・進展・親展・展開・展翅・展示・展覧・発展」
▽ドレスに霧を吹いたらしわが**展び**た（→平らに）。
▽この乳液はよく**展びる**（＝薄くなる）。
▽夏はバターが**展びる**のでパイ皮が緩みやすい（＝やわらかくなる）。
▽マニキュアをシンナーで**展ばす**（＝薄める）。
▽お湯が熱いので水を**展べ**て冷ました。
❷広く見る。「展墓・展望」
❸ころがる。「展転反側」
❹展覧会。「院展・個展・出展・陶芸展」

## 陳 11画 3級

**音読み** チン（ジン）
**訓読み** （の-べる・つら-ねる・ふる-い・ひ-ねる）
**成り立ち** 形声。阜+木+申。土嚢を平らにならす。
**意味** ❶並べる。「出陳・陳列」
❷のべる。「開陳・陳謝・陳述・陳情」
▽証人は真実を**陳べ**てください（＝陳述する）。
▽ここで私の考えを**陳べ**させていただきます（＝開陳する）。
❸ふるい。「新陳代謝・陳腐」

## 叙

9画 準2級

**音読み** ジョ

**訓読み** （の－べる）

**成り立ち** 形声。旧字は「敘」で、攴＋余。心中の思いをゆっくり押しのばす。

**意味** ❶順を追ってのべる。「叙景・叙事・叙述・叙情・平叙文」

▽開会の辞を**叙べる**（＝挨拶する）。

▽結婚式の披露宴で祝辞を**叙べる**（↓順序立てて）。

▽彼は堂々と自分の意見を**叙べた**（＝展開する）。

❷位をさずける。「叙位・叙勲」

## のぼる・のぼす・のぼせる　上・昇・登（騰）

**使い分けマニュアル**　「**上る**」は形が不定の物、抽象物がゆっくり上に行く場合に。「**昇る**」は物が空中に高く行く場合に。「**登る**」は人が高い所に行く場合に。「**騰る**」は物価などが急に上昇する場合に。

「のぼす」「のぼせる」は「**上す**」「**上せる**」のみ。

空に上る。（野焼きの煙が）

空に昇る。（満月が。朝日が）

空に登る。（東京タワーの階段で）

空に騰る。（株価などが天井知らずに）

| 使用漢字 | 自動詞 | | 他動詞 | |
|---|---|---|---|---|
| 上 | のぼる | のぼせる | のぼせる | のぼす |
| 昇 登 騰 | のぼる | ― | ― | ― |

## 上

3画 10級 ⇩あがる・あげる

**音読み** ジョウ・ショウ

**訓読み** うえ・うわ・かみ・あ－げる・あ－がる・のぼ－る・のぼ－せる・のぼ－す（ほとり・たてまつ－る）

**成り立ち** 指事。一＋・で、基準よりうえ。

**意味** ❶物のうえ。「屋上・海上・上空・上下・上段・上流・頭上・地上・頂上・陸上」

❷程度がうえ。「上級・上限・上司・上質・上品・無上」

❸順序が先。「上弦・上述・上旬・上代・同上」

❹うえへ行く。よくなる。「炎上・逆上・向上・上気・上昇・上手・上達・上陸・浮上・北上」

▽丘の上から煙が**上って**いく（＝高い所へ行く）。

▽山頂の展望台に**上る**（＝到達する）。

▽階段を駆け足で**上る**（＝上行する）。
▽サケは産卵のために川を**上る**（＝上流へ行く）。
▽都へ**上る**（＝上京する）。
▽お**上り**さん（↓田舎から上京した人）。
▽被害総額は十億円に**上る**（＝大きな数に達する）。
▽経済恐慌のうわさが話題に**上っ**た（＝表面に出る）。
▽今度の社内会議ではぜひこの件を議題に**上せ**てもらいたい（↓議題になる）。
▽彼の名前は意識に**上ら**なかった（↓思い出す）。
▽工場見学が日程に**上っ**ている（↓予定されている）。
▽そのチームは**上り**調子だ（＝好調）。
▽長湯したら**上せ**ちゃった（↓頭に血が集まる）。
▽あいつだいぶ彼女に**上せ**てるな。（↓恋して興奮している）。
㊎頭に血が**上る**＝興奮する。怒る
口に**上す**＝話題として出す
口の端に**上る**＝うわさの種になる
食卓に**上る**〔**上せる**〕＝食卓に供される〔供する〕
❺現在おこなっている。「上映・上演・上場・途上」
❻申しあげる。「口上・言上・上申・奏上・呈上・返上」
❼そのあたり。「一身上・史上・席上・物上」

## 昇

8画　3級

**音読み** ショウ
**訓読み** のぼ－る
**成り立ち** 形声。日＋升。日が↑型にのぼる。
**意味** ❶のぼる。「昇華・昇給・上昇・昇進・昇天」
▽朝日が**昇っ**た（↓地平線から上に出る）。
▽満月が**昇っ**た（↓ゆっくりと天空に浮かぶ）。
▽気球はゆらゆらと**昇っ**ていった（＝上昇する）。
▽マルグリットの魂は天に**昇っ**ていった。
▽煙突のはしごを**昇る**（↓まっすぐ上に）。
▽**昇り**のエスカレーター（＝上に行く）。
▽飛行機は高度一万メートルまで**昇っ**た。
▽連日の暑さに水銀柱がぐんぐん**昇っ**た。
▽光源氏は準太上天皇の位に**昇っ**た（＝出世する）。
㊎天にも**昇る**気持ち＝有頂天な気持ち
❷おだやか。「昇平」

## 登

12画　8級

**音読み** トウ・ト
**訓読み** のぼ－る
**成り立ち** 会意。癶＋豆。↑型にのぼる。

**意味** ❶高い所に行く。「登壇・登頂・登攀・登山」
▽富士山に**登る**（＝人が高い所へ上がる）。
▽丘に**登**って遠くを眺めた。
▽急な坂道を**登る**と大きな桜の木が見えてくる。
▽柿の木に**登**って実を採った（＝よじ登る）。
▽来賓は指名されて壇上に**登**った。
❷でかける。「登校・登場・登庁・登板・登城」
▽その力士はけがを押して土俵に**登**っている。
▽（野球）松坂は五日ぶりにマウンドに**登**った。
㊖同じ土俵に**登る**＝議論の前提が共通になって議論できるようになるたとえ
❸高い位につける。「登第・登用」
❹記録する。「登記・登録」
❺みのる。「登歳」

## 騰

20画　準2級　⇩あがる・あげる

**音読み** トウ
**訓読み**（あ－がる・のぼ－る）
**成り立ち** 形声。馬＋朕。馬が勢いよく跳ねあがる。
**意味** ❶躍りあがる。「高騰・騰貴・沸騰・暴騰」
▽会社の株価は毎日百円ずつ**騰り**、とうとう一万円を突破した（＝上昇する）。

# のむ

飲（呑・喫・嚥）

**使い分けマニュアル** 「**飲む**」は液体をのむ場合に。「**呑む**」は固形物をのむ場合、征服する場合、受け入れる場合などに。「**喫む**」はタバコをのむ場合に。「**嚥む**」はまるごとのみくだす場合に。

一気に飲む。（生ビールを）
一気に呑む。（苦い薬を。ヘビがネズミを）
一気に喫む。（タバコ一箱を）
一気に嚥む。（小鳥のヒナが大きな虫を）

## 飲

12画　8級

**音読み** イン（オン）
**訓読み** の－む
**成り立ち** 形声。食＋欠。口中に入れてこぼれないようにふさぐ。
**意味** ❶のむ。のみこむ。「飲酒・飲食・飲用・暴飲」
▽水が**飲み**たい（＝液体を口から取り入れる）。

▽お茶でも**飲ま**ないか。
▽子犬が母親のミルクを**飲ん**でいる。
▽スープは音を立てないで**飲み**なさい（＝食べる）。
▽今夜一杯**飲ま**ないか（↓酒を）。
▽彼は給料をまるまる**飲ん**でしまった（↓酒代に）。
▽この薬は毎食後に**飲ん**でください（＝かまずに腹に入れる）。

慣爪の垢でも煎じて**飲め**＝少しでも見習え
煮え湯を**飲ま**される＝ひどい目にあわされるたとえ
**飲ま**ず食わず＝飲食物をいっさい口にしない
**飲む**打つ買う＝酒を飲み、ばくちを打ち、女を買うという三つの道楽
**飲め**や歌えの大騒ぎ＝はでに酒を飲んだり歌を歌ったりして騒ぐこと

❷さかもり。「飲燕・飲酌・宴飲・郷飲酒」

## 呑

7画　準1級

**音読み**　トン・ドン
**訓読み**　の－む
**成り立ち**　会意。口＋夭。上から下へおし下げる。
**意味**　❶のむ。とりこむ。「呑舟・呑刀・併呑」
▽あめを口に含んだまま歌っていたら、うっかり**呑ん**でしまった（＝のみこむ）。
▽ヘビがカエルを**呑ん**だ（↓丸ごとのみこむ）。
▽歯が痛いのでよくかまないで**呑ん**でしまう（↓固形のまま）。
▽彼は年に一度胃カメラを**呑む**（↓のんで検査する）。
▽会場は四千人の観客を**呑ん**でふくれあがった（＝収容する）。
▽男の姿は闇に**呑まれ**た（＝すっかり包まれる）。
▽濁流が民家を**呑ん**だ（＝征服する）。
▽聴衆を**呑ん**でかかる（＝支配的な気持ちになる）。
▽組合側はその条件を**呑ん**だ（＝受け入れる）。

慣息を**呑む**＝思わず呼吸を止める
恨みを**呑む**＝恨みを心に秘める
固唾を**呑む**＝じっと注目する様子
清濁併せ**呑む**＝どんな相手でも受け入れるたとえ
涙を**呑ん**で＝不承不承～する
雰囲気に**呑まれる**＝圧倒される

## 喫

12画　3級

**音読み**　キツ
**訓読み**　（く－う・の－む・す－う）
**成り立ち**　形声。口＋契。歯で傷をつけてかじる。

**意味** ❶のむ。くう。受け入れる。「喫煙・喫驚・喫茶・喫水・満喫」

▽（医者が）タバコは**喫み**ますか（＝吸う）。

▽あいつタバコ**喫み**だからなあ。

## 嚥 19画 1級

**音読み** エン

**訓読み** のど・の－む

**成り立ち** 形声。口＋燕。丸ごとのむ。

**意味** ❶のむ。「嚥下・誤嚥」

▽子供が誤って洗剤を**嚥ん**でしまった（↓毒物を）。

▽老人は物をうまく**嚥み**こめないで肺炎になることがある（＝のみくだす）。

# のる・のせる

乗・載

**使い分けマニュアル** 「**乗る**」は人や動物など有情物や動く物がのる場合、勢いづく場合に。「**載る**」は非情物がのる場合、掲載される場合に。

「**乗せる**」「**載せる**」は「のる」に準ずる。

車に乗る。（人が自動車に）

車に載る。（荷物を自動車に積める）

あんまり乗せるなよ。（おだてるな）

あんまり載せるなよ。（積みすぎるな）

| 使用漢字 | 自動詞 | 他動詞 |
|---|---|---|
| 乗載 | のる | のせる |

## 乗 9画 8級

**音読み** ジョウ（ショウ）

**訓読み** の－る・の－せる

**成り立ち** 会意。旧字は「乘」で、人＋左右の足＋木。人が両足を開いて木に登る。

**意味** ❶のる。のせる。「騎乗・乗員・乗客・乗車・乗馬・乗用・搭乗・便乗」

▽風呂あがりに体重計に**乗る**（＝物の上に上がる）。

▽この文鳥は手に**乗る**（＝留まる）。

▽象が玉に**乗っ**て曲芸をしている。

▽そこのじゅうたんに**乗ら**ないで（＝踏む）。

▽自動車〔電車〕に**乗る**（＝乗り物で移動する）。

▽中央線に**乗っ**て甲府へ行った（＝利用する）。

▽新座から関越に**乗っ**た（↓高速道路に入る）。

▽戦闘機**乗り**（↓操縦者）。
▽子供を自転車の荷台に**乗せる**（＝乗らせる）。
▽近所の人に駅まで**乗せ**てもらった（↓車で運ぶ）。
▽エスカレーターにお**乗り**の際はお足下にお気をつけください。
▽タンポポの綿毛が風に**乗っ**て飛んできた（＝媒介とする）。
▽紙飛行機をうまく風に**乗せる**（＝漂わせる）。
▽サーフボードで波に**乗る**（＝手段とする）。
▽サンマの大群が親潮に**乗っ**てやってきた。
▽人工衛星が軌道に**乗っ**た。
▽現場の生の声を電波に**乗せる**（＝放送する）。
▽作品を舞台に**乗せる**（＝上演する）。
▽この紙はインクがよく**乗る**（＝塗れる）。
▽寝不足でファンデーションが**乗ら**ない（＝なじむ）。
▽リズムに**乗っ**て踊る（＝合わせる）。
▽奴はもうけ話に**乗っ**てきた（＝応じる）。
▽相談に**乗っ**てくれないか。
▽興に**乗っ**て深更まで話しこんだ（＝勢いづく）。
▽球にスピードが**乗っ**ている（＝勢いが出る）。
▽今日はなんだか**乗っ**てるね（＝調子づく）。
▽もうその手には**乗ら**ないよ（＝ひっかかる）。
▽おだてに**乗せ**られた。
▽落語家は巧みな話術で客を**乗せ**た（＝集中させる）。
▽どうも今日は仕事に気が**乗ら**ない。
▽円は一時一ドル百円の大台に**乗っ**た（＝達する）。
㊐慣 脂が**乗る**＝充実している
大船に**乗っ**たよう＝安心して任せられる様子
軌道に**乗る**＝順調に進む
口車に**乗る**＝だまされる
尻馬に**乗る**＝他人のやることに便乗する
図に**乗る**＝つけあがる
玉の輿に**乗る**＝貧しい女性が裕福な男性と結婚する
調子に**乗る**＝勢いづいて進む
波に**乗る**＝調子づく
**乗り**かかった船＝途中でやめることができないたとえ
❷数学の掛け算。「乗除・乗法・相乗効果・累乗」
❸四つでひとそろいのもの。「乗矢・乗竜」
❹歴史書。「史乗・日乗」

## 載

13画 4級

**音読み** サイ
**訓読み** の－せる・の－る（しる－す・とし）
**成り立ち** 形声。車＋𢦏。落ちないようにせきとめてのせる。

**意味** ❶のせて運ぶ。「積載・搭載・満載」

▽机の上に札束が**載**っていた（＝置かれる）。

▽花嫁の頭にはチュールが**載**っていた（＝かぶる）。

▽このカバンは網棚には**載ら**ない（＝載せられる）。

▽こんな大きな荷物がこの車に**載る**かなあ（＝中に入れられる）。

▽恋人の肩にそっと手を**載せる**（＝置く）。

▽ガス台にやかんを**載せる**。

▽ケーキを皿に**載せ**て客に出す。

▽そのトラックは材木を**載せ**ている（＝積む）。

▽あのタンカーには原油が**載せ**られている。

㊞俎上に**載せる**＝対象として取り扱う

❷しるす。「記載・掲載・転載・連載」

▽官僚の汚職事件が新聞に**載っ**た（＝掲載される）。

▽事故機の乗客名簿に友人の名前が**載っ**ていた。

▽その湖は地図に**載っ**ていない。

▽求人広告を**載せる**（＝掲載する）。

▽その雑誌はおもしろい連載小説を**載せ**ていた。

▽この辞典には用例がたくさん**載せ**られている。

❸とし。「千載一遇」

# は行

## はえる　栄・映

**使い分けマニュアル** 「**映える**」は光が輝く場合、調和して美しい場合に。「**栄える**」は名誉である場合に。

式典に映える。（和服などが調和して美しい）

式典に栄える。（名誉なことである）

### 栄

9画　7級

**音読み** エイ

**訓読み** さか-える・は-え・は-える（は-やす）

**成り立ち** 形声。旧字は「榮」で、木＋𤇾。花が木全体をおおっている桐。

**意味** ❶さかえる。「栄華・栄枯・栄転・栄養・共栄・繁栄」

▽課長はどうも**栄え**ない男だ（→ぱっとしない）。

▽いくら名画でも雑然とした居間に掛けたのでは全然**栄**えない（↓立派に見える）。
▽この服は値段の割に見**栄え**がする（↓よく見える）。
▽見事な出来**栄え**だ。
❷ほまれ。「栄冠・栄光・栄誉・虚栄・光栄」
▽教授は燕尾服を着て**栄え**の式に臨んだ（＝名誉の感じられる）。

## 映

9画　5級　⇩うつる・うつす

**音読み**　エイ
**訓読み**　うつ-る・うつ-す・は-える（は-やす）
**成り立ち**　形声。日＋央。明暗がはっきり浮かび出る。
**意味**　❶はえる。かがやく。「映輝・照映・反映」
▽富士山の雄姿が夕日に**映える**（＝光を反射して美しく見える）。
▽彼はじみで**映え**ない色柄の服を好む。
▽夕**映え**（↓夕焼けの美しい輝き）。
▽このショールはロングドレスによく**映える**（＝調和して輝くように見える）。
▽白いヨットが青い海と空に**映え**て美しい。
▽パーティーでは和服はいちだんと**映える**。
▽彼女は華やかな笑顔が**映える**人だ。
▽庭石一つで庭園がぐんと**映える**。
▽あいかわらず変わり**映え**がしないな（↓好ましい変化）。
❷うつしだす。「映画・映写・映像・上映・投映・放映」

# はかる　図・計・測・量・諮・謀

**使い分けマニュアル**　「**計る**」は時間などを正確にはかる場合、相手との関係をとる場合などに。「**測る**」は長さ・面積・深さなどを道具で間接的にはかる場合に。「**量る**」は重さなどを大ざっぱにはかる場合に。「**図る**」は目的として計画する場合に。「**諮る**」は公的機関などに相談をもちかける場合に。「**謀る**」は悪事を計画する場合に。

資料を計る。（デジタル機器で精密に）
資料を測る。（物差しなどの目盛りを読む）
資料を量る。（だいたいの量を知る）
土地開発を図る。（実現するよう計画する）
土地開発を諮る。（所有者団体に交渉する）
土地開発を謀る。（所有者に無断で画策する）

## 図

7画　9級

**音読み**　ズ・ト

**訓読み**　はか-る（え）

**成り立ち**　会意。旧字は「圖」で、囗+啚。狭い枠の中におしこめて書いた地図。

**意味**　❶ず。え。「絵図・海図・下図・系図・構図・作図・縮図・図案・図会・図画・図解・図形・図示・図式・図説・図面・製図・地図・図書・版図・略図」

❷しようとする。「意図・企図・壮図・雄図」

▽経営規模の拡大を**図る**（=困難なことの実現を企画する）。

▽彼女は失恋して自殺を**図っ**た（→試みる）。

▽後援会は元県議の擁立を**図っ**ている。

▽巨人は大金を投じて投手力の強化を**図っ**た。

▽不況の打開を**図る**べくリストラに着手した。

▽企業のイメージアップを**図る**。

▽同窓会は卒業生の親睦を**図る**のが目的だ。

▽今場所は大関にとって再起を**図る**場所だ。

▽官僚に賄賂を贈って便宜を**図っ**てもらう。

㊗慣 あに**図らん**や=どうして予想ができただろうか

**図ら**ずも=予期しなかったのに

## 計

9画　9級

**音読み**　ケイ

**訓読み**　はか-る・はか-らう（かぞ-える）

**成り立ち**　会意。言+十。多くの物を一本に集めて考える。

**意味**　❶かぞえる。かず。「会計・家計・計算・計上・計測・計量・合計・集計・総計・統計・時計・累計」

▽レーシングカーの最高速度を**計る**（→速さ）。

▽一万メートル競走のタイムを**計る**（→時間）。

▽駅までの所要時間を**計る**。

❷あらかじめ考える。「一計・計画・計略・設計・生計・早計」

▽彼の仕事は**計っ**たように正確だ（→細部に至るまで）。

▽ころあいを**計っ**て来客にお茶を出す（=見当をつける）。

▽タイミングを**計っ**てジャンプする。

▽宮本武蔵は間合いを**計っ**た。

▽科学の進歩は人類に**計り**知れない恩恵を与えた（→予想をはるかに超える）。

## 測

12画　6級

**音読み**　ソク

**訓読み**　はか-る

**成り立ち** 形声。水＋則。物差しをつけて深さをはかる。

**意味** ❶目盛りを読んで量を知る。「観測・計測・実測・測定・測量・歩測・目測」

▽メジャーで家具の寸法を**測る**（↓長さ）。

▽三角測量で山の高さを**測る**（↓高さ）。

▽プールの水深を**測る**（↓深さ）。

▽土地の面積を**測る**（↓広さ）。

▽太陽の仰角を**測る**（↓角度）。

▽シリンダーで雨量を**測る**（↓容積）。

▽原子炉内の温度を**測る**（↓温度）。

▽額に手を当てて熱を**測っ**た（↓温度感覚で）。

▽父は毎朝血圧を**測る**（↓圧力）。

❷思いはかる。「憶測・推測・不測・予測」

▽妻の気持ちを**測り**かねている（＝心の中で推量する）。

▽二人は互いに相手の心中を**測っ**ていた。

## 量 12画 7級

**音読み** リョウ

**訓読み** はか-る（かさ・ちから）

**成り立ち** 会意。⊙＋重。穀物の重さを天秤ではかる。

**意味** ❶だいたいの重さを知る。「計量・測量・量刑」

▽ヘルスメーターで体重を**量る**（↓重さ）。

▽この米屋は必要なだけ**量り**売りする。

❷おしはかる。「裁量・酌量・推量・度量・量見」

▽財産で幸せは**量れ**ない（＝だいたいの量を推量する）。

▽斎藤道三という武将は単純には**量れ**ない男だった（＝思い込む）。

❸はかり。「度量衡」

❹かさ。めかた。「雨量・音量・減量・質量・収量・重量・酒量・少量・水量・数量・声量・総量・大量・多量・適量・熱量・微量・物量・分量・容量・量感・量産」

❺心の広さ。「雅量・狭量・器量・裁量・度量・力量」

## 諮 16画 3級

**音読み** シ

**訓読み** はか-る（と-う）

**成り立ち** 形声。言＋咨。上位者が皆に相談をもちかける。

**意味** ❶相談する。「諮議・諮問」

▽委員会に**諮っ**て決める（＝困難なことを公的機関に相談する）。

▽（役人が）法案は国会にお**諮り**いただき、今会期中の成立を目指します。

▽今週中に常任幹事会に**諮り**結論を出します。

▽教師たちは文化祭の生徒企画を校長に**諮っ**た（＝上司

の指示を仰ぐ)。

†漢字の「諮」は上が下に相談する意だが、日本語の「はかる」は下が上(公)に相談する意。

## 謀

16画 (3級)

**音読み** ボウ・ム

**訓読み** はか-る(はかりごと)

**成り立ち** 形声。言+某。よくわからない先のことを相談する。

**意味** ❶はかる。はかりごと。「陰謀・遠謀・共謀・策謀・参謀・深謀・謀議・謀殺・謀略・無謀・謀叛」

▽(計略にかかる)**謀**ったな(=相手に損害を与えることを企画する)。

▽楠正成は**謀り**ごとをめぐらすのがうまい(=計略)。

▽そのカルト教団は政府の転覆を**謀**った(=悪巧み)。

†漢字の「謀」は悪いこととは限らない。

# はく(1)

吐・掃

**使い分けマニュアル** 「吐く」は中にあるものを外に出す場合。「掃く」はほうきなどで掃除する場合に。

反吐を吐く。(口から戻す)

反吐を掃く。(掃除する)

| | 使用漢字 | アクセント |
|---|---|---|
| (1) | 吐 掃 | はく(1) |
| (2) | 履 穿 佩 | はく(2) |

## 吐

6画 (4級) ⇩つく(2)

**音読み** ト

**訓読み** は-く(つ-く・ぬ-かす)

**成り立ち** 形声。口+土。口から外にはきだす。

**意味** ❶はく。もどす。「嘔吐・吐血・吐瀉」

▽がらがらとうがいをして水をぱっと**吐き**出す(↓口の中の物を)。

▽酔って電柱の陰で**吐い**た(↓胃の中の物を)。

▽鳴いて血を**吐く**ホトトギス(↓喀血する)。

▽選手は白い息を**吐き**ながら走っていく(↓息)。

▽銭湯の煙突がもくもくと煙を**吐い**ている(↓煙)。

▽毎朝満員電車から通勤客が**吐き**出されてくる(↓どっと外に出る)。

慣 気を**吐く**＝意気盛んである
　血を**吐く**思い＝非常に苦しい思い
❷述べる。「吐露」
▽彼はようやく本音を**吐い**た（＝打ち明ける）。
▽弱音なんか**吐く**なよ（＝ぽろりと出る）。
▽（警察の取り調べ）いい加減に泥を**吐い**たらどうだ（＝白状する）。

## 掃

11画　3級　⇩はらう

**音読み**　ソウ
**訓読み**　は-く（はら-う）
**成り立ち**　形声。手＋帚。ほうきではく。
**意味**　❶はく。はらう。「掃除」
▽お客が来るので玄関前をきれいに**掃い**た（＝ほうきで掃除する）。
▽庭の落ち葉を熊手で**掃く**（＝かき集める）。
▽高く晴れた秋空に刷毛で**掃い**たような薄い雲がかかっている（＝かする）。
▽ファンデーションを塗った上に頬紅を**掃く**（＝薄く塗る）。
▽仏壇を**掃き**清める（＝拭き掃除する）。
慣 **掃い**て捨てるほど＝同類の物が非常にたくさんある様子
❷とりのぞく。「一掃・掃討」

# はく(2)

履（穿・佩）

**使い分けマニュアル**　「履く」は足首から下の身につける場合に。「穿く」は腰から下の身につける場合に。「佩く」は刀を腰に差す場合に。
†「はく(1)」「はく(2)」の使い分けは356ページ参照。

## 履

15画　準2級

**音読み**　リ
**訓読み**　は-く（くつ・ふ-む）
**成り立ち**　会意。尸＋彳＋舟＋夂。人が足で踏み歩く道。
**意味**　❶ふむ。行う。「履行・履修・履歴」
❷はきもの。「草履・弊履・木履」
▽革靴を**履く**（↓足首から下）。
▽雨でも長靴はめったに**履か**ない（↓膝下）。
▽素足に赤い鼻緒の下駄を**履く**。
▽山道を**履き**慣れた靴で歩く。
▽ふだん草履を**履き**慣れないので、足が痛くなった。

▽このスニーカーは**履き**やすい。
▽**履き**古して底の減った靴。
㊮草鞋を**履く**＝旅に出る。

## 穿　9画　準1級

**音読み**　セン
**訓読み**　うが-つ・は-く・つらぬ-く・ほじ-る・ほじく-る
**成り立ち**　会意。穴＋牙。牙で穴をあける。
**意味**　❶穴をあける。「穿孔・穿鑿・穿刺」
❷衣服の穴に体を入れて身につける。
▽スカートを**穿く**（↓腰から下）。
▽吊りズボンを**穿く**。
▽祖父は紋付きに袴を**穿い**て出かけた。
▽寒いので靴下を重ねて**穿い**た（↓足首から下）。
†❷は漢字本来の意味ではない。

## 佩　8画　1級

**音読み**　ハイ
**訓読み**　おびだま・お-びる・は-く
**成り立ち**　会意。凡＋巾＋人。玉飾りを腰につける。
**意味**　❶おびる。身につける。「佩玉・佩剣・佩刀」
▽太刀を**佩く**（＝腰に差す）。

# はげ・はげる　剥*（禿）

**使い分けマニュアル**　「**剥げる**」は物の表面にはりついている物が取れる場合に。「**禿げる・禿**」は毛髪と木に限る。
背が剥げた。（本などの背表紙の印刷が）
背が禿げた。（老犬などの背中の毛が）

| 使用漢字 | 動詞 | 名詞 |
| --- | --- | --- |
| 剥 | はげる | ― |
| 禿 | はげる | はげ |

## *剥　10画　2級

**音読み**　ハク（ホク）
**訓読み**　は-がす・は-ぐ・は-がれる・は-げる（む-く・と-る）
**成り立ち**　形声。刀＋彔。刀で表面を削り取る。
**意味**　❶はぐ。はがれる。「剥製・剥奪・剥落・剥離・落剝」

▽塀のペンキが**剝げた**（＝表面にはりついている物がとれる）。

▽あまり厚化粧するとおしろいが**剝げる**よ。

▽その蒔絵の箱はところどころ漆が**剝げ**ている。

㊖化けの皮が**剝げる**＝人をだましていたうわべが取れて、本体が現れるたとえ

めっきが**剝げる**＝表面を飾った体裁や見栄が取れて本性が現れるたとえ

❷打つ。「剝啄」

## 禿

7画　準1級

**音読み**　トク

**訓読み**　はげ・は-げる・ち-びる・かむろ

**成り立ち**　会意。禾＋儿。丸ぼうず。

**意味**　❶はげる。はげ。「禿頭・禿筆」

▽祖父は頭がつるつるに**禿げ**ている（＝頭髪がない）。

▽いつも同じ所から髪を分けているとそこから**禿げる**。

▽叔父は最近額が**禿げ**上がってきた。

▽犬が湿疹になって背中の毛が**禿げ**てしまった。

▽北朝鮮には**禿げ**山が多いそうだ（＝木がない）。

▽**禿**鷹（→頭頂部に羽毛がない鷹）。

# はげしい　激（烈・劇）

**使い分けマニュアル**　「激しい」は一般に広く用いられる。「烈しい」は特に具体物の勢いがはげしい場合に。「劇しい」は毒物の効きめや痛みなどの程度がはなはだしい場合に。

性質が激しい。（喜怒哀楽がオーバーだ）

性質が烈しい。（取り扱いが難しい）

性質が劇しい。（即効性のある毒である）

## 激

16画　5級

**音読み**　ゲキ

**訓読み**　はげ-しい（はげ-ます）

**成り立ち**　形声。水＋敫。水が固い岩にぶちあたる。

**意味**　❶はげしい。はなはだしい。「過激・急激・激賞・激戦・激怒・激動・激突・激流・激烈・激論」

▽**激しい**吹雪をついて下山した（＝勢いが強い）。

▽台風の接近とともに風が**激しく**なった。

▽車はガードレールに**激しく**衝突した。
▽彼はドアを**激しく**叩いた。
▽戦争はいよいよ**激しく**なっていった。
▽子供は動きが**激しい**（＝勢いがよい）。
▽原発建設計画は**激しい**反対にあった（＝甚だしい）。
▽人種差別に対する**激しい**怒りがわく（＝強い）。
▽突然右腕に**激しい**痛みを感じた。
▽交通の**激しい**幹線道路（＝往来が多い）。
▽うちの会社は社員の出入りが**激しい**。
▽現在巨人と中日は首位を**激しく**争っている。
▽有名私立進学校への競争は**激しい**。
▽二人は出会ってすぐ**激しい**恋に落ちた（＝深い）。
▽最近は世の中の変化が**激しい**。
▽国道四号線は**激しい**渋滞が続いています（↓動かないものの程度）。
▽彼女は食べ物の好き嫌いが**激しい**（＝極端）。
▽鬱病では無気力の症状が**激しく**出ることが多い。
❷感情がたかぶる。「感激・激情・激励・刺激・憤激」

## 烈

10画　4級

**音読み**　レツ

**訓読み**　（はげ－しい）

**成り立ち**　形声。火＋列。炎がいくつにも裂けて燃える。

**意味**　❶勢いがはげしい。「苛烈・強烈・激烈・熾烈・鮮烈・壮烈・痛烈・熱烈・猛烈・烈日・烈火」
▽紀州犬は気性が**烈しい**（＝荒い）。
▽父は娘の無断外泊を**烈しく**叱責した（＝非常に厳しい）。
❷信念が堅い。「忠烈・烈士・烈婦」
❸てがら。「功烈・武烈」

## 劇

15画　5級

**音読み**　ゲキ

**訓読み**　（はげ－しい）

**成り立ち**　形声。刀＋豦。はげしく力をこめる。

**意味**　❶はげしい。はなはだしい。「劇毒・劇薬」
▽ハムレットの全身にはすでに**劇しい**毒が回っていた。
▽臓腑を貫く**劇しい**痛み。
❷しばい。「演劇・歌劇・観劇・喜劇・劇画・劇作・劇場・劇団・惨劇・新劇・悲劇」

# はさむ・はさみ

**挟**（**挿・鋏**）

**使い分けマニュアル** 「**挟む・挟み**」は同じような物の間に入れる場合に。「**挿む**」は狭い隙間に入りこませる場合に。「**鋏む・鋏**」は刃物でつまんで切り取る場合に。

花を挟む。（台紙の間に入れて押し花にする）
花を挿む。（髪飾りにする）
花を鋏む。（はさみでちょんと切る）

| 使用漢字 | 動詞 | 名詞 |
| --- | --- | --- |
| 挟 鋏 | はさむ | はさみ |
| 挿 | はさむ | ー |

## 挟 9画 準2級

**音読み** キョウ
**訓読み** はさ-む・はさ-まる（さしはさ-む）
**成り立ち** 形声。手＋夾。脇の下に入れて持つ。
**意味** ❶はさむ。「挟撃・挟持」
▽前髪を髪留めで**挟ん**で留める（＝分け取る）。
▽脇の下に体温計を**挟む**。
▽パンにレタスを**挟む**（＝間に入れる）。
▽その大工は鉛筆を耳に**挟ん**で仕事をする。
▽電車のドアにコートを**挟ま**れた。
▽ドアの下にドアストッパーを**挟む**。
▽民家が高層ビルに**挟ま**れて建っている。
▽教授は女子学生に**挟ま**れてうれしそうだ。
▽通りを**挟ん**で病院と大学がある（＝向かい合う）。
▽テーブルを**挟ん**で向かい合う。
▽巨人は引き分けを**挟ん**で八連勝した。
▽夫婦が子供を真ん中に**挟ん**で川の字に寝る。
▽洗濯**挟み**（↓締めつけて押さえるもの）。
▽書類を紙**挟み**に**挟む**。
▽義理と人情の板**挟み**になる。
❷ゆきわたる。「挟日・挟旬」

## 挿 10画 準2級 ⇩さす

**音読み** ソウ
**訓読み** さ-す（はさ-む・さしはさ-む・す-げる）
**成り立ち** 形声。旧字は「插」で、手＋臿。臼の中にきねをさしこむ。
**意味** ❶さしはさむ。「挿花・挿架・挿入・挿話」
▽本の間にしおりを**挿む**（＝隙間に入れる）。
▽その男は黄ばんだ指にタバコを**挿ん**だ。
▽コマーシャルを**挿む**（＝割り込ませる）。
▽その報告には疑念を**挿む**余地はない。
▽自分の意見を**挿ま**ずに淡々と事実を述べる。

▽彼はスピーチの合間にたびたびジョークを**挿**んだ。

**鋏** 15画 1級

**音読み** キョウ

**訓読み** はさみ・かなばさみ・つるぎ・つか・はさ-む

**成り立ち** 形声。金＋夾。鋳造の際に持つ金ばさみ。

**意味** ❶はさみ。「鋏刀」

▽銀杏を火ばしで**鋏ん**で拾う（＝つまむ）。

▽生け垣をところどころ**鋏む**（＝つまんで切る）。

▽裁ち**鋏**で生地を切る。

㊫弱虫毛虫**鋏ん**で捨てろ＝弱虫は毛虫と同じように捨ててしまえ

❷剣のつか。「剣鋏・長鋏」

# はじ・はじる

恥（辱・羞*）

**使い分けマニュアル**

「**恥・恥じる**」は一般に広く用いられる。「**辱**」は「はじ」の程度がはなはだしい場合に。

「**羞・羞じる**」は率直に行動することをためらう場合に。

男の恥。（男らしくない行為）

男の辱。（男全体が傷つけられる不名誉）

男の羞。（男のメンツ）

| 使用漢字 | 名詞 | 動詞 |
|---|---|---|
| 恥 羞 | はじ | はじる |
| 辱 | はじ | ― |

**恥** 10画 4級

**音読み** チ

**訓読み** は-じる・はじ・は-じらう・は-ずかしい

**成り立ち** 形声。心＋耳。心がひるんでやわらかくなる。

**意味** ❶はじる。はじ。「羞恥・恥骨・恥辱・恥毛・破廉恥・無恥・廉恥心」

▽あいつは**恥**を**恥**とも思わない（＝世間体から見て好ましくない失態）。

▽簡単な漢字を間違えて**恥**をかいた。

▽精神科にかかるのは少しも**恥**ではない（＝不名誉）。

▽有り金が底をついたので、**恥**を忍んで女友だちに家賃を払ってもらった（↓恥ずかしいのを我慢して）。

▽**恥**を知れ（＝名誉を重んずる気持ち）。

▽彼は**恥**を捨てて年下の次長に犬馬の労を取った。

▽その国の住民は「知らない」と言うことを**恥じる**（＝不名誉だと思う）。
▽わが身の未熟を**恥じる**（＝反省する）。
▽被告には罪を**恥じる**気持ちがない（＝後悔する）。
▽世間に**恥じ**ない行為をする（→非難されない）。
▽私にはなんら**恥じる**ところはない（＝やましい）。
▽彼女は**恥じる**様子もなく出しゃばってくる（＝遠慮する）。

慣聞くは一時の**恥**聞かぬは一生の**恥**＝自分が知らないことを聞くのは、そのときは面目を失うことになるが、聞かないでいれば一生わからないままであるから、かえって面目を失うことになる

旅の**恥**はかき捨て＝旅先では世間体を気にせず多少の失態は犯してもかまわない

～の名に**恥じ**ない＝～という名前に対して不名誉にならない

**恥**の上塗り＝恥ずかしいことを繰り返す様子

**恥**も外聞もない＝まったく反省もなく悪事をする様子

## 辱 10画 3級

**音読み** ジョク（ニク）

**訓読み** はずかし－める（はじ・はずかし－め・かたじけな－い）

**成り立ち** 会意。辰＋寸。強さをくじいてやわらかくする。

**意味** ❶はずかしめる。はじ。「汚辱・屈辱・雪辱・恥辱・忍辱・侮辱・凌辱」
▽弱い者いじめをするなんて男の**辱**だ（＝名折れ）。
▽**辱**を受けたと知ったらそれをすすぐ気持ちが大切だ（＝はずかしめ）。
▽**辱**を忍んでまで生きようとは思わない。
❷かたじけない。「辱知・辱友・辱臨」

## ＊羞 11画 2級

**音読み** シュウ

**訓読み** （すす－める・そなえもの・は－じる・はずかし－める・はじ・はずかし－め）

**成り立ち** 会意。羊＋丑。羊肉を手で細くしめる。

**意味** ❶食物を勧める。「羞饌・羞膳・薦羞」
❷はじ。はじる。「含羞・嬌羞・羞辱・羞恥・羞面」
▽深窓の令嬢は人目に立つことを**羞じる**（＝遠慮する）。
▽娘は名を聞いても**羞じ**て言わなかった（＝どぎまぎする）。
▽**羞じらい**を含んだ表情（＝遠慮がちな媚）。

# はじめ・はじめる　初・始

**使い分けマニュアル**　「**始め・始める**」は物事を開始する場合、開始という事柄の場合に。「**初め**」は開始部分の場合に。

新学期初め。（四月上旬）
新学期始め。（授業開始時）

| 使用漢字 | 名詞 | 動詞 | 副詞 |
|---|---|---|---|
| 初 | はじめ | ー | はじめて |
| 始 | はじめ | はじめる | ー |

## 初

7画　7級　⇩そめる・そまる

**音読み**　ショ（ソ）

**訓読み**　はじ-め・はじ-めて・はつ・うい・そ-める（うぶ）

**成り立ち**　会意。刀＋衣。衣にはじめて刀を入れる。

**意味**　❶はじめて。「初演・初見・初婚・初出・初対面・初潮・初任給・初犯・初夜」

▽**初めて**外国へ行ったのは十年前だ（＝最初に）。
▽生まれて**初めて**富士山へ登った。

❷物事のはじめ。「最初・初期・初級・初旬・初志・初心・初代・初段・初頭・初日・初歩・初老・当初」

▽この小説は**初め**は面白くない（＝最初の部分）。
▽明治の**初め**に断髪令が出た。
▽冬の**初め**になると北国から冬鳥が渡ってくる。
▽月**初め**に家賃を払う（↓初旬）。
▽子供は**初め**は女の子がよい（↓一人め）。
▽**初め**から終わりまでよく聞け。
▽何事も**初め**が肝心だ。
▽こうなることは**初め**からわかっていた。
▽**初め**にお断りしておきます。

㊪**初め**は処女のごとく、終わりは脱兎のごとし＝初めはおとなしくて相手を油断させ、終わりは俊敏に行動するたとえ

## 始

8画　8級

**音読み**　シ

**訓読み**　はじ-める・はじ-まる

**成り立ち**　形声。女＋台。女性として胎児をはらむ。

**意味**　❶物事のはじまり。「原始・始末・終始・年始」

❷はじめる。「開始・始業・始動・始発・創始者」
▽大事業を**始める**（＝新たな行動を起こす）。
▽夕方になると皆帰り支度を**始める**。
▽最近書道を**始め**ました。
▽わが家の息子はようやく一人歩きを**始め**た。
▽祖父は縁側でうたたねを**始め**た。
▽父は酒を飲むとおはこの演歌を**始める**（＝歌いだす）。
▽健康は失って**始め**てありがたみがわかる。
▽子を持って**始め**て知る親の恩。
▽（初対面の挨拶）**始め**まして、どうぞよろしく。
▽仕事**始め**（↓仕事を始めること）。
▽歌会**始**（↓新年最初の歌会）。
▽模様替えの手**始め**に身のまわりを整理した。
慣 会うは別れの**始め**＝人と出会えばやがて必ず別れることになるたとえ
隗より**始めよ**＝まず身近な者から始めよ
**始め**あるものは必ず終わりあり＝物事が永久に続くことはありえない
～を**始め**＝～はもとより

# はな　花・華

**使い分けマニュアル** 「花」は一般に広く用いられる。「華」は仏教関係の用語のほか、はでな美しさを表す場合に。

劇場の花。（ロビーの生花。主演女優）
劇場の華。（主要演目。伝統芸術）

## 花

7画　10級

**音読み** カ（ケ）
**訓読み** はな
**成り立ち** 形声。草＋化。姿をいちじるしく変える草。
**意味** ❶草木のはな。「桜花・開花・花壇・花瓶・花粉・花弁・献花・造花・落花・梨花・蓮花」
▽桜は東京では三月末に**花**が咲く（＝植物の生殖器官）。
▽キンモクセイの**花**が香っている。
▽イチョウはおすの木には雄**花**、めすの木には雌**花**が咲く。

▽プランターの花に水をやる（↓花の咲く植物）。
▽野の花を摘む（↓花のついている枝や茎）。
▽墓前に線香をあげ、お花を手向ける（＝しきみ）。
▽お花の師匠（↓華道）。
(慣)隣の花は赤い＝隣の人の物は何でもよく見えるたとえ
話に花が咲く＝いろいろな話が出て盛り上がる様子
❷美しい物。「花押・花冠・花顔・詞花・雪花・文花」
▽波の花（↓海水が波立ってできる白い泡）。
▽湯の花（↓白い粉末状になった温泉の固形分）。
▽氷の花（↓木の枝に氷が結晶したもの）。
▽花のかんばせ（↓美しい顔）。
▽花の都、パリ。
▽スタンドに色とりどりの傘の花が咲いた（↓美しい傘）。
(慣)知らぬうちが花＝何も知らなければ安らかな気持ちでいられるたとえ
高嶺の花＝手の届かない美しい物のたとえ
花も恥じらう＝美しい花でさえひけ目を感じるほど若い女性が美しい様子
花も実もある＝外見の美しさと内面の実力の両方を兼ね備えているたとえ
花より団子＝見た目の美しさより実質的な利益を得たほうがよいというたとえ
両手に花＝好ましい物事（特に女性）に挟まれるたとえ
若いうちが花＝若い間が最盛期で何でもできる
❸飾り。「花言」
▽彼女は職場の花だ（＝飾り）。
▽ダンパで彼女は壁の花になっていた（↓踊る相手がおらず、女性が一人壁の所に立っている）。
▽ニーナはボリショイ・バレエの花だ（＝最も目立つスター）。
▽マラソンは陸上競技の花だ（＝ハイライト）。

## 華

10画　3級

**音読み** カ・ケ（ゲ）
**訓読み** はな（しろーい）
**成り立ち** 形声。草＋垂＋于。芯がくぼんだまるい花。
**意味** ❶草木のはな。「華道・香華・散華・万華鏡・曼珠沙華」
▽お華料（↓香典）。
❷はなやか。「栄華・華奢・華燭・華美・華麗・豪華・精華・繁華街・文華」
▽宮沢りえは華のある女優だ（＝美しいオーラ）。
❸飾り。「華言・華辞」
▽火事と喧嘩は江戸の華（＝精華）。

▽スキーはウインター・スポーツの**華**だ（＝代表するもの）。

㊎**華**を添える＝いっそう華やかさを加える

**華**を持たせる＝勝負などを相手に譲る

❹中国。「華僑・中華」

# はなす・はなれる

## 放・離・話

**使い分けマニュアル**　「**放す**」は対象を手元からはなした結果に視点がある場合に。「**離す**」はくっついている物を分ける行為そのものに視点がある場合に。「**話す**」は言葉をはなす場合に。

「**放れる**」は自由になっている場合に。「**離れる**」はそれ以外の場合に。

手元から放す。（自由にさせる）
手元から離す。（くっつかないようにする）

| 使用漢字 | 他動詞 | 自動詞 |
|---|---|---|
| 放 離 | はなす | はなれる |
| 話 | はなす | ー |

## 放

8画　8級

**音読み**　ホウ

**訓読み**　はな-す・はな-つ・はな-れる・ほう*-る（ほしいまま・まか-す・ゆる-す・ひ-る・こ-く・さ-く）

**成り立ち**　形声。攴＋方。両側に自由に張り出させる。

**意味**　❶はなつ。しりぞける。「追放・放校・放逐」

▽矢が弦から**放れ**た（＝飛ぶ）

❷送り出す。「放映・放火・放散・放射・放出・放水・放送」

▽原稿をようやく手元から**放し**た（＝出版する）。

▽孫の誕生を聞いて祖父は手**放し**で喜んだ（↓最高に）。

❸自由にする。「開放・解放・釈放・放犬・放心・放鳥・放念・放牧・放免・放流」

▽公園で犬を**放し**てはいけません（＝自由にする）。

▽ぼくは両手を**放し**て自転車に乗れる（↓ハンドルを自由にする）。

▽ゆでてあく抜きしたほうれんそうを水に**放す**。

▽釣り上げた魚を川に**放す**（＝束縛を解く）。

▽今手が**放せ**ませんので、あとでお電話します（↓かかりきり）。

▽ライオンの若いオスは群れを**放れ**て放浪する。
▽大きなシェパードが**放れ**て歩いてるよ（↓綱なしで）。
▽糸から**放れ**たタコが風に飛ばされていく。
❹なげすてる。「放棄・放置・放擲・放任」
▽あの男は一度何かをつかんだが最後、金輪際**放さ**ないそうだ（↓手放さない）。
❺好き勝手。「豪放・放言・放蕩・放漫・放浪・奔放」
❻まねる。「放効」

# 離

18画　4級

**音読み**　リ

**訓読み**　はな-れる・はな-す（つ-く・なら-ぶ・か-かる・か-る）

**成り立ち**　会意。隹＋离。二つ別々になる。

**意味**　❶はなれる。はなす。「乖離・隔離・距離・分離・離婚・離散・離脱・離島・離任・離反・離陸・流離」
▽もう君を**離さ**ないよ（＝ずっと側にいる）。
▽息子は私の袖をしっかりつかんで**離さ**ない（↓握ったまま）。
▽うちの子はやんちゃで、かたときも目が**離せ**ない（↓注目が必要）。
▽間隔を**離し**て球根を植える（＝空ける）。
▽野口選手は二位を二十メートル**離し**てゴールした。
▽子馬は乳離れするとまもなく親から**離さ**れる（＝引き離す）。
▽お守りを肌身**離さ**ず持っている（↓常につけている）。
▽勝手に席から**離れ**てはいけません（＝去る）。
▽彼は一人だけ列を**離れ**て立っていた。
▽日本を**離れ**てから十年になる。
▽社長はすでに現場の第一線を**離れ**た（＝退く）。
▽けがで戦列を**離れる**（↓出られない）。
▽レジ袋がぴったりくっついて**離れ**ない（＝別々になる）。
▽親元を**離れ**て暮らす。
▽船が波止場を**離れ**た（＝距離が空く）。
▽博多と札幌はどのくらい**離れ**ていますか。
▽赤ん坊のそばを**離れ**ちゃだめよ。
▽もう少し**離れ**てテレビを見なさい。
▽（危険物などから）**離れろ**！（＝遠ざかる）
▽人里**離れ**た山の中に住む。
▽太平洋の**離れ**小島（↓絶海の孤島）。
▽鉄棒の**離れ**技（↓手を離す技）。
▽この夫婦は年がだいぶ**離れ**ている（＝隔たる）。
▽いつしか友人が**離れ**ていった（＝近寄らない）。

▽君のことが頭から**離れ**ないんだ（↓忘れられない）。
▽事故の光景が脳裏に焼きついて**離れ**ない。
▽私の仕事場は都心の喧騒を**離れ**た山村にある。
▽損得を**離れ**て友人の会社に融資した（↓度外視）。
▽室伏選手は日本人**離れ**した顔だちだ（↓日本人らしくない）。
▽浮世**離れ**した世界（＝超越する）。
▽活字**離れ**を食い止める（↓本を読まない）。
▽親から乳**離れ**する（↓自立する）。
(慣)つかず**離れ**ず＝少しの間隔を保って
手を**離れる**＝手をかけなくてもすむようになる。独立する
❷ならぶ。「離会・離立」
❸こうむる。「離憂」

## 話

13画　9級

**音読み**　ワ
**訓読み**　はな－す・はなし
**成り立ち**　形声。言＋舌。ことばを勢いよく出す。
**意味**　❶はなす。かたる。「会話・手話・送話・対話・談話・通話・電話・発話・話題・話法」
▽目撃者は当時の状況を**話し**た（＝ある内容を伝達する）。
▽そんな大声で**話さ**ないでください（＝しゃべる）。
▽人前で**話す**のは苦手だ（↓まとまった内容）。
▽犬だって**話せ**ばわかる（＝言い聞かせる）。
▽おれが警察に**話し**てやろう（＝交渉する）。
▽子供の将来について夫と**話し**た（＝相談する）。
▽何もかも**話し**てほしい（＝打ち明ける）。
▽会社やめるの？　女の子が**話し**てたよ（＝うわさする）。
▽英語は世界中で**話さ**れている（＝言語を操る）。
❷はなし。ものがたり。「逸話・寓話・実話・神話・説話・挿話・童話・秘話・民話」
▽どうも**話**がかみ合わない（＝会話）。
▽**話**をそらさないでくれ（＝内容）。
▽課長は**話**がうまい（＝談話）。
▽ちょっと**話**があるんだ（＝相談ごと）。
▽老人は**話**が好きだ（＝おしゃべり）。
▽社長は近々やめるという**話**だ（＝うわさ）。
▽世界平和だなんてお**話**に過ぎないな（＝架空の理想）。
▽叔父は商売の自慢話をとくとくと**話し**た。
(慣)**話**が弾む＝楽しく会話する
**話**が早い＝聞き手の理解が早いので結論が早く出せる
**話**にならない＝不合理でそれ以上話し合えない
**話**の腰を折る＝相手の話の途中で邪魔な差し出口をする

話半分＝相手の話の半分は誇張だと思うこと

## はね　羽（翅）

**使い分けマニュアル**　「**羽**」は鳥の体毛、翼の場合に。「**翅**」は昆虫のはねの場合に。

羽を伸ばす。（気ままにする）。
翅を伸ばす。（チョウの翅を展翅板に）

### 羽　6画　9級

**音読み**　ウ

**訓読み**　は・はね

**成り立ち**　象形。鳥のからだをおおうはね。

**意味**　❶はね。つばさ。「羽化・羽毛・翠羽」

▽庭にカラスの**羽**が落ちていた（＝鳥の毛）。
▽昔の西洋のペンは鳥の**羽**を削って使った。
▽湖面にサギが**羽**をたたんでいる（＝鳥の翼）。
▽その建物は鳥が**羽**を広げた形をしている。
▽カモメが船のへさきで**羽**を休めている（↓とまる）。
▽飛行機は**羽**の上の席がいちばん安全だ（＝翼）。

㊐**羽**が生えたよう＝あっという間に（金が）なくなる様子
　**羽**を伸ばす＝自由に遊ぶ様子

### 翅　10画　1級

**音読み**　シ

**訓読み**　つばさ・はね・ひれ

**成り立ち**　形声。羽＋支。鳥や虫の枝分かれしたはね。

**意味**　❶はね。つばさ。「双翅類・展翅板・鱗翅目」

▽チョウとガは**翅**の畳み方で区別する（＝昆虫の翼）。
▽スズムシは**翅**をこすりあわせて鳴く。
▽カブトムシは硬い前**翅**二枚と網状の後ろ**翅**二枚を持っている。
▽アゲハの**翅**を展ばして標本にする。

## はねる　跳（撥・刎）

**使い分けマニュアル**　「**跳ねる**」はその物自体が大きく上下に動く場合に。「**撥ねる**」ははじく、除外するという場合に。「**刎ねる**」は頸をはねる場合に。

勢いよく跳ねる。（カエル・バネが）
勢いよく撥ねる。（書道で筆を）
勢いよく刎ねる。（出刃包丁で魚の頭を）

## 跳

13画 （4級） ⇩とぶ・とばす

**音読み** チョウ

**訓読み** は－ねる・と－ぶ（おど－る）

**成り立ち** 形声。足＋兆。地から離れてはねあがる。

**意味** ❶はねあがる。「跳身・跳躍・跳梁跋扈」

▽カエルは**跳ねる**（＝上下に動く）。
▽野ウサギがぴょんぴょん**跳ねて**いる。
▽足下からバッタが**跳ねた**（＝飛び出す）。
▽池のコイが**跳ねた**（↓水面に躍り上がる）。
▽その馬は激しく**跳ねて**乗り手を振り落とした。
▽打球は野手の前で大きく**跳ねた**（↓不規則に弾む）。
▽着物の裾に泥が**跳ねた**（＝勢いよく飛ぶ）。
▽囲炉裏の栗がパチンと**跳ねた**（＝はぜる）。

㊜飛んだり**跳ねたり**＝非常に喜んで大きく動き回る様子

## 撥

15画 （1級）

**音読み** ハチ・バチ・ハツ

**訓読み** は－ねる・おさ－める・かか－げる・のぞ－く

**成り立ち** 形声。手＋發。ぱっとはねあげる。

**意味** ❶はねる。はじく。「撥音・反撥」

▽「干」の縦棒は**撥ね**ない（＝下から上に立てる）。
▽寝癖がついて髪の毛が**撥ねて**いる（＝ぴんと立つ）。
▽夫人は小指をぴんと**撥ねて**葉巻を吸った。
▽「りんご」の「ん」は**撥ねる**音だ（＝音声が鼻音になる）。
▽男は酔っぱらい運転で小学生を**撥ねた**（＝車が勢いよくぶつかる）。
▽線路に飛び下りて電車に**撥ねられた**（＝轢かれる）。
▽息子は野菜炒めのピーマンを**撥ねる**（＝除く）。
▽筆記試験では通ったのに面接で**撥ねられた**（＝拒否する）。

㊜上前を**撥ねる**＝一部を横取りする

❷治める。「撥乱反正」

## 刎

6画 （1級）

**音読み** フン・ブン

**訓読み** は－ねる・くびは－ねる

**成り立ち** 形声。刀＋勿。首を切って死ぬ。

**意味** ❶首を切る。「自刎・刎頸之交・刎死」

▽敵の大将の首を**刎ねる**（＝首を薙いで切る）。

# はやい

## 早・速（疾）

**使い分けマニュアル**

「早い」は一般に広く用いられる。「速い」は物理的な物の運動速度が大きい場合に。

「疾い」は特にスピードが非常に大きい場合に。

早い馬。（江戸時代の特急便の馬）
速い馬。（千メートル一分以内で走れる）
疾い馬。（まるで風のように走る）

### 早

6画　10級

**音読み**　ソウ・サッ

**訓読み**　はや-い・はや-まる・はや-める（さ）

**成り立ち**　象形。中身の黒いハンの実。

**意味**　❶夜明けがた。「早晩・早朝」

❷時節・時期がはやい。「早期・早計・早婚・早産・早熟・早春・早々・早退・早晩」

▽春よ来い。**早く**来い（＝基準より前）。

▽今年は冬が**早い**（↓例年より前）。

▽うちの息子は予定日より一か月**早く**生まれた。

▽朝**早く**起きると気持ちがいい。

▽今夜は**早く**帰ってきてね（↓いつもより）。

▽十一時に**早い**昼食をすませる。

▽彼は両親に**早く**死に別れた（↓若いとき）。

▽あきらめるのは**早い**（↓努力の余地がある）。

▽息子に結婚話はまだ**早い**。

▽いつまでも起きてないで**早く**寝ろ（＝すぐ）。

▽治療の開始は**早ければ早い**ほどいい（＝直ちに）。

▽一刻も**早く**手を打たなければならない。

▽ニュースを聞きつけて**早く**も記者が現れた。

▽発売後一か月で**早く**も一万部売った。

▽彼女は仕事が**早い**（↓結果的に先にできる）。

▽東京ではタクシーより地下鉄のほうが**早い**。

▽言い合いをしているより実際にやったほうが**早い**。

▽**早い**とこ仕事をやっつけて飲みに行こう。

㊐遅かれ**早かれ**＝遅くても早くても。いずれ

気が**早い**＝せっかちである

手が**早い**＝すぐに手を出す

**早い**話が＝てっとり早く言うと

**早い**者勝ち＝先に来た者が目的を得られる

**早**起きは三文の得＝朝早く起きて働くといいことがある

というたとえ
**早かろう**、悪かろう＝早くできるということは、出来がよくないに違いない
耳が**早い**＝うわさをすぐに聞きつける
❷速度がはやい。「早急・早速」
▽この川は流れが**早い**（＝速度が大きい）。
▽坂井さんは足が**早い**（↓走るのが早い）。
▽時のたつのは**早い**ものだ。
▽その新人は仕事ののみこみが**早い**（＝所要時間がかからない）。
▽火の回りが**早く**全焼してしまった。
▽**早く**しないと終電に間に合わない（↓急ぐ）。

## 速 10画 8級

**音読み** ソク
**訓読み** はや-い・はや-める・*はや-まる・すみ-やか
**成り立ち** 形声。辶＋束。時間をたばにして進む。
**意味** ❶はやい。すみやか。「急速・早速・迅速・拙速・速射・速成・速断・速報・速記・速攻・敏速」
▽音より光のほうが**速い**（＝速度が大きい）。
▽新型のコピーはスピードが**速い**。
▽テンポの**速い**曲が好きだ。
▽その患者は呼吸が**速かっ**た。
▽少し動いただけで脈が**速く**なる。
▽このパソコンは処理が**速くて**気持ちいい。
▽頭の回転が**速い**（↓頭がいい）。
㊝**速い**馬も千里、のろい牛も千里＝物事はあわててもしかたがないというたとえ
❷はやさ。「音速・快速・加速・球速・減速・高速・時速・失速・速度・速力・秒速・風速・変速・流速」

## 疾 10画 3級

**音読み** シツ
**訓読み** （やまい・や-む・やま-しい・にく-む・はや-い・と-し・と-く）
**成り立ち** 会意。疒＋矢。矢のようにはやく進む。
**意味** ❶やまい。「悪疾・疾患・疾病・痔疾・肺疾」
❷くるしむ。「疾苦・疾首」
❸にくむ。「疾悪・疾視」
❹はやい。すばやい。「疾駆・疾走・疾風」
▽すぐ側をバイクが凄い**疾さ**で駆け抜けた（↓恐ろしいスピード）。
▽（競馬で最後の追い込み）うーん、**疾い**！

▽恋心は矢よりも疾い。

# はら　腹（肚・胎）

**使い分けマニュアル**　「**腹**」は一般に広く用いられる。「**肚**」は心づもり、意志という場合に。「**胎**」は子宮・胎児・卵であることを強調する場合に。

腹を探る。（腹部を触診する）
肚を探る。（本心を推量する）
胎を探る。（サケが卵を持っているかどうか）

## 腹　13画　5級

**音読み**　フク

**訓読み**　はら（こころ・かんが-え）

**成り立ち**　形声。肉＋复。腸がいくえにも重なってふくれたはら。

**意味**　❶人間・動物のはら。「開腹・空腹・私腹・切腹・腹腔・腹心・腹水・腹痛・腹背・腹筋・満腹」

▽昆虫の体は頭・胸・**腹**の三つの部分に分けられる（＝胴体下部のふくれた部分）。
▽イワシの**腹**を割く（＝内臓の入っている側）。
▽運動しないから**腹**が出てきた（＝人間の腹部）。
▽三島由紀夫は**腹**を切って自殺した。
▽**腹**ばいになる（↓腹を下にして）。
▽ああ、**腹**が減った（＝胃）。
▽**腹**をこわして下した（＝腸）。
▽あの食堂で**腹**ごしらえしよう（↓食事）。
▽もっと**腹**の底から声を出せ（＝体の深奥）。
▽社用だから自分の**腹**は痛まない（↓自分の財産）。
▽詰め**腹**を切らされた（↓無理やり責任を追及される）。

(慣)背に**腹**は代えられない＝大切なことのためには他に犠牲が出てもしかたがない
**腹**が減ってはいくさはできぬ＝空腹では何事もできない
**腹**の皮がよじれる＝おかしくて大いに笑うたとえ
**腹**の虫をなだめる＝軽い食事をする
**腹**も身のうち＝あまり大食いをするなということ

❷物の真ん中。「山腹・船腹・中腹」

▽**腹**がぷっくりとふくれた瓶（＝中央部分）。
▽指圧は爪を立てずに親指の**腹**で押すんだよ。
▽エンタシスとは**腹**の部分がふくれた柱をいう。

❸心。「剛腹・心腹・腹案・腹蔵・立腹」

▽**腹**の底から笑った（＝心から）。
▽なんとなく**腹**が立つ（＝感情）。
▽社長は太っ**腹**の男だ（↓度量が大きい）。
慣痛くもない**腹**を探られる＝悪事を働いていないのに疑われる
**腹**が黒い＝性格が陰険である
**腹**が据わっている＝物事に動じない
**腹**ができている＝覚悟が決まっている
**腹**に一物＝心の中に悪だくみがある
**腹**に納める＝他人に口外しない
**腹**に据えかねる＝怒りを我慢できない
**腹**（の底）を割る＝本心を隠さずにさらけだす
**腹**の虫が治まらない＝怒りを我慢できない
**腹**をくくる＝覚悟を決める
❹母親の子宮。「異腹・妾腹・同腹」
▽この子は**腹**を痛めたかわいい子だ。
▽大きな**腹**をしてどたどた走るな（↓妊娠中）。
▽北条時宗には**腹**違いの兄がいた（↓異母兄）。
慣**腹**は借り物＝父親の血筋こそが大切で、母親は単なる子を産む道具であるという考え

はら

## 肚 7画 1級

**音読み** ト
**訓読み** はら・いぶくろ
**成り立ち** 形声。肉＋土。食物をいっぱい貯えたはら。
**意味** ❶はら。「腸肚・羊肚」
❷心の中。「肚裏」
▽先方の**肚**を探ってきてくれ（＝本心）。
▽やつらは金を受け取ったら逃げる**肚**だ（＝計画）。
▽あの男は愛想はいいが、**肚**で何を考えているか知れたものではない（＝心中）。
慣**肚**が決まる＝決心がつく
**肚**を合わせる＝互いに考えを同じくして協力する
**肚**を読む＝相手の本心を推測する
**肚**を固める＝決心する

## 胎 9画 3級

**音読み** タイ
**訓読み** （はら－む）
**成り立ち** 形声。肉＋台。動き始めた胎内の赤ん坊。
**意味** ❶はらの子。「受胎・胎教・胎児・胎動・堕胎」
❷子宮。「胎内・胎盤・母胎」
▽たらこ一**胎**（↓一匹分のタラの卵）。
▽酒やタバコは**胎**の子に悪い影響がある（↓胎児）。

▽この子犬たちは同じ**胎**のきょうだいだ（↓母親が同じ）。

# はらう

## 払（祓・掃）

**使い分けマニュアル** 「**払う**」は物理的に取り除ける場合、金を渡す場合に。「**祓う**」は神が清める場合に。「**掃う**」はほこりなどを取り除ける場合に。

きれいに払う。（全額返済する）
きれいに祓う。（その場所を清浄にする）
きれいに掃う。（ほうきで掃除する）

## 払

5画　4級

**音読み** フツ（ホツ・ヒツ）

**訓読み** はら-う

**成り立ち** 形声。旧字は「拂」で、手＋弗。手で左右にはらいのける。

**意味** ❶はらいのける。「払暁・払拭・払底・払子」

▽肩にかかった雪を**払**って家に入る（＝不用物を取り除ける）。

▽その力士は砂を**払**って立ち上がった。

▽小枝を**払**って木の形を整えた（＝切り取る）。

▽卒業と同時に下宿を**払**った（＝引き揚げる）。

▽二人の間にある垣根を**払**おう（＝取り除く）。

▽リストラでお**払**い箱にされた（↓解雇される）。

▽分母を**払う**（↓元の整数に戻す）。

▽そろばんを**払う**（＝数字をおける状態に戻す）。

▽武蔵は刀を横に**払**った（＝振る）。

▽朝青竜は白鵬の足を**払**った（＝ひっかける）。

▽横綱の露**払**いをする（↓先駆け）。

❷さからう。「払逆・払乱」

❸たすける。「払士」

❹金など必要な物を与える。

▽入場料を**払う**（＝代金を与える）。

▽先輩に敬意を**払う**（＝示す）。

▽製品の取扱いに十分注意を**払う**（＝振り向ける）。

▽農薬の使用については万全の考慮を**払う**べきだ。

▽我々は大きな犠牲を**払**って勝った。

†❹は漢字本来の意味ではない。

## 祓

10画　1級

**音読み** フツ（ホチ）

**訓読み** はら-う・はら-い

**成り立ち** 形声。示+犮。神に祈って災いを除く。

**意味** ❶はらい清める。「天祓・祓除・祓飾」

▽悪霊を**祓う**（＝神に祈って取り除いてもらう）。

▽事故が多発しているので神主に御**祓**をしてもらった。

## 掃

11画 3級 ⇩はく(1)

**音読み** ソウ

**訓読み** は-く（はら-う）

**成り立ち** 形声。手+帚。ほうきではく。

**意味** ❶はく。はらう。「掃除」

▽年に一度、天井のほこりを**掃う**（＝はく）。

❷とりのぞく。「一掃・掃討」

▽天井裏のクモの巣を**掃う**（＝取り除く）。

# はり

針（鍼・鉤）

**使い分けマニュアル** 「**針**」は尖った物全般について広く用いられる。「**鍼**」は病気治療用の物の場合に。「**鉤**」は釣りばりの場合に。

針を刺す。（注射針を腕に）

鍼を刺す。（治療として腰に）

鉤を刺す。（餌のゴカイに）

## 針

10画 5級

**音読み** シン

**訓読み** はり

**成り立ち** 形声。金+十。金属のはり。

**意味** ❶はり。「運針・針小棒大・針葉樹・避雷針」

▽**針**に糸を通す（↓縫い針）。

▽**針**の先で突いたような穴があいている。

▽傷口が**針**で刺されるように痛む（↓ちくちくと）。

▽傷を三**針**縫った（↓縫合針）。

▽棒**針**〔かぎ**針**〕編み（↓編み針）。

▽**針**山（↓縫い針を刺すクッション）。

▽まち**針**（↓布を固定するための針）。

▽ミツバチは卵管が**針**になっている（↓突き刺して中身を注入する器具）。

▽磯にすむ魚の中には毒**針**を持つものが多い。

▽注射**針**。

▽ホチキス〔LPプレーヤー〕の**針**（＝尖った物）。

▽バラの芽には細かい**針**がついている（＝細いとげ）。
▽彼女の言葉は**針**を含んでいた（＝皮肉）。
慣**針**が落ちる音も聞こえる＝非常に静かであるたとえ
**針**のむしろ＝非常に苦痛を覚える立場のたとえ
**針**は小さくとも呑まれぬ＝できないことはできないというたとえ
❷指し示す棒。「検針・指針・針路・短針・長針・秒針・方針」
▽体重計の目盛りの**針**が読みにくい。
▽磁石の**針**が北を指している。
▽時計の**針**が止まっている。

## 鍼

17画 1級

**音読み** シン
**訓読み** はり・さ-す
**成り立ち** 形声。金＋咸。皮膚に強いショックを与えるはり。
**意味** ❶ぬいばり。「鍼線」
❷病気治療に使うはり。「鍼灸・鍼石・鍼薬」
▽腰の痛いところに**鍼**を打ってもらった（＝漢方医療用のはり）。
▽叔父は**鍼**・灸の看板を出している。
▽（掲示）当院の**鍼**は完全に消毒しております。

## 鉤

13画 準1級 ⇩かぎ

**音読み** ク・コウ
**訓読み** かぎ・つりばり・か-ける・おびどめ・ま-がる
**成り立ち** 形声。金＋句。曲がったかぎばり。
**意味** ❶かぎばり。「玉鉤・鉤餌・帯鉤・釣鉤」
▽ウグイが**鉤**にかかった（＝釣りばり）。
▽魚を**鉤**から外す。
▽毛**鉤**で釣る（↓羽毛のついた釣りばり）。
❷ひっかける。「鉤距・鉤索・鉤連・双鉤」

# はる

張・貼*

**使い分けマニュアル** 「**張る**」は一般に広く用いられる。「**貼る**」は接着剤ではりつける場合に。
床にタイルを張る。（一面に敷く）
床にタイルを貼る。（セメントで）

## 張　11画　6級

**音読み**　チョウ

**訓読み**　は-る

**成り立ち**　形声。弓＋長。弓を長く伸ばしてぴんとはる。

**意味**　❶はる。「拡張・誇張・主張・出張・膨張」

▽ロープをぴんと**張る**（＝緩みなく広げる）。
▽丘の上にテントを**張っ**た。
▽ベランダに綱を**張っ**て洗濯物を干す。
▽桜の木が大きく枝を**張っ**ている（＝出っ張る）。
▽（相撲）ひじを**張っ**て上手を防ぐ。
▽カボチャを食べたらおなかが**張っ**た（＝中からふくらんでくる）。
▽もっと胸を**張っ**て歩きなさい（＝反らす）。
▽気が**張っ**ていると風邪をひかない（＝緊張する）。
▽彼は地上げ屋から体を**張っ**て家族を守った（↓生命を危険にさらす）。
▽警察が非常線を**張る**（↓警備する）。
▽意地を**張る**んじゃないよ（↓強硬に主張する）。
▽うちの姉はすぐ強情を**張る**。
▽兄は見栄を**張っ**ていちばん高いかばんを買った。
▽弟は食い意地が**張っ**ている（↓食いしんぼう）。
▽ベランダにクモの巣が**張っ**ている（＝めぐらす）。
▽この桜は土手に根を**張っ**ている（＝広く占める）。
▽温めた牛乳の表面に膜が**張っ**た（＝表面をおおう）。
▽玄関前のアプローチに芝生を**張る**。
▽南氷洋には厚い氷が**張っ**ている。
▽毎年年末に障子を**張り**替える。
▽風呂桶に水を**張る**（＝満たす）。
▽横綱を**張る**（＝務める）。
▽都心の一等地に店を**張る**（↓営業する）。
▽大学者を相手に論陣を**張っ**た（↓論争する）。
▽盛大な祝宴を**張る**（↓開催する）。
▽有り金全部を一番人気に**張っ**た（＝賭ける）。
▽テストの山を**張る**（↓予想する）。
▽（相撲）立ち会いに一発**張る**（↓平手で殴る）。

㊑網を**張る**＝捕らえる準備を整えて待つたとえ
アンテナを**張る**＝広く情報を収集できるようにするたとえ
煙幕を**張る**＝わからないようにごまかすたとえ
値段が**張る**＝高価である
向こうを**張る**＝ライバル視する

❷とばり。「張飲」

## ＊貼　12画　2級

**音読み** チョウ（テン）

**訓読み** は−る（つ−ける）

**成り立ち** 形声。貝＋占。ある場所にぺったりはる。

**意味** ❶はりつける。「貼示・貼付」

▽壁にタイルを**貼る**（＝セメントでくっつける）。

▽手紙に切手を**貼る**のを忘れた。

▽履歴書に写真を**貼る**（＝くっつける）。

▽ポスターを塀に**貼る**。

慣レッテルを**貼る**＝先入観で決めつけるたとえ

❷落ちつく。「貼然」

## ひ　日・火・灯（陽）

**使い分けマニュアル** 「**日**」は太陽、その光、一日などの場合に。「**火**」は燃える火の場合に。「**灯**」は明かりの場合に。「**陽**」は暖かな日差しを特に強調したい場合に。

希望の日。（何かをしたいと思う月日）

希望の火。（希望の情熱）

希望の灯。（希望の象徴）

希望の陽。（暖かで喜びがわく物）

## 日　4画　10級

**音読み** ニチ・ジツ

**訓読み** ひ・か

**成り立ち** 象形。太陽。

**意味** ❶太陽。「旭日・日月・夕日・日没・日光・日食・白日・落日・烈日」

▽きょうは午前五時半に**日**が昇った（＝太陽）。

▽だいぶ**日**が傾いてきた。

▽**日**のあるうちにもう少し先へ進もう。

▽まだ**日**が高い（↓日暮れまでに時間がある）。

▽秋の**日**が差し込む（＝太陽の光）。

▽急に**日**がかげった（↓暗くなる）。

▽私の部屋は**日**がよく当たる。

▽ハマナスが海岸の強烈な**日**を浴びている。

▽子供たちは真っ黒に**日**に焼けていた。

慣秋の**日**は釣瓶落とし＝秋の日差しは暮れるとすぐに暗く

なるたとえ
**日の当たる場所**＝世間的に注目される地位
**日の目を見る**＝世の中に出る
❷ひる。「日夜・日勤・日中」
▽春分を過ぎるとどんどん**日**が長くなる（＝昼間）。
▽**日**が暮れないうちに宿に着きたい。
【慣】**日暮れて道遠し**＝人生も終わり近くになってしまったのに、目的がまだ果たせないたとえ
**夜も日も明けない**＝一日が始まらない、何も考えられないたとえ
**夜を日に継ぐ**＝夜も昼も休みなく続ける様子
❸一昼夜。「縁日・元日・期日・吉日・休日・祭日・昨日・祝日・先日・当日・日時・日刊・日給・日当・半日・平日・本日・毎日・末日・明日・命日・翌日・連日」
▽天気のいい**日**は富士山が見える（＝特定の一日）。
▽五月五日はこどもの**日**だ。
▽ある**日**一人の若者が隣に越してきた（＝不特定の一日）。
▽また**日**をあらためてうかがいます。
▽投票結果はその**日**のうちにわかる（＝一昼夜）。
▽**日**に三度の食事も満足に取れない。
▽契約期限まであまり**日**がない（＝日数）。
▽私がこの会社に入ってからまだ**日**が浅い。

【慣】**日がいい〔悪い〕**＝縁起がいい〔悪い〕日だ
❹毎日の暮らし。「日常・日用・日課・日記・日誌」
▽夫の死後、悲しみの**日**を送る。
▽この写真は若き**日**の夏目漱石です（＝時代）。
▽文豪の在りし**日**をしのぶ（＝時）。
▽子供時代の**日**のことは一生忘れない。
【慣】**来る日も来る日も**＝毎日ずっと
❺天子。「日辺」
❻日本。「在日・親日・対日・駐日・日銀・日米・日系・日中・訪日・来日・離日」
❼日曜日。「土日・日祭日」
❽日向国。宮崎県。「日南海岸・日豊本線」
†❻❼❽は漢字本来の意味ではない。

## 火　4画　10級

**音読み** カ（コ）
**訓読み** ひ・ほ
**成り立ち** 象形。燃え上がる火。
**意味** ❶ひ。ほのお。「行火・引火・火炎・火気・火口・火災・火山・火事・火傷・火勢・火葬・火中・火薬・火力・失火・出火・消火・聖火・戦火・大火・耐火・鎮火・点火・発火・噴火・放火・防火・烈火」

▽ライターでタバコに**火**をつける（＝炎）。
▽ろうそくの**火**が風で消えた。
▽タンクローリーが**火**を噴いて燃え上がった。
▽三十年ぶりに火山が**火**を噴いた（↓噴火）。
▽降りかかる**火**の粉は払わなければならない。
▽**火**は三時間後に消し止められた（＝火事）。
▽物置から**火**が出た（↓火事が発生する）。
▽裏の家から**火**の手が上がった（↓炎が見える）。
▽敗軍の将は建物に**火**を放って逃げた。
▽木の枝をこすりあわせて**火**をおこす（＝焚き火）。
▽キャンプファイアーの**火**を囲む。
▽寮の部屋には**火**の気がない（↓暖房）。
▽寒いから**火**にあたりなさい（＝熱）。
▽スルメを**火**であぶって食べる（↓調理）。
▽肉に十分**火**を通す（↓加熱する）。
▽やかんを**火**にかける。
▽この胸の**火**を鎮めてください（＝情熱）。
㊙顔から**火**が出る＝非常に恥ずかしくていたたまれないというたとえ
自分の（お）尻に**火**がつく＝関係ないと思っていたのに当事者となるたとえ
**火**が消えたよう＝非常にさびれている様子
**火**がついたよう＝突然激しく泣き出す様子
**火**に油を注ぐ＝悪い傾向をいっそう助長するたとえ
**火**の車＝家計が非常に苦しいたとえ
**火**の玉となる＝情熱のかたまりとなる様子
**火**のない所に煙は立たない＝原因のない所に結果はない、必ず原因があるはずだ
**火**を見るより明らか＝悪いことが確実に実現するたとえ

❷やく。やける。「情火・心火・欲火」
❸ともしび。「炬火・挙火・漁火・蛍火・灯火・燐火」
▽沖に漁の**火**がきらきら光っている（＝あかり）。
▽かがり**火**があかあかと能舞台を照らす。
❹五行・七曜の一つ。「火星・火曜」

## 灯

6画　7級

**音読み** トウ（チョウ・テイ・ドン・チン）
**訓読み** ひ（ともしび・あかし・あかり・とぼ-す・とも-す・とぼし・ともし）
**成り立ち** 形声。火＋丁。激しく燃える火。
**意味** ❶ともしび。あかり。「行灯・街灯・消灯・提灯・点灯・電灯・灯火・灯台・灯油・灯籠・門灯」
▽ランプに**灯**をともす（＝あかり）。
▽提灯行列の**灯**が続いている。

▽はるかかなたに街の**灯**が見えた（＝照明）。
▽遠洋航海の後には港の**灯**がなつかしく見える。
▽受験生の部屋には深夜まで**灯**がともっている。
▽質実剛健の伝統の**灯**を消すな（＝実質）。

## 陽

12画　8級

**音読み**　ヨウ

**訓読み**　（ひ・ひなた・いつわ-る）

**成り立ち**　形声。阜＋昜。太陽が昇ってくるおか。

**意味**　❶ひなた。「岳陽・山陽」
❷日の光。「斜陽・太陽・陽炎・陽光」
▽やわらかな春の**陽**を浴びる（＝陽光）。
▽**陽**だまりで暖まる（＝日なた）。
❸積極性。プラス。「陰陽・重陽・陽気・陽極・陽性」
❹いつわる。「陽狂・陽言・陽動」
❺男性生殖器。「陽道・陽物」

### ●「灯」と「燈」

「燈」は「灯」の旧字とされているが、もともと別の意味をもつ別の漢字である。

「燈」はランプのように油を入れて燃やすほんのりとしたあかりを指し、「灯」はボウボウと音を立てて激しく燃える火を指す。だから、暗い夜の海に方角を示す「とうだい」は「燈台」のほうがふさわしいし、石油ストーブに入れる油は「灯油」のほうがふさわしい。

常用漢字表では「灯」に統一されているので、新聞や公用文では「灯」しか使えないが、私用の文では「灯」「燈」を使い分けることができる。

# ひく

## 引・弾（抽・退・曳・惹・挽・碾・牽・轢）

**使い分けマニュアル**　「**引く**」は一般に広く用いられる。「**弾く**」は楽器の場合に。「**抽く**」はくじなどを選び取る場合に。「**退く**」は現場からしりぞく場合に。「**曳く**」は長い物をずるずるひきずる場合に。「**惹く**」は心をひきつける場合に。「**挽く**」は重いものをごろごろひく場合に。「**碾く**」は特に石臼で平らにつぶす場合に。「**牽く**」は重いものをぐいぐいひっぱる場合に。「**轢く**」は車が人などをひきつぶす場合に。

車に引かれる。（荷物を満載した台車が）
車に曳かれる。（海岸で漁網がじりじりと）
車に挽かれる。（鹵簿の行列で皇帝の柩が）
車に牽かれる。（駐車違反の車がレッカー車に）
車に轢かれる。（人がはねられる）

## 引　4画　9級

**音読み**　イン

**訓読み**　ひ-く・ひ-ける

**成り立ち**　会意。弓＋｜。ひきのばす。

**意味**　❶近くへ寄せる。「引火・引力・吸引・牽引・強引」
▽サイドブレーキを引く（＝手前に動かす）。
▽非常の場合はレバーを引いてください。
▽ピストルの引き金を引く。
▽的に向かって弓を引く（＝後ろ側に動かす）。
▽荷車を引く（→手前側に移動させる）。
▽まぶしいからカーテンを引いて（→閉じる）。
▽ごたごたの幕を引く（→終わらせる）。
㊜後ろ髪を引かれる思い＝非常に未練を感じるたとえ
❷取り出す。「引拠・引証・引用・引例・援引・索引」
▽小説の冒頭に聖書の一節が引いてある（＝使う）。
▽（トランプ）ばばを引いた（＝取り上げる）。
▽辞書を引く（＝見て探す）。
▽百引く八十は二十（＝少なくする）。
▽税金は給料から引かれている。
▽先生は著者ですから二割お引きします（→値段を下げる）。
❸後ろにしりぞく。「引退」
▽腰を引いてボールをよけた（＝後ろに動かす）。
▽右足を一歩引いて構える。
▽私はその一件から手を引いた（＝やめる）。
▽彼女はいつも一歩引いている（＝遠慮）。
▽午前六時には潮が引く（＝去る）。
▽薬を飲んだら熱が引いた（＝下がる）。
▽傷の腫れがなかなか引かない。
▽木陰に入ると汗がすっと引いた（＝出なくなる）。
▽母の顔から血の気が引いた（→蒼白になる）。
㊜差す手引く手＝差し出す手と戻す手
❹みちびく。「引率・引導」
▽子供の手を引いて道路を渡る（＝連れ導く）。
▽若い男が駅前で客を引いていた（＝誘う）。
▽同情を引こうったってだめだよ（＝とらえる）。
▽人の気を引くようなことばかり言うな。

(慣)**引きもきらず**＝絶え間なしに
**引く手あまた**＝あちこちから誘いがかかる様子
❺ひきうける。「引責・承引」
▽風邪を**引く**（＝体の内部に入れる）。
▽アパートに電話を**引く**（＝入れる）。
▽ここはまだ都市ガスは**引かれ**ていない。
▽この水田には多摩川から水を**引い**ている。
❻ひきのばす。「引音・延引・遅引」
▽点Aと点Bの間に直線を**引く**（＝書く）。
▽眉を**引く**（＝えがく）。
▽花嫁は打掛の裾を**引い**て進んだ（＝後ろに残す）。
▽納豆は糸を**引く**から嫌だ（＝伸びる）。
▽後々まで尾を**引く**（＝悪い影響が残る）。
▽このピーナッツ、後を**引く**ね（→続けて食べたくなる）。
▽ネズミが餅を**引い**ていった（＝かすめ取る）。
▽足利氏は源氏の血を**引い**ている（＝受け継ぐ）。
▽床にワックスを**引く**（＝一面に塗る）。
▽すき鍋に油を**引い**て牛肉を焼く。
(慣)手薬煉**引いて**＝準備万端整えて今か今かと待つ様子
❼紙幣。「銭引」

## 弾

12画　4級　⇩たま

**音読み**　ダン
**訓読み**　ひ-く・はず-む・たま（はず-み・はじ-く・はじ-ける・ただ-す）
**成り立ち**　形声。旧字は「彈」で、弓＋單。弓をはじく。
**意味**　❶はじく。はじける。「弾弓・弾射」
❷鉄砲のたま。「凶弾・散弾・実弾・銃弾・弾丸・弾痕・弾頭・弾道・弾薬・着弾・爆弾・砲弾・防弾」
❸たたく。「糾弾・指弾・弾圧・弾劾」
❹かなでる。「試弾・弾琴・連弾」
▽あなた、ピアノを**弾い**てよ（＝鳴らす）。
▽ギターの**弾き**語り（→ギターの演奏＋歌）。
❺はずむ。「弾性・弾力」

## 抽

8画　3級

**音読み**　チュウ
**訓読み**　（ひ-く・ぬ-く）
**成り立ち**　形声。手＋由。細いところからひきだす。
**意味**　❶ぬきだす。「抽出・抽象・抽籤・抽選」
▽彼女は一等のくじを**抽い**た（＝くじを取る）。
▽おみくじを**抽い**たら大吉が出た。

## 退　9画　6級

**音読み** タイ

**訓読み** しりぞ－く・しりぞ－ける（の－く・の－ける・すさ－る・しさ－る・ひ－く）

**成り立ち** 会意。辶＋艮。足が止まって進まない。

**意味** ❶しりぞく。「後退・進退・早退・退院・退却・退場・退席・退廷・退避・退路・撤退・敗退」

▽潔く身を**退い**た（＝現場からしりぞく）。

▽敵の将軍は「**退け**」と命令した（＝退却する）。

㊜**退く**に**退け**ない＝やめるにやめられない

❷しりぞける。「撃退・退治」

❸やめる。「引退・辞退・退位・退役・退官・退職・退陣・退任・脱退・中退・勇退」

❹おとろえる。「減退・衰退・退化・退廃・退歩」

❺ぐずぐずする。「退嬰・退屈」

## 曳　6画　準1級

**音読み** エイ

**訓読み** ひ－く

**成り立ち** 会意。長いものをずるずると引きずる。

**意味** ❶ひっぱる。「曳航・曳光弾・挽曳・揺曳」

▽浜辺で地**曳き**網を**曳く**（↓長い物をずるずると）。

## 惹　12画　準1級

**音読み** ジャク・ジャ

**訓読み** ひ－く・まね－く

**成り立ち** 形声。心＋若。心をじんわりひきつける。

**意味** ❶ひきつける。「惹起・惹句」

▽人の注意を**惹く**（＝とらえる）。

▽あのポスターはとても人目を**惹く**。

▽彼女のやさしさに**惹かれ**ました（↓魅了される）。

## 挽　10画　準1級

**音読み** バン

**訓読み** ひ－く

**成り立ち** 形声。手＋免。無理をしてやっとひっぱる。

**意味** ❶ひっぱる。「推挽・挽歌・挽曳・挽回」

▽マラミュートは重いそりを**挽く**（＝ひっぱる）。

▽古代の中国ではペキニーズが皇帝の柩を**挽い**た。

▽角材をのこぎりで**挽い**て板にする（＝切る）。

▽ろくろを**挽い**てこけしを作る。

❷すりつぶす。

▽牛の赤身を**挽き**肉にする（＝細かくする）。

▽粗**挽き**のコーヒー（↓砕いた粒が大きめ）。
†❷は漢字本来の意味ではない。

## 碾
15画　1級

**音読み** テン・デン

**訓読み** うす・ひ－く

**成り立ち** 形声。石＋展。石で平らにつぶしのばす。

**意味** ❶うすでひく。「碾磑」
▽お茶を**碾く**（＝臼で粉にする）。
▽当店の生そばは石臼で**碾い**ています。

## 牽
11画　準1級

**音読み** ケン

**訓読み** ひ－く・つら－なる

**成り立ち** 形声。牛＋冖＋玄。牛を綱でひっぱる。

**意味** ❶ひっぱる。「牽引・牽牛・牽強附会・牽制」
▽レッカー車が違反車を**牽い**て行った。

## 轢
22画　1級

**音読み** レキ

**訓読み** ひ－く・ふみにじ－る・きし－る

**成り立ち** 形声。車＋楽。ごりごりと車輪で踏みくだく。

**意味** ❶きしむ。「軋轢」
❷車でひきつぶす。「轢殺・轢死・轢断」
▽男は線路に飛び下りて電車に**轢か**れた（＝踏みつぶす）。
▽**轢き**逃げ事件が発生した。

# ひげ（髭・鬚・髯）

**使い分けマニュアル** 「**髭**」は口ひげの場合に。「**鬚**」はあごひげの場合に。「**髯**」は頬ひげの場合に。

## 髭
15画　準1級

**音読み** シ

**訓読み** くちひげ・ひげ

**成り立ち** 形声。髟＋此。ぎざぎざしてふぞろいな口ひげ。

**意味** ❶口の上のひげ。「髭鬚」
▽叔父はちょび**髭**を生やしている（↓鼻の下に）。
▽カイゼル**髭**。
▽どじょう**髭**。
▽なまず**髭**。
㊌**髭**の塵を払う＝貴人におべっかを使う様子

## 鬚 22画 1級

**音読み** シュ・ス

**訓読み** あげひげ・ひげ

**成り立ち** 形声。髟＋須。柔らかいあごひげ。

**意味** ❶あごひげ。「虎鬚・霜鬚・白鬚」

▽男は長い**鬚**をしごいた（＝顎ひげ）。

▽やぎ**鬚**。

㊜ **鬚**を撫でる＝得意そうな様子

## 髯 14画 1級

**音読み** ゼン

**訓読み** ほおひげ・ひげ

**成り立ち** 形声。髟＋冄。柔らかいひげが左右に垂れる。

**意味** ❶頬ひげ。「霜髯・長髯・白髯・美髯」

▽博士は美しい**髯**をたくわえた姿を肖像画に描かせた。

# ふえる・ふやす　増・殖

**使い分けマニュアル** 「**増える**」は一般に広く用いられる。「**殖える**」は自ら分裂・膨張するような細菌・小動物や金などが、自然に増殖することを強調する場合に。「**増やす**」「**殖やす**」は「ふえる」に準ずる。

細菌が増えた。（種類が多くなった）

細菌が殖えた。（爆発的に増殖した）

| 使用漢字 | 自動詞 | 他動詞 |
|---|---|---|
| 増殖 | ふ\|える | ふ\|やす |

## 増 14画 6級

**音読み** ゾウ（ソウ）

**訓読み** ま-す・ふ-える・ふ-やす

**成り立ち** 形声。土＋曾。土を重ねてふやす。

**意味** ❶ます。ふえる。「急増・激増・増加・増額・増強・増減・増進・増設・増大・増長・増補・倍増」

▽その国の人口は**増え**続けている（＝増加する）。

▽手品師は二枚、三枚とコインを**増やし**ていった。

▽本会の会員は年々**増え**ている（＝加わる）。

▽家族が一人**増え**ました（→子供が生まれた）。

▽忙しいから人手を**増やし**た（→採用する）。

▽ずいぶん白髪が**増え**たね。

▽最近この交差点では事故が**増え**ている。
▽未成年者の犯罪は**増える**一方だ。
▽運動をサボったら体重が三キロも**増えた**。
▽神田川の水かさが倍以上に**増えた**。
▽石油の需要は**増え**ていない。
▽選手たちは練習量を**増やし**た。
▽税金は上がっても収入は**増え**ない。

## 殖

12画　4級

**音読み**　ショク
**訓読み**　ふ-える・ふ-やす
**成り立ち**　形声。歹＋直。子孫をふやす。
**意味**　❶ふえる。ふやす。「殖産・生殖・増殖・繁殖・養殖・利殖」
▽この細菌は一分間で倍に**殖える**（＝分裂して数が多くなる）。
▽プラナリアは水槽の中でどんどん**殖える**。
▽ネズミはまかなくても刈らなくても**殖える**。
▽複利だと利子が利子を生んで**殖える**（＝膨張して自然にふえる）。
▽叔父はどうやってあんなに財産を**殖やし**たんだろう。
❷うえる。「移殖・殖民・殖林・播殖」

# ふく(1)

吹・噴

**使い分けマニュアル**　「**吹く**」は風・空気・水について広く用いられる。「**噴く**」は内部から突出する場合に。
泡を吹く。（ジョッキの泡を吹き飛ばす）
泡を噴く。（脳卒中患者が口から吐く）

| | 使用漢字 | アクセント |
|---|---|---|
| (1) | 吹　噴 | ふく(1) |
| (2) | 拭　葺 | ふく(2) |

## 吹

7画　4級

**音読み**　スイ
**訓読み**　ふ-く
**成り立ち**　会意。口＋欠。口を大きく開けて息を吐く。
**意味**　❶息を強く吐く。「吹塵・吹万・吹毛」
▽強い西風が**吹い**ている（＝風が流れる）。
▽ろうそくを**吹い**て消す（＝口から息を送る）。
▽熱いお茶を**吹い**て冷ました。

▽鐘を**吹く**（↓ふいごをふいて鋳造する）。
▽風鈴を**吹い**て作る（↓ふくらませる）。
▽男はてんかんを起こして泡を**吹い**た（＝吐く）。
▽クジラが潮を**吹い**た。
▽北国の春は木がいっせいに芽を**吹く**（＝出る）。
▽粉**吹き**芋（↓表面を粉がおおう）。
▽お寺のひさしに緑青が**吹い**ている。
慣あつものに懲りてなますを**吹く**＝一度失敗して慎重になりすぎるたとえ
毛を**吹い**て疵を求む＝わざわざ他人の欠点やあら探しをする様子
**吹け**ば飛ぶような＝取るに足りない様子
❷楽器をふきならす。「鼓吹・吹奏」
▽フルートを**吹く**（＝管楽器に息を送って音を出す）。
▽彼は口笛を上手に**吹く**。
▽ホイッスルを**吹い**て合図する。
▽尺八で「春の海」を**吹く**（＝演奏する）。
▽そんなにほらを**吹く**な（↓大うそをつく）。
▽あんまり**吹い**てばかりいると、誰も信用しなくなるよ（↓ありえないことを言う）。

## 噴

15画　4級

**音読み** フン（ホン）
**訓読み** ふ-く（は-く）
**成り立ち** 形声。口+賁。口からぷっとふきだす。
**意味** ❶ふきだす。「噴煙・噴火・噴射・噴出・噴水・噴飯」
▽やかんのお湯が**噴い**ている（＝突出する）。
▽地面の割れ目から勢いよく温泉が**噴き**上げた。
▽額から玉のような汗が**噴い**た（↓どっと）。
▽エンジンがオーバーヒートして火を**噴い**た。
▽火山が火を**噴い**た（↓噴火する）。
▽ライフルが火を**噴い**た（↓銃弾を発射する）。

# ふく(2)

拭*（葺）

**使い分けマニュアル** 「**拭く**」はこすってきれいにする場合に。「**葺く**」は屋根をおおう場合に。
屋根を拭く。（布でこする）
屋根を葺く。（瓦などでおおう）

†「ふく(1)」「ふく(2)」の使い分けは389ページ参照。

**拭*** 9画 2級

**音読み** ショク（シキ）

**訓読み** ふ-く・ぬぐ-う

**成り立ち** 形声。手＋式。人工を加えてきれいにする。

**意味** ❶ぬぐう。「清拭・払拭」

▽ご飯だからテーブルを**拭いて**（＝汚れをぬぐう）。

▽タオルで汗を**拭く**（＝水分をぬぐい取る）。

▽茶碗は私が洗うから、あなた**拭いて**よ。

▽ガラスは新聞紙で**拭く**ときれいになる（＝こする）。

▽玄関マットで靴をよく**拭いて**から建物に入る。

▽注射する前に皮膚をアルコール綿で**拭く**（↓きれいにする）。

**葺** 12画 準1級

**音読み** シュウ

**訓読み** ふ-く・つくろ-う

**成り立ち** 形声。草＋咠。よせあつめて屋根をふく。

**意味** ❶屋根をふく。「葺屋」

▽瓦で屋根を**葺く**（＝おおう）。

▽白川郷では村人総出で家の屋根を**葺く**。

▽かや**葺き**の屋根。

❷修理する。「葺繕・修葺・補葺」

## ふける　老・更（耽）

**使い分けマニュアル** 「**老ける**」は年齢が多い場合に。「**更ける**」は季節や時間が遅くなる場合に。「**耽る**」は一つのことに熱中する場合に。

**老** 6画 7級

**音読み** ロウ

**訓読み** お-いる・ふ-ける

**成り立ち** 象形。腰を曲げ杖をついた老人。

**意味** ❶年をとる。「敬老・初老・老化・老朽・老境・老醜・老衰・老体・老年・老婆・老雄・老齢」

▽彼は年の割に**老けて**見える（↓年寄りに）。

▽そんなに**老けた**かっこうしなさんな。

▽田舎の父はめっきり**老け**込んだ。

▽その女優は十九の時から**老け**役をやっている（↓老人

の役）。
❷重要人物。「家老・元老・大老・長老・老中」
❸先輩。「老兄・老公・老台」
❹経験がある。「老獪・老巧・老成・老舗・老練」
❺老子。「老君・老荘」

## 更

7画　4級

音読み　コウ

訓読み　さら・ふ－ける・ふ－かす（か－える・あらた－める）

成り立ち　会意。丙＋攴。たるんだものを両側に引き締める。

意味　❶かえる。かわる。「更衣・更改・更新・更生・更迭・更年期」
❷夜が遅くなる。「五更・初更・深更」
▽夜はしだいに**更け**ていく（＝時間が遅くなる）。
▽夜**更け**に友人の家を訪ねた。
▽秋も**更け**てきた（＝季節が遅くなる）。
†日本語では季節についても用いられる。

## 耽

10画　準1級

音読み　タン

訓読み　ふ－ける・おくぶか－い

成り立ち　形声。耳＋冘。耳がたれさがる。

意味　❶夢中になる。「耽溺・耽読・耽美・耽楽」
▽夜はもっぱら読書に**耽る**（＝熱中する）。
▽古いアルバムを繰って思い出に**耽る**（＝埋没する）。
▽雨を眺めながら物思いに**耽る**。
▽少年時代はいつも空想に**耽っ**ていた。
▽国王は酒色に**耽っ**て国を滅ぼした（↓酒と女に溺れる）。
▽息子はマンガを読み**耽っ**ている（↓夢中で読む）。

# ふせる・ふす

伏（臥・俯）

使い分けマニュアル　「**伏せる**」は下を向ける場合、従わせる場合、隠す場合などに。「**臥せる**」は体を横にする場合に。「**俯せる**」は顔を下に向けて下を見る場合に。「**伏す**」「**臥す**」は「ふせる」に準ずる。

かたわらに伏せる。（犬が主人の側で腹ばいに）
かたわらに臥せる。（病気で寝ている）
かたわらに俯せる。（視線を落とす）

音読み

| 使用漢字 | 他動詞 | 自動詞 |
|---|---|---|
| 伏 | ふせる | ー<br>ふす |
| 臥 | ー | ふせる<br>ふす |
| 俯 | ふせる | ー |

## 伏
6画　3級

**音読み**　フク（ブク）
**訓読み**　ふ-せる・ふ-す（かく-れる・したが-う）
**成り立ち**　会意。人+犬。人のそばにふせている犬。
**意味**　❶ふせる。ふす。「伏臥・伏俯」
▽名前を呼ばれて目を**伏せた**（=下を向ける）。
▽石が飛んできたのでとっさに身を**伏せた**（=低くする）。
▽天を仰ぎ地に**伏して**祈る。
▽（犬に）**伏せ**（=腹ばう）。
▽**伏して**お願い申し上げます（=平伏する）。
▽襲ってくる敵を切り**伏せる**（→倒す）。
❷かくれる。ひそむ。「潜伏・伏線・伏兵・伏魔殿」
▽特にお名前を**伏せ**させていただきます（=隠す）。
▽この話は他の人には**伏せて**おいてください。
▽草むらに兵を**伏せて**おく（=潜ませる）。
▽**伏せ字**（→好ましくない内容を×で消すこと）。
❸したがう。「屈伏・降伏・雌伏・折伏・承伏」
❹陰暦六月。「伏日・伏暑」

## 臥
8画　準1級

**音読み**　ガ
**訓読み**　ふ-す・ふしど
**成り立ち**　会意。臣+人。体を丸くかがめてうつぶせる。
**意味**　❶ふす。横たわる。「横臥・臥床・臥薪嘗胆・臥竜・起臥・仰臥・病臥」
▽訪ねたとき彼はまだ床に**臥して**いた（→就寝中）。
▽祖父は先月から病床に**臥せって**いる（=寝る）。

## 俯
10画　1級

**音読み**　フ
**訓読み**　ふ-す・ふ-せる・うつむ-く・うつぶ-す
**成り立ち**　形声。人+府。腹をぴたりと地面につける。
**意味**　❶ふす。うつむく。「俯角・俯瞰」
▽その男は目が合うと顔を**俯せた**（=うつむく）。
▽洗ったコップを**俯せて**置く（=裏向ける）。
▽全員に配り終えるまで問題用紙を**俯せて**おく。
▽読みかけの本を**俯せて**席を立つ。
▽摩り鉢は**俯せて**しまう（=下向きに置く）。

▽「もう飲めない」と杯を**俯**せた。

# ふた　二・双

**使い分けマニュアル** ともに「ふた〜」「ふたつ」の形で用いられるが、「**二**」は順に一から数えてふたつを言う場合に。「**双**」はふたつしかないものの両方を言う場合に。

授業参観に二親が来た。（一人ではなく）
授業参観に双親が来た。（両親ともに）

## 二　2画　10級

**音読み** ニ（ジ）

**訓読み** ふた・ふた-つ

**成り立ち** 指事。二本の横線。

**意味** ❶ふたつ。「二極・二元・二言・二次・二者・二重・二世・二点・二分・二律背反・不二・無二」

▽誰にでも一つや**二つ**秘密はある。
▽世に**二つ**とない逸品（↓唯一の）。
▽実行するか諦めるか**二つ**に一つだ（↓二者択一）。
▽書類を**二つ**折りにしてしまう（↓半分）。
▽先方は**二つ**返事で引き受けた（↓快諾）。
▽君は僕の従兄弟に瓜**二つ**だ（↓そっくり）。
▽道は途中で**二股**に分かれる（＝二本）。
▽彼女に**二股**をかけていたことがばれた（↓同時に二人と交際する）。
▽**二手**に分かれて犯人の後を追った（↓二組）。
▽彼女はきれいな**二重**まぶただ（↓皺が一本）。
▽幼いころ**二親**に死に別れた（↓両親）。
▽お**二方**おそろいでお見えです（↓二人）。
▽私に**二心**がないことをお誓いします（↓反逆心）。
▽父は**二言目**には行儀よくしろと言う（↓いつも）。
▽バレエ「白鳥の湖」では、オデットとオディールは一人**二役**で踊るのが普通だ。

㊫**二目と見られぬ**＝あまりに醜くて正視できない様子

❷つぎ。「二女・二男・二伸・二枚目・二流」

## 双　4画　3級　⇩ならぶ・ならべる

**音読み** ソウ

**訓読み** ふた（ふた-つ・もろ・なら-ぶ・たぐい）

**成り立ち** 会意。旧字は「雙」で、隹＋隹＋又。つがいの二羽を手で持つ。

**意味** ❶ふたつ。「双眼鏡・双肩・双頭・双璧・双方・双眸・双葉」

▽私は姉と**双**子の姉妹です（↓双生児）。

▽アメリカは**双**子の赤字を抱えている（↓財政赤字と貿易赤字）。

▽弟は**双**子座の生まれだ。

▽アサガオの**双**葉が出た。

㊄梅檀は**双**葉より芳し＝よい香りのする梅檀は芽吹いたばかりのときから匂う。天才は幼少のうちからその片鱗を表すたとえ

❷匹敵する。「無双」

## ふね　舟・船

**使い分けマニュアル** 「**船**」は大小に関係なく一般に広く用いられる。「**舟**」は比較的小さい手漕ぎのふねの場合、容器の場合に。

沖に船が見える。（外国航路の客船が）

沖に舟が見える。（海女の釣り舟が）

### 舟　6画　4級

**音読み** シュウ（シュ）

**訓読み** ふね・ふな

**成り立ち** 象形。まるきぶね。

**意味** ❶小さいふね。「同舟・孤舟・呑舟・帆舟」

▽湖に**舟**を浮かべて楽しむ（＝ボート）。

▽船頭が**舟**を漕いできた（＝小舟）。

▽こんな嵐では**舟**は出せない（↓出航）。

▽（船頭が）おーい、**舟**が出るぞう。

▽大川に花見の**舟**が並んでいる。

▽兄さんが助け**舟**を出してくれた（↓助言）。

▽湯**舟**に浸かる（↓浴槽）。

▽刺身一**舟**（↓一盛り）。

㊄乗りかかった**舟**＝途中までやりかけた仕事

**舟**を漕ぐ＝こっくりこっくりと居眠りする

渡りに**舟**＝好都合に事が運ぶたとえ

### 船　11画　9級

**音読み** セン

**訓読み** ふね・ふな

**成り立ち** 形声。舟＋㕣。水流に従って進むふね。

**意味** ❶ふね。「汽船・客船・漁船・乗船・船員・船室・船団・船長・船頭・船舶・帆船・風船・郵船」

▽港に大きな**船**が着いた（＝水上交通機関）。

▽瀬戸内海をのんびりと**船**で行く（＝客船）。

▽島には毎日一往復、**船**の便がある（＝定期船）。

▽研修生を乗せた**船**は順調に航海を続けた。

▽母は**船**に弱くすぐに酔ってしまう（↓船酔い）。

## ふるう・ふるえる

### 振・奮・震（揮・篩）

**使い分けマニュアル** 「**振るう**」は具体物にも抽象物にも用いられる。「**震う**」は地震か、小きざみな動きの場合に。「**奮う**」は精神的なものを活動させる場合に。「**揮う**」は腕や筆をふるう場合に。「**篩う**」はふるいにかける場合に。

「ふるえる」は「**震える**」のみ。

| 使用漢字 | 他動詞 | 自動詞 | 可能動詞 |
|---|---|---|---|
| 震 | ふるう | ふるえる | ― |
| 振奮揮篩 | ふるう | ― | ふるえる |

## 振

10画 4級

**音読み** シン

**訓読み** ふ-る・ふ-るう・ふ*-れる（すく-う）

**成り立ち** 形声。手＋辰。手で小刻みにふり動かす。

**意味** ❶ふる。ふるう。「三振・振動・振幅」

▽刀を**振るう**（↓切りつける）。

▽暴力を**振るう**な（＝大きく動かす）。

▽拳を**振るっ**て暴漢に立ち向かった（↓殴る）。

▽財布の底を**振るっ**ても何も出ない（＝はたく）。

▽子供相手に腕力を**振るう**とは（＝発揮させる）。

▽改革に大なたを**振るう**（↓思い切った措置をとる）。

▽熱弁を**振るう**（↓熱心に演説する）。

❷たすける。「振窮・振徳」

❸活気づく。「振興・不振」

▽最近ビジネスが**振るわ**ない（↓活気がない）。

▽英語の成績が**振るわ**なかった（↓よくない）。

▽今場所の大関陣はどうも**振るい**ません（↓負けが多い）。

❹古い。「振古」

❺ととのえる。「振旅」

## 奮

16画　5級

音読み　フン

訓読み　ふる-う

成り立ち　会意。大+隹+田。鳥が飛び立とうとしてはばたく。

意味　❶ふるいたつ。「興奮・発奮・奮起・奮闘・奮発・奮励」

▽唐の国力は大いに**奮っ**た（＝勢いづく）。

▽当時その国ではペストが猛威を**奮っ**ていた。

▽時には蛮勇を**奮う**ことも必要だ。

▽勇気を**奮っ**て困難に立ち向かう。

▽**奮っ**て御応募ください（＝どんどん）。

## 震

15画　4級

音読み　シン

訓読み　ふる-う・ふる-える

成り立ち　形声。雨+辰。びりびりふるえる雷。

意味　❶ふるう。ふるえる。「震駭・震撼・震動」

▽思わず身**震い**した（＝戦慄する）。

▽大地を**震わ**す大音響（↓大きく震動させる）。

▽彼女は恐怖にがたがた**震え**ていた。

▽寒くて**震え**が止まらない。

❷特に地面が揺れ動くこと。「地震・震央・震源・震災・震度・震幅・耐震・予震・余震」

▽地が**震え**風が吹き荒れる（↓地震）。

❸易の八卦の一つ。「震位・震宮」

❹中国の異称。「震旦」

## 揮

12画　5級

音読み　キ

訓読み　（ふる-う）

成り立ち　形声。手+軍。手を円を描いて振り回す。

意味　❶手を振り回す。「揮毫・指揮」

▽存分に君の手腕を**揮っ**てほしい（＝発揮する）。

▽彼女は得意な料理の腕を**揮っ**た。

▽このテーマなら存分に筆を**揮う**ことができる。

㊖采配を**揮う**＝指揮をとる

❷まきちらす。「揮発・発揮」

## 篩

16画　1級

**音読み** シ
**訓読み** ふるい・ふる-う
**成り立ち** 形声。竹+師。細い隙間を通す。
**意味** ❶ふるい。ふるいにかける。「篩管」
▽小麦粉を**篩**ってからバターを混ぜる（=ふるいにかける）。
▽培養土をよく**篩**って石を取り除く。
▽ドーナツに**篩**った粉砂糖をまぶす。
▽応募者を面接で二人にまで**篩う**（=選別する）。
▽欠陥品は最終検査で**篩い**落とされる。

## ほか　他・外

**使い分けマニュアル** 「**他**」は別の物事を指す場合に広く用いられる。「**外**」は当該物を含まない場合に。
他の人の意見を聞く。（当事者以外）
外の人の意見を聞く。（部外者）

## 他　5画　8級

**音読み** タ
**訓読み** *ほか
**成り立ち** 形声。人+也。見慣れないこと。ほか。
**意味** ❶ほかの。異なった。「自他・他意・他界・他言・他殺・他人・他聞・他方・他力・排他・利他」
▽**他**の人の意見も聞いてみよう（=当事者でない）。
▽**他**の連中はなんて言ってるんだ。
▽**他**の人の助けをあてにするな。
▽彼女には**他**に好きな人がいるんだ（→自分以外）。
▽おっと、誰か**他**の人の傘を持ってきてしまった。
▽君たちは**他**へ行ってくれ（→別の場所）。
▽この店がだめでも**他**に店があるさ。
▽もっと**他**をあたってみろ。
▽**他**の大学も受験してみたらどう?
▽この手の物は**他**にはありません。うちだけですよ。
▽子供の非行には、家庭内の不和の**他**に何か重大な原因があるかもしれない。
▽**他**に何か欲しい物はありますか。
▽トマトばかりでなく**他**の野菜も食べなさい。

## 外

5画　9級

**音読み** ガイ・ゲ（ウイ）

**訓読み** そと・ほか・はず‐す・はず‐れる（と）

**成り立ち** 形声。卜＋月。月が欠けて残ったそとがわ。

**意味** ❶そと。うわべ。「屋外・海外・外観・外形・外見・外交・外国・外出・外食・外部・外面・外野・外遊・外洋・外来・学外・外科・圏外・言外・郊外・校外・国外・場外・体外・内外・門外・野外・欄外」

❷ほか。よそ。「案外・以外・意外・外聞・課外・口外・号外・心外・番外・望外・例外・論外」

▽彼は中国語の**外**にタイ語も話せる（↓中国語＋タイ語）。

▽日本料理屋の**外**、和風喫茶も経営している。

▽首相**外**十二名の一行は今夜成田をたちました。

▽声が少し小さかった**外**は、君の発表はなかなかよかったよ（＝それ以外）。

▽父は日曜日の**外**は毎日会社へ行く。

▽容疑者は名前の**外**は何も言わなかった（＝それだけ）。

▽君の**外**にこの仕事をやれる者はいない。

▽黙って上司の言うことを聞くより**外**なかった（↓いやいや〜する）。

▽親としてはわが子の変貌をただ見守る**外**なかった（↓何もできない）。

▽イチローの活躍には驚く**外**ない（↓非常に驚く）。

▽自衛隊を戦場に派遣するということは戦争を行うことに**外**ならない（↓まさに〜である）。

▽**外**ならぬ君の頼みだから断れない（↓大切な）。

▽頼みというのは**外**でもない、例の合併話だ（↓重大な）。

▽深夜にバイクで騒ぎ回るなど以ての**外**だ（↓とんでもない）。

▽計画は思いの**外**うまくいった（↓案外）。

▽今年の冬は殊の**外**寒さが厳しいようです（↓特に）。

㊐慣 恋は思案の**外**＝恋はただ考えていてもどうにもならないものだ

❸母方の身内。「外舅・外戚・外祖父」

❹正式でない。「外史・外伝」

❺はずす。「除外・疎外」

## ほめる

褒（誉・賞）

**使い分けマニュアル** 「**褒める**」は一般に広く用いられる。「**誉める**」は特に言葉で公にたたえる場合に。「**賞め**

る」はほうびを強調する場合、感動する場合に。

子供を褒める。(よくやったと言う)
子供を誉める。(全校生徒の前で顕彰する)
子供を賞める。(賞状を授与する)

## 褒

15画 準2級

**音読み** ホウ

**訓読み** ほ-める

**成り立ち** 形声。衣+保。すそがふくらんだ衣服。

**意味** ❶すその大きい衣。「褒衣博帯」
❷ほめる。「毀誉褒貶・褒章・褒賞・褒美」

▽満点を取ったら親が**褒め**てくれた(=よくやったと言う)。
▽子供は**褒め**てしつけたほうがよい。
▽仲人は相手の男性を**褒め**ちぎった(↓非常によいと言う)。
▽飲酒運転で捕まったなんて、**褒め**られた話じゃないね(↓感心しない)。

## 誉

13画 4級

**音読み** ヨ

**訓読み** ほま-れ(ほ-める)

**成り立ち** 形声。旧字は「譽」で、言+與。ことばで持ち上げる。

**意味** ❶ほめる。「栄誉・毀誉褒貶・名誉・誉望」

▽あの人は他人を**誉め**たことがない(=よく言う)。
▽彼女はどんなに**誉め**られてもいい気にならない。
▽今度の担任はたいへん熱心だと父母はみな**誉め**ている(=よい評判)。
▽先生は私の作品を**誉め**てくれたことがない。
(慣)**誉め**殺し=実際以上に誉めちぎり、結果的に欠点を暗示させること

## 賞

15画 7級

**音読み** ショウ

**訓読み** (ほ-める・め-でる)

**成り立ち** 形声。貝+尚。ほうびに与える金品。

**意味** ❶ほうび。たまもの。「恩賞・懸賞・受賞・賞金・賞状・賞罰・賞与・入賞・副賞・褒賞・論功行賞」
❷ほめる。「勧賞・鑑賞・激賞・賞玩・賞賛・賞味・賞誉・賞揚・推賞・嘆賞」

▽その舞台は新聞の劇評でとても**賞め**られていた(=高く評価される)。

▽（殿様が）よくやった。**賞めてとらす**（＝恩賞を与える）。

## ほる・ほり

### 堀・掘・彫

**使い分けマニュアル** 「**掘る**」は地面などに穴をあける場合に。「**彫る**」は物をきざんで形を造る場合に。「**掘り**」は地面に穴をあける動作の場合に。「**堀**」は地面にあけた穴の場合に。「**彫り**」は物を刻む動作の場合に。

掘りが深い。（地面に深く穴を掘った）
堀が深い。（深い溝）
彫りが深い。（目鼻立ちがくっきりしている）

| 使用漢字 | 動詞 | 名詞 |
|---|---|---|
| 掘彫 | ほる | ほり |
| 堀 | ー | ほり |

## 堀

11画 準2級

**音読み** （クツ・コツ）

**訓読み** ほり（あな）

**成り立ち** 形声。土＋屈。土をほって作ったくぼんだ穴。

**意味** ❶あな。あなをほる。「堀穴・堀室」 ❷深い溝。

▽城の周りに**堀**をめぐらす（＝深い溝）。

▽お**堀**ばたを歩く（→江戸城の堀）。

▽外**堀**を埋める（→城の外層の溝）。

▽**堀**の内に町並みができる（→城郭内部）。

†❷は漢字本来の意味ではない。

## 掘

11画 4級

**音読み** クツ

**訓読み** ほ－る

**成り立ち** 形声。手＋屈。穴をあけてくぼみを作る。

**意味** ❶ほる。「掘削・採掘・試掘・盗掘・発掘」

▽犬が庭に大きな穴を**掘った**（＝土に穴をあける）。

▽トナカイは凍った土を**掘って**コケを食べる。

▽その家の前には排水用の溝が**掘って**あった。

▽開拓した人々はまず井戸を**掘った**。

▽裏の畑でジャガイモを**掘って**いる（＝土に穴をあけて取り出す）。

▽石炭〔石油・天然ガス〕を**掘る**。

▽湖の底から古代のゾウの化石が**掘り**出された。

▽アナグマは穴**掘り**が得意だ。

▽露天**掘り**（↓地下資源などを地表から直接掘り出すこと）。

（慣）根**掘り**葉**掘り**＝肝心なことも瑣末なことも残らず聞き出す様子

墓穴を**掘る**＝他人をおとしいれようとした罠に自分がはまるたとえ

## 彫

11画　3級

**音読み**　チョウ

**訓読み**　ほ-る

**成り立ち**　形声。彡＋周。すみずみまで削ってかざる。

**意味**　❶きざむ。「彫金・彫刻・彫塑・彫像・彫琢」

▽記念碑に碑文が薄く**彫って**ある（＝削って形作る）。

▽版木を**彫って**木版印刷をする。

▽万年筆に自分の名前を**彫る**。

▽男は懺悔の気持ちで仏像を**彫った**。

▽年賀状に押すいも判を**彫る**。

▽ステッキの柄は犬の形に**彫って**ある。

▽このカメオはずいぶんと深**彫り**だね（↓彫刻の厚みがある）。

▽彼女は白人のように**彫り**の深い顔立ちをしている（↓目鼻立ちがくっきりしている）。

▽男の背中には竜の入れ墨が**彫って**あった（＝入れ墨を入れる）。

▽くりからもんもんの**彫り**物（↓入れ墨）。

❷しぼむ。「彫残・彫尽・彫落」

## ま行

# まく（蒔・撒・播）

**使い分けマニュアル** 「**蒔く**」は種を一つずつ植える場合、蒔絵を作る場合に。「**撒く**」は小さいものを広く散らす場合に。「**播く**」は定着するように植えつける場合に。

種を蒔く。（やがて双葉が一本出る）
種を撒く。（やがて細かな芽がたくさん出る）
種を播く。（秋には米が実る）

## 蒔 13画 準1級

**音読み** シ・ジ

**訓読み** う-える・ま-く

**成り立ち** 形声。草+時。苗を植え替える。

**意味** ❶植え替える。「蒔植」

❷まく。

▽花壇にアサガオの種を**蒔く**（＝植えつける）。

▽三年に一度、畑に牧草を**蒔い**て羊を飼う（＝種から育てる）。

▽彼はいつも争いの種を**蒔い**ていく（↓言いだす）。

▽**蒔**絵＝漆塗りの上に金銀粉で絵や模様を描く技法

㊝**蒔か**ぬ種は生えぬ＝原因がなければ結果が起こるはずはないというたとえ

†❷は漢字本来の意味ではない。

## 撒 15画 準1級

**音読み** サツ・サン

**訓読み** ま-く

**成り立ち** 形声。手+散。ばらばらにまき散らす。

**意味** ❶まき散らす。「撒水・撒播・撒布」

▽神社の境内で節分の豆を**撒い**た（＝広く散らす）。

▽飛行機からビラを**撒く**。

▽道路が埃っぽいので水を**撒い**た（↓撒水）。

▽地下鉄内に毒ガスが**撒か**れた（↓撒布）。

▽畑に農薬を**撒い**て消毒する。

▽八十歳の老優の結婚は話題を**撒い**た（↓噂になる）。

▽売れ残りのチケットは全部適当に**撒い**た（↓ただ同然

で売りさばく）。

▽池のコイに**撒き**餌をやる。

## 播

15画　準1級

**音読み**　ハ・バン

**訓読み**　ま-く・し-く・さすら-う

**成り立ち**　形声。手＋番。放射状に平らに広くまき散らす。

**意味**　❶まく。種を植える。「撒播・播種・播植」

▽コスモスの種を**播く**（＝ばらばらと散らす）。

▽畑に麦を**播く**。

❷しく。広く及ぼす。「伝播・播揚・流播」

❸さまよう。「播遷」

❹播磨の国。「播州」

†❹は漢字本来の意味ではない。

# まこと

**誠（真・実・信）**

**使い分けマニュアル**　「**誠**」は誠意を表す場合に。「**真**」はうそでないことを表す場合に。「**実**」は実直であることを表す場合に。「**信**」は信頼できる人物や物事を表す場合に。

誠を尽くす。（真面目な言行）
真を尽くす。（うそのない本物）
実を尽くす。（充実した内容）
信を尽くす。（貫き通すまごころ）

## 誠

13画　5級

**音読み**　セイ（ジョウ）

**訓読み**　まこと

**成り立ち**　形声。言＋成。かけめのない言行。

**意味**　❶まこと。まごころ。「至誠・誠意・誠実・誠心・忠誠」

▽首相の答弁には**誠**を尽くす姿勢が見られない（↓誠意）。

▽この本を読んで人の**誠**に打たれました。

▽相手の**誠**にこたえなければならない。

▽**誠**に申し訳ございませんでした（↓ほんとうに）。

▽**誠**にありがとうございます。

## 真

10画　8級

**音読み**　シン

**訓読み**　ま（まこと）

**成り立ち** 会意。旧字は「眞」で、匕+鼎。容器に物を詰め込む。

**意味** ❶ほんもの。「写真・真意・真価・真偽・真剣・真摯・真実・真情・真性・真相・真理・迫真」

▽(時代劇)**真**はそちのしわざであろう(↓本当)。

▽恥を重んじてこそ**真**の武士だ(=本物)。

▽人生の**真**を知った気がする(=真理)。

(慣)うそから出た**真**=初めは本気ではなかったが、途中から本気になること

❷まじりけのない。「天真爛漫・純真・真空」

▽彼女の声こそ**真**の「天使の声」と呼ぶべきものだ。

❸楷書。「真行草・真字・真体」

## 実 8画 8級

**音読み** ジツ

**訓読み** み・みの-る(み-ちる・まこと・まめ・さね)

**成り立ち** 会意。旧字は「實」で、宀+周+貝。家の中に財宝を満たす。

**意味** ❶み。さね。「花実・果実・結実」

❷内容。「口実・実線・実体・充実・無実・名実」

❸まこと。まごころ。「堅実・実意・実直・誠実・忠実・篤実・不実」

▽あの男には**実**という心がない(↓誠実)。

❹ほんとう。ありのまま。「確実・現実・事実・実印・実演・実家・実感・実技・実現・実験・実権・実行・実在・実際・実施・実習・実情・実証・実績・実践・実像・実態・実弾・実地・実費・実物・実名・実用・実力・実例・実話・写実・真実・切実・内実・如実」

▽彼は**実**しやかなうそをつく(↓いかにも本当らしい)。

▽このたびの不祥事は**実**に遺憾であります(=非常に)。

▽(苦情処理)おっしゃることは**実**にごもっともですが、当社としては責任を負いかねます。

▽**実**に不可解な事件が起こった。

▽創業者は**実**に偉大な人物であった。

## 信 9画 7級

**音読み** シン

**訓読み** (まこと・たよ-り・まか-せる)

**成り立ち** 会意。人+言。途中で曲がらずまっすぐ進む。

**意味** ❶まこと。「信義・信実・信賞必罰」

▽娘の婚約者は男の**信**を見せてくれた(=まっすぐな心)。

▽高山右近は神に対する**信**を貫き通した(=誠実さ)。

❷そうだと堅く思う。「確信・過信・自信・信条・信託・信任・信念・信望・信用・信頼・背信・不信」

❸帰依する。「狂信・信教・信仰・信者・信心・信徒・俗信・入信・迷信」
❹たより。合図。「往信・音信・交信・私信・受信・信号・送信・着信・通信・電信・発信・返信・来信」
❺まかせる。「信風」

## まぜる・まざる・まじる

混・交

**使い分けマニュアル** 「混ぜる」は異質な物を分離できないように合わせる場合に。「交ぜる」はまぜた物がそれぞれ自立しつつも相互に関係し合う場合に。

「混ざる・混じる」「交ざる・交じる」は「まぜる」の使い方に準ずる。

毛に絹を混ぜる。（毛と絹を合わせて糸にする）
毛に絹を交ぜる。（毛糸と絹糸で織る）

| 使用漢字 | 他動詞 | 自動詞 | |
|---|---|---|---|
| 混 交 | まぜる | まざる | まじる |

## 混

11画 6級

**音読み** コン

**訓読み** ま-じる・ま-ざる・ま-ぜる・こ*-む

**成り立ち** 形声。水＋昆。水が合わさりまとまる。

**意味** ❶まじる。まぜる。「混血・混合・混声・混戦・混線・混同・混沌・混迷・混浴・混乱」

▽小麦粉に卵を入れてよく**混ぜる**（＝異質の物を合わせる）。
▽セメントと小石と水を**混ぜ**てよく練る。
▽ひき肉のつなぎにかたくり粉を**混ぜる**。
▽酢と油を一対一の割合で**混ぜる**。
▽黄色い絵の具と青い絵の具を**混ぜ**て緑を作る。
▽エビと野菜を**混ぜ**てかき揚げにする。
▽水素は空気が**混じる**と爆発する。
▽動物の糞や死骸、植物などが腐って**混ざる**とよい肥料になる。
▽この犬はシェパードとコリーの血が**混じ**っている。
▽シジュウカラの群れにヒガラが**混じ**っている。
▽車の騒音に**混じ**って若者の歌声が聞こえてきた。
▽硬貨を何種類か**混ぜ**て総額一万円渡した。
▽卵を割りほぐして**混ぜる**（＝均一にする）。
▽深夜になると、隣の部屋でマージャンパイを**混ぜる**音が聞こえてくる。

▽納豆を糸がひくまではしでよくかき**混ぜる**。
▽昔の風呂は上の方だけ熱いことがあったので、入る前によく**混ぜる**必要があった。
▽この餅には**混ぜ**物がしてある（↓不純物）。

## 交

6画　9級

**音読み**　コウ
**訓読み**　まじ-わる・まじ-える・ま-じる・ま-ざる・ま-ぜる・か-う・か-わす（こもごも）
**成り立ち**　象形。あしを交差させた人。
**意味**　❶まじわる。「交易・交差・交錯・交渉・交信・交戦・交点・交尾・交流・性交・団交」
❷まじる。やりとりする。「外交・交歓・交誼・交際・交情・交遊・社交・親交・絶交・断交・通交」
▽アクリルとウールを**交ぜ**て織る（↓交織する）。
▽日本語は漢字と仮名を**交ぜ**て書く。
▽スピーチに冗談を**交ぜる**（＝紛れ込ませる）。
▽「私も**交ぜ**て」とその子は仲間に入ってきた（＝仲間に入れる）。
▽白と茶と黒の**交ざ**った毛色の猫がいる（↓三毛猫）。
▽受講者には二十歳代の大学生に**交じ**って中高年の姿も目立つ。
▽ツアーの一行に**交じ**ってフランス旅行に出発した。
▽花嫁の父は寂しさと喜びの入り**交じ**った顔をした。
❸かわる。「交換・交互・交代・交替・交番・交流」

# まち

町・街

**使い分けマニュアル**　「**町**」は人が集まっている所や行政単位に。「**街**」は特に繁華街を指す場合に。

町になる。（町村合併で）
街になる。（産業振興で）

## 町

7画　10級

**音読み**　チョウ（テイ）
**訓読み**　まち（あぜみち）
**成り立ち**　形声。田＋丁。田を区切るあぜ。
**意味**　❶あぜ。「町畦」
❷人が集まるまち。「町家・町長・町人・町民」
▽近郊農家は**町**に出て野菜を売る（＝人の集まっている地域）。

▽村の若者は中学を卒業すると**町**へ出て働いた。
▽新しい駅ができるとすぐに新しい**町**ができる。
▽**町**の暮らしに慣れると田舎にはもう住めない。
▽三つの**町**が合併して市ができた（＝行政区の一つ）。
▽オリッピック選手を**町**ぐるみで応援する。
▽**町**役場。
❸面積の単位。「町歩」

## 街 12画 7級

**音読み** ガイ・カイ
**訓読み** まち（ちまた）
**成り立ち** 形声。行＋圭。きちんと区切りをつけたまちなみ。
**意味** ❶区画された大きなまち。ちまた。「街道・街灯・街頭・街路・市街」
▽**街**へ買い物に行こう（↓繁華街）。
▽六本木の**街**でウインドーショッピングする。
▽仕事帰りの疲れた目に**街**の灯がまぶしい。
▽神田は昔から学生の**街**と言われている（↓学生が多く集まってにぎわう所）。

# まもる・まもり 守（護・衛）

**使い分けマニュアル** 「**守る・守り**」は一般に広く用いられる。「**護る・護り**」は特に大切な物が傷つけられないようにかばう場合に。「**衛る・衛り**」は持ち場などの周りをめぐって防ぐ場合に。

持ち場を守る。（そこにとどまる）
持ち場を護る。（攻撃の盾となって防ぐ）
持ち場を衛る。（周りを警戒する）

| 使用漢字 | 動詞 | 名詞 |
|---|---|---|
| 守護衛 | まもる | まもり |

## 守 6画 8級

**音読み** シュ・ス
**訓読み** まも-る・も-り（かみ）
**成り立ち** 会意。宀＋寸。手で屋根の下に囲い込む。
**意味** ❶まもる。まもり。「看守・厳守・攻守・死守・守衛・守護・守備・遵守・鎮守・墨守・保守・留守」

▽一隊は果敢に持ち場を**守っ**た（＝とどまって防ぐ）。
▽幼い子供は身を**守る**すべを知らない。
▽国は個人の生活と財産を**守る**義務がある。
▽美しい自然を**守ろう**（＝よい状態のまま維持する）。
▽伝統文化を**守り**伝えるのが我々の義務だ。
▽幼い女の子が留守宅を**守っ**ていた（＝残る）。
▽彼は自分の地位や名誉を**守る**のに必死だ。
▽横綱は一敗を**守っ**た。
▽チャンピオンの座を**守っ**た。
▽イチローは外野はどこでも**守れる**（＝守備）。
▽九回裏、巨人は**守り**を堅めてきた。
▽彼は約束は必ず**守る**（＝破らない）。
▽親の言いつけを**守る**（＝尊重する）。
▽社会秩序を**守る**ために警察が存在する。
▽アラーの教えを**守る**（＝遵守する）。
▽規則を**守れ**ない人は寮に入れない。
▽長年の習慣を**守る**（＝維持する）。
▽その作家は中傷されても沈黙を**守り**続けた。
▽医者の注意を**守ら**ないから、なかなか病気がよくならないのだ（＝従う）。
▽故人の遺志を**守っ**て葬儀を行う。
❷つかさどる。「国守・太守」

## 護

20画　6級

**音読み**　ゴ

**訓読み**　（まも－る・まも－り）

**成り立ち**　形声。言＋蒦。外からとりまいてかばう。

**意味**　❶まもる。かばう。「愛護・援護・介護・看護・警護・護衛・護送・守護・庇護・弁護・保護・擁護」
▽要人の身辺を**護る**（＝護衛する）。
▽トルコのカンガル犬はオオカミから羊を**護る**。
▽焼けつくような太陽から顔や肌を**護る**ために、つばの広い帽子をかぶる（＝保護する）。
▽民主主義社会を**護る**（＝擁護する）。
▽家内安全のお**護り**をもらう（↓神仏の加護）。

## 衛

16画　6級

**音読み**　エイ（エ）

**訓読み**　（まも－る）

**成り立ち**　形声。行＋韋。外側をめぐり歩いて防ぐ。

**意味**　❶まもる。ふせぐ。「衛生・衛星・衛兵・護衛・近衛・自衛・守衛・兵衛・防衛・門衛」
▽軍隊が国境を**衛っ**ている（＝警備する）。
▽スピッツは自分の縄張りをよく**衛る**（＝侵入者を追い

払う)。

▽オスのキツネが巣穴の周辺で衛っている。

## まる・まるい　丸・円

**使い分けマニュアル** 「**丸い**」は球形である場合、すり減る場合などに。「**円い**」は円形の場合、おだやかである場合に。

「まる」は「**丸**」のみ。

丸い形。(球形)
円い形。(円形)

| 使用漢字 | 名詞 | 形容詞 |
| --- | --- | --- |
| 丸 | まる | まるい |
| 円 | ― | まるい |

## 丸

3画　9級

**音読み** ガン

**訓読み** まる・まる-い・まる-める (たま)

**成り立ち** 会意。体をまるくした人。

**意味** ❶まるい。たま。「丸薬・睾丸・弾丸・砲丸」

▽地球は**丸い**(＝球形)。

▽スイカを**丸い**まま買ってきた。

▽**丸い**おにぎりと三角のおにぎりを作った。

▽スピッツは目が**丸く**てかわいい。

▽娘は体つきが**丸く**なってきた(↓女性らしい)。

▽最近顔が**丸く**なったね(↓太った)。

▽猫がこたつで**丸く**なっている。

▽老人のように背中を**丸く**した。

▽四隅の**丸い**テーブルを買った(＝角がとれている)。

▽鉛筆が**丸く**なった(↓先が鈍る)。

▽河原の小石は**丸く**すり減っている。

▽消しゴムが**丸く**なった。

▽黒板に大きな**丸**を書いた(＝円)。

▽テストで**丸**をもらった(↓正解)。

▽文章に点と**丸**を正しくつける(＝句点)。

▽東の空に真ん**丸**の月が出た(↓満月)。

(慣)**丸い**卵も切りようで四角＝物事はやり方次第でどうにでもなるたとえ

目を**丸く**する＝びっくりする

❷そっくりそのまま。全部。「一丸」

▽リンゴを**丸**かじりする(↓原形のまま)。

▽子供が**丸**裸で水遊びしている（↓全裸）。
▽息子は試合に負けて頭を**丸**坊主にした（↓髪をすべて剃る）。
▽この洗剤はセーターを**丸**洗いできる（↓まとめて）。
▽彼の論文は参考書の**丸**写しだ（＝そっくりそのまま）。
▽下請け業者への**丸**投げは禁止されている。
▽父の死から**丸**三年が過ぎた。
慣 坊主**丸**儲け＝僧は元手がかからず（税金もとられずに）お経を読むだけでお布施がもらえること

## 円　4画　10級

**音読み** エン
**訓読み** まる－い（まど－か・つぶら－か・まろ－やか）
**成り立ち** 形声。旧字は「圓」で、囗＋員。まるくとりかこむ。
**意味** ❶まるい。「円座・円周・円陣・円錐・円卓・円柱・円筒・円盤・楕円・半円」
▽その劇場は中央に**円い**舞台がある（＝円形）。
▽中華料理は**円い**テーブルで食べる（↓円卓）。
▽おちょぼ口を**円く**開けてあめをねだる。
▽東の空に**円い**月が出た。
▽お盆のように**円い**顔（↓丸顔）。
▽ナインが**円く**なって座った。
❷穏やか。「円覚・円滑・円熟・円満・大団円」
▽父も年を取って人間が**円く**なった（＝穏やか）。
▽社長の鶴の一声で社内の対立が**円く**収まった。
❸日本の貨幣の単位。「円市場・日本円」
†❸は漢字本来の意味ではない。

# まわる・まわり　回・周（廻）

**使い分けマニュアル** 「**回る**」は一般に広く用いられる。「**廻る**」はあちこちめぐり歩くニュアンスを強調したい場合に。
「**周り**」は本体と隙間のある周囲・周辺の意味の場合に。「**回り**」はそれ以外の場合に。「**廻り**」はめぐり歩くニュアンスを強調したい場合に。

火の周り。（皆で焚き火を囲む所）
火の回り。（火事で延焼する速さ）
火の廻り。（窯の中で炎が及ぶ範囲）

| 使用漢字 | 動詞 | 名詞 |
| --- | --- | --- |
| 回 廻 | まわる | まわり |
| 周 | ― | まわり |

## 回

6画 9級

**音読み** カイ・エ

**訓読み** まわ-る・まわ-す（めぐ-らす）

**成り立ち** 象形。まわりをまわる。

**意味** ❶まわす。まわる。「迂回・回向・回送・回転・回避・回遊・回覧・回路・周回・巡回・旋回・転回」

▽それでも地球は**回っ**ている（＝回転する）。
▽ペダルを踏むと車輪が**回り**始めた。
▽鉄棒は後ろ**回り**のほうが前回りより簡単だ。
▽この馬は右**回り**のコースが得意だ。
▽小型車は小**回り**がきく（→狭い場所でハンドル操作ができる）。
▽話がやっと**回り**始めた（＝うまく進む）。
▽あの男は頭が**回る**（＝すばやく動く）。
▽この子はよく知恵が**回る**子だ。
▽火の**回り**が早くて逃げ切れなかった（＝行き渡る）。
▽展覧会場を一通り見て**回っ**た（→概観する）。
▽玄関に**回っ**てください（＝迂回する）。
▽人垣で通れず大**回り**させられた。
▽ちょっとその辺を一**回り**してくる（＝巡る）。
▽北極**回り**でヨーロッパへ行く（＝経由）。
▽時計は十時を**回っ**ていた（＝過ぎる）。
▽このシャツは首の**回り**がきつい（＝外周）。
▽胴**回り**が五センチ太った。
▽家の水**回り**をリフォームした（→給排水設備）。

㊞慣 急がば**回れ**＝急いでいるときほどあわてずに慎重に事を進めよ
気が**回る**＝物事の先を見越して考えられる
首が**回らない**＝借金が多くて自由に身動きできない
舌が**回る**＝流暢にしゃべる
手が**回らない**＝多忙で十分に対処できない
目が**回る**＝めまいを感じる
**回れ**右＝真後ろへ向き直る

❷もとにもどる。「回帰・回顧・回収・回春・回心・回想・回答・回復・奪回・撤回・挽回」

❸ひとまわり。「回忌・回数・次回・初回・前回」

▽時計の短針は一日に二**回り**する（→二回転）。
▽その樽はビール樽より一**回り**大きい（→程度）。
▽妻は私より一**回り**年下だ（→十二歳）。

## 周　8画　7級

**音読み**　シュウ（ス）

**訓読み**　まわ－り（めぐ－る・あまね－く）

**成り立ち**　会意。口＋用。全部にゆきわたる。

**意味**　❶ゆきわたる。「周知・周到」

❷まわる。まわり。「一周・円周・周囲・周期・周年・周辺・周遊」

▽殴られて目の**周り**にあざができた（＝周囲）。

▽池の**周り**に木を植える。

▽**周り**の目が気になってしかたがない。

▽駅の**周り**が一変した（＝周辺）。

▽身の**周り**の物を片づける。

▽**周り**の人の意見を無視してはいけない。

❸中国の王朝名。「周道・周礼」

❹あわてる。「周章狼狽」

## 廻　9画　準1級

**音読み**　カイ・エ

**訓読み**　まわ－す・まわ－る・めぐ－る・めぐ－らす

**成り立ち**　形声。廴＋回。ぐるぐるまわって進む。

**意味**　❶まわる。「廻風・輪廻」

▽世界各国を**廻**って日本文化を広める（＝巡る）。

▽ちょっとお得意を**廻**ってくるよ。

▽やっと順番が**廻**ってきた。

▽年二％の利**廻り**で資金を回す。

▽彼は最近金**廻り**がいいようだ。

▽毎年三日に年始**廻り**に行く（↓順に挨拶する）。

# みち

道（路・途）

**使い分けマニュアル**　「道」は一般に広く用いられる。「路」は目的地に到る経路の場合、道路を通行する場合に。「途」は距離感を強調したい場合に。

細い道。（裏通り）

細い路。（住宅地内の路地）

細い途。（孤独で頼りない人生行路）

## 道　12画　9級

**音読み**　ドウ・トウ

**訓読み**　みち（い－う）

**成り立ち** 形声。辶+首。首を向けて足で歩くみち。

**意味** ❶人や物が通るすじ。「沿道・街道・気道・国道・参道・水道・赤道・中道・鉄道・道中・道標・道路・尿道・農道・舗道・本道・林道」

▽深い森の中には人間の通れる**道**はない（＝通路）。

▽一行は**道**なき**道**を進んだ。

▽ここは雨が降ると**道**が悪くなる（＝路面）。

▽駅へ行く**道**をたずねた（＝目的地へ到る経路）。

▽この近辺の**道**がわかりますか（→地理）。

▽知らない町で**道**に迷ってしまった。

▽学校へ行く**道**で財布を落とし、帰る**道**で借りた金を落とした（＝途上）。

▽**道**行く人に募金を呼びかける（→街頭）。

▽一生懸命歩いているのに一向に**道**がはかどらない（＝距離）。

▽日が落ちてきた。**道**を急ごう（→早足になる）。

▽君は卒業したらどの**道**に進むのか（＝進路）。

▽食道は食べ物の通る**道**だ（→物の通る所）。

▽絹の**道**（→シルクロード）。

㊖いつか来た**道**＝軍国主義に支配された政策のたとえ

千里の**道**も一歩から＝遠い距離も一歩ずつ進めばいつか達成できるたとえ

❷人の守るべきみち。「王道・求道・極道・邪道・修道・人道・伝道・道義・道徳・道理・非道・仏道」

▽人の**道**に外れた行いをする（→人道）。

▽**道**ならぬ恋（→不倫）。

▽さびしからずや**道**を説く君（＝道徳）。

❸方法。学問。「華道・弓道・芸道・剣道・香道・茶道・柔道・常道・書道・道具・道場・道楽・武道」

▽その**道**の専門家に意見を聞く（＝分野）。

▽後進に**道**を譲ることにした。

▽少年はふとしたことから悪の**道**に踏み込んだ。

▽この**道**一筋四十年のベテラン。

▽歌の**道**（→和歌の世界）。

❹言う。となえる。「言語道断・唱道・道説・報道」

❺昔の地方区画。「東海道・中仙道」

❻北海道のこと。「道庁・道内・道産子」

†❻は漢字本来の意味ではない。

## 路

13画　8級

**音読み** ロ

**訓読み** じ（みち・くるま）

**成り立ち** 形声。足+各。歩いて至るみち。

**意味** ❶人の行く所。「悪路・遠路・回路・岐路・空路・

経路・進路・水路・線路・通路・道路・遍路・迷路・陸路・路地・路上・路線・路頭・路傍・路面」
▽校舎に向かう林の中に**路**ができていた（＝人が通った跡）。
▽やぶを切り開いて**路**を作る。
▽畑の中に**路**ができた（＝道路）。
▽対向車に**路**を譲る（＝進路）。
▽高速に抜ける**路**が通じている（＝経路）。
▽熊野詣は**路**がたいへん険しい。
▽すべての**路**はローマに通ず。
▽**路**で旧友に出くわした（＝路上）。
▽**路**を歩いていて事件に巻き込まれた（＝街路）。
❷すじみち。「販路・末路・理路整然」
▽博士はその分野で後進に**路**を開いたことで有名だ。
❸たび。「路銀・路程・路用」
❹重要な地位。「当路・要路」
❺天子の車。「路車・路寝・路馬」

## 途

10画　4級

**音読み**　ト（ズ）

**訓読み**　（みち）

**成り立ち**　形声。辶＋余。長く延びるみち。

**意味**　❶みち。「一途・帰途・三途・先途・前途・中途・途上・途端・途中・別途・冥途・目途」
▽君はこのまま自分の**途**を進めばよい（↓生き方）。
▽金メダルへの**途**は険しい（＝距離）。
▽一生懸命努力すれば**途**はおのずから開けるものだ。
㊎日暮れて**途**遠し＝人生も終わり近くになってしまったのに、目的がまだ果たせないたとえ
わが**途**を行く＝自分の信念のみに従って生き、他人に影響されないたとえ
❷すじみち。「使途・途轍・途方・用途」
▽会社を救う**途**はただ一つだ（＝方法）。
▽解決の**途**を探る。
▽猛火に追われ川へ飛び込むより**途**がなくなった。
▽生活の**途**を絶たれる（＝手段）。
▽犯人は盗んだ金の使い**途**に困って宝くじを買った。

# みちる・みたす

満（充）

**使い分けマニュアル**　「満ちる・満たす」は一般に広く用いられる。「充ちる・充たす」は内部からいっぱいに

ふくれてくる場合に。

花の香りに**満ち**ている。（濃厚である）
花の香りに**充ち**ている。（すみずみまで）
コップに水を**満たす**。（縁まで入れる）
コップに水を**充たす**。（あふれるまで入れる）

| 使用漢字 | 自動詞 | 他動詞 |
|---|---|---|
| 満充 | みち\|る | みた\|す |

## 満　12画　7級

**音読み**　マン（バン）

**訓読み**　み-ちる・み-たす

**成り立ち**　形声。水＋㒼。枠いっぱいに水を入れて面をおおう。

**意味**　❶みちる。みたす。「干満・充満・肥満・不満・満員・満開・満期・満月・満載・満場・満水・満足・満潮・満点・満天・満腹・満々・満面・満塁・未満」

▽潮が**満ち**てきた（＝増える）。
▽真ん丸に月が**満ち**てきた（↓真円になる）。
▽娘は月**満ち**て玉のような男の子を生んだ（↓妊娠期間が終わりになる）。
▽彼女の家はどの部屋も花の香りに**満ち**ている。
▽コップに水を**満たす**（＝いっぱいにする）。
▽腹を**満たす**ものがあればいい（＝満腹する）。
▽先生は常に威厳に**満ち**ている（＝豊か）。
▽若者は希望に**満ち**て海外へ出発した。
▽早朝の魚河岸は活気に**満ち**ている。
▽その映画はスリルに**満ち**ている。
▽大戦前に社会全体が不安に**満ち**ていた。
▽都会生活では心が**満たさ**れない（＝満足する）。

❷満州の略。「満文・満族・満蒙」

## 充　6画　準2級　⇩あたる・あてる

**音読み**　ジュウ（シュウ）

**訓読み**　あ-てる（み-つ・み-ちる・み-たす）

**成り立ち**　形声。𠫓＋儿。子供が肉づきよく成長する。

**意味**　❶いっぱいになる。「充血・充実・充足・充填・充電・充分・充満」

▽花弁の根元部分は蜜がいっぱいに**充ち**ている（↓あふれそう）。
▽会議室全体が険悪なムードに**充ち**ていた。
▽自分の欲望を**充たす**（↓何もかも）。
▽条件を**充たす**物件はなかった（↓全部合格する）。
▽会社側の回答は組合員の要求を**充た**していない。

❷みっちりとあてがう。「充当・拡充・補充」

## みる・みえる

### 見・診（観・看・視・覧）

**使い分けマニュアル** 「**見る**」は一般に広く用いられる。「**診る**」は病人を診察する場合に。「**観る**」は見物する場合に。「**看る**」は病人の世話をする場合に。「**視る**」は注意してじっとみる場合に。「**覧る**」は全体を見渡して判断する場合に。

「みえる」は「**見える**」のみ。

クジャクを見る。（目でとらえる）
クジャクを診る。（診察する）
クジャクを観る。（観賞する）
クジャクを看る。（世話する）
クジャクを視る。（双眼鏡で遠視する）
クジャクを覧る。（百科事典で調べる）

| 使用漢字 | 他動詞 | 自動詞 |
|---|---|---|
| 見 | み\|る | みえ\|る |
| 診観看視覧 | み\|る | ー |

## 見

7画

10級

**音読み** ケン（ゲン）

**訓読み** み－る・み－える・み－せる（まみ－える・あらわ－れる）

**成り立ち** 会意。目＋儿。大きな目をした人。

**意味** ❶みる。みえる。「一見・外見・見学・見物・見聞・初見・総見・拝見・発見」

▽窓辺でそぼ降る雨を**見**ていた（＝目で確認する）。
▽老人は遠くを**見る**ような目をした。
▽彼の周囲には**見え**ないバリアがある。
▽ちゃんと前を**見**なさい（→前を向く）。
▽明け方に悪い夢を**見**てうなされた。
▽東京ドームへ野球を**見**に行かない？（＝見物する）
▽相手の出方を**見る**（＝観察する）。
▽機械の調子をしばらく**見**よう。
▽今資料を**見**てるところだ（＝調べる）。
▽あんな器用な人は**見**たことがないね。
▽君の意外な一面を**見**た気がするよ。
▽姉の留守中子供を**見**てやった（＝世話する）。
▽田舎の両親は兄夫婦が**見**ている。
▽私の作文を**見**ていただけますか（＝チェックする）。

▽兄さんが宿題を**見**てやろう（＝指導する）。

▽経理は父親に**見**てもらっている（＝指揮する）。

慣聞いて極楽**見**て地獄＝事前の話はよいが、実際に体験すると最悪であるたとえ

聞くと**見る**とは大違い＝実物は予想していた物よりもはるかに悪いというたとえ

**見る**影もない＝まったく変わってしまった様子

**見る**に堪えない＝あまりにひどくて、そのまま見ていることができない様子

**見る**に**見**兼ねて＝そのまま黙って何もせずにはいられずに

二目と**見**られぬ＝あまりに醜くて正視できない様子

**見**て**見**ぬふりをする＝知らないふりをする様子

❷考える。考え方。「意見・見解・見識・見地・見当・後見・識見・私見・政見・先見・卓見・定見・偏見」

▽社会を**見る**筆者の確かな目が感じられる。

▽学生の答案を**見る**のに二時間はかかる（↓採点する）。

▽本物かどうか専門家に**見**てもらう（＝鑑定する）。

▽易者に運勢を**見**てもらう。

▽政府は事態を重く**見**ている（＝判断する）。

▽世の中を甘く**見る**とひどい目にあうぞ

▽君には人を**見る**目がないね。

▽私の**見る**ところでは次期社長は常務だ（＝考える）。

▽あの子はどう**見**ても小学生にしか**見え**ない。

▽調査結果には若者の軽薄な意識が**見**られる。

▽警察は同一犯の犯行と**見**ている（＝推測する）。

▽一行は遭難したものと**見**られます。

▽先行きが**見え**ない（＝予測する）。

▽会場へは一時間も**見**ておけば十分だ。

慣足元を**見る**＝相手の財力や力量を軽く考える様子

後先も**見**ずに＝深い考えもなく

色眼鏡で**見る**＝先入観で判断するたとえ

大目に**見る**＝許諾する。間違いを見逃す

木を**見**て森を**見**ず＝目先のことにとらわれて、全体のことに考えが及ばないたとえ

機を**見る**に敏＝都合のよい機会を決してのがさない。抜け目がない様子

衆目の**見る**ところ＝一般の判断によると

人を**見**て物を言え＝相手の人格にふさわしい言い方をせよ。見損なうな

❸あらわれる。あらわす。「見在・見証・露見」

▽会場には主人の姿が**見え**なかった（↓いない）。

▽お客様がお**見え**です（＝来場する）。

慣日の目を**見る**＝広く世の中に出る

❹人に会う。「引見・謁見・会見・見参・接見」
▽そんなに痛い目を**見**たいのか（＝あう）。
▽炎天下で長いこと待ってバカを**見**た（＝経験する）。
▽自分ばかりいい目を**見**てずるいわ。
㊖今に**見**ていろ＝必ず復讐してやる
ざまを**見ろ**＝いい気味だ
それ**見**たことか＝言わないことではない
血を**見る**＝激しい争いになる。けんかになる
泣きを**見る**＝後悔する。つらい思いをする
†日本語「みる」はある事態を経験するの意。

## 診

12画　準2級

**音読み**　シン
**訓読み**　み－る
**成り立ち**　形声。言＋㐱。隅々まで手抜かりなくみる。
**意味**　❶病状を調べる。「往診・休診・検診・誤診・診察・診断・診療・代診・打診・聴診・問診・来診」
▽医者に**診**てもらったほうがいいね（＝診察する）。
▽この間からせきが止まらないんですが、ちょっと**診**ていただけますか。
▽看護師が脈を**診**た（＝調べる）。

## 観

18画　7級

**音読み**　カン
**訓読み**　（み－る）
**成り立ち**　形声。旧字は「觀」で、見＋雚。物をそろえてみわたす。
**意味**　❶みる。ながめる。「概観・外観・観客・観光・観察・観賞・観測・観覧・景観・参観・静観・壮観・拝観・美観・傍観・来観」
▽京都には**観る**所がたくさんある（＝観光する）。
▽彼女は毎月バレエを**観**に行く（＝鑑賞する）。
▽私はまだ本物の能を**観**たことがない（＝観劇する）。
▽芝居を**観る**のが趣味です。
▽巾着田に彼岸花を**観**に行く（＝観賞する）。
▽獅子座流星群を**観**た（＝観察する）。
❷考える。考え方。「観照・観想・観点・観念・観音・客観・主観・達観・直観・諦観・悲観・楽観」
▽人生をそんなに悲観的に**観る**もんじゃないよ（＝考える）。

## 看

9画　5級

**音読み**　カン

訓読み（み－る）

成り立ち 会意。手＋目。手をかざしてみる。

意味 ❶みる。みまもる。「看過・看経・看護・看破・看板・看病」

▽病気の父は嫁が**看**ている（＝介護する）。

▽あの看護婦さんはほんとによく**看**てくれます。

▽母の最期を自宅で**看**取った（＝見守る）。

❷見るまに。「今春看又過」

## 視

11画　5級

音読み シ

訓読み（み－る）

成り立ち 形声。見＋示。まっすぐみる。

意味 ❶みる。目の働き。「遠視・可視・巨視・近視・軽視・視界・視覚・視線・視点・視野・弱視・重視・視力・直視・敵視・蔑視・無視・乱視」

▽チーターははるか彼方の獲物をじっと**視**た（＝注視する）。

▽手相を**視**てやろう。

❷気をつけてみる。「監視・凝視・警視・検視・座視・視察・正視・注視・透視・黙視」

▽しばらくこの薬で様子を**視**ましょう（＝注意深く観察する）。

## 覧

17画　5級

音読み ラン

訓読み（み－る）

成り立ち 形声。見＋監。下の物を上からながめる。

意味 ❶よくみる。ながめる。「一覧・閲覧・回覧・観覧・総覧・通覧・展覧・博覧・便覧・遊覧・要覧」

▽総目録をざっと**覧**て資料を探す（＝通覧する）。

# むかう・むかえる

向・迎（対）

使い分けマニュアル 「向かう」は一般に広く用いられる。「迎える」は来るものを受け入れる場合に。「対かう」は対立することを強調する場合に。

来客に向かえる。（応対できる）

来客を迎える。（歓迎する）

| 使用漢字 | 自動詞 | 他動詞 | 可能動詞 |
|---|---|---|---|
| 向対 | むかう | ｰ | むかえる |
| 迎 | ｰ | むかえる | ｰ |

## 向

6画 8級

**音読み** コウ（キョウ）

**訓読み** む－く・む－ける・む－かう・む－こう（さき－に）

**成り立ち** 会意。宀＋口。屋根の通気孔から空気が出ていく。

**意味** ❶むく。むかう。「意向・回向・外向・傾向・向学・向寒・向上・指向・趣向・転向・動向・内向・風向・偏向・方向」

▽母は仏壇に**向かって**頭を下げた（→正対する）。
▽一日三時間机に**向かう**（→勉強する）。
▽面と**向かって**悪口は言えない（＝真っ向から）。
▽少女はカメラに**向かって**微笑んだ。
▽写真の**向かって**右から三番目が私です。
▽若者の夢は世界に**向かって**大きく広がっている。
▽地下鉄構内で火事が起こり、多数の乗客が出口に**向かって**殺到した（→出口の方向へ）。
▽渡り鳥が南に**向かって**飛んでいく。
▽これから暑さに**向かい**ますのでご自愛ください（→暑くなる）。
▽父の病状は快方に**向かった**（→よくなる）。
▽急に暴漢が**向かって**きた（→攻撃する）。
▽川の**向こう**岸が遠く霞んで見える（→対岸）。
(慣)天に**向かって**唾を吐く＝自分に害が及ぶとわかっている愚かな行為をするたとえ
**向かう**所敵なし＝非常に強くてどんな相手にも負けないたとえ

❷さきに。「向後・向日・向前・向来」

## 迎

7画 4級

**音読み** ゲイ（ギョウ・ゴウ）

**訓読み** むか－える

**成り立ち** 形声。辵＋卬。来る人をむかえに行く。

**意味** ❶むかえる。「歓迎・迎撃・迎春・送迎」

▽母はお客を**迎える**準備で忙しい（＝歓迎する）。
▽遠来の客を駅まで**迎え**に行く（＝待ち受ける）。
▽彼は大勢の社員に**迎え**られて支店長に就任した。
▽その大学はK博士を教授に**迎えた**（＝受け入れる）。
▽作家のMさんをゲストにお**迎え**しました。
▽日本ハムは札幌ドームに中日を**迎えて**、日本シリーズが始まった。
▽アンネは六月に十三歳の誕生日を**迎えた**（＝来る）。
▽新年をつつがなくお**迎え**のことと存じます。

▽被災地は冬を**迎え**て一層厳しい生活が始まる。
▽老いを**迎える**気持ちの寂しさ。
▽二人の愛は悲劇的な結末を**迎えた**（＝到達する）。
▽消費文明は重大な危機を**迎え**ている。
❷相手の意向に合わせる。「迎意・迎合」
▽嫌われたくないために人の意を**迎える**ようなことばかり言う（＝迎合する）。

## 対

7画　8級　⇩こたえる

**音読み**　タイ・ツイ

**訓読み**　（む－かう・そろ－い・つれあい・こた－える）

**成り立ち**　会意。旧字は「對」で、寸＋丵。二つで一組になるようそろえる。

**意味**　❶むかう。「応対・対外・対岸・対象・対置」
▽私に**対か**って説教するとはいい度胸だ（↓直接）。
❷はりあう。むかいあう。「対局・対決・対抗・対峙・対称・対戦・対談・対立・対話・敵対・反対」
▽親に**対か**ってその態度は何だ（↓反抗する）。
▽二人の棋士は将棋盤を挟んで**対かい**合った。
❸つりあう。みあう。「対応・対価・対等・対流」
❹こたえる。「対案・対応・対策・対処」
❺つきあわせる。「絶対・相対・対照・対比・対訳」
❻二つで一組になる物。「一対・対句」

# むね　胸・旨・棟

**使い分けマニュアル**　「胸」は人間・動物の体・心を表す場合に。「旨」は大切な物事や内容を表す場合に。「棟」は建物の場合に。

## 胸

10画　5級

**音読み**　キョウ

**訓読み**　むね・むな（こころ）

**成り立ち**　形声。肉＋匈。胴体の中のうつろなあな。

**意味**　❶むね。「胸囲・胸骨・胸像・胸部・胸壁」
▽昆虫は体が頭・**胸**・腹に分かれている（＝胴体の中央部）。
▽この馬は**胸**前の筋肉が張っている（＝胴体の前部）。
▽暴漢にナイフで**胸**を刺された（＝胴体の上部）。
▽ブラウスの**胸**にブローチをつける。
▽男は突然**胸**をかきむしって絶命した。
▽相手の**胸**倉をつかんでぶん殴った（＝胸部）。
▽彼女は**胸**が小さいのを気にしている（＝乳房）。

▽ああ、**胸**が焼ける（＝胃）。
▽新鮮な空気を**胸**いっぱいに吸う（＝肺）。
▽叔母は**胸**を病んでいる（↓肺結核）。
▽薬を飲んだら**胸**がどきどきしてきた（＝心臓）。
▽初舞台を前にして**胸**が高鳴る。
(慣)**胸**突き八丁＝非常に急な上り坂
　**胸**を借りる＝けいこ台になってもらう
　**胸**をそらす＝自信満々になる
　**胸**を張って＝堂々と、悪びれることなく
❷こころ。「胸襟・胸中・胸底・胸裏・度胸」
▽その話を聞いて**胸**が詰まった（＝心）。
▽戦争孤児の話を聞いて**胸**を締めつけられた。
▽見知らぬ人の親切が**胸**にしみた。
▽被爆者の体験談は聞く者の**胸**に迫るものがある。
▽**胸**に秘めた思いを打ち明けた。
▽実父は**胸**に思いえがいたとおりの人だった。
▽期待に**胸**をふくらませる。
▽娘は**胸**をときめかせて歌手と握手した。
▽次の試合は**胸**がわくわくするね。
▽物語は**胸**を躍らせる展開になった。
▽「今のお気持ちは」「感激で**胸**がいっぱいです」
▽彼女の歌は人の**胸**を打つ（＝感情）。
▽合格の知らせを聞いてほっと**胸**をなでおろす。
▽なんとなく**胸**騒ぎがする（＝気分）。
▽言いたいことを全部言ったら**胸**がすっとした。
▽この一件は私の**胸**一つに納めておこう（＝記憶）。
▽承知するもしないも君の**胸**一つだ（＝考え）。
▽幼いころのことはしっかりと**胸**に刻まれている。
▽つらい思い出が**胸**によみがえってくる。
▽あの男は**胸**に一物がありそうだ（↓悪い考え）。
(慣)自分の**胸**に聞け＝思い当たることがあるだろう
　**胸**に手をあてて考える＝自分のことを振り返って反省する

## 旨

6画　4級

**音読み**　シ
**訓読み**　むね（うま－い）
**成り立ち**　会意。甘＋匕。さじですくううまい食べ物。
**意味**　❶充実したよい味。「旨肴・旨酒」
❷考えている内容。「意旨・宗旨・趣旨・要旨・論旨」
▽縁談を承知する**旨**を仲人に伝えた（＝話題の内容）。
▽明日もう一度おうかがいする**旨**お伝えください。
▽確かにその**旨**承りました。
▽皇室の生活は質素を**旨**とする（＝尊重する）。

▽学生は勉学を**旨**とする。

▽当店は新鮮・親切・低価格を**旨**としております（＝モットー）。

## 棟

12画　準2級

**音読み**　トウ

**訓読み**　むね・むな（かしら）

**成り立ち**　形声。木＋東。家の頂上を通るむな木。

**意味**　❶むね。むな木。「汗牛充棟・棟幹・棟梁」

▽労働者住宅が**棟**を並べている（＝家の屋根）。

▽湖の周辺は豪邸が**棟**を競っている。

▽今日はわが家の**棟**上げだ（↓建前）。

❷長い建物。「研究棟・講義棟・実験棟・病棟」

▽けさの火事で住宅二**棟**が全焼した（↓二軒）。

▽両親は別**棟**に住んでいる（＝建物）。

# め

### 目（眼）

**使い分けマニュアル**　「目」は一般に広く用いられる。「眼」は眼球そのものに着目した場合に。

目が大きい。（女性のまぶたの開閉部分）

眼が大きい。（トンボやカマキリの複眼）

## 目

5画　10級

**音読み**　モク・ボク

**訓読み**　め・ま（まなこ・かなめ・な）

**成り立ち**　象形。人の目。

**意味**　❶め。「眉目・面目・盲目・目撃・目前・目測・目標・目礼・目下」

▽たき火の煙が**目**にしみる。

▽だるまに**目**を入れる（＝黒丸）。

▽台風の**目**（↓中心の無風地帯）。

▽政策が猫の**目**のようにくるくる変わる（＝瞳孔）。

▽私は**目**が悪い（＝視力）。

▽**目**の不自由な人の手を引く（↓盲目）。

▽細かい文字を読んでいると**目**がかすむ。

▽盲導犬は盲人の**目**になっている（＝視覚）。

▽レーダーは敵状を探る**目**である（＝探知器官）。

▽私は疑いの**目**で見られた（＝見方）。

▽帰国子女を温かい**目**で見てほしい。

▽芸者は男に流し**目**をくれた（↓誘いかける視線）。

▽彼女は人を見る**目**がある（＝判断力）。

▽専門家の**目**で判断してもらおう（＝鑑識眼）。

▽あの男はなかなか**目**先がきく。

▽見た**目**で判断する（↓外見）。

▽はた**目**に見ても気の毒だ（↓第三者の意見）。

▽危ない**目**にあった（＝経験）。

▽（さいころで）いい**目**が出た（＝数）。

▽碁盤の**目**（＝格子）。

▽**目**の細かい網（＝表面）。

▽柾**目**の杉（＝切断面）。

▽のこぎりの**目**を立てる（＝ぎざぎざの部分）。

▽季節の変わり**目**になると神経痛が痛い（＝接点）。

▽床と畳の境**目**に段差がある（↓境界）。

▽ロープの結び**目**が緩む。

▽地盤の割れ**目**に水がたまる。

▽スカートに折り**目**がついた。

▽ここが運命の分かれ**目**だ。

(慣)お**目**にかかる＝（相手に）会う

お**目**にかける＝（相手に）見せる

長い**目**で見る＝気長に待ってから判断する

～の**目**を盗む＝～が見ていないうちにする

**目**がくらむ＝見えなくなる

**目**が肥えている＝鑑識眼がある

**目**が据わる＝怒ったり酔ったりして目が動かなくなる

**目**が点になる＝非常に驚きあきれる

**目**が届く＝注意が行き届く

**目**がない＝鑑識眼がない。非常に好きである

**目**が離せない＝（心配・おもしろさなどで）常に見ていなければならない

**目**が光っている＝監視が厳しい

**目**から鱗が落ちる＝あることをきっかけにして新たな真理が発見できるたとえ

**目**から鼻へ抜ける＝非常に要領がよい様子

**目**じゃない＝全然大したことはない

**目**と鼻の先＝非常に近くにある

**目**に余る＝見過ごせない

**目**に入れても痛くない＝非常にかわいがっている様子

**目**に止まる＝注意を引きつけられる

**目**には**目**を、歯には歯を＝与えた損害には正しく賠償せよ。殴られたら殴り返せ

**目**に見えて＝はっきりと。顕著に

**目**にも止まらぬ早業＝非常に早い様子

**目**の色を変えて＝感情的になって。熱中して

**目**の上のたんこぶ＝非常に邪魔なもの

目のかたきにする＝何かにつけて敵対する
目の玉が飛び出るよう＝非常に高価で驚く様子
目の玉の黒いうち＝生きている間
目は口ほどに物を言い＝何も言わなくても目つきでわかるたとえ
目は心の窓＝目の様子で心がうかがえるたとえ
目も当てられない＝程度がひどくて正視できない様子
目もくれない＝黙殺する
目もつぶれんばかり＝（激しく泣いて）目が見えなくなる様子
目を奪う＝非常に程度がはなはだしい様子
目をかける＝ひいきしてやる
目を皿のようにして＝非常に注意して探し回る様子
目をつぶる＝黙認する
目を通す＝通読する
目を引く＝関心を引きつける
目を細める＝上機嫌である様子
目を回す＝びっくりする。気を失う
目を見張る＝非常に驚く

❷見る。「一目・皆目・衆目・着目・注目・反目・目的」
❸かなめ。要点。「眼目・頭目・要目」
❹見出し。「演目・科目・曲目・項目・種目・題目・徳目・品目・名目・目次・目録」

## 眼　11画　6級

**音読み** ガン・ゲン
**訓読み** まなこ（め）
**成り立ち** 形声。目＋艮。穴にはまって動かない目。
**意味** ❶め。まなこ。「開眼・眼下・眼球・眼鏡・眼光・眼前・眼中・魚眼・近眼・検眼・洗眼・単眼・着眼・点眼・肉眼・複眼・裸眼・両眼・老眼」
▽ミズスマシは頭の真下に**眼**がある（＝視覚器官）。
▽青い**眼**のお人形（＝虹彩）。
▽彼女は**眼**を患っている（→眼病）。
❷物の穴。「銃眼・方眼」
❸見分ける力。「観察眼・眼識・眼力・炯眼・心眼」
❹かなめ。要点。「眼目・主眼」
†「眼」の❷❸❹の意味のとき、日本語では「目」を使うことが多い。

# もえる・もやす

燃（萌）

**使い分けマニュアル** 「**燃える**」は火がもえる場合、情熱などが活動状態にある場合に。「**萌える**」は草木が芽ぶく場合に。
「**燃やす**」「**萌やす**」は「もえる」に準ずる。

若木が燃える。（火がつく）
若木が萌える。（芽が出る）

| 使用漢字 | 自動詞 | 他動詞 |
| --- | --- | --- |
| 燃 萌 | もえる | もやす |

## 燃

16画 6級

**音読み** ネン（ゼン）
**訓読み** も－える・も－やす・も－す
**成り立ち** 形声。火＋然。あぶら肉を火でもやす。
**意味** ❶もえる。やく。「可燃・再燃・内燃・不燃・燃焼・燃費・燃料」

▽暖炉の火が**燃え**ている（＝炎を上げる）。
▽囲炉裏にまきが**燃え**ている。
▽ごみを**燃やす**（＝焼いて灰にする）。
▽針葉樹はよく**燃える**（＝焼けて灰になりやすい）。
▽今日は**燃える**ごみの日です（↓燃やせる）。
▽**燃える**ように赤いバラの花（↓炎の色）。
▽夕焼けが真っ赤で西の空が**燃える**ようだ。
▽全山**燃える**紅葉が見事だ（↓真っ赤）。
▽原子炉が**燃え**ている（↓核分裂反応が起きる）。
▽墓場で人魂が**燃え**ている。
▽体内で炭水化物を**燃やし**てエネルギーを得る（＝酸化させる）。
▽陽炎が**燃え**ている（＝たちのぼる）。
▽祖国への思いに**燃える**（＝情熱が激しい）。
▽少年たちは理想に**燃え**て旅立った。
▽怒りに**燃え**て相手をにらみつけた。
▽新入生は希望に**燃え**て入学式に望んだ。
▽負けた相手は密かに闘志を**燃やし**ていた。
▽あの人に**燃える**思いを打ち明けた（↓恋心）。

## 萌

11画 準1級

**音読み** ボウ・ホウ
**訓読み** めば－え・めぐ－む・きざ－す・も－える・も－やし・たみ
**成り立ち** 形声。草＋明。草の芽が出始める。
**意味** ❶もえる。きざす。「萌芽・萌動」

▽若草の**萌える**春となりました（＝芽が出る）。
▽野に若芽の**萌える**ころ。

▽萌やしを食べる（↓人工的に発芽させた豆）。
▽萌やしっ子（↓背ばかりひょろひょろ伸びてひ弱な子）。
❷人民。「萌隷」

## もと　下・元・本・基（素・許）

**使い分けマニュアル** 「元」は根源・根本・原因などの場合に。「下」は具体物の下部やスローガンの影響下の場合に。「本」は根本・本来などの場合に。「基」は基礎になると考えられる物の場合に。「素」は原材料・エッセンスの意味の場合に。「許」は人の影響下の住まいの場合に。

民主主義の元。（そもそもの起源）
民主主義の下。（拠るべきスローガン）
民主主義の本。（絶対必要な要件）
民主主義の基。（発展するべき基礎）
民主主義の素。（エッセンスである民意）

## 下

3画　10級　⇩おりる・おろす、くだる・くだす、さがる・さげる

**音読み** カ・ゲ
**訓読み** した・しも・もと・さ－げる・さ－がる・くだ－る・くだ－す・くだ－さる・お－ろす・お－りる
**成り立ち** 指事。おおいの下に物がある。
**意味** ❶した。「以下・下限・下方・下流・眼下・下旬・下水・下段・上下・地下・天下・皮下・零下」
▽満開の桜の**下**に集う（↓枝の下）。
▽ここから陸奥湾が一望の**下**に見渡せる。
▽敵を一撃の**下**に倒す（↓一撃で）。
㊵灯台**下**暗し＝灯台の真下は暗いように、いちばん近い所にある物にかえって気がつかないたとえ
❷ほとり。「閣下・貴下・月下・県下・傘下・時下・樹下・灯下・都下・配下・府下・陛下・目下・門下」
▽澄みきった青空の**下**で大会は開かれた。
▽レースは強風の**下**で決行された。
▽自由と平等の旗の**下**に蜂起した（＝影響下）。
▽法の**下**の平等を徹底する。
▽汚職事件は白日の**下**にさらされた。
▽宗教団体を当局の監視の**下**に置く。
▽この法則は一定の条件の**下**に成立する。
▽壮大な構想の**下**に舞台を練り上げる。
▽平和維持の名の**下**に軍隊が派遣された（↓名目で）。

慣 勇将の**下**に弱卒なし＝大将が勇敢であるとその部下もすべて大将を見習って強くなるたとえ

❸身分・年齢などが低い。「下位・下院・下級・下層・下等・下手・下賤・下品・下僕・下劣・臣下・部下」

❹したへ行く。「下降・下垂・下達・却下・下血・下校・下剤・下山・下車・下野・下落・下痢・降下・沈下・低下・投下・南下・卑下・落下」

## 元　4画　9級

**音読み**　ゲン・ガン

**訓読み**　もと（はじ－め）

**成り立ち**　象形。人の頭を強調した形。

**意味**　❶もと。はじめ。「還元・元金・元日・元祖・元旦・元本・元来・元気・元素・根元・次元・単元」

▽樹齢二百年の木が**元**から枯れてしまった（＝根元）。

▽若いときの体験を**元**に小説を書いた（＝材料）。

▽そのうわさの**元**を確かめる（＝出所）。

▽外来語の**元**の言葉を調べる。

▽ぼくたちは**元**から仲がよかった。

▽製造**元**（→生産者）。

▽日焼けはしみの**元**になる（＝原因）。

▽その試合はエラーが**元**で負けた。

▽その火事の火**元**は台所だった。

▽こんな安い値段では**元**を割る（＝原価）。

▽土地を売った金を**元**に商売を始めた（＝資本）。

▽今のマンションの土地は**元**は川原だった（＝以前）。

▽読んだ本は**元**の場所にお返しください。

▽骨折したらもう**元**のようには走れない。

▽その代議士は**元**教員だった。

▽**元**首相（→二代前の）。

慣 風邪は万病の**元**＝風邪はいろいろな病気に発展するからばかにしてはいけない

口はわざわいの**元**＝よけいなことを言ったばかりにわざわいを招くたとえ

失敗は成功の**元**＝物事が成功するためには失敗を重ねることが必要である

生兵法はけがの**元**＝中途半端な技術があると、かえってけがや損害をこうむるたとえ

**元**のさやに収まる＝いったん別れた者どうしが再び一緒になるたとえ

**元**の木阿彌＝再び元のつまらない物に戻るたとえ

**元**はといえば＝そもそもの原因を考えると

**元**も子もない＝何もかも失うたとえ

❷よい。「元勲・元徳・元老・状元」

❸あたま。かしら。「元凶・元首・元帥・元服」
❹年号のくぎり。「改元・紀元・元号」
❺中国の王朝名。「元曲・元寇」
❻道教の節目。「上元・中元・下元」

## 本

5画　10級

**音読み**　ホン
**訓読み**　もと
**成り立ち**　指事。木の根もと。
**意味**　❶草木の根もと。もとから。「元本・基本・根本・資本・本意・本願・本気・本義・本質・本性・本道・本能・本分・本末・本望・本来・本領」
▽何千円もする商品でも、**本**を正せばわずか数十円ということもある（→原価）。
❷中心となるもの。「本拠・本家・本山・本社・本州・本職・本籍・本尊・本体・本堂・本部・本文・本流」
▽その国では農業をすべての**本**と考えている（＝基本）。
❸正式の。「本格・本式・本心・本当・本名」
(慣)**本**木にまさる末木なし＝何度再婚してみても最初の妻が最もよかったというたとえ
❹自分の。当の。「本日・本朝・本人・本年・本邦」
❺書物。「絵本・脚本・原本・写本・製本・台本・謄本・訳本・和本」
❻植物。「草本・本草学・木本」
❼細長い物を数える語。「一本・三本勝負」

## 基

11画　6級

**音読み**　キ
**訓読み**　もと・もとい
**成り立ち**　形声。土＋其。しっかりした四角い土台。
**意味**　❶もとい。「開基・基幹・基金・基準・基礎・基地・基盤・基部・基本」
▽農は国の**基**（＝根本）。
▽韓国人の考え方の**基**には儒教がある（＝基本）。
❷原子の集まり。「塩基・水酸基」

## 素

10画　6級

**音読み**　ソ・ス
**訓読み**　（もと・もと－より・しろ－い）
**成り立ち**　会意。糸＋垂。ひとすじずつ垂れた原糸。
**意味**　❶しろぎぬ。しろい。「素衣・素月・素服」
❷生地のまま。「簡素・質素・素性・素材・素質・素朴」
❸もと。はじめ。「音素・塩素・元素・酵素・酸素・色素・水素・素因・素数・炭素・窒素・毒素・要素」

▽この薬はカイコの繭を**素**にしたものだ（＝原材料）。
▽豆腐は大豆を**素**にして作る。
▽スープの**素**を取る（＝エッセンス）。
▽味の**素**で味を整える。
❹もとより。「素意・素行・素志・素養・平素」

## 許

11画　6級

**音読み**　キョ（コ）
**訓読み**　ゆる-す（ばか-り・もと）
**成り立ち**　形声。言＋午。上下に幅をもたせてゆるす。
**意味**　❶ゆるす。「許可・許諾・許容・特許・免許」
❷ほど。「許多」
❸もと。ところ。
▽祖母は十九歳で祖父の**許**に嫁いできた（＝家）。
▽私は十八歳で親**許**を離れた。
▽帰郷した折り恩師の**許**を訪ねた（＝住まい）。
†❸は漢字本来の意味ではない。

# もの

物・者

**使い分けマニュアル**　「**物**」は物体・物質・物品・物資・性質の場合に。「**者**」は人の名前・肩書の場合に。
いったい何物だ。（どんな人物だ）
いったい何者だ。（名前は何だ）

## 物

8画　8級

**音読み**　ブツ・モツ
**訓読み**　もの
**成り立ち**　形声。牛＋勿。いろいろのものを合わせる。
**意味**　❶もの。ことがら。「異物・遺物・供物・見物・鉱物・好物・穀物・産物・実物・事物・植物・食物・書物・生物・動物・荷物・風物・物価・物件・物産・物資・物証・物体・物品・物理・宝物・名物・薬物」
▽廊下に変な**物**が落ちていた（＝物体）。
▽人の**物**を取ってはいけません（↓所有物）。
▽現代は**物**があふれている（＝物品）。
▽被災地は**物**が決定的に不足している（＝物資）。
▽この店のスーツは**物**がいい（＝品質）。
▽旅行に行きたいが先立つ**物**がない（↓金）。
▽あきれて**物**も言えない（＝言葉）。
▽君は**物**を知らないね（＝知識）。

▽父は物のわからない人間ではない（＝道理）。
▽物の本によると、ロシア人の寿命は最近短縮の一途だそうだ（＝専門）。
▽物には順序というものがある（＝事態）。
▽彼女は小説の中でも歴史物が好きだ（＝分野）。
▽暖冬で冬物衣料が売れない。
▽ブランド物のバッグ。
▽洋物の映画は好かんね（↓西洋の）。
▽社長は単なる飾り物に過ぎない（＝特定の存在）。
▽その老人はやっかい物にされた。
▽海水浴の土産にアジの干物を買う。
▽現地の食べ物は口に合わなかった。
㊭～以外の何物でもない＝まったく～である
物が違う＝性質が非常にすぐれている
物ともしない＝全然問題にしない
物にする＝手に入れる。身につける
物になる＝評価できるレベルに到達する
物の数ではない＝大したことはない
物の役に立つ＝ちょっとした用ができる
物は言いようで角が立つ＝同じことを言うにしても言い方を考えろ
物は考えよう＝考え方を変えれば必ずしも悪いことばかりではない
物を言う＝大きな比重を占める
物を言わせる＝暴力的に使う
❷ひと。世間。「怪物・人物・俗物・物議・物情」
▽物に憑かれたように創作に打ち込む（＝化け物）。
▽物の怪にとりつかれる（↓妖怪）。
㊭海の物とも山の物とも知れない＝素性が知れないたとえ
❸見る。さがす。「物色」
❹死ぬ。「物故者」
❺なんとなく。「物騒」
▽秋になると物悲しくなる（＝なんとなく）。
▽田舎の祖母は物静かな人だ。
▽物寂しい景色。
†❺は漢字本来の意味ではない。

## 者

8画　8級

**音読み** シャ

**訓読み** もの

**成り立ち** 象形。火をたいてにる。

**意味** ❶もの。人。「医者・易者・王者・学者・患者・記者・芸者・作者・識者・死者・信者・他者・著者・読者・

忍者・筆者・猛者・役者・勇者・両者・話者」
▽研修に参加しない**者**は申し出なさい（＝人）。
▽（表彰状）右の**者**は成績優秀により表彰する。
▽十八歳未満の**者**は入場を禁ず。
▽読む**者**に感動を与える物語。
▽持てる**者**は持たざる**者**に分け与えるのがアラーの教えだ。
▽私のような**者**でよろしいですか（↓謙遜）。
▽使いの**者**を伺わせます（↓使者）。
▽店の若い**者**に手伝わせよう（↓従業員）。
▽冒険ができるのは若**者**の特権だ（↓若年者）。
㊕〜以外の何**者**でもない＝まったく〜である
❷〜は。「夫天地者」
❸〜こと。「幾死者数矣」
❹〜とき。「今者・頃者・昔者」
❺〜ば。「何者・陳者」

# もり

## 森・盛（杜）

**使い分けマニュアル** 「**森**」は木がたくさんある所の意の場合に。「**杜**」は特に神社のやしろの木立を強調する場合に。「**盛り**」は山盛りにする場合に。

神社の森。（木がたくさんある）
神社の杜。（こんもりとした木立）

### 森

12画 10級

**音読み** シン

**訓読み** もり

**成り立ち** 会意。木＋木＋木。たくさんの木が混み合う。

**意味** ❶樹木が多く茂る。「森々・森羅万象・森林」
▽**森**の小道を歩く（＝木がたくさん生えている所）。
▽鬱蒼とした**森**の中で道に迷ってしまった。
▽ロビンソンは**森**を切り開いて畑を作った。
▽熱帯の**森**には極彩色の鳥がすんでいる。
▽私の町にはいたるところに**森**がある（＝木立）。
▽その山岳一帯にはブナの**森**が広がっている。
▽**森**の子ヤギ（↓森に住む）。
▽オランウータンは**森**の人という意味だ。
㊕木を見て**森**を見ず＝細部にとらわれて全体を把握できないたとえ

❷ひっそりとしている。「森閑・森然」

## 盛

11画　5級

**音読み**　セイ・ジョウ

**訓読み**　も−る・さか−る・さか−ん

**成り立ち**　形声。皿＋成。容器の中に山盛りにする。

**意味**　❶もる。「粢盛・盛於盆」

▽その食堂はごはんの**盛り**がいい（＝量）。

▽食欲がないからもう少し**盛り**を減らしてください。

▽ラーメンの大**盛り**（→増量）。

▽スープを山**盛り**一杯（→なみなみと）。

❷さかん。「旺盛・盛夏・盛会・盛況・盛衰・盛大・全盛時代・繁盛」

## 杜

7画　準1級

**音読み**　ト・ズ

**訓読み**　と−じる・ふさ−ぐ・やまなし・もり

**成り立ち**　形声。木＋土。ぎっちり詰まる。

**意味**　❶ヤマナシ。

❷ふさぐ。とじる。「杜口・杜絶・杜塞・杜門」

❸神社の木立。

▽鎮守の**杜**が見える（＝神社の木立）。

▽仙台は**杜**の都と呼ばれる（→木に恵まれた）。

▽（校歌）都の西北、早稲田の**杜**に。

†❸は漢字本来の意味ではない。

# もる・もれる・もらす

漏（洩）

**使い分けマニュアル**　「**漏れる**」は水・空気などが内部から外に少しずつ出てくる場合に。「**洩れる**」は光・空気・音などが一度に流出する場合に。「**漏らす**」「**洩らす**」は「もれる」に準ずる。「**もる**」は「**漏る**」のみ。

秘密が漏れる。（少しずつ少しずつ）

秘密が洩れる。（気がついたら流出していた）

| 使用漢字 | 自動詞 | | 他動詞 |
|---|---|---|---|
| 漏 | も−る | も−れる | も−らす |
| 洩 | − | も−れる | も−らす |

# 漏

14画 3級

**音読み** ロウ

**訓読み** も-る・も-れる・も-らす

**成り立ち** 形声。水＋屚。屋根から雨がもる。

**意味** ❶もる。もれる。「遺漏・漏洩・漏電・漏斗」

▽天井から雨が**漏っ**ている（＝少しずつしたたる）。
▽老朽化した配管から水が**漏れ**ている。
▽おしっこ、ちょっと**漏らし**た。
▽ガス**漏れ**検知器。
▽大臣の側近から外交機密が**漏れ**てしまった。
▽その男はＣＩＡの情報をマスコミに**漏らし**た。
▽入試問題が事前に**漏れ**てしまった。
▽名簿から会長の名前が**漏れ**ていた（↓存在しない）。
▽彼の作品は残念ながら選に**漏れ**た（↓落選）。
▽契約書には記載**漏れ**がないように願います。
▽肝心の注意を聞き**漏らし**た（↓聞き損なう）。
(慣)御多分に**漏れ**ず＝世間一般で行われているように
細大**漏らさ**ず＝概要から細部まですべて
～の例に**漏れ**ず＝他の～と同様に
水も**漏らさ**ぬ＝絶対に逃さないたとえ

❷水時計。「玉漏・鐘漏・漏壺・漏刻・漏声」

❸煩悩。「有漏・無漏」

# 洩

9画 準1級

**音読み** エイ・セツ

**訓読み** の-びる・も-れる

**成り立ち** 形声。水＋曳。長く引っ張ってのばす。

**意味** ❶のびる。ひく。「洩々」

❷もれる。もらす。「漏洩」

▽部屋の窓から明かりが**洩れ**てくる（＝差す）。
▽木々の間から朝日が**洩れ**ている。
▽この部屋は音が**洩れ**ない設計になっている（↓聞こえない）。
▽教室の窓から女子学生の歌声が**洩れ**てきた。
▽ため息が**洩れ**た（↓ため息をつく）。
▽金メダリストの顔に会心の笑みが**洩れ**た（↓笑う）。
▽思わず本音を**洩らし**た（↓言う）。
▽老婆の口から呪いの言葉が**洩れ**た（↓つぶやく）。
▽葬儀の参列者はすすり泣きを**洩らし**た（↓泣く）。
▽誰にもこのことは**洩らす**なよ（↓他言）。

# や行

## や　屋・家

**使い分けマニュアル**　どちらも複合語が主だが、「屋」は小さい家や場所の場合に。「家」は大きめの家や一族全体の場合に。

彼は政治家だ。（政治をする専門職）
彼は政治屋だ。（政治を商売とする人）

### 屋　9画　8級

**音読み**　オク

**訓読み**　や（いえ・やね）

**成り立ち**　会意。尸＋至。上からおおい隠して出入りを止める。

**意味**　❶いえ。場所。「家屋・社屋・廃屋」

▽彼女は大きなお**屋**敷に住んでいる（↓邸宅）。
▽母**屋**の隣に馬**屋**がある（＝建物）。
▽浜の番**屋**に漁具をしまう。
▽日曜大工で犬小**屋**を作る（＝住居）。
▽私の部**屋**は六畳の和室だ（＝居室）。
▽数寄**屋**作り（＝茶室）。

❷やね。「屋上・屋漏」

▽**屋**根のサイディングに塗装する（↓家の上蓋）。
▽**屋**形船で花火見物する（↓屋根をつけた船）。
▽北アルプスは日本の**屋**根だ（↓最も高い場所）。
▽祭にはたくさんの**屋**台が出る（↓台車に屋根をつけたもの）。
▽**屋**台のラーメン屋（↓簡易移動式店舗）。

❸商店などの種類・名称。

▽駅前に本**屋**がある（↓書籍商）。
▽酒**屋**でワインを買う。
▽質**屋**に宝石を預けた。
▽彼はその居酒**屋**〔飲み**屋**〕に入り浸っている。
▽住宅地の奥に風呂**屋**がある（↓銭湯）。
▽夕飯は店**屋**物ですませた（↓宅配の食事）。
▽僕は事務**屋**だから現場のことはわからない（↓デスクワーク）。
▽（電話で）「毎度ありがとうございます。三河**屋**です」（↓商店の名称）

▽（歌舞伎）音羽**屋**のファンだ。

❹人の性格。

▽君はお天気**屋**だね（↓気分の変わりやすい性格）。

▽なんてお前はわからず**屋**なんだ（↓強情な性格）。

▽この子は恥ずかしがり**屋**だ。

▽うちの人、照れ**屋**なんです。

†❸❹は漢字本来の意味ではない。

## 家

10画　9級　⇩うち

**音読み**　カ・ケ

**訓読み**　いえ・や（うち）

**成り立ち**　会意。宀＋豕。屋根の下でブタを飼う。

**意味**　❶いえ。「家屋・家具・家畜・在家・借家・出家・商家・人家・生家・他家・農家・民家・隣家」

▽この**家**の主は私だ（＝いえ）。

▽狭いながらも楽しいわが**家**。

▽アパートの部屋の壁に穴を開けるには大**家**の許可がいる（↓家の持ち主）。

▽ここの**家**主は隣の市に住んでいる。

❷血縁。一族。「一家・王家・家業・家系・家計・家事・家臣・家族・家庭・家宝・家名・家老・旧家・公家・家来・後家・実家・檀家・分家・本家・良家」

❸専門職。「画家・芸術家・建築家・作家・宗教家・政治家・専門家・大家・評論家・落語家・楽天家」

❹くに。「国家」

# やく・やける　焼（妬*・灼）

**使い分けマニュアル**　「**焼く**」は熱・光・薬品などによって物理的に変化・変質させる場合に。「**妬く**」はねたむ場合に。「**灼く**」は「**焼く**」の程度が激しい場合に。「**焼ける**」「**妬ける**」「**灼ける**」は「**やく**」に準ずる。

肌を焼く。（エステで紫外線をあてて）
肌を妬く。（あまりに美しいので）
肌を灼く。（強い薬品をかけられて）

| 使用漢字 | 他動詞 | 自動詞 | 可能動詞 |
| --- | --- | --- | --- |
| 焼 灼 | やく | やける | やける |
| 妬 | やく | やける | － |

## 焼

12画　7級

**音読み**　ショウ

**訓読み** やーく・やーける（くーべる）
**成り立ち** 会意。火＋堯。高く炎を上げて燃える。
**意味** ❶やく。やける。「延焼・焼却・焼香・焼死・焼失・焼酎・全焼・燃焼・類焼」
▽夕**焼け**小**焼け**で日が暮れて（＝空が赤くなる）。
▽プリンは表面を少し**焼く**とおいしい（＝焦がす）。
▽彼は真っ黒に**焼け**ている（＝紫外線で黒くなる）。
▽窯元で茶碗を**焼い**ている（＝熱で硬くする）。
▽彼女は自分でフィルムを**焼く**（＝現像する）。
▽ガスで魚を**焼く**（＝直火であぶる）。
▽肉がちょうどいい具合に**焼け**た（＝火が通る）。
▽母は毎朝パンを**焼く**。
▽**焼き**そば（＝少量の油で炒める）。
▽あの業者はごみを畑で**焼い**ている（＝燃やす）。
▽空襲で東京は一面の**焼け**野原となった。
▽野**焼き**の煙がたなびく。
▽火事で**焼け**出された（↓家が灰になる）。
▽山で炭を**焼く**（＝炭化させる）。
▽子犬のいたずらに手を**焼い**ている（↓困る）。
▽祖母は孫の世話を**焼い**た（↓面倒を見る）。
▽ほんとに世話の**焼ける**人ね（↓手がかかる）。
▽ああ胸が**焼ける**（↓胃部に灼熱感がある）。
㊪煮ても**焼い**ても食えない＝何とも扱いようがないたとえ
**焼き**餅を**焼く**＝嫉妬する
**焼け**石に水＝多少の対策では深刻な事態を解決できないたとえ

## *妬 8画 2級

**音読み** ト
**訓読み** ねたーむ（そねーむ・やーく）
**成り立ち** 形声。女＋石。女性が負けまいと真っ赤に興奮する。
**意味** ❶ねたむ。そねむ。「嫉妬・妬心」
▽弟があまりに数学がよくできるので**妬ける**（＝嫉妬する）。
▽まあ、そう**妬く**なよ（＝ねたむ）。

## 灼 7画 準1級

**音読み** シャク
**訓読み** やーく・あきーらか・あらたか・やいと
**成り立ち** 形声。火＋勺。赤々と火が燃える。
**意味** ❶やく。あぶる。「灼熱・焼灼」
▽真っ赤に**灼け**た火箸（＝熱で変質させる）。
▽患部を硝酸銀で**灼い**て化膿を止める（↓薬品で変質さ

せる)。

▽ルゴールでのどを**灼**いてもらった。

▽二十歳といえば恋に身を**灼く**年頃だ（＝切ない思いをする)。

❷光り輝く。「灼々・灼然」

## やさしい

### 優・易（柔）

**使い分けマニュアル** 「**優しい**」は性格に思いやりがある場合、優美である場合に。「**易しい**」は簡単である場合に。「**柔しい**」は当たりがやわらかい場合に。

優しい言葉。（思いやりのある言葉）
易しい言葉。（わかりやすい言葉）
柔しい言葉。（猫撫で声の言葉）

### 優

17画 5級

**音読み** ユウ（ウ）

**訓読み** やさ－しい・すぐ－れる（わざおぎ・やわ－らぐ・ゆた－か・まさ－る）

**成り立ち** 形声。人＋憂。しなやかに振る舞う俳優。

**意味** ❶役者。「女優・声優・男優・俳優・名優」

❷やさしい。たおやか。「優艶・優雅・優美」

▽彼は見合い相手の女性の**優しい**和服姿に一目惚れした（＝優美）。

▽ロバは**優しい**目をしている（＝穏やか）。

▽この子は気だてが**優しい**（＝温かい）。

▽担任の先生は**優しい**（＝寛容）。

▽「弘三のどこがいいの?」「**優しい**ところ」（＝思いやりがある）

▽夫は**優しく**子供の頭を撫でた（＝愛情深く）。

❸てあつい。「優遇・優先・優待」

❹すぐれている。「優越・優秀・優勝・優勢・優劣」

❺のんびりしている。「優閑・優柔・優然・優々」

### 易

8画 6級 ⇩かえる(1)・かわる、やすい

**音読み** エキ・イ

**訓読み** やさ－しい（か－える・か－わる・やす－い・あなど－る）

**成り立ち** 会意。平らにへばりつくヤモリ。

**意味** ❶やさしい。「安易・簡易・平易・容易」

▽この問題は**易しい**（＝解くのが簡単）。

▽私立中学の入試問題は決して**易しく**ない。

▽**易しい**言葉で書く（＝わかりやすい）。
▽日常会話には**易しい**中学生英語で十分だ（＝程度が高くない）。
▽人の欠点を批判するだけなら**易しい**（＝たやすい）。
❷あらためる。「改易・交易・不易流行・辟易・貿易」
❸うらない。「易学・易経・易者・易断」
❹おさめる。「易耨」

## 柔

9画　4級　⇩やわらか・やわらかい

**音読み**　ジュウ・ニュウ
**訓読み**　やわ-らか・やわ-らかい（やわ-らげる・やさ-しい）
**成り立ち**　会意。矛＋木。ほこの柄にする弾力のある木。
**意味**　❶やわらかい。「剛柔・柔軟・内柔外剛」
❷やさしい。「柔順・柔和・優柔不断」
▽（背中をかく）もっと**柔しく**してよ（＝弱く）。
▽春風が**柔しく**頬を撫でていく（＝快く）。
❸よわよわしい。「柔弱」
❹手なずける。「懐柔」
❺やわら。「柔術・柔道」

# やすい

安（易・廉）

**使い分けマニュアル**　「**安い**」は値段や品質が低い場合、気分が安楽である場合に。「**易い**」は容易である場合に。「**廉い**」は販売価格が低い場合に。

安い服。（値段も低いが品質も高くない）
廉い服。（値段が低い）

## 安

6画　8級

**音読み**　アン
**訓読み**　やす-い（やす-んじる・いずく-んぞ）
**成り立ち**　会意。宀＋女。家の中で安らぐ女性。
**意味**　❶やすらか。「安閑・安産・安住・安心・安静・安全・安泰・安置・安定・安堵・安穏・安否・安眠・安楽・慰安・大安・治安・不安・平安・保安・霊安」
▽どうぞお心**安く**お持ちください（＝穏やか）。
▽心**安から**ぬ思い（→心中穏やかでない）。
❷たやすい。「安易・安価・安直」
▽良質の農産物が**安い**価格で手に入る（＝低い）。

▽うちは給料が**安い**からなあ。
▽郵便で送ると送料が**安く**すむ。
▽東南アジアの国々は物価が**安い**。
▽親戚の息子が**安い**下宿を探している。
▽あの店は**安く**てうまい。
▽君たち、お**安く**ないね（↓いい仲である）。
▽お**安い**御用だ（↓容易である）。
㊐**安い**買い物＝掘り出し物。コストの割に結果がよいたとえ
**安かろう**悪かろう＝値段が安いものは品質も良くないに違いない

## 易

8画　6級　⇩かえる(1)・かわる、やさしい

**音読み**　エキ・イ
**訓読み**　やさ-しい（か-える・か-わる・やす-い・あなど-る）
**成り立ち**　会意。平らにへばりつくヤモリ。
**意味**　❶やさしい。「安易・簡易・平易・容易」
▽この本はわかり**易い**（↓難しくない）。
▽相手を与し**易し**と見て侮る（↓恐れるに足りない）。
㊐言うは**易く**行うは難し＝口で言うのは簡単だが実行するのは難しい
❷あらためる。「改易・交易・不易流行・辟易・貿易」
❸うらない。「易学・易経・易者・易断」
❹おさめる。「易耨」

## 廉

13画　3級

**音読み**　レン
**訓読み**　（しら-べる・いさぎよ-い・やす-い・かど）
**成り立ち**　形声。广＋兼。家の物にけじめをつける。
**意味**　❶けじめ。「廉隅・廉利」
❷しらべる。「廉問」
❸いさぎよい。「清廉・破廉恥・廉潔・廉恥心・廉直」
❹値段がやすい。「廉価・廉売」
▽セール期間中でブランド物が**廉い**（↓安価）。
▽（古道具屋のCM）高く買って**廉く**売る。
▽奥さん、お**廉く**しておきますよ。
❺理由。
†❺は漢字本来の意味ではない。

# やぶる・やぶれる　破・敗

**使い分けマニュアル** 「**破れる**」は一般に広く用いられる。「**敗れる**」は勝敗に負ける場合に。
「やぶる」は「**破る**」のみ。

恋に破れる。（失恋する）
恋に敗れる。（恋敵に負ける）

| 使用漢字 | 他動詞 | 自動詞 | 可能動詞 |
| --- | --- | --- | --- |
| 破 | やぶる | やぶれる | やぶれる |
| 敗 | ー | やぶれる | ー |

## 破

10画　6級　⇩わる・われる

**音読み** ハ
**訓読み** やぶ-る・やぶ-れる（わ-れる）
**成り立ち** 形声。石＋皮。二つに裂いて分ける。
**意味** ❶やぶる。こわれる。「大破・難破・破壊・破棄・爆破・破産・破損・破綻・破片・破滅・破裂」

▽麻布はなかなか**破れ**ない（＝擦り切れる）。
▽靴下が**破れた**（＝何か所も切れる）。
▽傷の縫い目が**破れ**て出血した（＝不規則に切れる）。
▽彼女の家は障子がびりびりに**破れ**ている。
▽ヒヨコが殻を**破っ**て出てきた（＝壊す）。
▽生垣の**破れた**所から猫が入ってきた（＝壊れる）。
▽脳内の血管が**破れた**（＝穴があく）。
▽水道管が**破れ**てあたり一帯水びたしになった。
▽留守中に金庫が**破られ**ていた（↓鍵を外す）。

❷枠から外れる。「破格・破調・破廉恥」

▽ホームランで一対一の均衡が**破れた**（↓一方がリードする）。
▽急激な科学の発達で自然との調和が**破れた**。
▽寮の決まりを**破る**（＝守らない）。
▽約束、**破ら**ないでね（＝違反する）。
▽ハイネはアマーリエとの恋に**破れた**（＝失う）。
▽少年の夢は戦争で無残に**破れた**。
▽二人の結婚生活は一年で**破れた**（＝終わる）。
▽古い殻を**破っ**てもらいたい（＝とらわれない）。
▽国**破れ**て山河あり（＝荒廃する）。
▽**破れ**かぶれにぶつかる（↓前後の見境もなく）。

❸負かす。「喝破・撃破・打破・連覇・論破」

▽日本はバレーでアメリカを**破っ**た（＝負かす）。

▽世界チャンピオンを**破**って優勝する。

❹突き抜ける。「看破・走破・踏破・読破・破天荒」

▽夜の静寂を**破る**サイレンの音（＝突き抜ける）。

▽この記録は当分誰にも**破れ**ない（＝越えられる）。

▽野口選手は大会記録を大幅に**破**って優勝した。

## 敗

11画　7級

**音読み**　ハイ

**訓読み**　やぶ-れる（やぶ-る）

**成り立ち**　形声。貝＋攴。まとまった物を二つに割る。

**意味**　❶負ける。「完敗・惨敗・勝敗・成敗・惜敗・大敗・敗因・敗者・敗戦・敗訴・敗退・敗北・連敗」

▽フランスはプロシャとの戦いに**敗れ**た（→戦争に）。

▽巨人は中日に二対一で**敗れ**た（→試合に）。

▽期待された日本選手は二十五位と**敗れ**た。

❷だめになる。「頽敗・敗屋・敗徳・腐敗」

# やむ・やめる

辞（止・罷）

**使い分けマニュアル**　「**辞める**」は会社や職場・地位などをやめる場合に。「**止める**」は続いていた物事を停止する場合に。「**罷める**」は首を切られる場合に。

仕事を辞める。（退職する）

仕事を止める。（手を休める）

仕事を罷める。（首にされる）

| 使用漢字 | 自動詞 | 他動詞 |
|---|---|---|
| 辞罷 | ― | やめる |
| 止 | やむ | やめる |

## 辞

13画　7級

**音読み**　ジ

**訓読み**　や-める（ことば・ことわ-る）

**成り立ち**　会意。旧字は「辭」で、𤔔＋辛。乱れをさばく言葉。

**意味**　❶言葉。「式辞・辞書・辞典・謝辞・修辞・祝辞・辞令・世辞・接辞・弔辞・答辞」

❷やめる。「固辞・辞意・辞職・辞退・辞任・辞表」

▽彼女は仕事を**辞め**て家庭に入った（＝退職）。

▽おれ、会社、**辞め**ようと思うんだ（＝辞職）。

▽この難局に社長が**辞め**てどうする（＝引退）。

❸別れを告げる。「辞去・辞世・拝辞」

## 止

4画　9級　⇩とどめる・とどまる、とまる・とめる

**音読み**　シ

**訓読み**　と-まる・と-める（とど-まる・とど-める・や-む・や-める・さ-す・よ-す）

**成り立ち**　象形。地についた足。

**意味**　❶とまる。とどまる。「休止・終止・静止・停止・黙止」

▽戦争は**止む**どころかますます激しくなった（=終わる）。

▽突然騒ぎが**止ん**だ（=中断する）。

▽近づくと草むらの虫の音が**止ん**だ。

❷とめる。とどめる。「諫止・禁止・止血・制止・阻止・防止・抑止」

▽練習を途中で**止め**て帰った（=中断する）。

▽わがままを言うのは**止め**なさい（↓いけない）。

▽けんかは**止めろ**（↓よせ）。

▽吹雪だから登山は**止め**たほうがいい（=行わない）。

▽父親の急死で大学進学を**止め**た（=諦める）。

❸なくさせる。「止揚・中止・廃止」

▽タバコを**止める**のはむずかしい（↓習慣をなくす）。

▽堅苦しい挨拶は**止め**よう（=なしですます）。

▽古い制度を**止め**、時代に即応した制度を作る（=廃止する）。

❹ふるまい。「挙止・容止」

## 罷

15画　準2級

**音読み**　ヒ

**訓読み**　（や-める・つか-れる・まか-る）

**成り立ち**　会意。网+能。力の強い者を網でとらえる。

**意味**　❶やめる。「罷業・罷市」

▽組合は仕事を**罷め**てストを打つよう指示した。

❷しりぞける。「罷免」

▽あの委員長は**罷め**させてほしい（=首にする）。

❸つかれる。「罷散・罷弊」

# やわらか・やわらかい

柔・軟

**使い分けマニュアル**　「柔らか・柔らかい」は物理的に表面に抵抗がない場合に。「軟らか・軟らかい」は内部に芯がなく扱いやすい場合に。

柔らかい食べ物。（ふわふわした物）
軟らかい食べ物。（消化のよい物）

## 柔

9画 4級 ⇩やさしい

**音読み** ジュウ・ニュウ

**訓読み** やわ-らか・やわ-らかい（やわ-らげる・やさ-しい）

**成り立ち** 会意。矛＋木。ほこの柄にする弾力のある木。

**意味** ❶やわらかい。「剛柔・柔軟・内柔外剛」

▽若枝が**柔らかく**しなった。
▽このパンは**柔らかく**て切りにくい（＝ふにゃふにゃ）。
▽**柔らかい**雪にスキーを取られた（＝ふわふわ）。
▽赤ちゃんの肌はとても**柔らかい**。
▽最近肌ざわりの**柔らか**な絹の下着が人気だ。
▽**柔らか**すぎるベッドは体に毒だ。

❷やさしい。「柔順・柔和・優柔不断」

▽物腰が**柔らか**で感じのいい人（＝穏やか）。
▽**柔らかい**春の日差しを浴びる（＝きつくない）。
▽間接照明は光が**柔らかい**（＝強くない）。
▽日本人は**柔らか**な色が好きだ（＝刺激が少ない）。
▽年をとって人当たりが**柔らかく**なった。
▽土手で**柔らか**な風に吹かれる（＝快い）。

❸よわよわしい。「柔弱」

❹手なずける。「懐柔」

❺やわら。「柔術・柔道」

## 軟

11画 準2級

**音読み** ナン（ゼン・ネン）

**訓読み** やわ-らか・やわ-らかい

**成り立ち** 会意。車＋欠。車が抵抗なく動く。

**意味** ❶やわらかい。「硬軟・柔軟・軟化・軟球・軟禁・軟膏・軟骨・軟弱・軟水・軟体動物・軟派」

▽豆を**軟らかく**煮る（＝芯がない）。
▽当分消化のいい**軟らかい**物を食べなさい。
▽この牛肉はとても**軟らかく**ておいしい。
▽4Bの**軟らかい**鉛筆でデッサンする。
▽シルビー・ギエムの体はゴムのように**軟らかい**。
▽うちの父は頭が**軟らかい**（→融通性がある）。
▽この出版社は**軟らかい**本も作る（→娯楽的）。
▽たまに**軟らかい**話もいいね（→好色）。

# ゆく・いく　行・逝（往）

**使い分けマニュアル**

「**行く**」は物理的に目的地へ行く場合、予定を進行する場合に。「**逝く**」は行ったきり帰らない場合に。「**往く**」は往復の行きの意味の場合に。

戦場に行く。（向かう）
戦場に逝く。（その地で死ぬ）
戦場に往く。（赴く）

## 行

6画　9級

**音読み** コウ・ギョウ・アン

**訓読み** い-く・ゆ-く・おこな-う（みち・し-ぬ・や-る）

**成り立ち** 象形。十字路の形。

**意味** ❶みち。「行径」

❷ゆく。すすむ。「行火・行脚・移行・運行・紀行・逆行・急行・行商・血行・行進・行楽・徐行・進行・先行・走行・蛇行・直行・通行・同行・鈍行・難行・発行・飛行・尾行・平行・歩行・夜行・流行・旅行・連行」

▽あした上野の動物園へ**行こう**（＝出かける）。
▽（呼ばれて）すぐ**行く**よ（↓相手の所へ）。
▽鍵がどっかへ**行っ**ちゃった（↓不定の所へ）。
▽おれ、もう**行か**なくちゃ（＝その場から去る）。
▽いちばん近い道を**行く**（＝通る）。
▽会社へは自転車で**行っ**ています（＝通う）。
▽親戚の子供を駅へ迎えに**行く**。
▽犬を連れて散歩にでも**行く**か（＝散歩する）。
▽銀座へ買い物に**行く**（↓買い物する）。
▽早く嫁に**行け**（↓結婚する）。
▽静かな湖面をヨットが滑るように**行く**（＝進む）。
▽先頭を**行く**ランナーは孤独だ（＝先行する）。
▽その企業は時代の先端を**行っ**ている。
▽そのうち甥から手紙が**行く**と思います（＝届く）。
▽先方に話が**行っ**てなかったようだ。
▽**行く**所まで**行っ**てやるさ（＝到達する）。
▽のら犬が走って**行っ**た（＝移動する）。
▽時は刻々と過ぎて**行く**（＝進行する）。
▽道**行く**人も年末は忙しそうだ（＝通行する）。

❸とどこおりなく流れる。「行書・行水」

▽手を挙げたのにバスは**行っ**てしまった（＝通り過ぎる）。

▽行く年来る年（＝過ぎ去る）。
▽行く川の流れは絶えずしてしかも元の水にあらず。
❹おこなう。「敢行・行儀・凶行・行事・行政・挙行・決行・言行・行為・行使・行動・実行・遂行・素行・断行・犯行・非行・暴行・予行・乱行・履行」
▽万事うまく**行って**いる（＝行う）。
㊝その伝で**行けば**＝その考え方を応用すれば
わが道を**行く**＝自分の信念のみに従って生き、他人に影響されないたとえ
〜を地で**行く**＝〜のとおり実際にする
❺並んでいるもの。「一行・改行・行間・行列」
❻同業の店。「銀行・行員」

## 逝

10画　準2級

**音読み**　セイ
**訓読み**　ゆ-く・い-く*
**成り立ち**　形声。辶+折。ふっつりと折れるようにいく。
**意味**　❶人が死ぬ。「永逝・急逝・逝去・夭逝」
▽文壇の巨匠ついに**逝く**（＝死ぬ）。

## 往

8画　6級

**音読み**　オウ
**訓読み**　（ゆ-く・いにしえ）
**成り立ち**　形声。彳+主。どんどん広がるように行く。
**意味**　❶出かける。「往生・往診・往復・往来・往路」
▽息子は戦場へ**往った**（＝赴く）。
▽（通りゃんせ）**往き**はよいよい、帰りは怖い（↓往路）。
❷いにしえ。「往古・往時・往年・既往症」
❸おり。「往々」

# よ　世・代

**使い分けマニュアル**
「世」は一般に広く用いられる。「代」はある天皇や皇帝の治世の場合に。
明治の世。（明治時代の社会）
明治の代。（明治天皇の時代）

## 世

5画　8級

**音読み**　セイ・セ
**訓読み**　よ
**成り立ち**　会意。十+十+十。三十年。一世代。

**意味** ❶よのなか。「厭世・辞世・出世・世界・世間・世辞・世相・世俗・世論・渡世・乱世」

▽**世**はまさにハイテク時代だ（＝現代）。

▽**世**のため、人のために尽くす（＝社会）。

▽**世**の親たちに警告となる（＝世間）。

㊜憎まれっ子**世**に憚る＝憎まれている人のほうがかえって世の中でうまくやっていける

**世**に言う＝いわゆる

**世**に出る＝公になる。有名になる

**世**にも〜な＝きわめて〜な

**世**の荒波＝世間の人々の冷たい目

**世**のならい＝（あまり好ましくない）社会的慣習

**世**をはかなむ＝自殺する

**世**を渡る＝社会生活をする

❷時代。「隔世・近世・後世・世紀・絶世・中世」

▽源氏の**世**（＝時代）。

▽小林一茶は武家の**世**に生まれた。

㊜**世**が**世**ならば＝自分の思うようになる時代ならば世も末だ＝非常に嘆かわしい

わが**世**の春を謳う＝何でも自分の思うままになるたとえ

❸人間が生きている間。「一世・在世・終世・世代・早世・二世」

▽文豪はひっそりと**世**を去った（→死ぬ）。

▽この**世**（→現在の世界）。

▽あの**世**（→死後の世界）。

❹受け継ぐ。「世業・世子・世襲・万世」

## 代

5画 8級 ⇨かえる(1)・かわる

**音読み** ダイ・タイ

**訓読み** か-わる・か-える・よ・しろ

**成り立ち** 形声。人＋弋。互いちがいに入れかわる。

**意味** ❶かわる。かえる。「交代・総代・代案・代行・代作・代償・代表・代弁・代用・代理・名代」

❷かわりに与える金。「代価・代金・地代」

❸世の中。「近代・現代・後代・古代・時代・上代・初代・世代・先代・前代・代々・年代・末代・歴代」

▽昭和天皇の**代**（＝治世）。

▽君が**代**は千**代**に八千**代**に（→大君の治世は）。

# よい・いい

良・善（好・佳）

**使い分けマニュアル** 「**良い**」は質がよい場合、技術が高い場合などに。「**善い**」は正しい場合に。「**好い**」は都合がよい場合などに。「**佳い**」は美しい場合などに。

あの人は良い人だ。(優秀だ)
あの人は善い人だ。(悪気がない)
あの人は好い人だ。(好きになれそうだ)
あの人は佳い人だ。(きれいだ)

## 良

7画 7級

**音読み** リョウ
**訓読み** よ-い (やや)
**成り立ち** 会意。穀物の粒を水で洗ってきれいにする。
**意味** ❶よい。「改良・最良・善良・不良・優良・良家・良好・良識・良心・良性・良薬」
▽彼は**良い**時計をしている(=高価)。
▽あの医者は腕が**良い**(=優秀)。
▽**良い**所のお嬢さんをもらった(=良家)。
▽君は姿勢が**良い**ね(=まっすぐ)。
▽ぼうや、**良い**子だ、ねんねしな(=素直)。
▽自分ばかり**良い**子になるな(=従順)。
▽この本は売れ行きが**良く**ない。
▽この腫瘍はたちが**良い**(=悪性でない)。
▽彼の言い方は何となく歯切れが**良く**なかった。
▽早く病気が**良く**なりますように(→回復)。
❷生まれながらの。「良知・良能」

## 善

12画 5級

**音読み** ゼン (セン)
**訓読み** よ-い
**成り立ち** 会意。羊+言+言。たっぷり見事である。
**意味** ❶よい。「改善・偽善・最善・慈善・性善・善悪・善意・善行・善人・善良・追善・独善・不善」
▽あの人、**善い**人ね(=善良)。
▽**善い**悪いだけで物を言ってはいけない。
▽彼は人が**善く**てだまされやすい(=悪意がない)。
❷うまくする。「善後策・善処・善戦」
❸仲良くする。「親善・善隣外交」

## 好

6画 7級

**音読み** コウ
**訓読み** この-む・す-く (よ-い・よしみ)
**成り立ち** 会意。女+子。女が子をいつくしむ。

**意味** ❶このむ。「愛好・好悪・好奇・好色・好物・嗜好・同好」
❷よい。「恰好・好意・好運・好感・好機・好調・好天・好転・好評・絶好・良好」
▽ここからだと**好い**眺めだね（↓絵になる）。
▽ああ、**好い**湯だ（＝快適）。
▽草津**好い**とこ、一度はおいで（＝楽しい）。
▽牛乳は健康に**好い**。
▽あの二人は仲が**好い**（＝親しい）。
▽いつも兄嫁に**好く**してもらっている（＝親切）。
▽巨人が負けると気分が**好い**。
▽ちょうど**好い**所へ来たな（＝好都合）。
▽あいつは自分さえ**好けれ**ばいいと思っている。
▽（表彰状）あなたは**好く**優勝の栄冠を得られました（＝完全に）。
㊖**好く**したもので＝好都合なことに
～とは**好く**言ったもので＝～とはうまいことを言ったものので
❸親しい。「旧好・好誼・親好・友好」

## 佳
8画 ③級

**音読み** カ
**訓読み** （よ－い）
**成り立ち** 形声。人＋圭。くっきりと均整のとれた人。
**意味** ❶よい。「佳境・佳肴・佳作・佳人・佳品」
▽**佳い**女だねえ（＝美しい）。
▽（結納の挨拶）ええ、本日はお日柄も**佳く**…（↓縁起がよい）。

# よむ
読・詠（訓）

**使い分けマニュアル** 「**読む**」は文章を読む場合、内容をうかがい知る場合などに。「**詠む**」は和歌・俳句を作る場合に。「**訓む**」は特に漢字や漢文を訓読する場合に。

歌を読む。（内容を解釈する）
歌を詠む。（作る）
歌を訓む。（万葉集を読み解く）

## 読
14画 ⑨級

**音読み** ドク・トク・トウ
**訓読み** よ－む
**成り立ち** 形声。旧字は「讀」で、言＋賣。息を止めて区切る。

意味 ❶よむ。「愛読・音読・購読・熟読・通読・読経・読者・読書・読破・読本・読解・黙読・朗読」

▽お坊さんがお経を**読ん**でいる。

▽子供におとぎ話を**読ん**でやる（＝音読する）。

▽本を**読む**（＝黙読する）。

▽シェークスピアなら原書で**読ん**だ。

▽ロシア語は全然**読め**ません（＝理解する）。

▽この本を一か月で**読む**のは無理だ（＝通読する）。

▽グラフを**読む**（↓文字以外）。

▽目盛りを**読む**（↓数値を見る）。

▽相手チームのサインを**読む**（＝解読する）。

▽行間を**読ん**で作者の心を知る（＝推理する）。

▽手の内を**読まれ**ていた。

▽恋人の心が**読め**ない（＝推測する）。

▽選挙前に票を**読む**（＝予測する）。

▽雑誌から今年の流行を**読む**。

▽この子は人の顔色ばかり**読も**うとしている。

㊜鯖を**読む**＝数をごまかす

門前の小僧習わぬ経を**読む**＝日頃身近に接していると知らずしらずに学問が身につくというたとえ

❷文章の区切り。「読点」

# 詠

12画 3級

音読み エイ

訓読み よ－む（うた－う・なが－める）

成り立ち 形声。言＋永。声を長く引いてうたう。

意味 ❶うたう。「詠唱・詠歎・朗詠」

❷よむ。「詠歌・詠進・御詠・近詠・題詠」

▽俳句〔和歌〕を**詠む**（＝作る）。

▽この歌は冬景色を**詠ん**だものだ（＝内容とする）。

▽詠み人知らず（↓作者不詳）。

# 訓

10画 7級

音読み クン（キン）

訓読み （よ－む・おし－える）

成り立ち 形声。言＋川。言葉でときほぐす。

意味 ❶おしえる。おしえ。「家訓・教訓・訓戒・訓示・訓練・訓話・庭訓・特訓」

❷よむ。「訓詁・訓釈・訓注」

▽上代は銀をシロカネと澄んで**訓ん**だ（＝訓読する）。

❸日本語の読み。「音訓・訓点・訓読・同訓・和訓」

# よる

## 因・寄（拠・依）

**使い分けマニュアル** 「**寄る**」は物理的に近づく場合、集まる場合などに。「**因る**」は原因となる場合に。「**拠る**」は根本・基礎となる場合に。「**依る**」は依存する場合に。

城に寄る。（途中でたちよる）
城に因る。（存在が事態の原因となる）
城に拠る。（拠点として戦う）
城に依る。（たよる）

### 因

6画 6級

**音読み** イン

**訓読み** よ-る（ちな-む・ちなみ・よすが）

**成り立ち** 会意。□＋大。布団の上に大の字に寝た人。

**意味** ❶もとづく。「因習・因循」

▽飢饉は内戦に**因る**ものだった（＝原因となる）。
▽事故は不注意に**因る**人災だった。
▽落雷に**因**って大規模な森林火災が起きた。

❷わけ。「因果・因縁・遠因・起因・原因・敗因・誘因・要因」

❸たよる。「因依」

▽英語からの外来語が多いのは、明治以後アメリカとの関係が最も深かったことに**因る**（＝依拠する）。

### 寄

11画 6級

**音読み** キ

**訓読み** よ-る・よ-せる

**成り立ち** 形声。宀＋奇。たよりとする家によりかかる。

**意味** ❶たよる。「寄港・寄宿・寄生・寄留」

▽もう少し壁ぎわに**寄**ってください（＝近づく）。
▽波が**寄る**（＝打ち寄せる）。
▽**寄る**年波には勝てない（↓年を取る）。
▽スカートにしわが**寄**った（＝一か所に集まる）。
▽エサをまくと鯉がたくさん**寄**ってきた。
▽スーパーへ**寄**って買い物をする（＝立ち寄る）。
▽また、お**寄り**ください（＝来る）。
▽**寄**ってらっしゃい、見てらっしゃい。
▽（相撲）**寄り**切り、白鵬の勝ち（↓組んだまま進む）。

㊏三人**寄れ**ば文殊の知恵＝一人で考えるより多くの人が集まって相談したほうがいい知恵が出るたとえ

**寄ってたかって**＝大勢で一度に

**寄らば大樹の陰**＝頼るなら大きな相手に頼ったほうがよいたとえ

**寄るとさわると**＝大勢集まるたびに。機会あるごとに

❷あずけまかせる。「寄稿・寄進・寄贈・寄付・寄与」

## 拠 8画 4級

**音読み** キョ・コ

**訓読み** （よ－る・よりどころ）

**成り立ち** 形声。旧字は「據」で、手＋豦。手を組み合わせて離れない。

**意味** ❶よりどころ。「依拠・割拠・拠点・根拠・準拠・証拠・占拠・典拠・本拠・論拠」

▽堅固な城に**拠**って戦う（↓砦にする）。

▽この論の**拠**って立つ前提を示しなさい。

▽天気予報に**拠る**と、雷雨があるそうだ（＝根拠）。

▽聞くところに**拠る**と、年間一千万匹のカブトムシが売られている。

❷金を出し合う。「拠金・拠出」

## 依 8画 4級

**音読み** イ・エ

**訓読み** （よ－る）

**成り立ち** 形声。人＋衣。陰に隠れる。

**意味** ❶たよる。「依願・依然・依存・依託・依頼・帰依・憑依」

▽武力に**依る**解決（＝手段とする）。

▽成績は五段階評価に**依る**。

▽軍隊は命令に**依**って動く。

▽交渉成立は条件に**依る**（＝対応する）。

▽どの程度の音を騒音と感じるかは人に**依る**。

❷ぼんやりしている。「依稀・依微」

# よろこぶ・よろこび

## 喜（欣・悦・慶・歓）

**使い分けマニュアル** 「**喜ぶ・喜び**」は一般に広く用いられる。「**欣ぶ・欣び**」は躍りあがるほどうれしい場合に。「**悦ぶ・悦び**」は屈託なくうれしい場合に。「**慶ぶ・慶び**」はめでたいことを祝う場合に。「**歓ぶ・歓び**」はうれしく楽しい場合に。

老人はとても喜んだ。（喜寿を祝ってもらって）

老人はとても欣んだ。（初孫が生まれて）

老人はとても**悦んだ**。（孫が大学に合格して）
老人はとても**慶んだ**。（教え子の結婚式で）

| 使用漢字 | 動詞 | 名詞 |
|---|---|---|
| 喜欣悦慶歓 | よろこぶ | よろこび |

### 喜
12画 7級

**音読み** キ

**訓読み** よろこ－ぶ

**成り立ち** 会意。壴＋口。うずたかく盛ったごちそう。

**意味** ❶よろこぶ。いわう。「歓喜・喜悦・喜劇・喜捨・喜寿・狂喜・随喜・悲喜」

▽一行の無事の到着を**喜ぶ**（＝うれしく思う）。
▽彼女はぼくの手紙をとても**喜んだ**。
▽巨人が勝つと父は子供のように**喜ぶ**。
▽学生が**喜ぶ**授業を心がける（＝面白がる）。
▽受験者数の減少は手離しでは**喜べ**ない。
▽高校の地元は優勝の**喜び**に沸いている。

### 欣
8画 準1級

**音読み** キン・ゴン

**訓読み** よろこ－ぶ

**成り立ち** 形声。欠＋斤。息を弾ませてよろこぶ。

**意味** ❶よろこぶ。「欣快・欣喜・欣々・欣求浄土」

▽老人は初孫の誕生をとても**欣んだ**（＝跳び上がりたいほど）。
▽母は合格の知らせを聞いて**欣ん**でくれた。
▽計画の成功を聞いて小躍りして**欣んだ**。

### 悦
10画 3級

**音読み** エツ

**訓読み** （よろこ－ぶ）

**成り立ち** 形声。心＋兑。心のわだかまりが抜け取れる。

**意味** ❶よろこぶ。「悦楽・喜悦・法悦・満悦」

▽両親は兄の結婚を**悦ん**でいる（＝満足する）。
▽息子の無事帰還の知らせに涙を流して**悦ぶ**（＝安堵する）。
▽早く帰宅して子供の**悦ぶ**顔が見たい。
▽御長男に初孫の御誕生、御次男の御結婚と、お**悦び**が重なりましたね（＝うれしいこと）。

### 慶
15画 準2級

**音読み** ケイ（キョウ）

**訓読み** （よろこ－ぶ・よ－い）

【成り立ち】 会意。心＋鹿＋夊。お祝いをする明るい気持ち。

【意味】 ❶めでたい。「御慶・慶賀・慶喜・慶事・慶祝・慶弔・国慶・大慶・同慶・落慶」

▽（手紙）御長男の御誕生を心よりお**慶び**申し上げます（＝ことほぐ）。

▽（年賀状）謹んで新春のお**慶び**を申し上げます。

## 歓

15画　4級

【音読み】 カン

【訓読み】 （よろこ－ぶ）

【成り立ち】 形声。旧字は「歡」で、欠＋雚。体を曲げてにぎやかに楽しむ。

【意味】 ❶よろこぶ。楽しむ。「哀歓・歓喜・歓迎・歓呼・歓心・歓待・歓談・歓楽・交歓・合歓」

▽園児たちはペンギンの行進を見て、手を叩いて**歓ん**だ（→にぎやかに声をあげる）。

▽こちらは贈答品として**歓ば**れております（＝歓迎する）。

▽社長は部下の進言を**歓ぶ**（＝受け入れる）。

▽ごみ焼却場の建設を**歓ば**ない人も多い。

▽君が警察のお世話になったことを知ったら、御両親が**歓ぶ**と思うかい（＝上機嫌）。

▽「来週の日曜日、パーティーをやるんですが、いかがですか」「**歓ん**でうかがいます」

▽（ダンス）「お相手をお願いします」「**歓ん**で」

# わ行

## わ・ワ　輪・和（環）

**使い分けマニュアル** 「輪」は円環状の物の場合に広く用いられる。「環」は指環・花環などの熟語の場合に。「和」は同調する場合に用いるが、これは元の漢字の意味とはずれており、しかも訓ではない。

友だちの輪。（友人どうしのネットワーク）
友だちの和。（なごやかな関係）

### 輪

15画　7級

**音読み** リン

**訓読み** わ

**成り立ち** 形声。車＋侖。車のスポークが放射状に並ぶ。

**意味** ❶タイヤ。「競輪・後輪・車輪・前輪・脱輪・四輪・両輪・輪禍」

▽自転車の**輪**が外れた（↓車軸の周囲の物）。

❷円環。周囲。「銀輪・九輪・光輪・大輪・日輪・年輪・輪郭」

▽タバコの煙で**輪**を作る（＝円環）。
▽トンビがくるりと**輪**をかいた。
▽水面に波の**輪**が広がっていく。
▽ライオンは燃えさかる火の**輪**を跳び抜けた。
▽あの子は耳にも鼻にも**輪**っかをはめてるよ。
▽みんな**輪**になって踊ろう（↓丸く並ぶ）。
▽ゴム**輪**。
▽犬の首**輪**。
▽鎖の**輪**をくぎに固定する（＝円弧状の物）。
▽帯締めの下になったほうで**輪**を作る（＝切れていない側）。
▽（洋裁）布地の**輪**を下にして型紙を置く。
▽禁煙運動の**輪**が広がる（↓協調的な活動）。
▽友だちの**輪**（＝ネットワーク）。

㊜**輪**をかける＝ある傾向が極端にはなはだしくなる

❸まわる。まわす。「輪作・輪唱・輪廻・輪番・輪舞」

❹広大である。「輪奐」

### 和

8画　8級

**音読み** ワ・オ（カ）
**訓読み** やわ-らぐ・やわ-らげる・なご-む・なご-やか（あ-える・な-ぐ）
**成り立ち** 形声。口+禾。丸く角立たない。
**意味** ❶なごやか。「温和・柔和・和気・和楽」
❷やわらげる。仲よくする。「緩和・講和・親和・不和・平和・和解・和議・和睦」
▽日本人は仲間うちの**和**を大切にする（=協調）。
▽君子は**和**して同ぜず、小人は同じて**和**せず（=仲よくする）。
❸合わせる。「共和・混和・唱和・総和・中和・調和・飽和・和音・和合・和声」
▽お前は一人だけ別行動して、チームの**和**を乱すつもりか（=同調）。
▽五と三の**和**は八（=加えた数）。
❹日本。日本語。「英和・漢和・和歌・和語・和算・和紙・和室・和食・和風・和服・和文・和訳」
▽**和**菓子（=日本の）。
▽**和**風ドレッシング（→醤油ベースの）。
▽**和**英辞典（=日本語）。
†❹は漢字本来の意味ではない。

## 環

17画　4級

**音読み** カン
**訓読み** （わ・たまき・めぐ-る）
**成り立ち** 形声。玉+睘。丸くとりまいた玉。
**意味** ❶たまき。「環佩」
❷わ。「円環・環座・環礁・環状・金環・連環」
▽土星には**環**がある（=ぐるりととりまいた円環）。
▽指**環**。
▽葬式の花**環**。
❸めぐらす。「環海・環境・環視」
❹まわる。「環流・循環」

**●日本人の「和」**

「和」を「ワ」と読むのは音読みで、漢字本来の意味は「どんな人とでもなごやかに付き合う」である。日本語の「わ」は、みんなが同じ立場で丸くならなければいけないので、違いは認められない。

だから、「日本では『和』を大切にする」と言ってみんなと同じであることを要求したとすれば、それは中国語の「和」ではなく、日本語の「わ」なのである。その証拠に、孔子はちゃんと「君子は和して同ぜず、小人は同じて和せず」と言っている。

「和」は音読みの言葉であるが、その内容は非常に日本的であるので、あえてここに載せた。

## わかれる・わかつ・わける・わかる

### 分・別（訣・判・解）

**使い分けマニュアル**

「**分かれる**」はもともと一つだったものがいくつかになる場合に。「**別れる**」は人と離れる場合、関係を絶つ場合に。「**訣れる**」はきっぱりと決定的に離れる場合に。

「**分かる**」は理解する場合に。「**判る**」は結果が二つになるもののうち判定がつく場合に。「**解る**」は細かく分析して知的に理解する場合に。

「**分かつ**」「**別つ**」と「**分ける**」「**別ける**」「**判ける**」は「わかれる」に準ずる。

友人と分かれる。（意見が。クラスが）
友人と別れる。（駅で。空港で）
友人と訣れる。（絶交する）
答えが分かる。（思いつく）
答えが判る。（どれが正しいか判断できる）
答えが解る。（考えたあげくに行き着く）

| 使用漢字 | 自動詞 | | 他動詞 | |
|---|---|---|---|---|
| 分 | わかれる | わかる | わかつ | わける |
| 別 | わかれる | ― | わかつ | わける |
| 訣 | わかれる | ― | ― | ― |
| 判 | ― | わかる | ― | わける |
| 解 | ― | わかる | ― | ― |

### 分

4画　9級

**音読み** ブン・フン・ブ

**訓読み** わ-ける・わ-かれる・わ-かる・わ-かつ

**成り立ち** 会意。刀＋八。刀で二つに切りわける。

**意味** ❶わかる。わける。「区分・細分・十分・天分・配分・半分・微分・部分・分解・分割・分岐・分業・分権・分散・分子・分譲・分数・分析・分担・分断・分配・分布・分娩・分野・分離・分類・分裂・領分」

▽この道は次の信号で二又に**分かれる**（＝一つだった物がいくつかになる）。

▽男女の歌手が紅白に**分かれ**て歌で争う。

▽クラスを数人ずつのグループに**分ける**。
▽（手土産）これ、皆さんで**分けて**ください（＝分配する）。
▽草むらを**分けて**進む（＝かきわける）。
▽五年前に本店から**分かれて**支店となった（＝独立する）。
▽この論文は三章に**分かれて**いる（＝分割される）。
▽髪を七三に**分ける**。
▽昆虫の体は頭・胸・腹の三つの部分に**分かれる**。
▽候補地をどこにするかで住民の意見が**分かれた**（＝一つにまとめられない）。
▽味方のエラーが勝敗を**分けた**（＝決定する）。
▽副審の判定が**分かれた**（＝割れる）。
▽対戦成績は三勝三敗で星を**分けて**いる（＝互角）。
▽両チームは明暗を**分けた**。
▽農家の人に自家製の野菜を**分けて**もらった。
▽その戦争は国を二つに**分かつ**結果を生んだ（＝分割する）。
▽工事は昼夜を**分かた**ず行われた（↓昼夜兼行で）。
▽その手紙が姉妹の運命を**分かつ**ことになった。
㊝草の根**分けて**も＝どんなことがあっても捜し出す覚悟を表す
泣き**分かれ**＝一つの物が強制的に分離させられること。
❷身のほど。「過分・自分・分限・分際・本分・名分」
❸要素。「塩分・水分・成分・鉄分・糖分・養分」
❹見分ける。「分暁・分別・分明」
▽私にはそんな理屈は**分かり**ません（＝理解する）。
▽辞書を引けば言葉の意味は**分かる**。
▽（尋問）証人の言っていることは何のことかさっぱり**分かり**ません（＝納得する）。
▽（外人が）英語、**分かり**ますか（＝話す）。
▽主人公の気持ちが手に取るように**分かった**（＝共感する）。
▽君は**分かり**が早いね（↓素直）。
▽知らない土地で勝手が**分からない**（↓慣れない）。
❺ころあい。「気分・時分・性分・随分・存分・大分・多分・当分・夜分」
❻単位。「一分・寸分・百分率・分銅・分量・毎分」

## 別　7画　7級

**音読み**　ベツ（ベチ）
**訓読み**　わか－れる（わ－ける・わか－つ）
**成り立ち**　会意。刀＋冎。骨と肉を刀でわける。
**意味**　❶わける。「鑑別・区別・差別・識別・峻別・選別・大別・判別・分別・類別」
▽彼は動物好きだが、**別けて**もサル類に特に興味を抱い

ている（＝とりわけ）。

❷わかれる。「一別・訣別・告別・死別・生別・惜別・餞別・送別・別居・別離・離別」

▽トムとは羽田空港で**別れた**（↓人と離れる）。

▽国道は鉄道と交差したり**別れ**たりしながら海岸まで続いている。

▽もう彼女とは**別れた**（＝以後の関係をなくす）。

▽赤ん坊のときに親と**別れ**、施設に預けられた。

▽父は家族と**別れ**て単身赴任している。

▽彼は去年奥さんと**別れた**（↓離婚した）。

▽交渉は物**別れ**に終わった（＝決裂する）。

▽その夫婦は長年の間**別れ**ていたが、つい最近よりを戻した（＝離れている）。

㊎袂を**別つ**＝交際をきっぱりとやめる

泣き**別れ**＝人が泣く泣く別れること

❸ほかの。「個別・種別・性別・別記・別掲・別件・別個・別冊・別称・別人・別荘・別宅・別途・別便」

❹普通でない。「格別・特別・別格・別状・別品」

## 訣

11画　準1級

**音読み** ケツ

**訓読み** わか-れる・おくぎ

**成り立ち** 形声。言＋夬。思いきって切る。

**意味** ❶きっぱりわかれる。「永訣・訣別」

▽悪い仲間とはきっぱり**訣れる**べきだね（＝訣別する）。

㊎永の**訣れ**＝死なれること

❷奥の手。「秘訣・要訣」

## 判

7画　6級

**音読み** ハン・バン（ホウ）

**訓読み** （わ-ける・わか-る）

**成り立ち** 形声。刀＋半。刀で半分に切りわける。

**意味** ❶けじめをつけてわける。「裁判・談判・判断・判定・判読・判別・批判・評判」

▽（発言者に）御趣旨は**判り**ました（＝判読する）。

▽（CM）違いが**判る**男のコーヒー（＝評価できる）。

▽説明を聞いてあいまいだったところが**判っ**た。

▽すっかり変わっちゃったから、お前だって**判ら**なかったよ（＝判断する）。

▽彼女が看護師だってどうして**判っ**たの？

❷あきらかである。「判然・判明」

▽入試の結果は三月二十日に**判る**（＝判明する）。

▽博士の仮説が正しいことが追試によって**判っ**た。

▽その弁護士は信頼できると**判っ**た。

▽行方不明者の正確な数は**判っ**ておりません。
▽その新薬には効能がないことが**判っ**た。
慣 西も東も**判らない**＝そのあたりの地理や事情にまったく疎いたとえ
❸はんこ。「印判・血判・太鼓判・連判」
❹裁判。「公判・審判・判官・判決・判事・判例」
❺紙などの大きさの規格。「大判・菊判・四六判・新書判・全判・判型」
†❸❺は漢字本来の意味ではない。

## 解

13画 6級 ⇩とく・とける・とかす

**音読み** カイ・ゲ

**訓読み** と－く・と－かす・と－ける（さと－る・わか－る・ほど－く・ほど－ける・ほぐ－れる・ほつ－れる）

**成り立ち** 会意。角＋刀＋牛。ばらばらに分解する。

**意味** ❶ばらばらにする。「解散・解消・解析・解体・解凍・解剖・氷解・分解・融解・溶解」
❷ほどく。「解禁・解雇・解除・解任・解放・解約・解脱・解毒・解熱・和解」
❸さとる。「解決・解釈・解説・解答・解読・解明・見解・誤解・図解・正解・読解・難解・弁解・明解・理解」
▽問題がむずかしすぎて**解らない**（＝解答する）。
▽三十分考えたらやっと筆者の主張が**解っ**た。
▽（外国人が）日本語、**解り**ません（＝理解する）。
▽私は彼の冗談がまったく**解ら**なかった。
▽パパはぼくの気持ちなんか全然**解っ**てくれない。
▽あの表示の意味が**解り**ますか。
▽君の言いたいことはよく**解っ**た（＝納得する）。
▽あの人は日本文化のよさが**解る**（＝鑑定できる）。

# わく

沸・湧*

**使い分けマニュアル** 「沸く」は熱くなる場合に。「湧く」は液体があふれ出る場合に。

湯が沸く。（沸騰する）
湯が湧く。（あふれ出る）

## 沸

8画 準2級

**音読み** フツ（ヒ）

**訓読み** わ－く・わ－かす（た－てる・にえ）

**成り立ち** 形声。水＋弗。泡が左右に分かれて噴き出る。

意味 ❶煮えたつ。「沸点・沸騰・沸々」
▽お風呂が沸きましたよ（↓適温に）。
▽やかんのお湯が沸いた（↓熱湯に）。
▽客席は盛んな拍手で沸いた。
▽八月の徳島は阿波踊り一色に沸く（＝にぎわう）。
▽最高の演技に場内は沸きに沸いた（＝騒ぐ）。
㊇血沸き肉躍る＝非常に興奮しわくわくする様子
❷わきおこる。「沸湧」
▽優勝力士の地元は喜びに沸いた（↓興奮状態に）。
▽今、大間の港はマグロブームに沸いている。

## *湧

12画 2級

音読み ユウ（ヨウ）
訓読み わ-く
成り立ち 形声。水＋勇。水が下から上へ飛び上がる。
意味 ❶わき出る。「湧溢・湧出・湧泉」
▽森の奥に美しい泉が湧いている（＝あふれ出る）。
▽駅前に温泉が湧いて出た。
▽石油が湧く前はここは畑だった。
▽枯れたはずの涙がまた湧いてきた。
▽犬は飼ってみれば愛情も湧いてくる（＝自然に出てくる）。
▽いいアイディアが湧いてきた（＝浮かぶ）。
▽群衆の中から自然に歌声が湧いてきた。
▽むらむらと闘志が湧いてきた。
㊇降って湧いたよう＝まったく予想もしていなかった様子

# わざ　技・業

使い分けマニュアル 「技」は人間が意図して身につけた技術の場合に。「業」は人間のしわざでない場合に。
習練のなせる技。（練習して身につけた技術）
習練のなせる業。（練習して自然に出た神業）

## 技

7画 6級

音読み ギ
訓読み わざ
成り立ち 形声。手＋支。細い枝を手に持ってする細工。
意味 ❶細工。「演技・技芸・技巧・技術・技能・球技・競技・技量・実技・特技・妙技・遊技・余技」
▽相撲は技と力の対決を楽しむものだ（＝技術）。

▽これからも**技**を磨いていきたい。
▽谷の背負い投げの**技**が見事に極まった。
▽**技**のデパート舞の海。
▽山下は寝**技**〔足**技**〕が得意だった。
▽鉄棒の離れ**技**（＝手を離して行う技術）。
▽大**技**を極める。
▽（柔道）**技**あり。
▽合わせ**技**で一本。

## 業

13画 8級

**音読み** ギョウ・ゴウ

**訓読み** わざ

**成り立ち** 象形。ぎざぎざの飾りのついた台。

**意味** ❶すること。「偉業・営業・開業・企業・休業・業績・業務・漁業・工業・鉱業・作業・産業・残業・事業・失業・実業・授業・商業・職業・操業・創業・卒業・同業・農業・廃業・副業・分業・本業・窯業」
▽今回の敗戦は油断のなせる**業**だ（＝起こったこと）。
▽少年が犯行に及んだのは妄想のなせる**業**だった。
▽斜めに張ったロープを渡るのは至難の**業**だ（↓非常にむずかしいこと）。
▽この細かい作業をこなすのは容易な**業**ではない。
▽その職人の技量は並の**業**ではない。
▽彼女の同時通訳は人間**業**とは思われない。
▽まるで神**業**だ。
▽目にも止まらぬ早**業**を披露する（↓人間離れした早さ）。
㊎離れ**業**＝非常に突飛で困難なこと
物言わぬは腹ふくるる**業**＝何も言わないでいるのは不満がつのることだ
❷仏教で善悪の報いとなる行為。「悪業・因業・業火・業苦・罪業・自業自得・非業」

# わざわい

災（禍）

**使い分けマニュアル** 「災い」は不本意な結果の場合に。「禍い」は偶然の不幸の場合に。

災いが降りかかる。（天災・火事などに遭う）
禍いが降りかかる。（犯罪にまきこまれた）

## 災

7画 6級

**音読み** サイ

**訓読み** わざわ-い

**成り立ち** 形声。火+巛。幸福をせきとめる火。

**意味** ❶自然のわざわい。「火災・災禍・災害・災難・震災・人災・天災・被災・防災・罹災」

▽一家に**災い**が降りかかった(=不幸)。

▽なまじ財産を持っていたのが**災い**の元だった。

▽土地開発が洪水などの**災い**をもたらした。

## 禍

13画 準2級

**音読み** カ

**訓読み** (わざわ-い・まが)

**成り立ち** 形声。示+咼。神のたたりで思いがけない穴にはまる。

**意味** ❶わざわい。「禍根・禍福・奇禍・災禍・惨禍・舌禍・戦禍・筆禍・輪禍」

㊎口は**禍い**の元=よけいなおしゃべりが災難を招くたとえ

**禍い**を転じて福となす=悪いことがあってもうまく処理してよい結果を得るたとえ

# わずらう・わずらい　患・煩

**使い分けマニュアル** 「患う・患い」は病気の場合に。「煩う・煩い」は病気にならない程度の精神的な悩みの場合に。

恋患い。(彼女が恋しくて病気になった)

恋煩い。(彼女をどうしたらよいか思いあぐねた)

| 使用漢字 | 動詞 | 名詞 |
|---|---|---|
| 患 煩 | わずらう | わずらい |

## 患

11画 準2級

**音読み** カン(ゲン)

**訓読み** わずら-う(うれ-える・うれ-い)

**成り立ち** 形声。心+串。じゅずつなぎに気にかかる。

**意味** ❶うれえる。「外患・大患・内患・憂患」

❷病気になる。「患者・患部・急患・新患・罹患」

▽大病を**患う**(=苦しむ)。

▽糖尿を**患う**(=病気になる)。

▽胸を**患う**（↓肺結核にかかる）。
▽祖母は長**患い**している（↓長期療養する）。
▽恋**患い**（↓恋に悩んで病気になる）。

## 煩

13画　準2級

**音読み**　ハン・ボン

**訓読み**　わずら-う・わずら-わす（うるさ-い）

**成り立ち**　会意。火＋頁。熱で頭が痛い。

**意味**　❶なやむ。「煩悶・煩悩」
▽思い**煩っ**ていてもしかたがない（＝悩む）。
▽雪解けのぬかるみに道を進み**煩う**（＝困難である）。
❷わずらわしい。「煩瑣・煩雑・煩多・煩礼」
▽やっと仕事の**煩い**から解放された（＝面倒）。
▽これ以上**煩わせ**ないでくれよ（＝悩む）。
▽お手を**煩わせ**てすみません（↓苦労をかける）。
▽手続きが**煩わしい**（＝面倒だ）。

# わびる・わび

（詫・侘）

**使い分けマニュアル**　「詫びる・詫び」は謝る場合に。「侘びる・侘」は物寂しい趣の場合に。

詫びを入れる。（先方に謝る）
侘を入れる。（物寂しい趣を採り入れる）

## 詫

13画　準1級

**音読み**　タ

**訓読み**　わ-びる・ほこ-る・わび

**成り立ち**　形声。言＋宅。言葉がとどまる。

**意味**　❶いぶかる。「詫異」
❷ほこる。「誇詫」
❸恐縮する。
▽失礼があったのならお**詫び**します（＝恐縮して謝る）。
▽御無沙汰をお**詫び**します。
▽お**詫び**のしるしに食事でもいかがですか。
▽先方が非を認めて**詫び**を入れてきた。
▽お**詫び**の申し上げようもございません。
†❸は漢字本来の意味ではない。

## 侘

8画　1級

**音読み**　タ

**訓読み** ほこ-る・わ-びる・わび-しい・わび

**成り立ち** 形声。人+宅。じっととどまる。

**意味** ❶立ちどまる。「侘傺」

❷物寂しい趣。

▽**侘び**た庵に住む（＝物寂しい趣をもつ）。

▽人里離れた田舎に**侘び**住まいをする（↓目立たない暮らし）。

▽**侘**・寂は日本文化の特長だ（↓閑寂な風情）。

❸～するのが辛い。

▽都に住み**侘びる**（↓住むのが辛い）。

▽思い**侘びる**こととあって旅に出た。

▽彼女は恋人からの便りを待ち**侘び**ていた（↓今か今かと待っている）。

†❷❸は漢字本来の意味ではない。

# わる・われる

割（破）

**使い分けマニュアル** 「**割れる**」は一般に広く用いられる。「**破れる**」は「破れ鐘」と「破れ鍋」のみ。

「わる」は「**割る**」のみ。

| 使用漢字 | 他動詞 | 自動詞 |
|---|---|---|
| 割 | わる | われる |
| 破 | ー | われる |

## 割

12画 5級 ⇩さく・さける

**音読み** カツ

**訓読み** わ-る・わり・わ-れる・さ-く（は-やす）

**成り立ち** 形声。刀+害。刀で二つに切り分ける。

**意味** ❶わる。わける。「割愛・割拠・割賦・割腹・割烹・断割・等割・分割・卵割」

▽卵の殻を**割る**（＝壊す）。

▽兄が庭で薪を**割っ**ている（＝縦に分割する）。

▽リンゴを二つに**割っ**たら虫が食っていた。

▽うっかりして皿を**割っ**てしまった（＝破壊する）。

▽頭が**割れる**ように痛い（↓がんがん）。

▽**割れる**ような大歓声があがった（↓耳をつんざくような）。

▽大地震で地**割れ**が発生した。

▽横綱は押されて簡単に土俵を**割っ**た（↓外に出る）。

▽彼は二人の間に**割っ**て入った（＝かきわける）。

▽委員会は意見が真っ二つに**割れ**た。
▽（選挙速報）だいぶ票が**割れ**ているようです（↓一人に集中しない）。
▽仲間**割れ**を起こす（↓内部対立）。
▽ボリュームを大きくしすぎると音が**割れる**（＝まとまりがなくなる）。
▽ウイスキーをお湯で**割る**（＝薄める）。
▽犯人の身元が**割れ**た（＝判明する）。
▽一万円を五で**割れ**ば二千円だ（＝均等に分割する）。
▽自民党は参院選で過半数を**割っ**た（＝下回る）。
慣口を**割る**＝白状する
尻が**割れる**＝隠していた悪事が明らかになる
底が**割れる**＝本性・真相などがばれる
竹を**割っ**たような＝真っ直ぐで爽快な性格のたとえ
腹を**割る**＝本音を出して語る
面が**割れる**＝顔が知られる。見分けられる

## 破

10画　6級　⇩やぶる・やぶれる

**音読み**　ハ
**訓読み**　やぶ‐る・やぶ‐れる（わ‐れる）
**成り立ち**　形声。石＋皮。二つに裂いて分ける。
**意味**　❶やぶる。こわれる。「大破・難破・破壊・破棄・爆破・破産・破損・破綻・破片・破滅・破裂」
▽弁慶は**破れ**鐘のような大音声で叫んだ（↓亀裂の入った鐘）。
慣**破れ**鍋に綴じ蓋＝欠点の多い配偶者どうしでもぴったりと合う人がいるものだというたとえ
**破れ**鍋二度の役に立たず＝一度壊れてしまったものは取り返しがつかないたとえ
**破れ**鍋も三年置けば用に立つ＝一度壊れてしまったものでも、時期が来れば再び役立つこともあるというたとえ
❷枠から外れる。「破格・破調・破廉恥」
❸負かす。「喝破・撃破・打破・連覇・論破」
❹突き抜ける。「看破・走破・踏破・読破・破天荒」

# 〈付録〉紛らわしい訓読みの漢字

漢字検定では、辞典の本文に掲げた本来の同訓異字（日本語として語源が同じもの）のほかに、次のように、アクセントが違ったり、送り仮名部分のみが異なる紛らわしい漢字の問題が出題されます。

例
3 このごろ野菜のネ|が上がっている。〔値〕
4 しっかりネ|を張るスギの大木を見る。〔根〕
（平成22年度⑤級問題より）

7 当分の間、真実をフ|せておく。〔伏〕
8 過ぎ去った日々をフ|り返る。〔振〕
9 途方もないほらをフ|く。〔吹〕
（平成22年度③級問題より）

そこで、新しい「常用漢字表」にある紛らわしい訓読みの漢字を、以下にまとめました。漢字部分は同じ読みですが、送り仮名がなかったり、違ったりする言葉です。――から下が送り仮名、＊は送り仮名がつかない場合です。

また、実際の出題では、動詞はさまざまな活用形で出題されます。これらは、終止形（辞書形）に戻して意味を考えましょう。

例
1 雪がマ|っている。 ⇩マう ⇩舞う
2 友だちをマ|っている。 ⇩マつ ⇩待つ

この表には、日本語の基本的な言葉（和語・大和言葉）が数多く含まれています。そこで、短歌や俳句を作るとき、この表を基にして掛詞《かけことば》を探したり、韻《いん》をそろえたりする場合にも活用できます。

なお、「常用漢字」以外の漢字は、読みが確定していないので、ここには載せてありません。

- あ
  - う（会・合・遭）
  - かす（明・飽）
  - かり（明）
  - がる（上・挙・揚）
  - きる（飽）
  - く（開・空・明）
  - くる（明）
  - ける（開・空・明）
  - げる（上・挙・揚）
  - たる（当）
  - てる（当・充・宛）
  - びせる（浴）
  - びる（浴）
  - む（編）
  - らす（荒）
  - る（有・在）
  - れる（荒）
  - わす（合）
  - わせる（合）
  - ＊（青）

- あお
  - い（青）
  - ぐ（仰）
- あか
  - ＊（赤）
  - い（赤）
  - らむ（赤・明）
  - らめる（赤）
  - るい（明）
  - るむ（明）
- あき
  - ＊（秋）
  - らか（明）
- あさ
  - ＊（朝・麻）
  - い（浅）
- あざ
  - ＊（字）
  - やか（鮮）
- あじ
  - ＊（味）
  - わう（味）
- あず
  - かる（預）
  - ける（預）
- あせ
  - ＊（汗）
  - る（焦）

- あた
  - える（与）
  - り（辺）
- あたた
  - か（温・暖）
  - かい（温・暖）
  - まる（温・暖）
  - める（温・暖）
- あつ
  - い（厚・暑・熱）
  - まる（集）
  - める（集）
- あば
  - く（暴）
  - れる（暴）
- あま
  - ＊（尼・天・雨）
  - い（甘）
  - える（甘）
  - す（余）
  - やかす（甘）
  - る（余）
- あや
  - うい（危）
  - しい（怪・妖）
  - しむ（怪）
  - ぶむ（危）
- あやま
  - ち（過）
  - つ（過）
  - る（誤・謝）
- あら
  - い（荒・粗）
  - う（洗）
  - た（新）
- あらた
  - まる（改）
  - める（改）
- あらわ
  - す（表・現・著）
  - れる（表・現）
- あわ
  - ＊（泡）
  - い（淡）
  - せる（併）
  - ただしい（慌）
  - てる（慌）
  - れ（哀）
  - れむ（哀）
- ＊（井）
- う（言）

- い
  - える（癒）
  - かす（生）
  - きる（生）
  - く（行・逝）
  - ける（生）
  - まわしい（忌）
  - む（忌）
  - やす（癒）
  - る（入・居・要・射・鋳・煎）
  - れる（入）
- いこ
  - い（憩）
  - う（憩）
- いた
  - ＊（板）
  - い（痛）
  - す（致）
  - む（痛・傷・悼）
  - める（痛・傷）
  - る（至）
- いつ
  - ＊（五）
  - つ（五）
- いや
  - ＊（嫌）
  - しい（卑）
  - しむ（卑）
  - しめる（卑）
- いわ
  - ＊（岩）
  - う（祝）
- う
  - い（憂）
  - える（飢・植）
  - かぶ（浮）
  - かべる（浮）
  - かる（受）
  - かれる（浮）
  - く（浮）
  - ける（受・請）
  - つ（打・討・撃）
  - まる（埋）
  - まれる（生・産）
  - む（生・産）
  - める（埋）
  - もれる（埋）

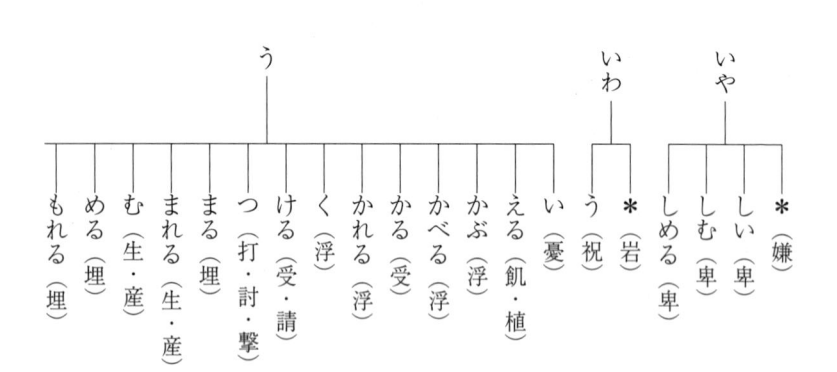

- る（売・得）
- れる（売・熟）
- わる（植）

うご
- かす（動）
- く（動）

うし
- ＊（牛）
- ろ（後）

うす
- ＊（臼）
- い（薄）
- まる（薄）
- める（薄）
- らぐ（薄）
- れる（薄）

うた
- ＊（歌・唄）
- う（歌・謡）

うつ
- す（移・写・映）
- る（移・写・映）

うと
- い（疎）
- む（疎）

うら
- ＊（裏・浦）
- む（恨）
- めしい（恨）

うらや
- む（羨）
- ましい（羨）

うるお
- う（潤）
- す（潤）

うれ
- い（愁・憂）
- える（愁・憂）

え
- ＊（重・江・柄・餌）
- む（笑）
- る（得・獲）

えら
- い（偉）
- ぶ（選）

- ＊（小・尾・雄・緒）
- いる（老）
- う（生・追・負）
- える（終）
- きる（起）
- く（置）
- こす（起）

- お
  - こる（起）
  - さえる（押）
  - しい（惜）
  - しむ（惜）
  - す（押・推）
  - ちる（落）
  - とす（落）
  - びる（帯）
  - りる（下・降）
  - る（折・織）
  - れる（折）
  - ろす（下・降）
  - わる（終）
  - す（犯・侵・冒）
- おお
  - *（大）
  - い（多）
  - いに（大）
  - う（覆）
  - きい（大）
  - せ（仰）
- おか
  - *（丘・岡）
- おく
  - *（奥）
  - らす（遅）
  - る（送・贈）
  - れる（遅・後）
- おこ
  - す（興）
  - る（怒・興）
- おさ
  - える（抑）
  - まる（収・納・治・修）
  - める（収・納・治・修）
- おそ
  - い（遅）
  - う（襲）
  - れる（恐・畏）
  - ろしい（恐）
  - わる（教）
- おと
  - *（音）
  - る（劣）
- おど
  - かす（脅）
  - す（脅）
  - り（踊）

- る（踊・躍）

おどろ
- かす（驚）
- く（驚）

おぼ
- える（覚）
- れる（溺）

おも
- ＊（主・面）
- い（重）
- う（思）

およ
- ぐ（泳）
- び（及）
- ぶ（及）
- ぼす（及）

おろ
- か（愚）
- す（卸）

- ＊（日・香・蚊・鹿）
- う（交・買・飼）
- える（代・変・換・替）
- かる（架・掛・懸）
- く（欠・書・描）
- ぐ（嗅）

か
- ける（欠・架・掛・駆・懸・賭）
- す（貸）
- つ（且・勝）
- ねる（兼）
- らす（枯）
- り（狩）
- りる（借）
- る（刈・狩・駆）
- れる（枯）
- わす（交）
- わる（代・変・換・替）

かえ
- す（返・帰）
- る（返・帰）

かお
- ＊（顔）
- り（香）
- る（香・薫）

かか
- える（抱）
- げる（掲）
- る（係）
- わる（関）

- かぎ
  - ＊（鍵）
  - る（限）
- かく
  - す（隠）
  - れる（隠）
- かげ
  - ＊（陰・影）
  - る（陰）
- かこ
  - う（囲）
  - む（囲）
- かさ
  - ＊（傘）
  - なる（重）
  - ねる（重）
- かざ
  - ＊（風）
  - る（飾）
- かた
  - ＊（片・方・形・型・肩・潟）
  - い（固・難・堅・硬）
  - まる（固）
  - める（固）
  - らう（語）
  - る（語）
- かたむ
  - く（傾）
  - ける（傾）
- かな
  - ＊（金）
  - しい（悲）
  - しむ（悲）
  - でる（奏）
- かま
  - ＊（窯・釜・鎌）
  - う（構）
  - える（構）
- から
  - ＊（空・唐・殻）
  - い（辛）
  - まる（絡）
  - む（絡）
  - める（絡）
- かわ
  - ＊（川・皮・河・革）
  - かす（乾）
  - く（乾・渇）
- かんが
  - える（考）
  - みる（鑑）
- 
  - ＊（生・木・黄）
  - える（消）

き
- く（利・効・聞・聴）
- こえる（聞）
- せる（着）
- まる（決）
- める（決）
- る（切・着・斬）
- れる（切）

きざ
- し（兆）
- す（兆）
- む（刻）

きず
- ＊（傷）
- く（築）

きた
- ＊（北）
- える（鍛）
- す（来）
- る（来）

きよ
- い（清）
- まる（清）
- める（清）

- ＊（際）

きわ
- まる（極・窮）
- み（極）
- める（究・極・窮）

く
- いる（悔）
- う（食）
- ちる（朽）
- む（組・酌）
- やむ（悔）
- らう（食）
- らす（暮）
- る（来・繰）
- れる（暮）

くさ
- ＊（草）
- い（臭）
- らす（腐）
- る（腐）
- れる（腐）

くず
- ＊（葛）
- す（崩）
- れる（崩）

- くだ
  - ＊（管）
  - く（砕）
  - ける（砕）
  - さる（下）
  - す（下）
  - る（下）
- くつがえ
  - す（覆）
  - る（覆）
- くも
  - ＊（雲）
  - る（曇）
- くら
  - ＊（倉・蔵）
  - い（暗）
  - べる（比）
- くる
  - う（狂）
  - おしい（狂）
  - しい（苦）
  - しむ（苦）
  - しめる（苦）
- くろ
  - ＊（黒）
  - い（黒）
- くわ
  - ＊（桑）
  - える（加）
  - しい（詳）
  - わる（加）
- け
  - ＊（毛）
  - す（消）
  - る（蹴）
- けが
  - す（汚）
  - らわしい（汚）
  - れる（汚）
- けむ
  - い（煙）
  - る（煙）
- こ
  - ＊（小・子・粉・木・黄）
  - い（濃）
  - う（恋・請・乞）
  - える（肥・越・超）
  - がす（焦）
  - がれる（焦）
  - げる（焦）
  - す（越・超）

- む（込・混）
- める（込）
- もる（籠）
- やし（肥）
- やす（肥）
- らしめる（懲）
- らす（凝・懲）
- りる（懲）
- る（凝）

こい
- ＊（恋）
- しい（恋）

ここの
- ＊（九）
- つ（九）

こころ
- ＊（心）
- みる（試）

こた
- え（答）
- える（答・応）

こま
- ＊（駒）
- か（細）
- かい（細）

- る（困）

ころ
- ＊（頃）
- がす（転）
- がる（転）
- げる（転）
- す（殺）
- ぶ（転）

こわ
- ＊（声）
- い（怖）
- す（壊）
- れる（壊）

さ
- がる（下）
- く（割・咲・裂）
- ける（裂・避）
- げる（下・提）
- さる（刺）
- す（指・差・刺・挿）
- ます（冷・覚）
- める（冷・覚）
- る（去）

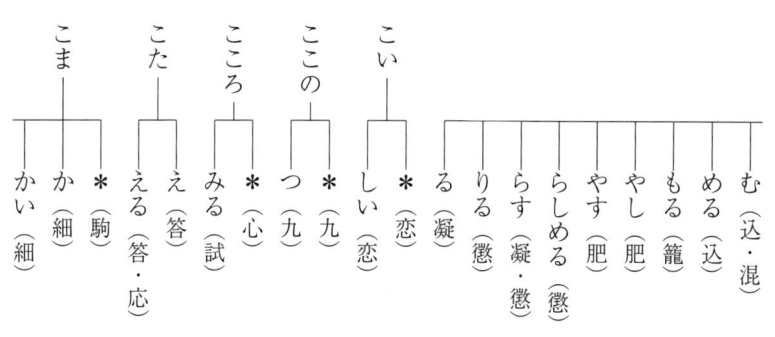

- さか
  - ＊（坂・逆・酒）
  - える（栄）
  - らう（逆）
  - る（盛）
  - ん（盛）
- さけ
  - ＊（酒）
  - ぶ（叫）
- さず
  - かる（授）
  - ける（授）
- さだ
  - か（定）
  - まる（定）
  - める（定）
- さと
  - ＊（里）
  - す（諭）
  - る（悟）
- さび
  - ＊（寂）
  - しい（寂）
  - れる（寂）
- さわ
  - ＊（沢）
  - ぐ（騒）
  - やか（爽）
  - る（障・触）
- し
  - いる（強）
  - く（敷）
  - ぬ（死）
  - まる（閉・絞・締）
  - み（染）
  - みる（染）
  - める（閉・占・絞・締）
  - る（知）
- しか
  - ＊（鹿）
  - る（叱）
- しず
  - ＊（静）
  - か（静）
  - まる（静・鎮）
  - む（沈）
  - める（静・沈・鎮）
- した
  - ＊（下・舌）
  - う（慕）
  - しい（親）

- しむ（親）

- したが
  - う（従）
  - える（従）
- しの
  - ばせる（忍）
  - ぶ（忍）
- しば
  - ＊（芝）
  - る（縛）
- しぶ
  - ＊（渋）
  - い（渋）
  - る（渋）
- しめ
  - す（示・湿）
  - る（湿）
- しら
  - ＊（白）
  - べる（調）
- しりぞ
  - く（退）
  - ける（退）
- しる
  - ＊（汁）
  - す（記）
- しろ
  - ＊（代・白・城）
  - い（白）

- す
  - ＊（州・巣・酢）
  - い（酸）
  - う（吸）
  - える（据）
  - かす（透）
  - ぎる（過）
  - く（好・透）
  - ける（透）
  - ごす（過）
  - てる（捨）
  - べる（統）
  - まう（住）
  - ます（済・澄）
  - む（住・済・澄）
  - る（刷・擦）
  - れる（擦）
  - わる（据）
- すく
  - う（救）
  - ない（少）
- すこ
  - し（少）

- ―やか（健）
- すす
  - む（進）
  - める（進・勧・薦）
- すず
  - ＊（鈴）
  - しい（涼）
  - む（涼）
- すた
  - る（廃）
  - れる（廃）
- すみ
  - ＊（炭・隅・墨）
  - やか（速）
- せ
  - ＊（背・瀬）
  - める（責・攻）
  - る（競）
- せば
  - まる（狭）
  - める（狭）
- せま
  - い（狭）
  - る（迫）
- そ
  - う（沿・添）
  - える（添）
  - まる（染）
  - める（初・染）
  - らす（反）
  - る（反）
- そこ
  - ＊（底）
  - なう（損）
  - ねる（損）
- そだ
  - つ（育）
  - てる（育）
- そな
  - える（供・備）
  - わる（備）
- そむ
  - く（背）
  - ける（背）
- た
  - ＊（田・手）
  - える（絶・耐・堪）
  - く（炊）
  - す（足）
  - つ（立・建・断・裁・絶）
  - てる（立・建）
  - べる（食）
  - める（矯）

- やす（絶）
- らす（垂）
- りる（足）
- る（足）
- れる（垂）

- だ
  - く（抱）
  - す（出）
- たお
  - す（倒）
  - れる（倒）
- たか
  - ＊（高）
  - い（高）
  - まる（高）
  - める（高）
- たし
  - か（確）
  - かめる（確）
- たす
  - かる（助）
  - ける（助）
- たずさ
  - える（携）
  - わる（携）

- し（但）

- ただ
  - しい（正）
  - す（正）
  - ちに（直）
- たっと
  - い（尊・貴）
  - ぶ（尊・貴）
- たの
  - しい（楽）
  - しむ（楽）
  - む（頼）
  - もしい（頼）
- たよ
  - り（便）
  - る（頼）
- ち
  - ＊（千・血・乳）
  - らかす（散）
  - らかる（散）
  - らす（散）
  - る（散）
- ちか
  - い（近）
  - う（誓）
- ちが
  - う（違）
  - える（違）

- ちぢ
  - まる（縮）
  - む（縮）
  - める（縮）
  - らす（縮）
  - れる（縮）
- つ
  - *（津）
  - かす（尽）
  - かる（漬）
  - きる（尽）
  - く（付・就・着・突）
  - ぐ（次・接・継）
  - くす（尽）
  - ける（付・就・着・漬）
  - げる（告）
  - まる（詰）
  - む（積・詰・摘）
  - める（詰）
  - もる（積）
  - る（釣）
  - れる（連）
- つい
  - える（費）
  - やす（費）
- つか
  - *（塚）
  - う（使・遣）
  - える（仕）
  - まえる（捕）
  - まる（捕）
  - らす（疲）
  - れる（疲）
  - わす（遣）
- つた
  - う（伝）
  - える（伝）
  - わる（伝）
- つつ
  - *（筒）
  - む（包）
- つづ
  - く（続）
  - ける（続）
- つと
  - まる（勤・務）
  - める（努・勤・務）
- つの
  - *（角）

- る（募）

- つぶ
  - ＊（粒）
  - す（潰）
  - れる（潰）

- つめ
  - ＊（爪）
  - たい（冷）

- つよ
  - い（強）
  - まる（強）
  - める（強）

- つら
  - ＊（面）
  - なる（連）
  - ねる（連）

- て
  - ＊（手）
  - らす（照）
  - る（照）
  - れる（照）

- ＊（十・戸）
- い（問）
- う（問）
- かす（解・溶）

- と
  - く（解・説・溶）
  - ぐ（研）
  - ける（解・溶）
  - げる（遂）
  - ざす（閉）
  - じる（閉）
  - ばす（飛）
  - ぶ（飛・跳）
  - まる（止・留・泊）
  - む（富）
  - める（止・留・泊）
  - らえる（捕）
  - らわれる（捕）
  - る（取・採・捕・執・撮）

- とうと
  - い（尊・貴）
  - ぶ（尊・貴）

- とお
  - ＊（十）
  - い（遠）
  - す（通）
  - る（通）

- とど
  - く（届）
  - ける（届）
- ととの
  - う（調・整）
  - える（調・整）
- とな
  - える（唱）
  - る（隣）
- とら
  - ＊（虎）
  - える（捉）
- な
  - ＊（名・菜）
  - い（亡・無）
  - える（萎）
  - く（泣・鳴）
  - げる（投）
  - す（成）
  - らす（鳴・慣）
  - る（成・鳴）
  - れる（慣）
- なお
  - す（治・直）
  - る（治・直）
- なか
  - ＊（中・仲）

  - ば（半）
- なが
  - い（永・長）
  - す（流）
  - める（眺）
  - れる（流）
- なぐさ
  - む（慰）
  - める（慰）
- なげ
  - かわしい（嘆）
  - く（嘆）
- なご
  - む（和）
  - やか（和）
- なつ
  - ＊（夏）
  - かしい（懐）
  - かしむ（懐）
  - く（懐）
  - ける（懐）
- なな
  - ＊（七）
  - つ（七）
  - め（斜）
- なま
  - ＊（生）

- ける（怠）

なや
- ます（悩）
- む（悩）

なら
- う（習・倣）
- びに（並）
- ぶ（並）
- べる（並）

に
- ＊（荷）
- える（煮）
- がす（逃）
- げる（逃）
- やす（煮）
- る（似・煮）

にが
- い（苦）
- る（苦）

にく
- い（憎）
- しみ（憎）
- む（憎）
- らしい（憎）

にご
- す（濁）
- る（濁）

にぶ
- い（鈍）
- る（鈍）

ぬ
- う（縫）
- かす（抜）
- かる（抜）
- く（抜）
- ぐ（脱）
- ける（抜）
- げる（脱）
- る（塗）

ね
- ＊（音・根・値）
- かす（寝）
- る（練・寝）

ねむ
- い（眠）
- る（眠）

の
- ＊（野）
- せる（乗・載）
- ばす（延・伸）
- びる（延・伸）

- べる（延・述・伸）
- む（飲）
- る（乗・載）

のが
- す（逃）
- れる（逃）

のこ
- す（残）
- る（残）

のぞ
- く（除）
- む（望・臨）

のぼ
- す（上）
- せる（上）
- る（上・登・昇）

は
- ＊（羽・葉・歯・刃・端）
- え（栄）
- える（生・映・栄）
- がす（剥）
- がれる（剥）
- く（吐・掃・履）
- ぐ（剥）
- げる（剥）
- じらう（恥）
- じる（恥）
- ずかしい（恥）
- たす（果）
- て（果）
- てる（果）
- ねる（跳）
- やす（生）
- らす（晴・腫）
- る（張・貼）
- れる（晴・腫）

ば
- ＊（場）
- かす（化）
- ける（化）

はい
- ＊（灰）
- る（入）

はか
- ＊（墓）
- らう（計）
- る（図・計・測・量・諮・謀）

- しい（激）

- はげ
  - ます（励）
  - む（励）
- はこ
  - ＊（箱）
  - ぶ（運）
- はさ
  - まる（挟）
  - む（挟）
- はし
  - ＊（橋・端・箸）
  - る（走）
- はじ
  - ＊（恥）
  - まる（始）
  - め（初）
  - めて（初）
  - める（始）
- はず
  - す（外）
  - む（弾）
  - れる（外）
- はな
  - ＊（花・鼻・華）
  - す（放・話・離）
  - つ（放）
  - れる（放・離）
- はなは
  - だ（甚）
  - だしい（甚）
- はば
  - ＊（幅）
  - む（阻）
- はや
  - い（早・速）
  - まる（早・速）
  - める（早・速）
- はら
  - ＊（原・腹）
  - う（払）
- ひ
  - ＊（火・日・氷・灯）
  - える（冷）
  - く（引・弾）
  - ける（引）
  - める（秘）
  - や（冷）
  - やかす（冷）
  - やす（冷）
  - る（干）
- ひか
  - える（控）
  - る（光）

- ひき
  - ＊（匹）
  - いる（率）
- ひく
  - い（低）
  - まる（低）
  - める（低）
- ひた
  - す（浸）
  - る（浸）
- ひと
  - ＊（一・人）
  - しい（等）
  - つ（一）
  - り（独）
- ひら
  - ＊（平）
  - く（開）
  - ける（開）
- ひるがえ
  - す（翻）
  - る（翻）
- ひろ
  - い（広）
  - う（拾）
  - がる（広）
  - げる（広）
  - まる（広）
  - める（広）
- ふ
  - える（増・殖）
  - かす（更）
  - く（吹・噴・拭）
  - ける（老・更）
  - す（伏）
  - せる（伏）
  - まえる（踏）
  - む（踏）
  - やす（増・殖）
  - る（降・振）
  - るう（振）
  - れる（触・振）
- ふか
  - い（深）
  - まる（深）
  - める（深）
- ふく
  - む（含）
  - める（含）
  - らむ（膨）

- れる（膨）
- ふさ
  - ＊（房）
  - がる（塞）
  - ぐ（塞）
- ふた
  - ＊（二・双・蓋）
  - つ（二）
- ふと
  - い（太）
  - る（太）
- ふる
  - い（古）
  - う（奮・震）
  - える（震）
  - す（古）
- へ
  - らす（減）
  - る（経・減）
- へだ
  - たる（隔）
  - てる（隔）
- ほ
  - ＊（帆・穂・火）
  - しい（欲）
  - す（干）
  - める（褒）

- る（掘・彫）
- ほこ
  - ＊（矛）
  - る（誇）
- ほそ
  - い（細）
  - る（細）
- ほろ
  - びる（滅）
  - ぼす（滅）
- ま
  - ＊（真・間・目・馬）
  - う（舞）
  - かす（負）
  - がる（曲）
  - く（巻）
  - ける（負）
  - げる（曲）
  - ざる（交・混）
  - じる（交・混）
  - す（増）
  - ぜる（交・混）
  - つ（待）
- まい
  - ＊（舞）

- る（参）
- まか
  - す（任）
  - せる（任）
- まぎ
  - らす（紛）
  - らわしい（紛）
  - らわす（紛）
  - れる（紛）
- まさ
  - ＊（正）
  - る（勝）
- まじ
  - える（交）
  - わる（交）
- まつ
  - ＊（松）
  - り（祭）
  - る（祭）
- まど
  - ＊（窓）
  - う（惑）
- まる
  - ＊（丸）
  - い（丸・円）
  - める（丸）
- す（回）
- まわ
  - り（周）
  - る（回）
- み
  - ＊（三・身・実）
  - える（見）
  - せる（見）
  - たす（満）
  - ちる（満）
  - つ（三）
  - る（見・診）
- みだ
  - す（乱）
  - ら（淫）
  - れる（乱）
- む
  - ＊（六）
  - かう（向）
  - く（向）
  - ける（向）
  - こう（向）
  - す（蒸）
  - つ（六）
  - らす（蒸）

- れ（群）
- れる（群・蒸）

め
- ＊（女・目・芽・雌）
- す（召）

めぐ
- む（恵）
- る（巡）

も
- ＊（喪・藻）
- える（燃）
- しくは（若）
- す（燃）
- つ（持）
- やす（燃）
- らす（漏）
- る（盛・漏）
- れる（漏）

もう
- ける（設）
- す（申）
- でる（詣）

もと
- ＊（下・元・本・基）
- める（求）

もど
- す（戻）
- る（戻）

や
- ＊（八・矢・屋・家・弥）
- く（焼）
- ける（焼）
- せる（痩）
- つ（八）
- む（病）
- める（辞）

やす
- い（安）
- まる（休）
- む（休）
- める（休）

やど
- ＊（宿）
- す（宿）
- る（宿）

やぶ
- る（破）
- れる（破・敗）

やわ
- らか（柔・軟）
- らかい（柔・軟）

- らぐ（和）
- らげる（和）

ゆ
- ＊（湯）
- う（結）
- く（行・逝）
- さぶる（揺）
- すぶる（揺）
- する（揺）
- らぐ（揺）
- る（揺）
- るぐ（揺）
- れる（揺）
- わえる（結）

ゆる
- い（緩）
- す（許）
- む（緩）
- める（緩）
- やか（緩）

- ＊（四・世・代・夜）
- い（良・善）

よ
- う（酔）
- せる（寄）
- つ（四）
- ぶ（呼）
- む（読・詠）
- る（因・寄）

よご
- す（汚）
- れる（汚）

よわ
- い（弱）
- まる（弱）
- める（弱）
- る（弱）

わ
- ＊（我・輪）
- かす（沸）
- かつ（分）
- かる（分）
- かれる（分）
- く（沸・湧）
- ける（分）
- る（割）

- れる（割）

わか
- い（若）
- れる（別）

わずら
- う（患・煩）
- わす（煩）

わた
- *（綿）
- す（渡）
- る（渡）

**著者略歴**

浅田秀子（あさだ　ひでこ）
辞書編集者・日本語研究者・日本語教師。昭和二八年東京都に生まれる。昭和五二年東北大学文学部国語学専攻卒業。出版社勤務を経て、現在、日本語コスモス代表。日本大学非常勤講師。元中国河北大学外文系日語科教師。
著書に『現代形容詞用法辞典』『現代副詞用法辞典』『現代擬音語擬態語用法辞典』（共著・東京堂出版）『敬語マニュアル』（南雲堂）『「敬語」論―ウタから敬語へ』（勉誠出版）などがある。

**漢検・漢字ファンのための　同訓異字辞典**

二〇一二年四月二〇日　初版印刷
二〇一二年四月三〇日　初版発行

著　者　浅田秀子
発行者　松林孝至
印刷所　図書印刷株式会社
製本所　図書印刷株式会社

発行所　株式会社　東京堂出版
東京都千代田区神田神保町一ノ一七（〒一〇一-〇〇五一）
電話　東京〇三-三二三三-三七四一　振替　〇〇一三〇-七-二七〇

ISBN978-4-490-10817-0 C0581
©Hideko Asada 2012
Printed in Japan　http://www.tokyodoshuppan.com/

●「漢検」は（財）日本漢字能力検定協会の登録商標です。

| | | |
|---|---|---|
| 例解同訓異字用法辞典 | 浅田秀子著 | 四六判五三二頁 本体三九〇〇円 |
| 現代形容詞用法辞典 | 飛田良文 浅田秀子 著 | 四六判七二〇頁 本体五二〇〇円 |
| 現代副詞用法辞典 | 飛田良文 浅田秀子 著 | 四六判六六〇頁 本体四九〇〇円 |
| 現代擬音語擬態語用法辞典 | 飛田良文 浅田秀子 著 | 四六判七一六頁 本体四九〇〇円 |
| 反対語対照語辞典 | 北原保雄 東郷吉男 編 | 四六判四七二頁 本体二三〇〇円 |
| 日本語慣用句辞典 | 米川明彦 大谷伊都子 編 | 四六判六一四頁 本体三八〇〇円 |